내일의 교육학

교사의 전문성 향상을 위한 실천적 논의

관점 · 실천 · 전망

내일의 교육학

교사의 전문성 향상을 위한 실천적 논의

경희대학교 출판문화원

| 머리말 |

교육은 인간사회를 유지시켜 나가는 데 중요한 역할을 한다. 교육은 문화의 상속이며 기술의 전수이고 인성의 계발이다. 교육의 중요성은 아무리 강조해도 지나치지 않다. 교육을 실천하는 사람은 교사다. 교사는 학교와 교육제도라는 테두리에서 교육활동을 하고 학생을 가르친다. 교사의 능력과 전문성, 열정은 학교와 긴밀하게 연계되어 있다. 이것이 교사를 학교라는 생태계 속에서 바라보지 않으면 안 되는 이유이다.

학생 입장에서 보면 교육은 공부하는 활동이나. 그런데 과거와 달리 요즘 학생들은 학교 밖의 다양한 공간에서 생활하고, 다양한 정보원을 통해 정보를 얻는다. 이러한 변화가 바로 교육이 교사와 학교라는 울타리를 벗어나 시야를 확장해야 하는 이유이다.

오늘날 우리의 교육은 과거의 관행으로부터 자유롭지 않다. 교사의 전문성과 열정을 자유롭게 펼칠 수 있는 제대로된 열린 교육이 이루어지고 있는 것도 아니고, 학생 삶의 중심을 잡아주고 다양한 공간과 자원을 연계하는 효율적인 제도를 갖추고 있지도 않다. 이러한 상황에서는 교사의 삶에 희망을 주고 학생의 배움에 꿈을 심어주는 것에서부터 변화가 시작되어야 한다.

시중에 나와 있는 교육학개론 책은 이미 수십 종에 이른다. 이런 상황에서 또 하나의 책을 펴낸다는 것이 무슨 의미가 있을까 생각했다. 하지만 십여 년 이상 교육학개론을 가르치면서 아쉬웠던 점이 있어 출간을 결심하게 되었다. 기존 교육학개론 서적은 교육학을 학문체계로 인식하여 분과 학문을 나열하는 방식으로 구성되었다. 그런데 실제로 교육학개론 서적을 읽는 사람들은 예비교사나 교사 등 교육활동을 하고 있거나 앞으로 할 사람들이다. 이들은 교육학의 학문체계보다는 교육을 바라보는 관점과 현장에서의 실천방법, 앞으로의 교육 전망에 관심을 갖는다.

교사, 학생, 학교, 제도는 따로따로 분리되어 움직이지 않는다. 교육을 구성하고 있는 모든 요소들은 유기적으로 연결되어 통합된 전체이며, 각 요소들은 내외적인 모순에 의해 끊임없이 변화한다. 이런 이유로 그때그때 교육 현상을 파악하기란 매우 어렵다. 획기적인 기술이 나오거나 외국에서 성공한 교육실천이 소개되어 우리 교육에 도입된 바가 있긴 하지만 대부분 성과 없이 끝이 났다. 교육의 본질은 이해하지 못한 채 교육의 한 구성요소를 도입하면 문제가 해결될 것이라는 단견 때문이다.

기본적으로 교육은 시각이다. 어떻게 바라보느냐에 따라 많은 것이 달라진다. 그래서 교육철학이 중요하고, 교사론과 학교론이 중요하다. 1부에서는 이에 대한 내용을 다루며, 교육학과 교육에 관심을 가지고 처음 입문하는 사람들이 서로의 입장을 이해하고 자신의 위치를 고민해 볼 수 있도록 했다. 2부에서는 교육에서의 실천을 다루었다. 이는 교육의 내용과 방법, 평가에 대한 것이다. 1부에서 자기 나름의 안목을 갖게 된 사람이라면 2부의 다양한 실천 방식과 흐름을 나름대로 이해할 수 있게 될 것이다. 3부는 교육의 미래에 대한 전망이다. 교육은 변화하는 유기체다. 지금 변화하지 않고 오랫동안 그 모습을 유지하고 있는 것처럼 보이는 학교나 교육제도도 내부적으로 끊임없이 변화를 겪어왔다. 학교와 교육은 이제 변화의 변곡점에 서 있다. 그동안 축적된 변화의 에너지가 바야흐로 분출할 것이다. 무엇보다 기술의 변화와 학생의 변화가 그 흐름을 이끌 것이다. 이런 변화에 수동적으로 끌려갈 것이 아니라 학교와 교사가 주도적으로 변화를 이끌어야 한다. 이러한 면에서 이 책은 예비교사와 교사들이 어떻게 하면 변화하는 시대에 올바른 교육을 할 것인지에 대한 통찰을 줄 것이다. 우리 교육이 수단적 가치로서가 아니라 행복한 사람을 길러내는 교육으로, 빈곤층 자녀, 학습장애 학생, 다문화 학생, 장애 학생, 여성 등 소외된 사람들을 배려하는 교육으로, 대안학교와 홈스쿨링과 같은 대안적 교육을 인정하고 같이 가는 교육으로, 삶의 모든 순간에 활력과 기쁨을 주는 평생에 걸친 교육으로 변화해가고 있다. 이러한 변화는 아무리 기술이 발전하고 인공지능과 학습분석이 고도화되어도 온전함을 추구하고 온당하게 교육하며 온유한 마음으로 가르치는 교육적 가치를 잃게 되면 긍정적인 방향으로 이루어질 수 없을 것이다.

이 책은 교육학의 주요 주제에 대해 개괄적으로 다루고 있는 개론서이지만 이 시대에 우리 사회가 어떠한 교육을 지향해야 하며, 교사들이 어떠한 전문성을 가져야 하는지, 나아가 어떻게 변화에 적응하여 모두가 행복한 사회를 만들어나갈 수 있는지 논의하기 위해 쓴 것이다. 이 책을 접하는 교육학자들과 교사들을 비롯한 많은 사람들이 이러한 논의에 동참해서 좋은 점은 좋다고 하고 잘못 쓰인 점은 가감 없이 비판해주기를 기대한다. 글을 쓰는 과정에서 출처가 정확하지 않은 부분이나 깊이 있게 살펴보지 못한 부분은 모두 저자의 실수이고 잘못이다. 독자들의 질책을 바란다.

2018년 여름

임병노

| 차례 |

1부

관점

1장

교육과 목적

1. 배움과 가르침

1. 사람됨과 배움

인간은 배우는 존재이다. 배우는 행위가 인간의 본성에 뿌리박혀 있다는 뜻이다. 인간이 인간다울 수 있는 것은 어릴 때부터 끊임없이 배우고 성장하는 과정을 거쳤기 때문이다. 어느 누구도 배움이 그친 완성태로 존재할 수 없으며, 배움을 삶의 본질로 이해하려면 먼저 배움에 대한 오해를 극복하는 것이 중요하다.

배움은 한자어로 학습이라고 한다. '학습(學習)'은 『논어』 학이편 "배우고 때로 익히면 그 또한 즐겁지 아니한가(學而時習之不亦說乎)"에서 유래한다. 여기서 학습은 단지 즐거운 행위로 서술되어 있을 뿐 인간 본성으로서의 학습은 강조되고 있지 않다. 학습은 '공부한다'는 뜻에 가까우며, '공부한다'는 것은 학습자가 의도적으로 학문이나 기술을 연마한다는 의미이다. 이때 공부하는 행위가 마냥 즐거울 수는 없다. 공부를 한다는 것은 목적을 달성하기 위해 자기 삶의 일부 혹은 전부를 배움에 투자하는 것인데, 배운다는 것은 보다 폭넓은 행위이다. 예를 들어 갓난아이가 옹알이를 하고 말하는 것을 배울 때 공부한다는 표현을 쓰지 않는다. 친구들과 사귀면서 배우는 것들은 의도성을 포함하고 있지 않지만 많은 깨달음을 준다. 이처럼 배운다는 것은 즐겁고 힘듦을 떠나서 삶의 자연스러운 한 부분으로 존재하는 것이다.

배움은 일상적으로 우리가 경험하는 현상일 뿐만 아니라 인간이 존재하는 방식이다. 인간이 인간다움을 유지하면서 자신이 속한 사회의 한 구성원으로 살아가기 위해서는 배움이 필수적이다. 만일 인간이 고립된 채 최소한의 생존을 위해서만 살아간다면 배움은 크게 중요하지 않을 것이다. 그러나 인간은 사회적 존재로, 타인과 소통하고 협력하며 더불어 살아가게 된다. 이 과정에서 새로운 것을 배우고, 알고 있는 것을 확장하며, 변화하는 현실에 적응해나간다. 배움이 없다면 사회적 존재가 될 수 없고, 다른 사람들과의 관계를 유지하기 어려우며 사회적 요구에 적절하게 대응하기 어렵다.

배움은 우리를 사회적 존재로 만들어주며 나아가 우리의 자유를 확장시켜준다. 사람은 배우고 익히면서 세상을 이전과는 다른 흥미로운 장소이자 더 큰 기회와 도전이 기다리는 곳으로 인식하게 된다. 수영을 배운 아이들은 바다를 즐겁게 노는 장소로 인식하지만 수영을 배우지 않은 아이들은 바다를 두려워 하게 된다. 바다 역시 수영을 배운 사람에게 삶을 영위하고 생계를 유지할 수 있도록 자신의 속살을 열어줄지도 모른다. 이러한 배움의 과정을 통해 우리는 자신의 좁은 세계를 해방시키고 자신의 자유를 확대할 수 있다.

우리는 배우는 존재이지만 배운 것이 자신의 일부가 되도록 하려면 깨달음의 과정이 필요하다. 그런데 제대로 배우고 깨달음에 도달하려면 의식적으로든 무의식적으로든 노력을 해야 한다. 익히는 과정을 거쳐 깨달음에 이르는 것을 학습이라고 하는데, 사람은 한 번 보거나 듣는 것만으로 쉽게 배울 수 없다. 보고 들은 것들을 반복하고 숙고하는 과정은 배운 것을 자신의 것으로 내면화하는 데 필수적이다.

2. 가르침과 배움

배움은 자연스러운 현상이지만, 배운 것을 익혀서 깨달음을 얻고 자신의 것으로 만드는 과정에는 의식적인 노력이 필요하다. 어린아이가 말을 배우는 것과 같이 반복적인 노출의 결과 자연스럽게 학습이 이루어지는 경우도 있지만 대부분 의식적으로 익히는 과정이 요구되며, 공부를 해야 하는 때도 있다. 무엇을 배우느냐에 따라 배우고 익히고 공부하는 정도가 달라진다. 집안일이나 간단한 기기 조작법은 어깨너머로 살펴보는 것만으로도 배울 수 있지만, 입학이나 취업 시험과 같은 중요한 시험에 대비하려면 오랜 기간의 의식적인 노력이 필요하다. 남의 도움 없이 자연스럽게 익히는 것도 있는 반면 다른 사람의 도움 없이는 도저히 알 수 없는 것도 많다. 우리가 생활 속에서 부딪치는 많은 일들의 경우, 주위 사람의 도움을 받거나 스스로 찾고 배우는 과정을 통해 익히지 따로 계획을 세워서 목적의식적으로 배우려고 노력하진 않는다. 반면 학교에서 배우는 교과나 복잡한 기술을 습득하려면 타인의 도움이 필수적이며 잘 짜인 교재와 세획적인 지도가 요구된다.

배우는 존재로서의 인간은 타인의 가르침을 통해 성장한다. 특히 어린아이에게 가장 좋은 스승은 어머니와 주변 사람들인데, 아이는 가까이 있는 어른들의 행위를 살펴보고, 그것을 흉내 내면서 언어를 습득하고 소통하는 법을 배우며, 사회적 관습을 내면화한다. 한편, 자신이 의식적으로 가르치지 않는다고 하더라도 자신의 언어나 행동을 보고 누군가가 배우고 깨달은 것이 있다면 이것 역시 가르침에 속한다. 가르치는 것이 교원자격증을 가진 일부 사람들의 전유물이 아니라는 것이다. 그러니까 배움에는 자기 자신을 넘어서는 타인의 도움이 필요한데, 이러한 도움을 가르침으로 규정하면 배움과 가르침을 동전의 양면과 같이 아주 밀접한 관계로 볼 수 있다.

이렇게 배움과 가르침의 의미를 넓게 생각해본다면 이 둘은 사실 분리되어 있지 않다. 나와 주변 사람들은 알고 있는 것을 서로 가르치고 배운다. 그렇게 가르치는 동안 스스로 배우는 경험을 하게 된다. 이처럼 배움과 가르침은 둘이면서도 하나이고, 하나이면서도 둘인 관계라고 할 수 있다. 그런데 배우는 내용이 복잡해질수록 가르침과 배움은 분리된다. 또한 전문적인 지식을 갖춘 사람과 이를 다른 사람에게 전달하는, 즉 가르치는 사람 간의 분리도 이루어진다. 이처럼 가르침과 배움의 분리, 전문적인 교사의 출현은 존재 양식으로서의 배움, 가르침과 배움의 자연스러운 관계를 인위적이고 형식적인 행위나 관계로 변질시킨다. 이렇게 의도적이며 형식적인 형태의 가르침과 배움이 교차하면서 이루어지는 것을 교육이라고 표현한다.

교육은 문명화된 사회에서 누구나 일상적으로 경험하는 광범위한 사회현상이다. 개인이 태어나서 성장하고 생을 마칠 때까지 삶의 전반에 걸쳐 가르치고 배우는 자연스러운 활동을 목적의식적으로 형태화한 것이다. 동물 세계와 달리 인간은 사회에서 직업을 선택해 자신의 생존을 유지해나간다. 그렇기 때문에 인간은 일상적인 지식과 단순한 기술을 넘어서서 생존에 필요한 지식과 기술을 습득해야 한다. 이 과정은 간혹 배움에 대한 기쁨을 빼앗기도 하며 '공부'라는 보다 목적의식적인 활동에 참여하도록 한다. 교육은 개인뿐만 아니라 사회의 생존에도 필수적이며 개인의 생존 유지, 사회의 유지와 번영이라는 두 가지 요구의 교차점에서 이루어지는 활동이다. 교육은 개인적 삶과 사회적 요구 사이의 역동적인 상호작용 속에서 실현되므로 본래적으로 사회적 활동이며 그 사회의 한계를 뛰어넘을 수 없다.

2. 교육에 대한 비유

교육이란 아직 성숙하지 않은 아이를 '가르치고(敎) 기르는(育)' 것이라는 정의는 그 뿌리가 깊은 만큼 암묵적으로 이런 교육관을 가진 사람들이 주변에 많이 있다. 교육에 대한 이러한 전통적인 관념은 오랫동안 도전받지 않았기 때문에 교육이라 하면 어린아이 때 주로 행해지는 것이고, 사회에 나가기 위한 준비를 하는 것이며, 교사와 학생 간에는 엄격한 구별이 필요하다는 생각이 당연한 것으로 여겨졌다.

이런 교육관은 공장에서 제품을 만드는 과정에 비유할 수 있다. 공장에서 일상생활에 필요한 물건을 만드는 것처럼 교육은 사회에 필요한 사람을 '만드는' 것이다. 공장에서 제품을 제대로 생산해내려면 규칙을 지켜야 하듯이 부적응 학생이나 이탈 학생을 막기 위해서는 엄격한 규칙과 처벌이 필요하다. 교육을 주어진 틀에 맞추어 제품을 생산하는 것으로 보는 틀(주형)의 비유는 교사의 역할을 강조한다. 이런 주형의 비유에는 교사와 학생 간의 평등한 관계나 가르치고 배우는 과정에서의 상호작용에 대한 관념이 들어설 자리가 없다.

수형의 비유

비유를 통해 교육을 설명하면, 교육의 본질과 역할에 대한 여러 가지 관점의 차별성을 보다 극적으로 보여줄 수 있으며 자신의 교육관이 어떠한지, 어떠해야 하는지를 아는 데 도움을 줄 수 있다. 교육에 대한 비유로 대표적인 것은 앞서 말한 거푸집의 비유이다. 거푸집은 쇳물이나 진흙 등으로 일정한 모양을 만들어낼 때 사용하는 주형이다. 이 비유에서 교육은 학습자가 거친 원재료에서 완제품으로 거듭나는 의미 있는 변화를 추구하는 과정이다. 이는 인간의 변화 가능성에 대한 확신과 기대를 잘 드러낸다. 여기서 교사는 제작자로 변화를 불러일으키는 주체이며, 학생은 원료로 변화의 대상이 된다. 거푸집의 비유가 교육이 가진 본질적 기능인 변화를 중시하고 있지만 변화는 이미 규정된 틀에서의 변화이며 학습자의 자율적 성장을 무시하고 있다. 이러한 비유는 교사의 권위를 강조하고, 학생에게 순종을 요구하는 이미지를 강화하여, 가르치고 배우는 과정이 상호적이고 기쁜 공동의 행사가 아니라 일방적이고 고통스러운 과정이라는 것을 당연하게 여기도록 한다. 여기서 교사는 능동적인 것처럼 보이지만 주어진 거푸집이라는 형식적인 교육과정을 운영하는 또 다른 객체에 불과하다. 이처럼 거푸집의 비유는 교육 현장에서 교사와 학생 모두가 소외된 교육 현실을 반영하고 있다.

식물 성장의 비유

한편, 교육을 식물의 '성장'에 비유할 수 있다. 식물은 햇빛이나 바람, 물 등의 환경만 잘 갖추어진다면 스스로 성장해 꽃을 피우고 열매를 맺는다. 식물이 성장하는 것은 고유의 특성에 따라 이루어지는 것이지 성장 과정에서 그 특성이 바뀌는 것이 아니다. '콩 심은 데 콩 나고 팥 심은 데 팥 나는' 것이다. 아동들도 각자의 잠재력과 적성을 가지고 있으며, 적당한 조건만 주어지면 스스로 성장해갈 수 있다. 교육은 아동들이 잘 자랄 수 있도록 조건을 마련해주고 잠재성을 실현해가는 과정을 도와주거나 촉진하는 것이다. 구성주의 교육관에서는 교사를 '촉진자(facilitator)'로 부르기도 하는데, 이는 교사의 역할이 가르치는 데 있는 것이 아니라 학생이 스스로 지식을 구성해나가는 것을 돕는 데 있다고 믿기 때문이다. 교육을 식물의 성장에 비유할 때 교사는 정원사와 같이 식물이 잘 자라도록 김을 매주고 거름을 주는 등 보살핌을 제공하지만 식물의 성장 과정을 바꾸거나 새로운 변신의 기회를 제공하지는 못한다.

연극의 비유

교사의 역할에 대한 과소평가는 과대평가만큼이나 옳지 않다. 교육은 교사와 학생의 극적인 만남에 의해 시작되고 끝나는 것으로, 어느 한쪽이 없으면 교육이 이루어질 수 없다. 교육에서는 유충이 번데기가 되거나 나비가 껍질을 벗고 나오는 변신과 각성의 순간이 매우 중요하다. '줄탁동시(啐啄同時)'는 닭이 알을 품었다가 때가 되었을 때 병아리가 안에서 껍데기를 쪼는 것을 알고, 밖에서 껍데기를 쪼아 병아리가 세상에 나올 수 있도록 돕는 모습을 표현한 것이다. 알을 깨고 나오는 과정이 교육의 가치가 빛나는 순간이며, 교육은 변화를 이끌고 극적인 순간을 연출해내는 연극 무대와 같다. 따라서 교육을 잘 준비되있지만 대본이 없이 진행되는 한 편의 즉흥극에 비유할 수도 있을 것이다. 잘 준비된 무대와 소품, 능력 있는 교사와 그 교사의 지도를 받아 자신의 변신을 이끌어가는 학생이 새로운 상황을 연출해내고 감동을 자아내는 것이 바로 교육이다. 이 과정에서 교사와 학생 모두 성공적인 출연자가 된다. 교사의 권위를 중시하거나 교육 내용을 강조하는 '거푸 집'의 비유, 학생 중심의 교육을 강조하는 '식물'의 비유는 교육의 구성요소 중 어느 한쪽만 부각하는 한계를 가지고 있다. 감동을 주기 위해 교사와 학생이 교육 내용을 배경으로 펼치는 한 편의 즉흥극을 교육이라고 한다면 좀 더 균형 잡힌 관점을 가질 수 있을 것이다.

3. 교육의 정의

1. 어원으로 보는 교육의 의미

맥락이나 본질과 무관하게, 누가 사용하는가에 관계없이 일반적으로 통용되는 정의를 기술적 정의라고 하는데, 교육에 대한 기술적 정의는 예컨대 '가르치고 기르는 것'이다. 교육은 '가르친다'는 교(教)와 '기른다'는 육(育)이 합해진 단어로, '교'는 좀 더 아는 사람이 그렇지 않은 사람을 이끌어주는 것을 뜻하고 '육'은 아이가 타고난 능력과 소질을 기르도록 돕는 것을 말한다. 가르치고 기르는 활동인 교육은 유교 문화권에서 매우 중요한 것으로 여겨져 왔다. 『맹자』의 〈진심편〉에는 군자가 누리는 세 가지 즐거움에 대한 이야기가 있다. 그중 하나가 '천하의 영재를 얻어 그들을 교육하는 것(得天下英才 而教育之 三樂也)'으로, 교육이 갖는 가치를 표현하고 있다. 이는 단순히 군자가 된 자의 즐거움에 그치는 것이 아니라 교육을 통해 인재를 양성하는 것이 중요하다는 것을 시사한다.

영어에서 '교육'은 education이나 pedagogy인데 이것들은 라틴어 educare, 그리스어 paidagogos에서 유래된 용어이다. 어원적 의미는 '선천적 능력을 밖으로(e-) 끌어낸다(ducare)', '아이를(paidos) 이끈다(agogos)'는 것으로 유교에서의 '교육'과 내용이 유사하다. 결국 동서양을 막론하고 교육이란, 개인이 지닌 타고난 능력이나 가능성을 끌어내 성장하도록 돕는 활동을 의미한다.

2. 교육학에서 말하는 교육의 정의

고전적 정의

교육학이란 교육 현상과 행위를 학문적으로 탐구해 획득한 지식의 체제를 말한다. 교육에 대한 논의를 학문적으로 끌어올려 교육학으로 정립한 역사는 길지 않다. 교육학을 의미하는 말로 pedagogy를 처음 사용한 사람은 19세기 독일 철학자인 헤르바르트(J. F. Herbart)였는데, 당시에는 철학적·사변적 측면이 강했다. 교육학이 과학적 지식 체계로 정립된 것은 프랑스 실증주의자인 뒤르켐(É. Durkheim)에 의해서인데 그는 객관적·실증적 방법을 강조했다.

뒤르켐은 『교육과 사회학』에서 교육이란 '어린 세대를 대상으로 하는 체계적 사회화'라고 했다. 교육받은 개인이 '집단적 의식을 내면화해 사회적 존재로 형성'되는 과정으로, 이는 사회 존속을 위해 필요 불가결하다고 보았다. 뒤르켐에 의하면 개인은 교육을 통해 자신과는 전혀 다른 존재로 '변형'되고 '창조'된다. 그는 교육이 특정한 시대, 특정한 사회를 염두에 두어야만 의미 있게 규정될 수 있으며, 특정 시대와 사회에 구애되지 않는 '보편적 인간성'에 의한 정의를 관념적인 허구로 보았다.

뒤르켐이 말하는 교육 개념의 사회적 규정성은 피터스(R. S. Peters)의 교육 개념과도 일맥상통한다. 그는 『윤리학과 교육』에서 교육을 '문명적 삶의 형식을 향한 성년식'이라고 비유적으로 정의했다. 교육은 문명사회의 성숙한 구성원으로 사람들을 입문시키는 활동이며, 가치 있는 활동 또는 사고와 행동의 양식을 갖추도록 돕는 것이다. 이를 위해 가치 있는 것을 전달하고(규범적 기준), 지식과 이해, 지적 안목을 길러주며(인지적 기준), 의식과 자발성을 전제로 한다(과정적 기준)는 세 가지 기준을 충족시켜야 한다. 교육이 가치 있는 것을 온당한 방법을 통해 의도적으로 전달하는 것이라는 관점은 교육이 갖는 사회적 규정성을 잘 드러낸다.

공학적 정의

교육을 '사회화'나 '성년식'의 개념을 사용해 정의할 때 문제점은 이들 개념이 관찰 가능하지 않고 여전히 추상적이어서 과학적이지 않다는 점이다. 교육과학(science of education)[1]의 입장에서 보면 교육은 과학의 한 부분이다. 과학적 지식

---

1 교육과학이란 일반적으로 교육학과 동의어로 쓰인다. 하지만 철학적·사변적 추론이 아니라 교육 현상에 대한 "관찰에 의하여 일반화된 원리나 법칙을 발견하고 논리적으로 체계화한 후 그것을 교육 등의 목적으로 활용하여 교육의 과정을 통제하는 지식의 체제와 그 탐구 과정"(서울대학교 교육연구소 편, 『교육학용어사전』, 104~105쪽)을 의미하기도 한다.

은 반복적인 조작에 의해 검증되어 객관화된 지식이며 관찰할 수 없는 것을 관찰 가능하도록 조작적으로 정의하는 데서 시작한다. 예를 들어 지능은 '머리가 좋은 정도'를 뜻하지만, 지능이 과학적 연구에 유용하게 쓰이려면 '지능검사 결과 수치'와 같이 조작 가능한 방식으로 정의되어야 한다. 교육에 대한 조작적 정의는 정범모의 '인간 행동의 계획적인 변화'라는 정의에서 잘 드러난다.

정범모의 정의는 '인간 행동', '계획적', '변화'의 세 가지 요소로 이루어져 있다. 교육이 인간을 다루는 일임에도 인간 행동으로 구체화한 것은 인간이라는 용어가 너무 막연하기 때문이다. 정범모는 '인간 행동'에 신체적인 동작뿐만 아니라 '지식, 사고, 가치관, 동기 체제, 성격 특성, 자아 개념' 등 인간의 내면적인 행동을 포함시킨다. '계획적'이라 함은 여러 가지 이유로 인간 행동에 변화가 일어나지만 그것이 교육이 되기 위해서는 변화가 계획적이어야 한다는 뜻이다. 계획은 간단히 말해 '교육 프로그램'이며, 변화시키고자 하는 인간 행동에 대한 명확한 목적(교육 목적), 변화로 이끌 수 있는 이론(교육 이론), 구체적인 프로그램(교육 과정 및 방법)을 포함하고 있다. 이런 의미에서 교육은 학습과 다르다. 교육의 목적은 학습이고 학습은 교육의 결과이지만, 모든 학습이 반드시 '계획'된 결과로 발생하는 것은 아니기 때문이다. 정범모의 정의에서 '변화'란 '육성, 조성, 함양, 계발, 교정, 개선, 성숙, 발달, 증대' 등을 포함하는 포괄적인 개념이며, 교육의 결과로 나타난 변화가 유효하고 지속성을 가져야 한다. 하지만 이것이 '바람직한' 변화를 의미하는 것은 아니다. 바람직한 변화는 주관적인 개념으로 측정하거나 조작하기 어렵기 때문이다.

공학적 정의의 문제

정범모의 정의는 앞의 저자들과 달리 교육 목적이나 가치관을 배제한 공학적인 정의이다(이홍우, 2009). 목적이 이미 주어진 상태에서 최선의 해결책을 찾기 위한 노력이 공학인 것처럼 교육 역시 어떤 방향으로 행동을 변화시켜야 하는가는 이미 주어져 있다고 가정한다. 이런 점에서 정범모의 정의는 맥락을 무시한 기술적 · 추상적 정의에 해당한다. 그런데 교육이 목적의 추구와 분리되어 정의될 수 있는가 하는 의문이 여전히 남는다. 교육 활동 자체가 가치를 추구하는 것을 전제로 이루어지고 있으므로 교육 목적과 교육 활동을 개념상으로 구별하는 공학적 정의의 타당성에 대한 반론이 있을 수 있다. 피터스의 경우, 교육은 바람직한 것을 의도적으로 전달하는 것이며 그 전달 방법이나 과정 역시 도덕적으로 온당해야 한다고 주장했다. 그의 정의는 가치판단을 전제로 하며, 과학적 성격은 약하지만 교육의 본질적 측면을 밝히고 있다는 점에서 의의가 있다.

정범모의 정의가 교육의 총체를 규정하는 포괄적인 정의이지만 현대교육에는 '계획'적이지 않은 비의도적인 교육, 무형식 학습이나 자기 주도적인 학습, 잠재적 교육과정 등 '교육'으로 정의할 수 없는 많은 현상들이 존재한다. 현대사회가 점점 복잡해짐에 따라 교육도 학교를 넘어 사회 전반에 걸친 현상으로 변했고, 어린 시절에 경험하는 것이 아닌 전 생애에 걸쳐 이루어지는 현상이 되었다. 학교교육이 일반적이었던 시대에 개념화된 교육에 대한 정의나 관념이 변해야 하는 시점인 것이다.

정범모의 정의는 인간 행동이 '계획된 프로그램'에서 의도한 대로 변화할 수 있다는 것을 전제로 하고 있다. 의도한 바가 실현되지 않는다면 교육이 이루어졌다고 볼 수 없으며, 그러한 활동은 교육이 아니거나 실패한 것이다. 그러나 교육이 의도한 대로 인간 행동에 변화를 가져올 수 있다는 생각은 교육과 훈련을 혼동한 결과이기도 하다. 훈련은 '제한된 기술이나 사고방식을 길러주는 것'을 목적으로 하며 훈련받은 내용은 정확하게 반복할 수 있어야 한다. 반면, 교육은 '보다 넓은 신념 체계를 다루는 것'(피터스)으로, 때로는 교육자가 의도하지 않은 결과를 낳기도 한다. 교육이 가지는 의도성이나 계획성은 교육의 본질적 특징이지만 결과에 대한 융통성 역시 감수해야 한다. 공학적 정의에서는 이런 융통성이 인정되지 않는다. 왜냐하면 공학은 의도한 결과를 낳지 못하면 실패한 것으로 보기 때문이다.

교육을 통해 인간 행동을 의도적으로 변화시킬 수 있다는 사고방식은 교사 중심, 전달자 위주의 관점을 전제로 한다. 그러나 교육은 교사가 일방적으로 주어진 계획에 따라 가르치는 행위가 아니며 학생과의 끊임없는 상호작용 속에서 이루어진다. 그런데 그 과정은 사전에 완벽하게 준비하거나 계획할 수 없다. 만약 어떤 사람이 준비되고 설계된 대로만 교육하고 성과를 거두는 데 급급해 한다면 그는 참된 교육자가 아니라 주어진 대로 교육하는 교육 기술자라고 할 수 있다. 이런 식이라면 교육과 훈련 간 구별은 무의미하다. 교육은 가르치는 교사와 배우는 학생 상호 간에 행해지는 내밀한 활동이며, 이 과정에서 기대하고 의도했던 변화 이상의 결과를 낳을 수 있다. 이것이 교육의 결과에 대한 폭넓은 이해와 평가가 필요한 이유이다. 의도한 변화를 낳지 못했어도 이를 교육의 실패로 보아서는 안 된다. 교육의 과정에서 발생한 배움이 어떤 것인지에 대해 알기 위해서는 의도성을 넘어서는 융통성 있는 시각이 필요하다.

4. 교육의 목적

교육은 '배움'이라는 인간존재의 근본적인 조건과 '가르침'이라는 사회적 요구가 교차하면서 나타나는 현상이다. 배움에 대한 욕구가 본능적인 것인 만큼 적절한 통제와 관리, 안내가 없으면 배운다는 행위 자체는 인간의 성장을 보장하지 않는다. 때로 배움에 대한 욕구를 잃거나 욕구가 억압받게 되는 경우도 있으며, 배우고자 하는 욕구에 무작정 휘말려 무익하거나 유해한 것을 배우는 경우도 많다. 또, 어떤 경우에는 배우는 과정이 비효율적이거나 비계획적이어서 노력한 만큼 효과를 거두지 못하기도 한다. 누군가의 도움 없이는 도저히 한 발도 뗄 수 없는 배움의 영역도 많고 악의적이거나 잘못된 교육으로 평생 동안 허위의식에 사로잡혀 사는 경우도 있다.

이렇게 본다면 무언가를 제대로 배운다는 것은 결코 쉽지 않은 일이다. 개개인이 배우고 깨닫는 과정을 안내하기 위한 사회적 장치가 필요하며, 배우고 가르치는 활동을 체계화하여 사회적 요구를 충족시킬 필요가 있다. 교육은 배우고자 하는 인간의 본능을 자극하고, 배움의 장을 마련해주며 배움의 과정을 안내하는 가르침을 통해 개인적 깨달음을 주고, 사회적 요구를 충족시켜 준다.

교육목적의 내재적 관점

교육의 목적에 대해서는 내재적 관점과 외재적 관점이 존재한다. 이는 교육이 개인의 성장을 위해 이루어지는 행위이지만 인간이 사회 속에 존재하는 한 사회적 요구를 무시할 수 없기 때문이다. 개인의 성장과 사회적 요구는 밀접하기 때문에 내재적 관점과 외재적 관점이 혼용되기도 하며, 양자 간의 경계가 모호하다. 먼저, 교육의 내재적 관점은 배움 지체에 초점을 두고 있는데, 화이트헤드(A. N. Whitehead)는 교육의 목적이 학생들의 '자기 개발 능력(self-development)'을 북돋아주고 이끌어주는 데 있다고 주장했다. 이는 교육 자체의 고유한 목표에 대해 말하고 있는 것으로, 이런 관점에서는 교육을 통해서 인격을 닦고 지식과 교양을 쌓는 등 자기 개발 능력을 기르는 것 자체가 목적이 된다. 이렇게 배운 것을 바탕으로 사회적 활동을 하고 직업을 구하거나 생계를 유지하는 것은 부차적인 결과일 뿐이다. 교육의 목표가 개개인의 성장에 있다면 학생 개개인에 대한 관심과 개성의 발현, 교육하는 과정 자체가 중요해진다.

교육목적의 외재적 관점

반면, 사회적 요구를 우선시하게 되면 민주 시민의 양성이나 사회를 이끌어 갈 인재의 개발, 글로벌 리더의 양성, 직업 세계 준비 등 교육 외적인 것에 목적을 두게 된다. 교육의 대상인 개개인 역시 사회 속에서 살아가는 존재이므로 사회적 가치나 요구로부터 자유로울 수는 없다. 개인은 사회 속에서 태어나 사회적 존재로 성장하고 사회적 관계를 맺으며 살아가며, 자연상태의 개인은 없다. 이렇게 본다면 개인의 사회화, 사회적 가치의 내면화, 독립된 존재로 사회에 기여하는 것은 자연스러운 것이다.

그러나 교육의 외재적 가치를 강조하다 보면 교육이 당연히 추구해야 할 개인의 사회적 성장을 넘어 무조건 개인이 사회에 기여하고 사회적 요구에 부응해야 한다고 믿게 된다. 교육의 목적을 외부에 두거나 교육을 투자로 생각하는 사람들은 교육의 결과로 얻게 되는 효과나 성과에만 관심을 갖게 된다. 그렇다 보니 배움의 본능을 발현하고 배우고 깨달아가는 데서 얻는 기쁨, 배우고 가르치는 과정에서 얻는 즐거움, 예기치 못한 성과 등 교육의 과정에서 얻을 수 있는 많은 것들에 관심을 갖지 않거나 무시하게 된다. 결과가 모든 것을 보상하기 때문이다. 배우는 과정에서의 고통과 어려움은 미래의 보상을 위한 희생인 것이다.

교육 자체의 목적보다 교육으로 인한 결과에 더 중점을 두는 것은 뿌리 깊은 사고방식이다. 특히 우리나라와 같이 교육입국(教育立國)을 강조하고 영재교육, 수월성 교육과 사회를 이끌어갈 인재 육성을 중요시하는 사회에서는 교육을 통한 개성의 발현, 가르치고 배우는 과정에서의 즐거움과 같은 교육의 내적 가치에 대해 경시하는 경향이 있다. 이것은 동양의 전통적인 교육관과 맥을 같이 한다. 『맹자』는 군자의 즐거움 중 하나가 '천하의 영재를 얻어 그들을 교육하는 것'이라 했는데, 이는 우수한 학생을 교육해서 세상에 쓸모 있는 인재를 기른다는 사고방식을 보여주고 있다. 일부 뛰어난 사람을 선발하고 가르쳐서 리더로 육성하는 엘리트 교육은 전형적으로 '수단으로서의 교육관'에 기초하고 있다.

약육강식의 살벌한 전쟁터 같은 사회나 적대적인 국가의 침입, 절대적인 빈곤이 만연한 사회가 아니라면 교육의 내적 가치를 보다 강조할 필요가 있다. 우리나라는 과거 오랫동안 교육과 입신양명의 출세가 분리되어 있지 않았고 일제강점기에는 반일 운동으로서 민족교육에 크게 의존했다. 교육이 출세나 항일을 위한 수단으로 존재했던 것이다. 해방 후 군사독재와 산업화 시대를 거치면서 교육에 대한 수단적 가치는 더욱 강조되었고, 교육은 출세를 위한 사다리로 인식되어 상위권 대학 입학이나 국가고시 합격이 인생에 있어서의 성공과 동일시되었다. 이런 인식은 시대가 변하고 사회적 요구가 바뀐 오늘날에도 여전히 남아 있다. 그럼에도 점차 교육의 내적 가치에 눈을 뜨고, 교육을 통해 깨우치는 과정 자체를 즐기는 사람이 많아지고 있는 것은 미래교육을 위한 좋은 신호라고 할 수 있다.

5. 교육과 교육적 관점

교육은 한 개인의 성장에 관한 것이다. 개인의 성장이 유전적 프로그램에 의한 자연적 성숙이 아니고 의식적인 노력에 의해 이루어질 때 교육이 개입한다. 교육적 관점은 모든 사람에게 성장 가능성이 있다고 믿는 것이다. 현재의 모습보다 더 나은 미래의 모습으로 나아가며, 누구나 더 나은 모습으로 나아가기 위한 기회를 가져야 한다는 생각이다. 교사들이 아이들을 대할 때 그 아이의 현재 모습이 아니라 가능성을 보아야 한다. 교육을 통해 변화할 수 있고 누구나 변화의 가능성을 가지고 있다는 믿음이 없다면 제대로 된 교육이 이루어질 수 없을 것이다. 반면 비교육적 관점은 실수를 하거나 능력이 없는 아이들에게 낙인을 찍고 규정한다. 일반 학교에서 '삐뚤어진 아이', '머리가 나쁜 아이', '습관이 좋지 않은 아이' 등 학생들에게 붙이는 낙인은 차고 넘친다. 이렇게 낙인찍는 것은 그 아이의 성장 가능성을 부인하고 교육의 효과를 믿지 못하는 것을 자인하는 셈이다.

교육적 관점의 두 번째 특징은 실수나 실패를 인정하는 것이다. 더 나아가 실수를 긍정하고 의도적으로 실수하도록 유도하여 성장 가능성을 높이려는 관점이다. 한 사람이 성장한다는 것은 무엇을 의미하는가? 그것은 지적으로, 육체적으로, 정서적으로, 과거의 나와 다른 나로 변화하는 것이며, 이러한 변화는 크건 적건 과거를 극복하고 과거의 토대 위에서 현재를 구축하는 것이다. 이 변화는 실수 없이는 불가능하다. 실수는 자신이 믿는 것, 자신이 기대하는 것이 현실을 반영하지 못할 때 일어난다. 실수하지 않으려고 아무것도 하지 않는다면 발전이 없다. 어려서 많은 실수를 하고, 그 실수를 통해 배운 아이들은 그렇지 않은 아이들에 비해 성장 가능성이 높다. 그러나 실수에 대한 책임이 지나치게 크거나 조그마한 실수도 용납하지 않는 가정 혹은 학교에서 생활한 아이들은 위축되고 도전이 없는 삶을 추구하는 경향이 있다. 실수를 용인하고 변화의 계기로 삼는 교육적 관점을 가진 교사만이 아이들의 삶을 성장하는 삶으로 이끌 수 있는 것이다.

교육적 관점은 결과보다는 과정을 중요시한다. 과정이 어찌 되었든 결과만 좋으면 된다는 생각은 목적을 위해 수단을 가리지 않는 도덕적 일탈을 정당화한다. 배우고 노력하는 과정은 성적 향상이나 학습 목표 달성이라는 결과를 위한 수단이 아니다. 배우는 과정 자체가 목적이고 즐거움인 것이다. 교육은 학생들이 배움을 즐기고 깨달아가며 실수를 통해 자신의 껍질을 하나씩 벗어던지면서 성장하도록 돕는 것이다. 목표를 정하고, 수업을 하고, 학습한 결과를 평가하는 기존의 교육에서는 배우는 과정, 서로 돕고 소통하려는 노력, 남과 다르게 보려는 창의성, 평가의 두려움 없이 자신의 생각을 드러내는 용기 등은 중요하지 않다. 사람을 더 사람답게 만드는 것이 이런 것들임에도 말이다.

교육적 관점은 학생의 입장을 이해하고 공감할 줄 아는 마음이다. 공감은 타인의 입장에서 세상을 바라볼 줄 아는 마음가짐과 능력이다. 공감하는 태도와 능력은 열린 마음을 전제로 한다. 교육은 배우고 가르치는 행위가 교차하는 공간이며, 배움과 가르침은 단순한 계약관계가 아니라 전인격적인 만남을 필요로 한다. 이 만남에서 학생과 교사는 서로서로 가르치고 배운다. 교사가 학생의 필요와 건강상의 문제, 개성, 가정적 배경과 성장통, 교우 관계 등 모든 것을 알 수는 없다. 그렇지만 학생과 대면하는 순간 적절하게 공감할 줄 안다면 가르치는 순간은 교사에게는 새로운 것을 배우는 순간이며, 수업이 좀 더 역동적이고 즐거운 과정이 될 것이다.

자기성찰활동

교육적 관점에 섰을 때 교사의 성찰과 성장이 보장된다. 누군가를 가르치게 되면 자신이 이미 모든 것을 알고 있으며 더 이상 배울 것이 없다는 생각에 빠지기 쉽다. 이런 생각은 타인을 올바르게 이해하지 못하는 결과를 낳는다. 특히 학생들의 삶에 대해 잘 알지 못하는 교사가 자신만의 잣대로 아이들을 판단하는 오류를 범할 수 있다. 아래 초등학교 선생님이 실제 겪었던 사례를 살펴보자.

> 초등학교 6학년 교실에서 수업을 하고 있는 중이다. 아이들 사이에서 갑자기 "이 게이 새끼야!"라며 욕하는 목소리가 들렸다. 한 아이가 옆 친구를 밀치며 소리를 지른 것이었다. 아이의 목소리가 생각보다 컸고, 순간 교실에 정적이 흘렀다. 욕을 한 아이도 당황스러웠는지 얼굴이 벌게진 채 내 얼굴만 쳐다보았다. 다른 아이들은 내가 저 말에 어떻게 반응할까 궁금한 표정으로 내 얼굴을 바라보았다.

이 상황은 정도의 차이는 있지만 교사가 흔히 겪는 상황이다. 이때 교사는 어떻게 대응해야 할까? 수업 시간에 욕한 것도 문제이지만 그 내용이 동성애를 비하하는 것이어서 그냥 지나치게 된다면 그것이 문제가 될 수도 있다. 교사가 암묵적으로 욕한 학생을 용서하고 동성애 비하를 인정한다는 인상을 줄 수도 있기 때문이다. 그렇다고 욕한 아이를 불러 세워서 혼을 내거나 바른 말 쓰기에 대해 일장 훈시(잔소리)를 한다고 문제가 해결될까? 당장은 모면할지 몰라도 학생의 행동을 바꾸는 데는 아무런 영향을 미치지 못할 것이다. 어떤 교사는 아이를 상담실로 보내거나 부모를 불러서 아이의 행동에 대해 의논(고자질)할지도 모른다. 그러나 아이의 입장에서 교사의 훈시가 '잔소리'로 느껴지고 부모와의 의논이 '고자질'로 느껴진다면 교육적인 효과를 거둘 수 없을 것이다.

이런 상황에서 교육적 관점에 기초한 대응은 어떻게 하는가? 자신의 생각을 적어보고 다음 페이지의 내용과 비교해보라.

무엇보다 먼저 아이의 입장에서 생각해본다. 큰 소리로 욕하고 수업 분위기를 망친 아이를 원인도 알아보지 않고 "너는 왜 그러냐? 만날 하는 게 친구하고 싸우는 거야?" 라고 비난하거나 "친구하고 잘 지내야지. 바른 말 쓰자" 고 이야기 하는 것은 옳지 않다. 일단 행위 자체에 초점을 두고, 다른 아이들에게 피해를 주고 수업 분위기를 망친 행위에 대해서 사과하도록 유도하는 것이 좋다. 이 과정이 강압적이어서는 안 되며, 아이의 감정이 가라앉고 주위를 둘러볼 수 있을 만큼 여유가 생겼을 때 진행할 필요가 있다. 행위에 초점을 맞추게 되면 아이의 자존감을 유지할 수 있고 자신의 행동에 대해 되돌아볼 수 있게 해준다. 이런 과정을 통해 아이들이 스스로의 행동을 돌아보고 성찰해서 스스로 반성하도록 돕고 올바르게 생각할 수 있는 힘을 길러주는 것이 교사의 역할이다.

교육적 관점을 가진 교사는 아이들에게서 배운다. 예기지 않은 상황이 닥쳤을 때 아이들에 대해 스스로 얼마나 알고 있었는지 반성하며, 새로운 학습의 필요를 느끼고 자신의 가치와 태도를 되돌아본다. 교사는 아이들의 언어에 대해 얼마나 알고 있는가에 대해 성찰한다(예를 들어 요즘 아이들이 '게이'니 '레즈'니 '애자'니 차별적 언어를 일상적으로 쓰고 있다는 것을 모른다면 아이들의 삶에 무지한 것이다). 또 자신이 성 평등에 대해 얼마나 알고 있으며 어떠한 태도를 가지고 있는가를 묻는다. 성 평등 의식이 부족한 교사가 '게이 새끼'라고 욕한 아이를 지도할 수 있을까? 나아가 아이들이 서로를 비하할 때 '게이'라고 부르는 이유를 생각해볼 필요가 있다. 이것은 결국 우리 사회의 차별 의식을 반영하고 있는 것으로, 아이들이 타인에 대한 차별과 혐오를 배우고 자라도록 하지 않으려면 교사 스스로 부정적 의식을 극복하고, 사회의 차별적 의식에 저항하는 것이 중요하다. 문제의 궁극적 해결은 아이들의 개별적 지도를 넘어서 차별 없는 사회, 깨어 있는 사회의 건설에 있을 것이다. 이를 위해서라도 교사는 자신의 교실에서 학생들이 민주적 가치를 내면화하고 실천해나갈 수 있는 시민으로 성장할 수 있도록 도와야 한다.

2장

교육과 철학

철학은 세상을 평가하고 해석하는 방식에 대한 것이다. 존재의 본질, 인간의 본성, 아름다움과 추함, 선과 악, 지식과 실재에 대한 논의 등 과학의 힘으로는 파악할 수 없는, 세상과 삶을 이해하는 데 본질적인 질문들에 대답한다. 교육에 관한 철학은 교육의 개념, 이상과 목적에 대한 논의를 통해 교육의 과정, 교수 학습, 평가 및 정책 등에 관한 체계를 세우는 데 기여한다. 교육철학은 철학적 연구 성과들을 교육 문제에 적용하거나 철학적 방법을 통해 교육적 이슈에 대한 해답을 추구하는 학문이다. 교육철학의 핵심 질문은 '교육은 무엇이어야 하는가'이다. 교육의 본질에 대한 탐색, 교육의 의미와 개념에 대한 추구, 교육의 가치에 대한 이해야말로 교육철학에서 답해야 하는 질문들이다. 교육철학의 학문적 탐색을 통해 나오는 담론들은 교육의 실천에 큰 영향을 미치며, 현재 이루어지고 있는 다양한 교육 활동에 기준을 제시해준다. 이런 점에서 교육철학은 관념과 사변으로 교육의 본질을 추구하는 것이 아니라 교육의 구체적인 현장에서 매일 부딪치는 문제에 대해 적극적으로 실천하고 개입하는 과정을 통해 해답을 추구해야 한다.

많은 사람들이 명시적이든 아니든 자신의 교육철학에 따라 교육의 여러 문제에 대한 자신만의 견해를 가지고 살아간다. 예를 들어 좋은 교육은 대학 입시에서 좋은 결과를 얻는 것이라고 믿는 교장, 공부하는 것이 즐거운 활동이 되어야 한다고 믿는 교사, 학교는 재미가 아닌 공부를 위해 존재한다고 생각하는 교사, 학생과 교사가 친구처럼 지내며 친밀한 관계를 맺는 것이 사제지간의 핵심이라고 믿는 교육 실천가, 교사와 학생 간에는 일정한 선이 필요하다고 믿는 학부모, 시험 성적을 높이기 위해 학생들의 하드 트레이닝이 필요하다고 생각하는 학원 강사, 탐구하고 발견하는 재미를 느끼는 것이 진정한 공부라고 생각하는 교수, 학생들은 교사의 지도와 관리 아래 올바르게 성장한다고 믿는 교육 행정가 등 교육을 둘러싼 여러 가지 문제들에 대해 사람들은 서로 다른 의견을 가지고 있다. 이런 문제들에 대한 대답은 삶의 가치, 교육의 본질과 지식의 특성, 올바른 교수법과 바람직한 사제지간에 대해 각자가 가진 철학적 입장에 따라 달라질 수밖에 없다. 따라서 교사로서 어떤 것이 올바른 교육철학인지에 대해 알아야 하며 자신만의 교육철학을 갖추고 교육 실천에 임할 필요가 있다.

1. 철학에서의 교육: 관념론과 실재론

철학의 근본 문제는 존재의 근원에 대한 것이며 이와 관련해 관념론과 실재론의 오랜 논쟁이 계속되고 있다. 간단하게 말해서 관념론(idealism)은 이 세상을 구성하는 근본적인 요소가 정신이나 관념 같은 비물질적 실체(이성, 신 등)라고 주장하는 것이다. 반면 실재론(realism)은 세계의 본질은 물질이며 이러한 물질은 우리의 정신과는 독립적으로 존재하고 있다고 본다. 우리는 일상생활에서 물질적 세계가 객관적으로 존재하고 있다고 믿는 소박한 실재론자이지만 종교 생활을 할 때는 관념론에 빠지기도 한다. 기독교의 신은 물질적 존재는 아니지만 세계를 창조한 근원이며 숭배의 대상이 된다. 이런 점에서 일반 사람들은 실재론과 관념론의 철학적 입장에 대해 깊은 고민 없이 생활하고 있다.

일상생활과 달리 교육에서는 관념론과 실재론의 철학적 입장에 따라 교육의 목적과 과정, 교육 방법, 교사를 바라보는 관점이 크게 다르다. 먼저 전통적인 교육관에 큰 영향을 미친 관념론적 입장에서 살펴보도록 하자.

1. 관념론적 입장에서의 교육관

관념론은 그리스 철학자인 플라톤으로부터 연원한다. 플라톤은 우리가 사는 세계를 현상계라 칭하고 이 세계는 이데아라는 참된 세계의 반영에 불과하다고 말했다. 동굴의 비유를 통해 그는 동굴에 사는 속박된 사람들이 그림자를 보면서 그것을 실체라고 믿고 있는 것처럼 우리들도 그림자에 불과한 현상세계를 진짜로 믿고 있다고 했다. 우리는 이데아의 '그림자'에 불과한 현상계가 아닌 이데아의 세계를 파악해야 하며 이는 이성에 의해 가능하다고 보았다. 이와 같이 관념론에서는 세계를 이루는 궁극적 실체가 정신이나 비물질적 실체이며, 물질이란 그러한 비물질적인 실체의 구체화로 본다.

보통 관념론자들은 인간의 감각을 통해 지각할 수 있는 현상세계의 물질적 실체를 부정하지 않는다. 다만 이러한 현상세계가 존재한다 하더라도 그것은 정신세계의 반영에 불과하다고 보는 것이다. 우리가 일상적으로 접하는 물질세계는 늘 변화하고 불완전하며 무질서한 특징을 가지고 있으므로 진리의 원천은 항구적이고 절대적인 정신이나 영혼과 같은 비물질적인 데 있다. 따라서 진리를 밝힌다는 것은 뭔가를 새롭게 발견하는 것이 아니라 이미 있는 것을 깨달아가는 과정에 불과하다. 관념론에서 학습이란 진리를 추구하는 행위이고 불변하는 정신적 실체를 깨달아가는 것을 말한다.

관념론적 입장에서 교육은 학습자가 절대적이며 불변하는 진리를 깨달아 도덕적 완성에 이르도록 가르치는 것이다. 『논어』에 "아침에 도를 깨닫게 되면 저녁에 죽어도 좋다(朝聞道 夕死可矣)"라는 말이 있듯이, 참된 이치(도 또는 진리)란 일상생활 가운데 얻어지는 것이 아니라 속세를 초월해서 개인이 도덕적 · 정신적 완성을 추구하는 가운데 얻어지는 것이다.

교육의 목적이 도덕적 완성이라면 오늘날 교육에서 강조하고 있는 경쟁주의나 직업교육은 설 자리가 없을 것이다. 이것들은 진정한 교육이라고 볼 수 없기 때문이다. 교사들은 학생들이 사회나 기업에 유용한 인재가 되기 위해 실용적 지식을 쌓도록 돕는 데 급급할 것이 아니라 진리를 추구하는 자율적 탐구자로, 도덕적 완성을 추구하는 인격자로 성장하도록 도와야 한다.

학생들이 진리를 탐구하도록 돕기 위해서는 인문 교과의 교육이 필수적이다. 이러한 인문 교과 중 가장 중요한 것은 이 세계를 이루는 가장 근본적인 존재인 신과 우주를 탐구하는 신학과 철학이다. 학생들은 철학과 신학을 포함해 역사, 언어, 수학 등 사유 교과를 배우고 이들 교과 간의 상호 관련성을 파악해 통합적인 안목을 길러야 한다. 또한 학생들은 시대를 관통해 지속되어온 위대한 문화적 유산인 문학과 예술 작품을 배워야 한다.

학생들이 배우는 과정에서 교사의 도움은 절대적으로 중요하다. 관념론적 교육관에서 학생을 가르치는 교사가 전문적이며 통합적인 안목을 가지고 있어야 함은 물론이고 학생들에게 모범이 되는 도덕적인 인격을 가지고 있어야 한다. 훌륭한 교사는 학생을 존중하고 학생의 도덕적 품성이 완성되도록 돕는다. 교사는 학생들이 본받을 수 있는 도덕적이고 문화적인 본보기가 되어야 하며 학생들의 학습 열망을 일깨워야 한다. 이와 같이 학생이 배우는 데 있어 교사의 가르침은 매우 중요하며 결정적인 역할을 한다.

관념론적 교육관의 한계

동서양을 막론하고 관념론적 교육관은 일반인의 교육관에 큰 영향을 미쳐 왔다. 그중에는 부정적인 영향도 없지 않다. 교육을 단순히 지식이나 기술을 익히는 것이 아닌 도덕적 완성과 진리 추구로 보는 관점이 지나치면 직업교육이나 기술교육을 천시하고 문사철(文史哲) 위주의 인문교육만을 중시하는 결과를 낳는다. 이는 현대사회 교육의 다양한 모습을 이해하는 데 좋지 않은 영향을 줄 수 있다.

관념론적 교육관에서는 지덕체가 갖추어진 전인교육이 필요하다고 하거나 군사부일체라 하여 교사의 권위를 강조하기도 하고 교사는 학생들에게 모범이 되는 존재로서 도덕적일 필요가 있다고 말하기도 한다. 그러나 이런 사고방식은 직업인, 전문인으로서의 교사상보다 인격적 무결점을 가진 사람으로서의 교사상을 강조하여 교사들의 사회적 활동이나 정치적 행위를 제약하기도 한다.

2. 실재론적 입장에서의 교육관

관념론적 세계관이 플라톤의 철학에서 기인했다면 실재론적 입장은 아리스토텔레스의 철학관에 그 뿌리가 있다. 실재론에는 다양한 형태가 있지만 일반적으로 세계를 구성하는 기본 원리는 물질이라는 유물론적인 사고를 바탕으로 한다. 이러한 물질은 객관적 실재로서 우리의 생각이나 관념, 신과 같은 비물질적 존재와는 독립적인 것이다. 진리란 신이나 절대자에 의해 일방적으로 부과되는 것이 아니라 사물의 속성에 관한 것으로, 우리의 감각과 이성적 사고를 통해 탐구하고 찾아낼 수 있다.

아리스토텔레스와 같은 고전적 실재론자들은 교육의 궁극적 목적이 인간 이성의 개발이라고 믿는다. 브로우디(H. Broudy) 같은 학자 역시 교육의 목적은 자아

실현과 자아 완성을 통해 인간의 가능성을 고양하고 좋은 삶을 영위하는 것이라고 보았다. 대부분의 실재론자들은 교사의 역할을 매우 중요하게 생각하는데, 그 이유는 체계적으로 교육 내용을 제시하고 객관적으로 입증된 진리를 전달하는 존재이기 때문이다. 학교에서 교사는 체계적으로 가르치고, 관찰과 실험을 통해 비판적으로 사고하는 법을 가르쳐서 학생들의 오성과 이성을 자극해야 한다.

실재론에서는 과학적 연구를 통해 사물의 법칙을 발견할 수 있다고 믿기 때문에 교육을 할 때에도 과학적 연구 방법을 통해 얻은 결과물, 그 교과의 내용을 가르쳐야 한다고 본다. 현재 우리에게 익숙한 교과 중심의 교육과정, 획일적인 교재, 표준화된 시험 등은 실재론적 입장을 반영한 것이다.

실재론에서는 모든 학생이 배워야 할 지식에 체계가 있으며, 사회적 가치를 지닌 비교적 변하지 않는 내용으로 교육과정을 구성해야 한다고 본다. 이로 인해 흥미 위주의 내용 구성이나 교수 방법에 대해서는 회의적인 시각을 가지고 있다. 이런 맥락에서 볼 때, 실재론적 입장은 권위적인 교사, 전통적인 전달식 수업, 주입식 교육을 옹호하는 경향이 있다. 또한 학습은 흥밋거리에 집중하는 것이 아니라 집중적인 노력에 의해 일어나는 것이며 교육에서의 훈련과 훈육을 강조한다.

실재론적 교육관의 한계

관념론이 인격의 완성을 목적으로 한다면 실재론은 교과 지식을 연마해서 체계화된 지식을 갖춘 사람이 되는 것을 목적으로 삼는다. 관념론과 마찬가지로 실재론적 입장의 교육관 역시 지나치게 되면 여러 가지 문제점이 나타날 수 있다.

먼저, 공부가 고통스러운 자기 연마의 과정을 통해 이루어지는 것이라는 생각은 자칫 학습에 흥미를 잃은 학생들이나 노력하지 않는 학생들을 학습 부적응아 혹은 문제아로 인식하게 만든다. 뿐만 아니라 교사를 지식을 체계적으로 전달해주는 전문가로 생각해 교사의 가장 중요한 임무 중 하나인 교육 방법의 전문성을 무시할 우려가 있다.

한편, 학교를 지식을 제공하고 훈육하는 기관으로 보는 시각은 학교가 가진 공동체의 기능이나 오락, 사회적 봉사 등의 역할을 경시함으로써 학교가 처한 사회적·정치적 맥락을 무시하고 학교의 사회적 책무성에 눈을 감는 결과를 초래할 수도 있다.

2. 교육에서의 철학

앞 절에서 보았듯이 철학의 양대 진영이라고 할 수 있는 관념론과 실재론의 오래된 논쟁 과정에서 교육을 바라보는 각각의 관점 역시 성장해왔다. 그러나 이런 논의들은 교육 현상에 대한 연구와 실천에 기반하기보다 각자가 처한 철학적 입장에서의 관념적 논의에 그치고 말았다. 또한 이들 논의는 교육에 대한 권위적 관점을 유지하고 있어 아동 중심, 학습자 중심인 현대교육의 흐름과는 거리가 있다. 즉, 철학적 입장의 차이에도 불구하고 교사의 권위에 대한 인정과 내용 지식의 중요성, 일방적인 교육 행위 등 교육적 실천에서 유사점이 많다. 교육학이 학문적으로 발전한 지난 100여 년 동안 이러한 철학적 입장에서의 교육관을 극복하고 본격적으로 교육적 관점을 기반으로 한 철학적 논의가 이루어져 여러 사조를 낳았다.

지난 한 세기 동안 진보주의, 항존주의를 비롯한 많은 철학적 사조가 명멸했지만 교육의 주체를 누구로 볼 것인지에 따라 교육철학의 사조를 정리해볼 수 있다. 교육의 기본명제 중 하나는 교육의 주체와 교육에서의 권위에 대한 것인데, 이는 교사나 내용을 중시하는 입장과 학습자를 중시하는 입장으로 대별되며 전달자/공급자 위주의 교육과 사용자/소비자 위주의 교육으로 채색되기도 한다. 교사 중심의 권위적인 철학으로 항존주의, 본질주의, 행동주의, 실증주의 등이 있으며, 학생 중심의 교육철학으로는 진보주의, 재건주의, 인간주의, 구성주의 등이 있다.

이와 같이 여러 철학적 사조가 복잡해 보이기는 하지만 교사를 비롯한 교육자들이 이러한 이론들에 대해 알아야 하는 이유는 이론 그 자체에 대한 지식 때문이 아니라 이들 이론을 통해 자신의 교육적 가치와 태도를 성찰할 수 있고, 자신이 옳다고 믿는 교육철학을 개발, 발전시키는 데 도움을 받을 수 있기 때문이다. 여기서는 이들 교육 사조 중 항존주의(perennialism), 본질주의(essentialism), 진보주의(progressivism), 재건주의(reconstructionism)에 대해 살펴보도록 하겠다.

1. 항존주의

관념론적 세계관을 가장 잘 반영하고 있는 교육철학은 항존주의일 것이다. 항존주의란 말 자체는 변화 없이 항상 존재하고 있는 지식에 대한 추구에서 나왔다. 항존주의자들은 자연이나 인간의 본성, 존재의 원리 등을 고정적이며 변화하지 않는 것으로 바라보고, 이렇게 항존하는 진리를 찾는 것을 중요시한다. 따라서 시대를 거치면서도 변하지 않는 사고나 관념들, 위대한 사상가들의 고전들을 강조하며, 사물의 본질을 살펴볼 수 있는 이성적 능력을 중요시한다. 학생들은 사물의 감각적 현상에 좌우되지 않고 사물의 본질을 파악할 수 있어야 하며, 이를 통해 지성이 함양된다고 생각한다. 교사들은 이를 위해 시사적인 것이나 학생들이 흥미를 가지는 내용이 아니라 위대한 사고와 이론을 담고 있는 학문과 교과 지식을 가르쳐야 한다.

항존주의 교실에서 교사는 학생들의 지적 훈련을 책임지는 엄격한 훈육자이다. 교육 내용은 일상적 삶의 실제적 문제가 아닌 오랜 세월 축적되어온 인류의 경험에서 항구적인 가치를 지닌 내용을 선정하여 구성한다. 교실에서는 '고전 읽기'[1]를 통해 고전에 담겨 있는 사상과 이념을 탐구하면서 인간과 세계의 본성을 파악하며, 학습 과정에서 학생들의 지적 훈련은 매우 중요하다. 신체 운동이 근육을 단련시키듯이 사고 훈련이 두뇌를 단련시키고 지적 능력을 개발할 수 있다고 믿는다. 학생들은 자신의 지적 능력을 개발하기 위해 적극적으로 토론하고 생각해보는 경험을 하게 되는데, 단일하고 영속적인 진리를 탐구하는 것이 중요하기 때문에 다양하고 발산적인 사고가 아닌 수렴적 사고를 중시한다. 이를 위해 교과 지식은 구조화되어 있으며 인지적 측면을 강조하고 있다.

항존주의에서 학습의 초점은 정신 도야를 위해 설계된 활동과 교과에 맞추어져 있다. 학생들이 지적 능력을 개발하고 영적인 존재로 성장하도록 돕는 수학, 언어, 논리학, 고전, 신학 등과 같은 교과, 지루하고 힘든 정신적 훈련을 통해 지성의 계발을 돕는 읽기나 쓰기, 반복연습, 수리 계산 등과 같은 교과, 이성적으로 생각할 수 있는 능력을 길러주는 토론법이나 문법, 논리, 수사학 등으로 교육 내용이 구성되어 있다. 학생들은 이러한 정신적 도야 과정을 거쳐 점차 영적인 존재로 성장해가면서 신의 정신적 실체에 접근하며 따라 궁극적인 진리에 가까이 다가갈 수 있다고 믿는다.

---

1 미국의 허친스(R. M. Hutchins)와 애들러(M. Adler)에 의해 제안된 '고전 읽기' 프로그램(The Great Books program)은 역사상 위대한 학자, 저자들이 쓴 고전이야말로 일반교양 교육에 최선이라는 것을 기본 전제로 하고 있다. 이들은 동시대의 저작물들은 아직 검증이 되지 않았다는 이유로 교육적으로 활용하지 않는다.

항존주의 교육철학의 한계

우리는 고전을 통해 인간의 변하지 않는 본질을 배우고 심오한 진리를 체득할 수 있다. 그러나 고전만이 그러한 진리에 이르는 길을 제시하는 것은 아니며 오히려 지나친 고전 학습은 현대를 살아가는 학생들의 문화적 퇴행으로 귀결될 수 있다. 학생들이 살아가는 세상은 고전에 나와 있는 세상이 아니다. 그리고 학생들이 상대하는 사람들 역시 고전에서 묘사되는 고귀하고 위대한 인간이 아니다. 항존주의 교육에서 학생은 아동으로서 고유한 특성을 지닌 존재가 아니라 성인의 축소판이다. 아동에게 금욕적인 절제와 신앙적인 삶을 강요하는 것은 현대교육에서는 받아들이기 어려운 내용이다.

2. 본질주의

본질주의 교육철학은 진보주의 교육 운동이 지나친 아동 중심, 흥미 위주로 변질되는 것을 비판하는 데서 출발했으며, 전통적인 사회적 가치를 지키고 과거의 문화적 유산 중 본질적인 것을 교육해야 한다고 강조한다. 아동의 관심사가 교육 내용에 포함될 수는 있으나 이를 중심으로 교육과정을 구성해서는 안 되며, 교육과정은 인류의 문화적 전통 중에서 본질적인 가치를 지닌 지식과 기술을 중심으로 구성해야 한다고 보았다. 또한 아동의 흥미와 자율은 존중받아야 하나 지나치지 않아야 한다고 여겼으며, 당장의 흥미보다는 목표 달성을 위한 노력을 중시하여 교사의 통제와 권위의 필요성을 강조했다.

본질주의는 교육에서의 권위를 중요시하는 교육철학으로, 항존주의와 더불어 관념론 및 실재론 철학에서 논의된 전통적인 교육관을 반영하고 있다. 교육의 목적은 그 사회가 가지고 있는 문화의 전수에 있으며, 어떤 사회든 교육받은 사람들이라면 반드시 갖추고 있어야 하는 핵심적인 지식과 기술을 '교과'로 조직해서 다음 세대에 전달해야 한다. 본질주의는 교과로 조직되는 핵심적인 지식, 이러한 지식을 열심히 배우려는 학생의 근면한 노력, 학생의 지적 훈련을 이끌어가는 교사 중심 수업을 중요시한다. 본질주의 철학은 '기본으로의 회귀' 운동(Back-to-the-basics)[2]을 이끌어 읽기, 쓰기, 셈하기 등 기초 문해 교육과 교과 지식의 중요성을 환기시키기도 했다.

항존주의와 달리 본질주의는 사물의 본질이나 진리를 전달하는 데 급급하지 않고 오늘날 세상을 살아가는 데 필요한 기본적이고 핵심적인 지식의 전수를 중시한다. 시대와 사회의 변화와 더불어 이러한 지식은 변할 수 있으므로 항구적인 진리를 추구하는 항존주의 교육과는 다른 교육 내용을 가진다. 교육 방법에서도 형식도야를 위한 정신적 훈련을 강조하기보다 교사가 통제하는 지시적 수업의 중요성이 강조된다. 본질주의 교사의 교실에서는 주어진 교재와 교사의 강의, 학생의 암송과 반복연습, 시험에 의한 평가 등이 이루어진다.

본질주의 교사는 흥밋거리가 아닌 노력을 통해 성과를 거둘 수 있다고 생각한다. 학습 초기에 학생들은 흥미를 나타내지 않지만 배우는 과정에서 점차 흥미를 보이기 시작하므로 아이들이 보이는 당장의 흥미에 연연하기보다 아이들 스스로 자신의 충동을 제어할 수 있도록 지도하는 것이 중요하다. 이러한 지도는 학생들이 살아가는 데 필요한 핵심 지식을 잘 전달할 수 있도록 훈련된 교사에 의해 가능하다. 따라서 수업에서 교사가 주도권을 가지고 학생들의 학습을 이끌어주어야 한다.

---

2 '기본으로의 회귀' 운동은 1970년대 미국에서 유행했던 교육 운동이다. 진보주의 교육이 기본 교과를 등한시하여 교육의 질을 떨어뜨렸다고 생각하면서 교육의 책무성, 기초학력 강화를 위한 교사 권위의 회복, 표준화된 교육과 시험 등을 강조했다. 현재 미국의 'No Child Left Behind' 정책, OECD의 핵심 역량에 대한 논의, 국가수준 학업성취도 평가 등으로 나타나고 있다.

본질주의 교육철학의 한계

본질주의 교육은 교과 중심, 교사 중심의 교육관으로 우리에게 익숙하다. 그러나 그 내용은 과거 지향적이고 보수적이어서 오늘날 변화하는 사회의 문화적·학문적 성과를 담기에 한계가 있다. 또한 교사 중심의 권위적인 교실, 수월성과 학업 성취를 강조하는 학교는 학습에 흥미를 가지고 자기 주도적으로 학습하는 학습자를 기르기보다 순응적인 학습자, 타율적인 인간을 키워낼 우려도 있다.

3. 진보주의

항존주의, 본질주의와 달리 진보주의는 학생 혹은 교과, 교실 조직, 교수법, 평가 등 교육의 일상적 활동에서 권위주의적이지 않은 접근 방식을 취한다. 이는 정도의 차이는 있으나 재건주의, 인간주의, 구성주의 등의 교육철학도 마찬가지이다. 이들 교육철학적 사조는 모든 사람들은 처해 있는 위치가 어떠하든 참됨과 덕성을 가지고 있다고 믿는다. 학교에서 교사는 학습자이며 학생 역시 교수자로 그 역할이 일방적이지 않으며, 교육이란 개개인이 자신의 삶의 의미와 가치를 구체화하기 위해 서로서로 돕는 과정이라고 본다. 여러 교육사조 중에서 진보주의는 교육의 역사에 큰 영향을 미쳤으며 여전히 중요한 교육철학으로 자리매김하고 있다.

실용주의와 교육관

항존주의, 본질주의와 달리 진보주의 교육철학은 관념론이나 실재론의 철학적 입장에 기초하기보다 실용주의의 철학적 영향을 받았다. 실용주의(pragmatism)는 19세기 후반 미국에서 발생한 철학적 입장으로 우리를 둘러싼 세계는 역동적이고 끊임없이 변화하는 과정에 있으며 영원불변의 고정된 실체란 없다고 본다. 우리가 경험하는 것이 곧 우리이다. 우리는 우리가 경험하는 것 너머의 그 무엇도 알 수 없다. 여기서 '경험'이란 단순한 감각적 체험을 넘어 생각하고 느끼고 행동하는 모든 것을 의미한다. 계시나 환상 같은 초자연적인 것은 인간의 경험 너머에 있기 때문에 알 수 없으며, 이는 탐구의 대상이 될 수 없다. 우리는 탐구를 통해 우리를 둘러싼 실제 세계를 경험하며 세계와의 상호작용을 통해 세계를 변화시킨다. 세계에 대한 적극적 탐구와 반성적 사고로 경험에 개입할 때(문제 해결) 우리의 경험도 변화하고 우리를 둘러싼 실재도 변화하기 때문이다. 실재론자들과 같이 실용주의자들 역시 인간은 경험을 통해 가장 잘 배운다고 믿는다. 다만 실재론자들이 잘 조직된 지식을 세대에서 세대로 전수하는 것에 관심이 있다면 실용주의자들은 지식을 실제로 적용해서 문제 해결을 위한 도구로 활용하는 것에 관심이 많다.

실용주의자들은 진리란 실효성이 있어야 한다고 믿기 때문에 상대적인 진리관을 가지고 있다. 누군가에게 어느 한 시점에서 실효가 있는 진리라고 해도 다른 사람이나 다른 시대, 다른 장소는 그렇지 않을 수 있다. 이와 같이 어떠한 사람이나 시대, 장소를 불문하고 보편타당한 진리는 없으며, 경험을 통해 그 실재성과 유용성이 입증된 것만이 참된 것이라고 할 수 있다. 진리가 상대적이고 일시적이므로 실생활에서 접하는 다양한 문제를 해결해나가기 위해서는 지속적인 탐구, 반성과 실천, 문제 해결 능력이 필요하다. 이렇게 본다면 교육은 생활에서 접하는 다양한 문제를 해결해나가는 경험의 재구성 과정이며, 학교는 변화하는 세계에 학생이 대처할 수 있도록 돕는 사회적 기관이며 공동체라고 할 수 있다.

진보주의 교육철학의 특징

진보주의 교육철학은 실용주의적 세계관에 기초해 지식의 실효성, '경험'을 통한 교육, 아동 중심의 교육을 강조하며, 권위적인 교육관을 가진 본질주의 교육철학과는 궤를 달리 한다. 진보주의는 20세기 초 기존 교육의 엄격한 훈련, 권위적인 교사, 수동적인 학습, 진부한 교육 내용을 비판하면서 시작된 교육 혁신 운동을 배경으로 하고 있다.

진보주의 교육 운동을 이끈 존 듀이(John Dewey)는 실험학교를 설립했으며, 학교가 지식을 암기하거나 상급 학교 진학을 위한 장소가 아니라 사회생활의 필요와 변화를 반영하는 작은 사회로서 기능하도록 설계했다. 아동이 탐구를 통해 경험을 재구성하고 자발적으로 학습할 수 있는 공간이 되도록 노력했다. 이후 '진보주의교육협회'가 결성되었으며 진보주의 교육자들은 진보주의 교육의 중심 사상을 7개의 강령으로 제시했다.

- 학생은 자신의 사회적 필요에 의하여 자연스럽게 발달할 자유를 가지고 있다.
- 흥미가 모든 학습활동의 동기가 되어야 한다.
- 교사는 감독자가 아니라 학생을 고무하고 정보를 제공하는 가이드이다.
- 학생의 평가는 학생의 발달에 관한 과학적 연구에 기초해야 한다.
- 아동의 육체적 발달에 영향을 미치는 모든 것에 큰 관심이 필요하다.
- 학교는 아동 생활의 요구에 부응하기 위해 가정과 긴밀한 협력이 필요하다.
- 진보주의 학교는 교육 운동에서 리더가 되어야 한다.

진보주의 교육철학에서 교육은 미래의 삶을 위한 준비가 아니라 현재의 생활과 구체적인 경험 그 자체이며 아동의 흥미와 직접적으로 관련되어야 한다. 진보주의에서 아동 중심의 관점은 매우 중요하다. 아동의 개성을 존중하고, 교과 지식이 아닌 아동의 욕구와 흥미를 우선시하며, 학교교육이 조화로운 아동 발달을 추구해야 한다고 보았다. 이를 위해 교사는 지시자가 아닌 조언자, 감독자가 아닌 안내자로 기능하며, 아동의 경험과 흥미를 중심으로 통합적인 활동 프로그램의 교육과정을 구성하고, 경쟁이 아닌 협력을 원리로 교육을 해야 한다고 보았다.

진보주의 교육철학의 한계

진보주의 교육철학은 당시 일반인이 가지고 있는 상식적인 교육관에 충격을 주었으며 나아가 교육이란 어떠해야 하는지, 아동을 어떻게 볼 것인지에 대해 진지한 관심을 불러일으켰다. 흔히 교육이라 하면 성인인 교사가 미성숙하고 철이 없는 아동에게 미래에 대비해 살아갈 수 있는 능력을 길러주는 것이라고 생각해왔다. 이런 생각은 아동의 인권을 침해하거나 아동의 삶에 대한 몰이해를 가져왔으며 재미없는 교실, 권위적인 교사, 딱딱한 수업 내용, 암기식 교육, 성적 위주의 줄 세우기, 학생 간의 경쟁을 당연시하는 풍토를 낳았다. 이 같은 상황 속에서 진보주의 교육철학이 단순한 철학적 입장이 아니라 교육 운동으로서 사회에 충격을 주고 교육 실천에서의 변화를 꾀한 것은 당연하다. 진보주의 교육철학이 교사와 내용 중심에서 학생 중심으로의 교육 패러다임 변화에 기여한 바는 크지만 다른 한편으로 여러 가지 비판을 받아왔다.

먼저 진보주의 교육철학이 가지는 진리관에 대한 비판이다. 진보주의는 실용주의 철학을 기반으로 형성되었으며, 진리를 상대적이고 변화하는 것으로 본다. 형이상학을 부정하고 진리란 실효성이 있어야 한다고 믿는 것은 인간 삶의 가치를 빛나게 해주는 사랑이나 우정, 신뢰와 같은 절대적인 선이나 종교적인 신성에 대한 평가절하로 나타나기도 한다. 빠르게 변화하는 세상에서 유한한 삶을 살아가는 우리는 변하지 않는 가치와 절대자에 대한 신앙을 고집하는 경우가 많다. 현실에서 인간이 기대어 사는 것은 과학적 합리주의나 실용주의적 관점에서의 냉정한 현실 인식과 처세술보다는 가족 간의 사랑, 이웃과의 따뜻한 나눔과 헌신이다. 상대주의적 진리관이 자칫 냉소적이며 방관자적인 자세를 정당화하는 것은 아닌지 따져볼 필요가 있다. 실제로 진보주의 교육을 받은 일부 졸업자들이 헌신할 만한 삶의 가치를 찾지 못하고 인생을 허송하면서 지낸다는 비판이 일기도 했다.

둘째, 진보주의 교육철학이 추구하는 교육의 목적이 불분명하다. 진보주의에서 학교는 중요한 사회적 기구이며 시민사회의 삶을 개선하는 역할을 맡아야 한다. 그러려면 학교는 학생과 교사가 교육과정에 동등하게 참여하는 과정을 통해 민주주의를 경험하고 배우는 장이 되어야 하는데, 사회적·정치적 재건설의 기제로서의 교육을 강조하다 보면 학교가 당파적이거나 급진적인 사회운동의 수단이 될 우려가 있다. 다른 한편으로는 아동의 흥미를 지나치게 강조하고 현재 삶의 조건에 얽매여 교육의 궁극적인 목적을 분명히 제시하지 못할 수 있다. 교육을 미래의 준비가 아닌 현재 그 자체로 볼 경우 목적의식이 불분명해지고 현실에 안주하기 쉽다. 더구나 오늘날과 같이 급변하는 세상에서 미래에 대한 대비나 목적의식 없이 흥미 위주로 가르치면 교육이 가지는 가치에 대해 의문을 갖는 사람들이 늘어날 것이다.

셋째, 진보주의 철학이 강조하는 아동 중심의 사상에 대한 비판이다. 진보주의 철학이 아동을 독립된 인격체로 인정하고 아동의 흥미를 중심으로 교육과정을 구성하는 것은 혁신적이고 교육의 내재적 목적에 충실한 논의임에 분명하다. 그럼에도 교육이 미성숙한 아동들을 성숙한 존재로 거듭나게 하는 역할을 맡고 있음을 부정할 수는 없다. 교육의 역할 중 하나가 인류가 남긴 문화유산의 전수라고 본다면 아동의 삶이나 흥미와는 전혀 무관한 내용으로 교육과정이 구성되는 경우도 많다. 아동이 아직 미성숙하므로 자신의 적성이나 흥미에 대해 잘 모르고 있으며, 아동이 가지는 흥미도 수시로 변할 수 있기 때문에 흥미 중심 교육이 적절한가에 대한 의문이 들 수 있다. 때로는 흥미를 느끼지 못하더라도 노력하다 보면 자연스럽게 흥미가 생겨 열심히 공부하는 경우도 많다. 그렇기 때문에 교사나 부모 등 성인에 의한 다소 지시적인 학습이 필요한 상황도 있다. 이렇게 본다면 진보주의 철학은 주지주의 중심의 권위적 교육으로 인한 폐해를 극복하기 위해 나머지 극단적인 다른 쪽, 즉 아동의 홍미를 중심으로 하는 교육을 지나치게 강조하게 되었다고 볼 수 있다.

넷째, 교육 방법으로서의 탐구 활동과 협력적 학습에 대한 비판이다. 진보주의 교실은 자유로운 탐구와 문제 해결을 위한 협력 활동으로 부산하고 활동적이다. 상대적으로 개별 교과에 대한 심도 있는 이해, 반복적인 연습, 지식의 체계적 습득에 소홀해 결과적으로 학생들의 지식 기반과 학습 능력의 저하를 초래할 수도 있다. 1960년대 중반 미국의 경우, 진보주의 교육의 결과로 아동의 학업 능력이 저하되어 당시 적성 국가인 소련보다 과학기술의 발전이 뒤처지게 되었다는 책임론이 일었다. 이는 진보주의 교육자들이 아동기에 반드시 익혀야 하는 발달과업이 있으며, 아동의 홍미와는 무관하게 읽고 쓰고 셈하는 것과 같은 기본 교육이 이루어져야 한다는 점을 간과한 결과이기도 하다. 학습은 탐구와 협력을 통해 새로운 것을 발견하고 깨달아가는 홍미로운 경험이기도 하지만 기존의 지식을 이해하고 기억하려고 노력하는 자신만의 지루한 과정이기도 하다.

4. 재건주의

재건주의는 진보주의가 한창이던 1930년대 카운츠(G. Counts), 러그(H. Rugg), 브라멜드(T. Brameld) 등 일군의 학자들이 진보주의의 문제점을 인식하면서 제기한 교육철학이다. 재건주의는 진보주의에 대해 기존 교육을 비판하고 학생 중심의 관점, 교사-학생 관계의 개선, 혁신적인 교육방법론 등에서 진전을 이루었다고 평가하고 있다. 그러나 한편으로는 진보주의가 아동의 현재의 홍미와 필요에 너무 집착한 나머지 사회를 위한 장기적인 목표를 개발하는 데 실패했다고 평가했다. 재건주의는 사회가 직면한 위기를 극복하려면 교육의 역할이 매우 중요한 데, 진보주의가 현재에 집착해 미래지향적인 측면이 결여되었다고 지적한다. 다시 말해, 항존주의나 본질주의가 과거에 집착했다면 진보주의는 현재에 집착해 교육이 지향해야 할 목표를 적절하게 제시하지 못했다는 것이다. 이런 점에서 재건주의는 사회를 재건하는 데 교육의 목표를 두어야 하며 이를 위해서는 학생들의 '사회적 자아실현'이 필요하다고 보았다. 교육이 지향해야 할 것은 현 사회의 계급구조에 대한 통찰과 사회적 · 역사적 환경에 대한 분석을 토대로 현재의 위기를 극복할 수 있는 민주시민을 육성하는 데 집중하는 것이다.

재건주의와 비판적 교육학

재건주의 교육과정은 '비판적 교육학'을 특징으로 한다. 재건주의 교실의 학생들은 세계 각국에서 일어나는 여러 사건들을 배우고, 논쟁적인 주제에 대해 탐구하며, 새로운 사회에 대한 비전을 갖추기 위해 학습한다. 교사들은 문화적 유산들을 비판적으로 검토하고, 논쟁적인 사건들을 찾고, 새로운 세상을 위한 비전을 제시할 수 있어야 하며 이를 언제나 민주적인 방법으로 가르쳐야 한다. 결코 자신이 옳다고 믿는 것을 강압적이거나 지시적인 방식으로 가르쳐서는 안 된다. 더 나아가 재건주의 교육학자인 지루(Henry Giroux)는 학교를 사회변화의 동력으로 보고, 교사들은 변혁적 지성인이 되어 새로운 사회를 창조하는 데 참여해야 한다고 주장했다. 학교는 학생들이 변화의 주체가 되기 위한 비판적 사고 능력을 갖출 수 있도록 '비판적 교육학'을 실천하는 장이 되어야 한다. 이와 같이 재건주의는 학교를 대중교육의 변혁을 위한 직접적인 도구로 보고 있으며, 학습의 본질은 배운 것의 실제 체험과 실천에 있다고 보았다.

이를 위해 교사들은 학생들이 사회개혁에 관심을 기울일 수 있도록 불의나 부정의에 대해 감정적으로 호소하고 도덕적 딜레마를 경험하도록 가르쳐야 한다.

파울로 프레이리(Paulo Freire)의 페다고지

최근 재건주의 철학은 브라질 교육학자인 프레이리(Paulo Freire)에 의해 재차 주목을 받았다. 그는 『페다고지: 피억압자를 위한 교육학』에서 지배층이 대중을 무지몽매하게 하여 침묵의 문화에 길들이려고 만든 은행적립식 교육을 비판하고 문제제기식 교육을 주장했다. 은행적립식 교육은 교사에 의해 일방적으로 이루어지는 교육이며 학생은 교사가 가르치는 것을 은행에 돈을 넣듯이 그대로 자기 안에 적립한다. 이를 통해 학생은 학교와 교사의 권위에 길들여지고 결국 피억압자로서의 사회적 의식을 발전시키지 못하며 사회적 자기실현을 할 수 없게 된다. 이러한 은행적립식 교육에 저항해 학생들이 자기 삶의 주체가 되도록 교육할 필요가 있다. 이를 프레이리는 문제제기식 교육이라고 했다. 문제제기식 교육에서 교사는 단순한 지식 전달자가 아니며 학습자와 더불어 적극적인 지식 생산자로 역할을 하게 된다. 학생들은 자신들을 억압하고 있는 기존의 지식, 가치, 문화 등에 대해 문제를 제기하고 비판하는 법을 배우게 되며 피억압자를 위한 문화를 구성해 나간다.

재건주의에 대한 비판

재건주의 교육철학은 교육과 학교제도를 사회적 맥락 안에서 이해하고, 교육의 목적과 미래에 대해 관심을 갖고 활발하게 논의해왔다. 그러나 인간이 수용해야 할 좋은 가치가 무엇이며 어떤 사회 제도가 이러한 가치를 실현하는데 기여하는가 하는 질문에 대해서는 여전히 모호하다. 교육을 통한 미래사회 건설에 대한 이상주의적 접근은 결국 관념적 논의에 그치고 마는 결과를 낳는 경우가 많다. 재건주의는 교육과 학교가 변혁을 위한 동력이라고 보고 이를 과대평가한 측면이 있다. 교육은 사회의 일부에 불과하며 변혁적 역할만큼 사회적 가치를 지키는 보수적 역할 또한 필요하기 때문이다.

3. 현대 교육철학의 과제

교육철학의 내면화

교육철학이 직면한 여러 가지 문제 가운데 먼저 '과연 교육현장에서 교육철학이 제대로 받아들여지고 실천되고 있는가'에 대한 대답이 필요하다. 교육철학이 교육의 발전에 기여하려면 실제로 현장에서 실천되고 환류될 필요가 있다. 현장에서 외면받거나 제대로 이해되지 못하는 교육철학은 교육 발전에 기여하기보다 오히려 발전을 가로막는 장애가 될 수 있기 때문이다.

진보주의 철학을 비롯하여 다양한 교육철학들이 해방 이후 지금까지 우리나라 교육의 얼개를 짜고 교육 실천에 여러 가지로 기여한 것은 사실이다. 그러나 무비판적으로 외국에서 도입되어 한국의 실정에 맞지 않는 경우도 많았고, 현장에서 성급하게 실천하는 가운데 부작용이 발생한 적도 있었다. 또한 외부로부터 도입된 교육철학이 현장과 유리되거나 교사들의 실천으로 내면화되지 못하는 문제점도 있었다.[3] 교사들이 교육철학을 내면화하지 못하고 입으로는 진보주의를 주장하면서도 실제로는 권위적인 교사관을 바탕으로 학생들을 지도하는 경우가 많으며 이러한 불일치에 대해 모순을 느끼지 못하는 경우도 많다('자기성찰활동'(57~58쪽) 참조).

이 같은 철학과 실천의 불일치는 교육철학에서 해결해야 할 중요한 문제이

---

3 이에 대해 현장교사인 김영주는 『작은학교, 학교의 길을 묻다』(내일을 여는 책, 2016)에서 "외국의 어떤 사례나 교육철학을 가져와서 우리나라 학교에 도입하는 경우도 많았다. 아무리 좋은 사례나 철학이라도 우리 풍토와 우리 경험에서 나오지 않은 것은 결국 현장의 교사들을 소외시키는 결과를 가져왔다. 외국의 유명한 이론이나 실천 경험은 오히려 우리 교사들을 더욱 주눅 들게 했고, 이를 먼저 습득한 소수의 사람들에게 또 다른 특권만 주게 되었다. 현장 교사들의 자발적 노력으로 퍼지지 못했기 때문에 한 차례 유행으로 끝날 수밖에 없었다."(21쪽)고 썼다.

다. 그중 우리나라 교육에서 진보주의 교육을 형식적으로만 받아들이고 실제로는 학생의 인권을 무시하고, 입시 위주의 주입식교육을 실시하며, 획일적이고 지시적인 수업을 계속 유지하고 있는 것은 심각한 문제이다. 해방 후 한국교육에는 전통적인 교육이 변화하지 않은 상태에서 미국의 진보주의 교육철학이 도입되어 아동중심, 생활과 활동 중심, 지역사회와 교육이라는 외피를 둘러쓰게 되었다. 1955년과 1963년 교육과정 개정에서 생활과 경험을 중시하여 개인차를 고려한 교육을 강조했고, 최근에는 민주주의의 회복과 학생 인권에 대한 관심이 커지면서 탐구와 문제해결능력이 중시되고, 협력학습, 구성주의적 교육 등이 확산되었다.

이렇듯 진보주의 교육철학은 오랫동안 우리 교육에 영향을 미쳐왔지만 우리 교육은 여전히 교사중심의 권위적인 교육, 주지주의적 교육이 일반적이고 입시위주의 주입식 교육에서 벗어나지 못하고 있다. 이는 전통적 교육관을 주체적으로 해소하는 역사적 경험이 없었던 데다 그나마 진보주의 교육철학을 불완전하게 받아들여 형식적으로 현장에 접목하려고 했기 때문이다. 그 결과, 확고한 가치 기준 없이 일반인의 계층상승의 욕구나 지배계층의 정치, 경제적인 논리에 따라 교육이 좌우되는 비정상적인 상황이 만연하게 되었다.

한국교육을 이끌어갈 교육철학 제시

외국에서 발전한 교육철학에 대한 지나친 부정이나 무조건적인 수용은 적당한 타협주의보다 더 위험할 수 있다. 외국의 이론을 무비판적으로 도입하는 것은 열린교육이나 수행평가 등의 사례가 보여주듯이 그렇게 긍정적이지 않다[4]. 해당 이론이 발전한 국가나 사회의 특성을 고려하지 않고 그대로 도입한

4 열린교육이나 수행평가 도입은 나름 긍정적인 측면이 있으나 사회적 요구나 현실적 한계에 대한 인식

다면 성과를 거두기 어려울 것이다. 더구나 한국의 교육지도자를 비롯해 학부모, 교사, 학생 등 다양한 이해 당사자들은 저마다 교육에 대한 나름의 견해를 가지고 있다. 그리고 이러한 견해는 철학적 입장의 차이가 아니라 계층적·개인적 이해관계에 의해 주로 형성되어 온 측면이 있다. 교육에 대해서 저마다 할 말이 있고 확신을 하고 있기 때문에 다른 사람들의 생각은 들어보려 하지 않는다. 많은 사람들이 공통의 목표를 가지고 우리 미래 세대를 어떻게 교육할 것인지 합의해도 어려움이 많은데 지금과 같은 상황에서는 공통의 목표를 찾기조차 어렵다.

이러한 상황은 우리 사회를 이끌어가는 시대정신을 체현한 교육철학을 시급하게 개발해야 하는 이유이기도 하다. 한국교육의 문제점과 그 원인을 정확하게 분석하고 미래지향적인 관점에서 한국교육을 이끌어갈 수 있는 정신적·철학적 기반을 마련하기 위해서는 외국의 교육사조를 참고하되 한국 교육의 흐름과 시대정신을 고려하지 않으면 안 된다. 바로 이러한 교육의 철학적 기반을 제공하는 것이 오늘날 한국교육의 사명 중 하나이다. 모든 사람에게 환영받는 교육철학은 기대할 수 없지만 우리 실정에 맞고 미래지향적인 철학을 확실하게 정립하지 못한다면 이해당사자들과 정치적 기회주의자들에 의해 끊임없이 흔들리고 요동치는 오늘의 교육현장을 다잡지 못할 것이다.

교육의 지향점에 대한 논의

재건주의 교육철학에서 볼 수 있듯이 교육과 사회 개혁의 문제에는 심도 깊은 논의가 필요하다. 교육이 사회 개혁에 기여해야 하는가 하는 문제는 자칫 교육을 교육외적·정치적 목적 실현을 위한 도구로 이용한다는 우려를 낳을

부족으로 큰 성과를 거두지 못했다.(이 책 9장, 11장 참조)

수 있기 때문이다. 한국에서의 교육개혁운동 경험은 그러한 위험성을 잘 보여주고 있다.

한국에서는 80년대 후반 네오마르크시즘과 재건주의의 비판적 교육학의 영향으로 교육현장의 개혁을 주장하는 목소리가 높아졌다. 그중 대표적인 것이 '참교육론'이다. 참교육 이념은 '민족, 민주, 인간화 교육'을 통해 거짓된 매판적 교육을 부정하고 진정한 교육을 실현하자는 운동이다. 이 운동은 전국 교직원노동조합이라는 조직체를 낳아 교육현장의 변화 주체로서 큰 역할을 했다. 참교육 운동은 민중민주주의의 이념적 가치를 중시하고 민중교육의 실천을 위해 노력했으므로 정치적 · 변혁지향적 특징을 갖는다. 그 결과, 한국사회 교육문제 해결을 위해 노력한 '참교육운동'이 일방적이고 지시적인 교육행정의 개선과 억압적인 교육제도의 개혁에는 기여했으나 교실 내에서의 민주주의적 실천, 학생의 인권 신장, 교사-학생관계의 혁신, 교육과정의 혁신 등 교육 내적 가치의 실현으로 이어지지는 못했다.

교육을 민중이 주인 되는 혁명의 수단으로 생각하는 사람들이나 교육을 통해 경쟁력 있는 인재를 양성해야 한다고 생각하는 사람들 모두 정도의 차이는 있으나 교육이 공공의 선에 기여해야 한다는 생각을 가지고 있다. 여기서 계급적 · 이념적 성향에 따라 '공공의 선'에 대해 커다란 인식의 차이가 있다. 교육이 경쟁력을 가진 인재를 양성한다는 생각은 교육을 혁명을 위한 수단으로 생각하는 사고만큼이나 한쪽으로 치우친 사고라고 할 수 있다. 대표적인 것이 신자유주의 운동이다.

신자유주의 교육철학은 한국에서 90년대 이후 정부가 추진하는 교육개혁의 이념적 기초로 이용되었다. 신자유주의자들은 교육에 자유경쟁의 시장논리를 앞세워 교육을 상품으로, 교사를 공급자로 보고 학생을 소비자로 보는 사고방식을 확산시켰다. 신자유주의 교육으로 인해 지금까지 수동적 존재였던 학부모의 학교운영에 참여와 권리가 보장되고 교장의 권한이 일부 제한되는 등 학교민주화가 진척되었다. 더불어 학교 간의 경쟁을 통해 개선 노력을 부추기고, 교사평가에 따른 차별적인 성과급 지급, 교육시장에서 선택의 자유를 보장하는 등 외면적으로 자유경쟁으로 보이는 정책을 실시했다. 그러나 학교에 대한 차등 지원, 자립형사립고 등의 설립, 국가수준의 성취도 평가 실시 등 실제로는 국가의 교육 통제가 강화되는 결과를 낳았다. 이로 인해 학교 간 격차가 심화되고 공교육의 쇠퇴, 사교육 시장의 비대화, 학교생활 부적응과 비인간화 현상 확대, 도구주의적 지식의 추구, 인성교육의 약화와 잘못된 인재관 확산 등의 폐해를 가져왔다.

현대사회 문제와 교육

교육이 현대사회가 직면한 문제에 대해 어떤 입장을 취해야 하는가는 교육철학이 던져야 하는 중요한 질문들이다. 간략하게 살펴보면 다음과 같다.

- 글로벌화가 진행되면서 우리 사회도 점차 다문화사회로 변해가고 있다. 다문화사회로 인해 발생하는 많은 교육적 문제에 대처하기 위해서는 정치공학적 관점에서 접근할 것이 아니라 확고한 철학적 입장을 바탕으로 대처할 필요가 있다.
- 갈수록 심화되는 빈부격차와 그로 인한 사회적 갈등은 매우 심각한 사회문제이다. 사회적·경제적 평등에 대한 요구가 점차 커질 것이고 교육을 통한 사회개조에 대한 주장이 다시 고개를 들 것이다. 이와 관련해 교육복지를 어떻게 볼 것인가에 대한 논의도 활발해질 것이다.
- 환경문제가 심각해지면서 환경교육의 필요성이 증가하고 있으며 이에 따라 생태환경교육의 지향점에 대한 논의가 필요하다.

- 양성평등뿐만 아니라 성소수자의 성 평등과 관련한 교육 역시 시급한 해결책을 요구한다.
- 인공지능과 로봇교사로 대변되는 4차 산업혁명과 교육의 문제는 심오한 철학적 담론을 요구한다. 인간의 본질에 대한 질문과 기술지상주의 시대 교육의 지향점에 대한 질문은 이제 시작되었다. 4차 산업혁명으로 인한 대량 실업과 재교육의 문제, 로봇교사에 의한 교육, 교육의 상업화와 비인간화, 형식교육기관이나 제도에 의존하지 않은 새로운 교육 형태의 등장과 같은 문제에 대한 대답이 요구된다.

이와 같이 변화와 혁신의 시대에 교육철학은 교육이 추구해야 하는 진정한 가치와 목표에 대하여, 이 시대의 진리와 지식의 본질에 대하여, 살아갈 만한 세상을 위해 교육이 해야 할 것과 하지 말아야 할 것에 대하여, 교육적 실천의 장에서 교사가 해야 할 역할에 대하여, 바람직한 교사-학생의 관계에 대하여 올바르게 묻고 진지하게 대답할 책무가 있다.

자기성찰활동

교육철학의 내면화와 관련해 많은 교사들이 확고한 교육적 태도 없이 보수적 교육관과 진보적 교육관 사이에서 오락가락하고 있다. 아래 표에서 자신의 교육적 태도에 대해 점검해보고, 우리 현실에 맞는 교육철학의 모습에 대해 생각해보자.

※ 각 항목에 대한 자신의 태도나 생각을 전통적/권위적인지(-2, -1, 0), 혁신적/진보적인지(0, +1, +2) 확인한 후 합산해서 전체적으로 자신의 교육철학이 어떠한지, 또 얼마만큼 일관성이 있는지 살펴보자.

구분	전통적/권위적	+2	+1	+0	+1	+2	혁신적/진보적
진리관	절대적 · 영구적 · 본질적						상대적 · 실효성 · 실용적
교육의 역할	경쟁력 있는 인재 양성						개성 있는 사회인 양성
	지덕체를 갖춘 전인 양성						민주적 시민 육성
교육목표	문화의 전수						경험의 재구성
	생활을 위한 준비						생활 그 자체
	미래에 대한 대비						현재의 필요
교육내용 및 방법	궁극적 실체에 대한 지식						학생의 흥미
	교과지식 습득						탐구와 성찰, 문제해결
	단일교과						경험중심의 통합교과
	일제 학습						개별화 학습
	강의와 개별적 암기						토론과 그룹활동
수노권	교사의 통제						학생의 참여
	교사의 권위와 지시						학생의 자율적 활동
평가	학습 결과 중시						학습 과정 중시
	지식의 획득						사고력과 학습기술 획득
	수렴적 사고						발산적 · 창의적 사고
교실	조용하고 질서 있는 교실						시끄럽고 활동적인 교실
	고정된 책상, 질서 있는 배열						이동 좌석, 자유로운 배치
교사관	엄격한 스승						자상한 보호자
	지시자로서의 교사						안내자로서의 교사
	내용전문가로서의 교사						학습자로서의 교사

학생관	상벌과 훈육의 대상						자율적 존재
	성인으로 성숙 과정인 개체						자체로서 완성된 주체
노력과 흥미	노력하다 보면 흥미가 생김						흥미가 노력을 이끎
놀이의 역할	공부한 후 놀이로 보상						놀이 자체가 공부
두뇌 발달	형식도야와 연습						창의적 활동
	인지적 측면 강조						정의적 측면 강조

3장

교육과 교사

교사는 학교 등 교육기관에 소속되어 학생을 가르치고 그 대가로 임금을 받아 생계를 유지하는 직업인이다. 일반 직업과 마찬가지로 교직도 용역이나 서비스를 제공하여 생계를 유지하고, 지속적으로 업무를 수행하며, 직업을 통해 자아를 실현하고, 사회적 책무도 수행한다. 이러한 특징 이외에도 교직은 나름대로의 독자적인 특징을 가지고 있다. 교사는 성장, 발달 단계에 있는 아동들을 사회문화적으로 성숙한 시민이 되도록 가르치는데, 아동의 어느 한 측면만을 대상으로 하는 것이 아니라 지적 · 신체적 · 정서적 측면에 걸친 모든 영역에서의 성장을 목표로 한다. 교직은 문화의 계승, 전달과 사회적 가치의 보전을 위해 노력하는 직업이고, 사회 진보를 위해서도 중요한 역할을 한다. 교사는 바람직한 사회의 모습을 제시하고, 미래에 사회를 짊어질 학생의 가치관에 영향을 미치며, 시민의식의 성숙을 돕는다. 이와 같이 교직은 사회의 발전에 책임을 지는 공공성이 큰 직업이다. 사회적으로 중요한 역할을 맡고 있는 교직과 교사란 어떤 특징을 가지고 있으며 어떤 역할을 하는지에 대해 자세히 살펴보도록 하겠다.

1. 교사관: 교사의 정체성과 특질

1. 성직자로서의 교사관

교사는 학생을 가르치는 것을 업으로 삼는 사람이다. 교사를 바라보는 관점은 학교에서 학생들을 가르치는 행위에 대한 평가에 따라 다르며 교사 개개인의 인격이나 개성과는 무관하다. 그러나 전통적인 교사관에서는 교사가 해야 하는 역할과 교사의 개인적 인격을 분리하지 않은 채 교사를 바라본다. 대표적인 것이 교직을 성직이나 소명으로 보는 교사관이다. 신부나 목사, 승려와 같은 성직자들은 소명의식을 가지고 사랑과 봉사의 정신을 체현한 존재이다. 성직자들은 하는 일과 사람이 분리되어 존재하지 않으므로 개인이 종교의 가르침과 다른 비윤리적 행위를 했을 때 비난을 받는다. 교사를 성직자로 보는 관점은 성직자들과 마찬가지로 교사 역시 사랑과 헌신으로 자신의 직업에 전념해야 한다고 보는 입장이다. 이런 입장은 서양의 경우 중세에 성직자가 인간의 영혼을 구원하는 교사로서의 역할을 맡아 한데서 유래했다고 볼 수 있다. 동양의 경우에도 교직을 천직으로 보는 관점은 교사를 스승이라 하여 '군사부일체', '스승의 그림자도 밟지 않는다'는 등 스승을 우대하는 오랜 전통에 기인한다.

성직자로서의 교사관은 교사의 '가르침'을 단지 교실에서 지식을 전달하는 데 그치지 않고 교사의 삶 자체로 확대해서 본다. 특히 어린 아동들을 가르치는 교사는 아이들에게 삶의 모델로서 기능하기 때문에 평소 말이나 행동거지가 큰 영향을 미치기 마련이다. 만약 교사가 평소에 아이들을 편애하고 거친 말을 쓴다면 아이들 역시 영향을 받지 않을 수 없을 것이다. 교사 개개인의 인격이 학생들의 인성에 영향을 미치기 때문에 교사는 보다 윤리적이고 인격적일 필요가 있다. 더 나아가 학생들의 인성을 함양하고 인격을 성숙시키도록 가르칠 것을 요구받기도 하는데, 이러한 가르침을 위해서는 교사 자신이 높은 도덕적 수준을 유지하면서 사랑과 헌신으로 아이들을 대해야 한다. 이렇게 하려면 교사는 낮은 봉급에도 헌신하며, 부당한 일을 겪더라도 참고 인내해야 하고, 개인적인 사익을 추구하지 않고 가르침을 위해 자신의 이익을 포기하는 고매한 인격자가 되어야 한다. 이러한 교직관은 지난 우리 역사에서 교사가 부당한 정치적 압박에 저항하지 못하게 하고('아이들에게 옳지 못한 사례가 되므로'), 봉급 인상을 위해 투쟁하지 못하게 하며('세속적 이익을 추구하는 속물적 존재가 되므로'), 학교의 민주화를 위해 싸우지 못하도록('학교사회의 질서를 파괴하는 것이므로') 하는 이데올로기로 작용하기도 했다.

2. 노동자로서의 교사관

교사가 가르치는 것을 업으로 삼는다고 할 때 사람이 아니라 '가르치는' 행위에 초점을 둔 교사관은 교사가 학교라는 기관에 소속되어 가르치는 일을 서비스로 제공하면서 임금을 받는 노동자로서의 역할을 하고 있다고 보는 것이다. 이러한 관점은 교사가 하는 일이 다른 노동자가 하는 일과 큰 차이가 없다고 보는 것으로, 교사 역시 다른 노동자와 같이 노동의 대가로 생계를 유지하기 때문에 노동자로서의 권리를 행사해야 한다고 보는 입장이다. 이때 '노동'이라는 것은 육체 노동이나 단순 노동처럼 사회적으로 천시하는 의미의 노동이 아니다. 노동자라 하면 '현장에서 지저분한 작업복을 입고 기름때를 묻혀가면서 일하는' 사람이라는 이미지가 있는데 이는 자본을 굴리면서 정당한 대가 이상을 차지하며 '잘 차려입고 잘 꾸미고 사는' 유한 계층에 대한 환상과 대조되어 노동의 원래의 가치를 왜곡하고 있다[1]. 이러한 이미지 때문에 교사를 노동자라고

---

1 기본적으로 노동이라고 하면 인간의 존재양식이라고 할 수 있다. 만약 노동이 없다면 인간의 역사와

하면 소명과 헌신을 바탕으로 이루어지는 교직의 신성함을 더럽힌다고 생각하는 사람이 있다. 그러나 교사는 신체적인 활동과 정신적 노동을 통해 임금을 받아 생계를 꾸려간다는 의미에서 노동자가 맞다.

학교에 소속되어 근무하는 교사들은 출퇴근시간을 지켜야 하고 계약에 따라 근무하며 일정 근로조건을 준수해야 한다. 교장의 명을 받아 근무하고, 해마다 근무평가를 받아야 하며 행정부서에 소속되어 행정업무를 수행하고, 담임업무를 하거나 일주일에 일정 시간 이상 수업해야 한다. 근무시간의 삶과 퇴근 이후의 삶이 분리되어 노동으로부터 소외된 삶을 경험하며, 근무시간에는 조직의 하부 단위로 전체의 일부로서만 기능한다. 이렇듯 형식적인 측면만 본다면 일반 공장 노동자와 다를 바가 없다. 그러나 교사의 노동은 일반적인 노동과는 다른 특징을 가진다. 노동자로서의 교사관을 가지고 있는 사람 중에 교사의 노동을 다른 노동과 구별하지 못하고 사회적 열패감에 빠지거나 그와 반대로 노동자로서 사회변혁의 주체가 되어야 한다고 생각하는 사람도 있다.

교사의 노동, 즉 '가르침'이 갖는 특징은 육체적 근력이나 기술을 이용한 육체노동이나 지식을 제공하고 보수를 받는 지식노동[2]이 아니라 '아이들을 가르쳐서 지적·도덕적으로 성숙한 사람으로 성장하도록 도우면서' 보수를 받는 신체적·지성적·감성적 수고를 요구하는 전인적(全人的) 노동이다. 이러한 노동은 먹고 살기 위해 어쩔 수 없이 하는 노동과는 다르며 분명한 목표의식과

현대의 문명은 존재하지 않을 것이다. 노동은 인류의 보편적인 존재 양태로, 인간은 노동을 통해 역사를 일구어 왔다. 노동은 인간만이 할 수 있는 인간 조건의 하나이며 노동하는 가운데 손을 쓰고, 몸을 움직이며 뇌를 발달시켜 지능이 있는 존재가 되었다. 이런 의미에서 노동은 존중받아야 하는 활동이다.

2 피터 드러커(Peter Drucker)는 변호사, 의사 등 화이트칼라 계층에 속하는 주요 전문직 종사자들에게 지식근로자라는 명칭을 부여했는데 이들은 '육체적 노동이나 수공업이 아닌 학교에서 배운 지식을 일에 활용하고 보수를 받는 사람'들이다.

사명감을 전제로 한다. 일반 노동자의 노동은 전체의 일부로서 자기 역할을 하면 업무가 끝나지만 가르치는 일은 아이들이 깨닫고 성장하는 순간을 위해 한순간 한순간이 완결되어야 한다. 교사의 노동은 물건을 만들거나 서비스를 제공하는 것을 넘어서서 미성숙한 아동의 삶에 온전한 책임을 지는 것이다. 인간이 존재하는 모든 곳에서 교사의 노동을 통해 사회가 존속하고 전체로서 인류의 문명이 유지되어 가는 것이다. 교사의 노동은 어떤 의미에서 인간의 역사를 거듭 새로 쓰는 일이다. 교사가 가르치는 아이 중에서 인간의 역사를 바꿀 위대한 학자나, 정치가, 실업가가 나올 수 있고 더할 나위 없이 나쁜 사람도 나올 수 있기 때문이다. 이렇게 중요하고 가치 있는 노동은 단지 생업을 위해 하는 노동과는 질적으로 다른 것이며, 이것이 교사의 노동이 다른 일과는 달리 전문성을 가지고 이루어져야 하는 이유이다.

노동자로서의 교사관은 성직자로서의 교사관과 비교할 때 오늘날 교사가 처한 현실을 올바르게 반영하고 있다. 그러나 교사의 노동이 노동에 대한 왜곡된 이미지로 인하여 폄훼되는 것은 옳지 않다. 이제 노동을 고통스럽고, 자본에 비해 열악한 것으로 바라보는 태도를 바꿀 때가 되었다. 모든 노동이 가치 창출의 원천으로서 존중받아야 하지만 특히 교사의 노동은 가치 있고, 전문성을 요한다는 측면에서 사회적으로 존중받을 필요가 있다. 교사의 노동은 전문적인 훈련을 바탕으로 이루어지며, 교사의 가르침이 효과를 보기 위해서는 전문성이 반드시 필요하다. 이것은 마치 의사가 환자를 보고 제대로 진단하려면 오랜 훈련을 거친 전문성을 가져야 하는 것과 마찬가지이다. 교사를 노동자가 아닌 전문가로 바라보는 입장은 노동을 경시하고 전문직을 우대하는 관점을 반영하고 있다. 반대로 교직은 전문직이 아니며 교사는 일반노동자에 불과하다는 생각은 교사의 전문성을 경시한 견해이다. 지금의 교육시스템에서 교사는 형식적으로는 노동자의 역할에 가깝지만 내용적으로는 전문가로서의 역할을 수행하는 전문적 노동자로 이해할 필요가 있다.

3. 전문적 노동자로서의 교사관

전문적 노동자로써 교사는 전문성을 스스로 지켜나가며 계속 발전시켜야 한다. 교사는 가르치는 일을 하기 때문에 그다지 많은 훈련 없이도 직무를 수행할 수 있다고 생각하는 사람이 많다. 의료행위나 법률행위와 달리 가르치는 일은 일상적으로 우리가 경험하는 일이기 때문에 익숙한 일이고, 익숙한 일에 대해서는 전문성을 인정하기 쉽지 않다. 많은 사람들이 내용만 알면 누구라도 가르칠 수 있다고 믿으며 그 대상이 아이들이라면 내용 전문성도 그다지 필요하지 않을 것이라고 생각한다. 여기서 전문성에 대해 좀 더 깊이 이해할 필요가 있다.

보통 전문성이라 하면 고도의 지식을 필요로 하는 정신적 활동으로, 독자적이고 독특한 사회적 봉사 기능을 가지고 있으며 오랜 동안의 훈련을 거쳐 획득하는 것이다. 전문직은 전문성을 바탕으로 하는 직업으로, 업무에 대한 자율권을 가지고 있으며 행동이나 판단 결과에 대해 책임을 지고 자체 조직과 직업윤리 등을 가지고 있다. 일정 교육기간을 거치거나 시험 등을 통해 면허나 자격을 획득한 후 전문직으로 진입할 수 있기 때문에 진입장벽이 높은 편이다. 또 계속해서 전문성을 개발해 전문직으로서의 지위를 유지할 수 있다.

이런 기준에서 볼 때 교직이 전문직의 요건을 충족하는지 살펴보자. 먼저, 교사가 되기 위해서는 국가가 정한 교직과정을 이수해서 교사 자격증을 취득하지 않으면 안 된다는 점에서 전문직으로서의 기본적인 요건은 충족하고 있다. 그러나 교사 자격증이 있다는 것만으로 무조건 전문가라고 할 수 없다. 전문성을 기르기 위해서는 현장에서의 풍부한 실천사례와 자기 계발 노력이 필요하다. 또한, 교사의 자율권이 제도적으로 보장되어야 한다. 현재 교사의 자율권 보장은 미흡한 상태이며, 학교나 교육청, 여타 기관에 의해 자주 침해를 받고 있다. 이로 보아 교직이 전문직으로서 사회적 인정을 충분히 받지 못하고 있음을 알 수 있다. 교사의 자율권은 전문적 활동을 하는 데 있어서 반드시 보장되어야 할 권리일 뿐만 아니라 전문성 신장의 가장 중요한 요소이기도 하다. 교장이나 교육청의 지시대로 행하기만 한다면 전문가로서 성장할 기회를 잃게 될 것이다.

한편, 자율권을 보장받는 대신 전문가는 자신의 활동 결과에 대해 책임을 지게 되는데, 교사의 경우 활동 결과를 평가하기 어렵고 책임 소재도 불분명하다. 의사나 변호사는 전문가로서 자신의 진단이나 법적 소송에 대한 행위의 결과가 분명하고 그에 따른 책임 역시 분명하다. 그러나 시험 성적의 향상이나 상급학교 진학률로 교사의 가르치는 행위를 평가하기는 어렵다. 더구나 한 학생의 성과가 다수의 교사가 하는 노력에 의해 이루어지는 만큼 누가 얼마만큼의 전문성을 발휘했는지 알기 어렵다. 또한 학생 교육에 실패하는 경우에는 학교와 교사의 잘못인지, 가정 문제 혹은 친구 문제로 인한 것인지 판단하기 어렵다. 이와 같이 성과나 책임에 대한 소재를 묻기 어려운 것이 교직의 특성이다. 이러한 점은 일반 전문직과 비교해볼 때 미흡한 부분이다.

교사를 전문직으로 보는 견해는 한편으로는 교사의 노동자로서의 본질을 인정하지 않으면서 교사가 전문직이 되어야 한다는 당위를 강조하고 있다.[3] 그러나 일반 전문직의 기순을 자율권의 보장과 사회적 인정의 측면에 비추어 볼 때 전문직으로의 교직관을 마냥 주장하기 어렵다. 앞서 지적했듯이 가르치

---

3 아이러니하게도 흔히 교사가 '전문직'으로 진출한다고 하면 장학사나 연구사로 전직하는 경우를 가리킨다. 이들은 더 이상 교수활동을 하지 않는다. 또한 교사가 교감이나 교장이 되면 '승진'한다고 하는데 승진함으로써 교사는 가르침에서 벗어나게 된다. 이는 가르침이라는 행위가 행정이나 장학에 비해 열등하거나 비전문적이라고 생각하는 풍토를 반영하고 있으며 교사를 전문직으로 바라보는 견해가 현실에서 외면받는 모습을 보여준다.

는 행위의 익숙함으로 인해 많은 사람들이 교사의 전문성을 인정하지 않는 경향이 있다. 또한 사교육 확대와 온오프 교육기회의 확산, 다양한 교육산업의 발달로 교육행위가 범속화되고 교육의 상품화가 가속화되고 있는데, 이러한 추세는 교사의 힘만으로 되돌리기 힘들며, 점점 더 많은 사람들이 '선생님'이라는 직업군에 포함될 것이다. 이러한 상황에서 제도교육의 교사만이 전문직으로 대우를 받기란 어렵다.

따라서 교사를 전문직으로 바라보는 관점은 현실과 시대의 흐름을 이해하지 못하는 견해라고 할 수 있다. 이제 전문직으로서의 교사관에 연연할 것이 아니라 교사 역시 노동자로서 자기 권리를 주장할 수 있어야 한다. 또한 교사의 전문성을 크게 훼손하고 있는 것이 자율권을 심각하게 제한하는 학교시스템과 법적 제약이기 때문에 이러한 외부적 제약을 극복하기 위한 노력을 해야 한다. 그러나 가장 중요한 것은 교사 자신의 전문성 향상을 위한 노력이다. 어려운 외부 환경과 미흡한 사회적 지지는 전문성 부족의 이유가 될 수 없다. 또한 일반인과 차별화된 성과를 내지 못하고 책임도 회피하면서 전문가로 대우받겠다는 것은 어불성설이다. 따라서 교사는 자신의 직업적 전문성의 제고를 위한 노력을 꾸준히 하면서 한편으로는 법적·제도적 한계의 극복을 위해 노력하는 이중의 과제를 안고 있다고 할 수 있다.

교사는 노동자로서의 자각을 바탕으로 자신의 권리에 대한 주장을 할 수 있어야 하며 전문가로서 사회진보에 기여해야 한다. 이 과정에서 학생의 전 인격을 책임지고 미래세대를 육성한다는 책임감과 소명의식은 교사의 행동을 가로막는 족쇄가 아니라 전문성 향상을 위한 동기로서의 역할을 할 것이다.

2. 교사 전문성

가르치는 행위 자체를 일상적으로 쉽게 경험할 수 있고, 사교육 시장의 강사나 대학교수 등 특별한 자격이 없이도 가르치는 사람들이 많은 현실에서 교사가 하는 일이 과연 전문적인 훈련을 요구하는 일인가에 대해 의문이 있을 수 있다. 특히 교과서의 내용을 그대로 가르치는 교사가 많아 교사 전문성에 대한 의심이 존재하는 것도 사실이다. 그렇다고 해도 교사가 하는 일에 전문성이 없다고 할 수 없으며, 교사의 일이 단순히 교실에서 지식을 전달하는 것에 그친다고 할 수 없다. 그렇다면 교사 전문성의 영역과 특징을 살펴보자.

1. 교사 전문성의 영역

교사 전문성의 영역은 크게 교사의 지식과 실천적 역량으로 나눌 수 있다. 교사의 지식에는 교사가 가르쳐야 할 교과에 대한 지식, 학생에 대한 지식, 교수학습과정에 대한 지식, 학습환경에 대한 지식 등 교육과 직접적으로 관련된 지식과 더불어 세계와 사회에 대한 이해, 인간에 대한 이해, 기술적 진보에 대한 이해, 직업세계에 대한 이해 등 교육과 간접적으로 관련된 지식을 포함하고 있어 매우 방대하다. 교사의 지식은 교육과정 설계, 수업, 자료개발, 상담, 지도, 관리 등 교직을 수행하기 위한 광범위한 지식체계를 바탕으로 하고 있고 단순히 명시적 지식만이 아닌 다양한 암묵적 지식을 포함하며, 기능, 이해, 성향, 태도 등을 포괄하는 총체적인 개념이다.

수업 관련 지식과 관련해 리 슐만(Lee Shulman)은 교사의 지식을 교과내용 지식, 일반교육학적 지식, 교육학적 내용지식, 학습자에 대한 지식, 교육환경에 대한 지식, 교육의 목적 및 가치에 대한 지식으로 구분했다. 그중 교육학적 내용지식(Pedagogical content knowledge: PCK)은 수업실천에서 교육적 가치를 높이기 위해 변형된 교과지식이며, 일반 내용지식과는 구별되는 교사만이 지니고 있는 전문적 지식이다. PCK는 교과내용에 교수에 대한 이해가 결합되어 특정 주제, 문제나 쟁점을 조직하는 방식으로 드러나는데, 이는 특정교과를 가르치는 방법에 대한 이해이며 교수목적, 교수내용 선택 및 조직, 학습자에 대한 지식, 특정 주제를 가르치기 위한 교수전략에 대한 지식을 통합한 것이다.

교사가 갖는 교과와 학생에 대한 지식이 현장에서의 실천적 역량과 결합할 때 교사의 전문성이 발휘된다. 교사가 일하는 학교현장은 어항처럼 조용한 정태적 환경이 아니라 끊임없이 파도치며 변화하는 바다와 같은 역동적 환경이다. 제각기 다른 가정 환경, 적성, 학업능력, 가치와 태도를 가진 학생들이 좁은 공간에서 하루 종일 생활하는 곳이 학교이고 교실이기 때문에 학생들은 학교에서 학업뿐만 아니라 다양한 사회적 경험을 하고, 여러 사람들과 인간관계를 맺는다. 조금이라도 학생들의 삶을 이해하고 싶다면 하루 종일 책상에 앉아 교실에서 생활해보면 된다. 학교에서 학생들이 매 시간 흥미를 느끼고 학습에 몰두할 수 있게 하려면 교사의 노력과 다채로운 수업운영이 필요하다. 과거에는 체벌과 규칙으로 학생들을 억누르고 질서를 세우려고 했다면 이제는 학생들이 자발적으로 학습할 수 있도록 지도하고, 편안하고 안전한 환경을 마련해주어야 한다. 교사의 수업운영과 학생지도에서의 실천적 역량이 없다면 이는 불가능할 것이다. 교사는 일방적으로 수업하다가 종이 울리면 교실 문을 나서는 것이 아니라 매 순간 적절한 의사결정을 통해 학생들을 이끌고 그때그때 학생들의 건강, 적성, 흥미를 파악하여 개별적인 지도를 병행하지 않으면 안 된다. 교육이 이루어지는 상황은 교사의 상황 이해력 및 판단력, 융통성 있는 의사결정 능력, 과감한 행동력 등을 요구한다. 이러한 실천적 역량은 대부분 암묵적인 형태로 존재하며, 교사의 경험이 쌓이면서 성장하게 된다.

2. 교사 책무성

교사의 전문성을 보장하는 것은 교사의 책무성이다. 교사의 책무성이란 책임과 의무를 다해 성과를 낼 수 있는 능력을 말한다. 이는 교사가 자신의 수업과 학생지도에 대해 종국적인 책임을 지는 것을 말하는데, 교육 결과에 대한 책임을 교사에게 묻고 상벌을 위해 존재하는 것은 아니다. 오히려 그러한 결과가 나오게 된 이유를 규명해서 교사의 전문성을 개발하려는 데 목표를 두고 있다. 교사의 책무성은 미국 캘리포니아 스톨법(1971)에서 매년 각 교육구의 교사들을 평가하고 결과를 통보해 교사의 전문성을 향상시킬 것을 요구하거나 켄터키 교육개혁법(1990)에서 학교가 학생의 학업성취에 기여하지 못할 경우, 해당 교육청이 교사와 학교에 제재를 가하도록 한 사례에서 살펴볼 수 있다. 이때 학생들이 달성해야 할 목표를 표준화하여 제시하고, 책무성을 객관적으로 평가하려고 했는데, 그 기준은 전국단위의 일제고사 성적, 대학입학 학생 수, 장학금 수혜자 수 등이다. 미국의 경우, 교사들의 책무성과 전문성을 높이려 노력한 측면은 긍정적이나 학력 중심의 표준화 시험으로 학교와 교사를 평가하여 인성이나 창의성개발 등 교육적 가치를 충분히 고려하지 않은 점에 문제가 있다. 미국에서 진행된 교사의 책무성을 위한 노력에 대한 성과와 한계를 검토하고 한국의 상황에 맞게 학교와 교사를 평가해서 책무성을 강화하고자 노력하는 것은 매우 중요하다. 이와 더불어 교사의 전문성을 향상하기 위한 자율권의 보장과 교사의 처우 개선도 같이 이루어져야 함은 물론이다.[4]

---

4 현재 시행 중인 교원평가제와 교원성과급제와 같은 교원정책은 교사의 책무성을 강화하려는 노력의 하나이다. 그러나 교사의 자율권 보장, 교육과정 편성권, 수업환경 개선 등 근본적인 교육혁신 없이 교사의 책임을 강조하고, 상벌로 교사들을 움직일 수 있다고 믿는 것은 교사의 전문성에 대한 심각한 몰이해를 반영하는 것이다.

3. 교사 전문성 계발의 이유

교사의 책무성에 대한 강조와 함께 전문성 개발에 대한 요구가 점점 더 늘어나고 있다. 오늘날 그 어느 때보다 교사의 전문성 계발이 요구되는 이유는 무엇일까?

첫째, 교육이 국가 경쟁력의 원천이라는 인식이 널리 퍼져 있기 때문이다. 현재 세계 여러 나라는 교육전쟁 중이라고 할 정도로 교육의 중요성을 강조하고 있다. 미국, 중국, 인도, 말레이시아, 유럽 등 국가들은 공교육을 혁신하고 고등교육을 확대해 국제사회와 글로벌 경제를 이끌어갈 인재를 육성하고자 지난 20여 년간 꾸준히 노력하고 있다. 한국 역시 이러한 인재경쟁 대열에 들어섰으며, 교사들의 전문성 강화에 대한 요구도 점점 커져가고 있다. 교사가 전문성 계발에 관심을 두지 않는다면, 미래세대인 학생들의 경쟁력 향상을 기대하기 어렵기 때문이다.

둘째, 글로벌 인재의 양성을 떠나서라도 오늘날과 같이 급변하는 시대에 인간의 가치관, 태도 및 지식 등이 변화하는 모습을 감지하고 학생들이 변화에 대비하도록 가르치는 것은 교사의 커다란 책무가 아닐 수 없다.

셋째, 교육수요자인 학부모와 학생의 요구와 기대가 다양해졌다. 이제 천편일률적인 교육이 아니라 개별화된 교육, 맞춤식 교육, 학생들의 적성에 맞는 교육 등 다양한 요구에 직면하고 있으며, 학생의 권리의식이 향상되면서 과거와 같이 권위적이고 지시적인 태도로 학생을 지도하는 데 한계가 있다. 새롭게 학생을 지도하는 데 관계 맺는 방법, 새로운 세대와 소통하는 방법을 배우지 않으면 안 된다.

넷째, 교직을 위협하는 것 중 하나는 인공지능 등 테크놀로지의 발달이다. 학교에는 이미 다양한 기기가 설치되어 있고 파워포인트와 같이 일상적으로 사용하는 테크놀로지도 많아졌다. 지식전달을 돕는 테크놀로지와 달리 학생들의 학습이력을 분석해서 처방하는 학습분석학이나 학생들에게 개별화된 학습을 제공하는 인공지능 선생님의 존재는 교사의 전문성을 위협하는 테크놀로지이다. 아직은 인간교사와 경쟁하는 테크놀로지보다는 교사의 가르침을 보완하는 형태로 존재하지만 교사의 전문성에 대한 사회적 확신이 없다면 언젠가는 인공지능이 교사를 대신해 가르치고 교사는 아이들을 돌보는 보모의 역할을 하게 될지도 모른다.

마지막으로 교직에 대한 직업적 도전이다. 교직은 현재 유사한 다른 직업에 의해서 끊임없이 도전을 받고 있다. 식을 줄 모르는 사교육 열풍과 스타강사의 존재는 일반 사람들로 하여금 교사와 학원의 강사를 비교하게 하며, 교사가 내는 성과에 대해 감시의 눈초리를 거두지 않는다. 다른 한편, 교직은 4차 산업혁명으로 인해 새롭게 생겨나는 여러 직업들과 사회적·경제적 지위를 놓고 경쟁하는 처지가 될 것이다. 전통적 직업군인 교직은 새로운 직업군에 의해 잠재적인 능력이 있는 교사를 잃을 수 있으며 상대적으로 사회적·경제적 지위가 저하될 수 있다. 이러한 경쟁에서 이기려면 다른 직업군이 가지지 않은 차별화된 서비스와 교사만의 전문성이 무엇보다 필요하다.

3. 교사의 역할과 직무

교사의 역할은 교사라는 직업에 대해 가지는 일체의 기대로, 규범적이고 일반적인 개념이다. 교사의 직무는 역할을 구체화하여 실제적으로 진행하는 것이다. 교직의 공공성에 따라 직무가 법률상 규정되어 있으나 실제 학교현장에서 진행하는 것과 다소 차이가 있을 수 있다. 교사의 역할에 대해 기존의 이론과 논점을 알아보고 구체적으로 교사가 하는 직무에 대해 살펴보기로 한다.

1. 교사의 역할

교사가 하는 가장 중요한 일은 가르치는 일이다. 교직에 대해 잘 알지 못하는 일반인들은 교직을 수업시간만 채우면 역할을 다하는 편한 직장이라고 오해하기도 한다. 그러나 교사가 하는 일은 수많은 세세한 업무와 활동으로 이루어져 있으며 교사가 하는 일이 단지 가르치는 일에 국한되지 않는다. 교사가 하는 역할은 전문적 지식과 기술을 바탕으로 하는 수업과 학습동기 유발뿐만 아니라 학생에 대한 관심과 이해, 학생의 돌봄, 학부모와의 신뢰관계 형성, 질서 유지, 지속적인 자기반성, 전문성 계발 등을 아우른다(Nicoll & Harrison, 2003).

교사의 규범적인 역할에 초점을 두고 교사의 역할을 분류해보면, 가르치기, 안내하기, 설명하기, 평가하기, 깨우쳐 주기, 혁신하기, 모델링, 탐색하기, 창조하기, 권위유지, 비전제시, 과업반복, 현실에 직면하게 해주기 등으로 나눌 수 있다(Pullias & Young, 1971). 이에 비해 교사역할의 심리적 측면에 초점을 두고 살펴볼 수 있다. 이 경우 교사의 역할은 사회적 가치를 체현하여 도덕적 교훈을 전달하는 역할, 판단하거나 심판하는 역할, 지식자원으로서의 역할, 학습조력자로서의 역할, 훈육하는 역할, 학생들의 불안을 제거하고 자긍심을 고취하는 역할, 학생 집단의 응집력을 강화하는 역할, 부모의 대리 역할, 친구로서의 역할을 한다(Redl & Wattenberg, 1951).

한편, 교사의 역할을 교사가 처해 있는 위치에 따라 구분할 수도 있다. 김기태와 조평호(2003)는 교사의 역할을 학급에서의 역할, 학교 조직 구성원으로서의 역할, 사회적 측면에서의 역할로 나누어 제시하고 있다. 먼저 학급에서 교사는 교육목표 설정 및 진술자, 교육내용 선정 및 조직 자, 수업 운영자, 생활 지도자, 교육평가자로서 역할을 한다. 학교에서는 학교 경영 참여자, 행사진행 및 교육자, 직장인으로서의 역할을 하며 사회에서는 변화촉진자, 교권신장의 주체, 연수 및 연구자로서 역할을 한다고 했다.

이와 같이 교사의 역할에 대해 많은 논의가 이루어져 왔지만 교사의 전문성을 기준으로 교사의 역할을 분류한 연구는 많지 않다. 이제 교사의 전문성을 중심으로 교사의 역할에 대해 살펴보도록 하자.

첫째, 가장 핵심적인 교사의 역할은 가르치는 것이다. 가르칠 때 교사는 수업을 계획하고, 자료를 개발하며, 강의하고, 학습을 촉진하며 평가하는 역할을 한다. 직접적인 역할 이외에 수업이 제대로 이루어지도록 환경을 조성하며 학생을 돌보고 관리하는 역할을 한다.

둘째, 그동안 간과되었던 교사의 중요한 역할 가운데 하나는 학습자, 연구자로서의 역할이다. 이 역할은 교사가 끊임없이 학습하면서 지식과 실천적 역량을 확충, 강화해야 하는 것이기 때문에 중요하다. 수업은 교사와 학생이 같이 배워나가는 과정이며, 교사는 학습하는 모델로서 학생들에게 영향을 미친다.

셋째, 교사 전문성의 핵심 영역 중 하나는 교육과정 설계의 전문성이다. 교사는 이미 편성된 교육과정을 단순히 전달하는 전달자가 아니다. 교육과정을 해석해서 학생들에게 최적화된 내용을 선별하고 보충하며, 필요한 자료를 개발해서 수업에 임한다. 교육과정 편성은 국가나 공적기관에서 이루어지지만 교사는 자신의 전문성에 기초해 교육과정을 재해석하는 역할을 한다. 교육과정을 재해석하는 것의 핵심은 교사의 반성적 사고와 교육학적 내용지식에 있다. 교사는 교육과정과 교과서를 재해석해고 창의성을 발휘해 수업을 설계한다. 이때 교재에 나타나 있는 사상이나 지식의 의미를 완벽하게 이해하고 학생의 관점에서 재해석하는 반성적 사고의 과정이 없다면 좋은 수업은 불가능하다. 이와 같이 가르치는 역할에는 가르치는 물리적 행위뿐만 아니라 학생의 지도, 환경의 조성, 학습과정, 교육과정의 재해석 등과 같이 함께 이루어져야 하는 역할들이 많다.

마지막으로 교사의 사회적 역할 또한 막중하다. 교사는 단지 학교에만 존재하는 섬 같은 존재가 아니다. 교육을 통해 사회를 이끌어갈 미래의 시민을 양성하는 한편, 사회의 진보에 집단적 혹은 개별적인 기여를 해야 하는 존재이다. 존 듀이(John Dewey)는 사회의 민주적인 개혁을 위한 교사의 역할을 강조하며 민주적 교원단체를 결성하고 참여할 것, 교사 외의 민주적인 단체와 긴밀하게 연대할 것 등을 강조했다. 교사집단은 고도의 교육을 받고 사회의식이 높은 집단이다. 교사가 지닌 지성과 높은 사회의식은 교사집단이 사회적 진보를 위한 세력으로서의 역할을 하도록 한다. 사회적 부정의와 정치적 부패, 빈부격차, 소외된 민중의 문제 등 사회적 진보를 저해하는 여러 문제에 대해 직간접적으로 의견을 제시하고 적절한 행동을 통해 문제를 개선해야 할 책무가 있다.

2. 교사의 직무

교사는 국가에 의해 업무가 규정되어 있는 공공직으로, 헌법과 각종 법률에 의해 직무가 세분화되어 있다. 관련된 내용은 '교육기본법', '초중등교육법 및 시행령', '교육공무원법', '국가공무원법' 등에 분산되어 나타난다. 이를 종합하면 교사의 직무영역은 ① 학생 교육 및 관리, ② 전문성 신장, ③ 복무, ④ 대외관계로 나누어진다. 이중 교사의 직접적인 업무라고 볼 수 있는 것은 학생교육 및 관리, 전문성 신장영역이다. 학생교육 및 관리영역은 가장 핵심적인 영역으로 교육과정 및 수업, 학생평가, 학생생활지도, 학생자치활동지도, 건강증진지도 등의 직무가 있다. 전문성 신장영역에는 자신의 자질 함양, 연구개발, 연수 등의 직무가 있다. 복무영역에서는 교사의 의무(공무원으로서의 성실과 복종의 의무, 비밀엄수, 영리행위 및 정치운동 금지 등)를 규정하고 있으며 대외관계 영역에서는 교사의 교원단체 조직 및 참여에 대한 권리를 규정하고 있다.

교사의 실질적인 직무는 법적 근거에 의해 합법적 권위를 가지고 이루어진다. 이러한 법적 근거를 바탕으로 교사들은 학교 현장과 사회에서 자신의 업무를 수행하게 되는데 실제로 수행되는 직무 내용을 교사의 역할에 따라 구분하여 제시하면 다음 표와 같다.

〈표 3-1〉 교사의 역할과 구체적 직무

역할	직무내용	구체적 활동	비고
교수자	교과지도	수업준비, 교수설계, 교안작성, 수업진행, 교재개발, 수업 정리 및 평가, 상호작용, 과제물 처리 및 피드백	초중등교육법 20조, 23조, 25조
	특별(재량)활동 지도	활동계획 수립, 특활지도, 참여유도, 평가 및 피드백	
	생활지도	생활지도계획, 심리검사, 상담활동, 생활습관지도, 순시지도, 지도 평가, 진로지도	초중등교육법 18조
	학급경영	자율학습지도, 학급회의, 학급환경 조성, 학급제장부 관리, 조종례, 학생파악, 학습독려, 인성지도 및 평가, 생활기록부, NEIS	
연구/희습자	연수활동	자기연수, 교내외 연수 참여, 교과교육연구모임 참여, 교사 간 연수활동	교육공무원법 38조, 41조
	수업임상	수업분석, 수업참관, 참여관찰, 평가 및 피드백	
	학술활동	수업연구, 매체연구, 적성-처치연구, 학교연구, 교육혁신에 관한 연구	
	PCK	교육과정분석, 교재연구, 연관교과 학습, 통섭적 학습	
교육과정 설계	교육과정 재구성	교육과정 연구, 설계 및 재구성	
	교과서 재구성	교과서 연구, 재구조화, 자료개발	
사회적 역할	지역사회 활동	학부모, 지역사회와의 관계 유지 및 협력, 학생참여공간 확보, 현장학습기회 확대, 동문과의 관계 유지, 서비스러닝	
	교원단체 활동	교원단체 조직 및 참여, 노동조건 향상 및 권리 확보를 위한 노력, 교육혁신을 위한 공동노력	교육기본법 15조
행정업무	학교행정/행사 참여	직원회의 및 위원회 참여, 학교행사 참여, 학교운영 참여 및 개선	초중등교육법
	학교업무분장	담당 교무분장 업무 처리	

4. 교사의 발달

교사의 전문성은 교사교육 기간을 거쳐 교원자격증을 획득했을 때 완성되는 것이 아니다. 또한, 교사의 성장은 대학에서 제공하는 기능과 지식 습득을 위한 제도적 자격과정을 통해 이루어지는 것이 아니다. 실제로 예비교사로서 배우는 시기에는 현장에 대한 이해와 실천보다 교과 및 교육학적 지식을 배우는 데 초점을 맞추고 있다. 교사의 성장은 이론적 학습에 의해서가 아니라 현장에서의 배움과 의식적인 실천, 철학적 성찰, 즉 학습-실천-성찰의 순환과정을 통해 이루어진다.

교사의 성장과 능력개발이 중요한 이유는 그것만이 교육의 질적 변화를 가져올 수 있기 때문이다. 기존에는 위로부터의 개혁에 의해 교육의 질적 변화가 가능하다고 생각했으며 '통제와 관리 시스템'에 중점을 둔 교육정책이 주를 이루었다. 일부 정책담당자들은 교사를 기능적이고 단순히 내용을 전달하는 전달자, 전문가에 의해 고안된 교육과정을 수행하는 사람 정도로 보았다. 누가 가르치든 교수설계가 잘 이루어진다면 잘 가르칠 수 있다고 보았기 때문에 교사들을 실천적 성찰자가 아니라 교재의 내용을 전달하는 기술자로 간주하는 것이다. 이러한 관점은 교사의 전문성이나 개성과 무관하게 누가 가르쳐도 동일한 결과를 낳을 수 있도록 제도나 정책을 마련하는 데 중점을 두게 했다. 교사가 이와 같이 기능적 역할을 하는데 그친다면 교사 전문성 계발은 제한적일 수밖에 없으며 교사가 주체가 되는 교육혁신을 기대하기란 어려울 것이다.

이제는 이러한 기능적인 관점을 극복하고, 교사의 전문성 계발을 통해 교사가 주도하는 교육의 혁신을 꾀하자는 관점으로 패러다임을 전환할 필요가 있다(Darling-Hammond, 1993). 이런 관점 위에 설 때 교사는 지식전달자에 불과한 기능인이 아니라 학생들에게는 동기부여자이며 자신은 성찰하고 학습하는 존재, 교육과정 개발자, 실천적 운동가, 학교의 리더로서 성장할 수 있으며 이를 위한 교사의 발달과 생애주기에 관심을 기울일 수 있게 된다.

1. 교사 생애주기

교사 생애주기란 교사가 교직에 입문하면서부터 퇴직까지 일련의 과정에서 겪는 변화를 의미한다. 교사로 처음 임용되어 교직사회에 적응하고 성장하는 과정에서 교사들은 여러 영역에서 많은 변화를 겪는다. 또한 경력을 쌓아나가면서 교육관, 지식, 기능, 태도면에서 일정한 발전단계를 경험하게 되는데 연차에 의해 구분하는 경우[5]도 있고 경험의 질을 기준으로 구분하기도 한다. 김병찬(2007)은 한국 교사의 삶에 대한 질적연구를 통해 교사 생애주기를 시행착오기, 좌절성장기, 발달기, 성숙안정기, 회의혼란기, 소극냉소기, 초월격리기로 구분했으며, 강경석과 김영만(2006)은 입문수용기, 능력구축기, 열중성장기, 안일안주기로 구분했다. 버크(Burke, 1987)등은 교사 경력 순환모델을 제시하고 교사 생애를 복합적인 여러 단계로 구분할 수 있다고 했다. 그들은 교사가 거치는 생애주기를 대학에서의 준비단계, 일상활동이나 학교에 적응하는 입문단계, 교사기술과 능력을 증진시키기 위해 노력하는 역량구축단계, 열정적으로 전문성을 계발하려는 열정단계, 가르치는 일에 좌절하는 좌절단계, 기대되는 것보다 적게 일하는 안정적 침체 단계, 퇴직을 준비하는 준비단계, 직무를 떠나는 퇴직단계 등 8단계로 나누었다.

이러한 논의는 교사 생애주기가 단선적이고 순차적이라는 생각을 바탕으로

5 손병길(2004)은 교사 생애주기를 신임단계(3년 미만), 발전단계(3~10년), 심화단계(10~20년), 완숙단계(20년이상)로 구분했는데, 개인차를 고려하지 않은 연차별 구분이 실제 교사 생애주기를 반영하는지에 대해서는 논란의 여지가 있다.

하는데, 교사의 삶을 지나치게 단순화해서 보는 견해이기도 하다. 교사의 생애주기는 교사가 경력을 쌓아가면서 일정한 단계를 거치는 것이 아니라 단계를 뛰어넘을 수도 있고 이전 단계로 다시 돌아갈 수도 있다. 또, 어떤 시기에는 여러 단계에서 나타나는 특성을 복합적으로 경험할 수도 있을 것이다. 교사의 삶과 생애주기는 단순하지 않으며 복잡한 과정을 거쳐 성장, 발전하는 것이다.

3단계 주기이론

교사 생애주기를 간단하게 초임기, 성숙기, 안정기 3단계로 나누어 살펴보면 다음과 같다. 한국에서 교직을 희망하고 입문하는 학생들은 일반적으로 또래 집단에 비해 우수하며 교직에 대한 열망도 크다. 반면, 정도의 차이는 있으나 현장과 학생들에 대한 이해수준이 낮기 때문에 일단 교사로 취업하게 되면 초기에 혼란을 경험하게 된다. 교직에 입문한 초임기에 교사들은 일을 배우고, 가르치는 과정에서 시행착오를 경험하며 교직관의 변화를 경험하게 된다. 이 시기는 단순히 적응기가 아니라 현장의 모습을 보고 좌절하며 혼란과 침체를 경험하는 시기일 수 있다.

초임기를 거치면서 성숙기에 접어들게 되면 안일에 빠지는 경우도 있지만 많은 교사들이 발전과 성숙의 경험을 한다. 이 과정을 통해 가르치는 일에 익숙해지고 교사로서도 자신만의 색깔을 갖게 된다. 다양한 교사의 업무와 역할에 적응해 순조로운 직업생활을 영위하며, 학생들과의 관계도 자연스러워진다. 또한, 자신을 돌아보고 전문성 향상을 위해 연수와 자기장학에도 힘쓴다. 이 시기는 교사로서 가장 열정적으로 일하는 시기이기도 한데, 교사의 사회적 역할이나 교사에 대한 사회적 인정이 자신의 기대에 미치지 못해 좌절을 경험하기도 하고 열정만큼 소진(burn-out)이 발생하기도 한다.

초입기와 성숙기를 거쳐 생애주기의 후기인 안정기에 접어들게 되면 교사들은 전반적으로 편안함을 추구하는 경향이 있다. 이 시기는 가르치고 지도하는 활동이 일상적이며, 준비나 실행, 평가에서 부담을 많이 느끼지 않는 시기이다. 열정적인 교수보다는 차분한 지도, 열정적 관여보다는 인내심을 가진 기다림, 모험보다는 안주를 택한다. 때로는 냉소적 태도를 가지기도 하며 퇴직 후의 삶을 준비하는 시기에 교사로서의 삶과 개인적 삶이 분리되어 지겨움이나 소외를 경험하기도 한다.

위에서 살펴보았듯이 교사가 겪는 생애주기의 각 시기는 긍정적인 측면과 부정적인 측면 모두를 포함하고 있다. 초임기에 경험하는 긍정적 기대와 현장에 대한 좌절, 성숙기에 경험하는 전문성 향상과 사회적 역할의 한계 인식, 안정기에 경험하는 안정감 있는 지도와 안주/퇴행 경험 등은 교사마다 서로 다른 삶의 경로를 거친다는 것을 의미한다. 이처럼 교사가 경험하는 삶의 다양성을 이해하는 바탕 위에서 교사의 전문성 향상을 위한 교사발달에 대한 논의를 시작할 필요가 있다.

2. 교사 발달

교사 생애주기가 교사들이 교직에 입문하면서부터 퇴직까지 일련의 과정에서 겪는 변화에 초점을 두는 것이라면 교사 발달이란 교사들이 교직을 수행하면서 보여주는 의식적인 성장의 과정을 의미하며, 교직생활을 통해 경험하는 교사로서의 가치관, 신념, 지식, 기능, 태도에서의 양적, 질적 변화를 의미한다. 교사의 발달은 교사 생애주기와 무관하지 않다. 교사는 교직에 입문해서 퇴직하기까지 성장, 발달, 쇠퇴라는 과정을 거치며 개인차는 있지만 일반적으로 비슷한 경향성을 보인다. 앞 절에서 교사 생애주기를 초임기, 안정기, 성숙기로 바라보았는데, 각 시기별로 교사발달의 핵심내용을 교수전문성, 업무, 소양으로 나누어 살펴보면 다음과 같다.

〈표 3-2〉 교사생애주기와 발달

시기	교수전문성	업무	소양
초임기	학습동기유발 학습자 이해 학습자와 레포형성	학교업무 이해 정보탐색 및 습득	친밀감, 도전정신 긍정적 수용 창의력, 열정, 책임감
안정기	교육과정 재구성 조직적 학급 운영 수업 자신감 교수기술 숙련	경력비전 추구 업무기획 정보관리 및 활용	문제해결 능력 분석적 사고 협업능력 열정, 창의력 솔선수범
성숙기	교육과정 편성 및 운영 수업장학, 컨설팅 학습세대 이해 개별화학습 촉진 교수방법 적절성 판단	업무총괄 맞춤형 상담 민주적인 학급 운영 정보응용 및 공유	갈등조절 관계조율 변화주도, 추진력 통찰력, 창의력 의사소통 능력 솔선수범

* 위 내용은 손성호, 「교사생애주기별 핵심역량 모델링 및 역량기반 교육과정 개발 연구」, 인천대학교 박사학위 논문, 108쪽 내용을 참조하여 정리한 것임.

위의 표에서 언급한 시기별 발달내용은 교사가 해당 시기에 핵심적으로 발전시켜야 하는 주요한 역량을 의미하는 것일 뿐 언급되지 않은 발달내용이 중요하지 않은 것은 아니다. 예를 들어, 초임기의 교사가 교사 전문성 발달을 위해 '학습동기를 유발하는 방법', '학습자 이해', '학습자와 레포를 형성하는 방법'을 익히는 것이 우선적으로 중요하지만 안정기나 성숙기 교사발달 시기에 나와있는 '교육과정의 재구성'이나 '개별화 학습 촉진' 등이 중요하지 않다는 의미가 아니다. 위의 표를 이해함에 있어서 교사 개개인의 발달 수준에 따라 핵심적인 발달 내용이 달라질 수 있다는 점을 염두에 둘 필요가 있다. 교사의 개인차뿐만 아니라 초중등 학교급별 차이, 학교시스템의 차이, 지역사회의 요구 등에 따라 교사 생애주기별로 우선적으로 발달해야 할 역량의 내용이 서로 다를 수 밖에 없다. 그럼에도 교사발달 연구를 통해서 알 수 있는 것은 교사들이 전 생애주기에 걸쳐서 일정한 발달단계를 거치며, 각각의 시기에 성취해야 할 전문성 및 핵심 역량이 있다는 점이다. 보다 중요한 것은 이러한 발달이 자연발생적으로 이루어지는 것이 아니라 각종 연수와 자기계발 노력의 결과라는 점이다. 교사로서 재직 기간이 늘어남에 따라 능력이 향상되는 것이 아니라 전문성 향상을 위한 노력, 수업임상과 자기 성찰, 현장에서의 문제해결 경험 등이 복합적으로 어우러져 향상되는 것이다.

5. 교사 전문성 향상 방안과 한계

교사의 자질과 능력은 교육의 질과 교육적 성패를 좌우하는 가장 중요한 요소이다. 이것은 '교육기본법' 14조 2항에서 '교원은 교육자로서 갖추어야 할 품성과 자질을 향상시키기 위해 노력하여야 한다'고 규정한 데서도 엿볼 수 있다. 교사의 역량은 자연적으로 생기는 것이 아니라 자신의 목적의식적인 노력을 통해서 길러지는 것이므로 교사들은 자신의 전문성 향상을 위해 계획적이고 의식적인 노력을 할 필요가 있다.

교사발달을 위한 방안은 정부와 교육청에 의한 연수 및 장학과 교사의 개인적인 노력으로 나누어볼 수 있다. 전자가 교사를 대상으로 하는 교육훈련의 방법이라면 후자는 교사가 주체가 되는 자기개발 방법이라고 할 수 있다.

1. 교사연수

교사연수는 교원들의 전문적 능력과 자질을 배양하기 위해 다양하게 이루어지는 교육훈련 활동인데, 연수를 제공하는 주체와 목적에 따라 다양하다. 교육의 이론, 방법, 직무수행에 필요한 직무연수, 자격 취득을 위한 자격연수, 기타 특별연수로 구분된다. 연수는 교사의 직무수행능력 향상과 교사의 개인적 욕구나 교양 증진 등을 목적으로 이루어지며 1급 정교사 자격연수와 같이 의무적으로 받아야 하는 경우도 있지만 대개는 개인적 의사결정에 의해 연수를 받는다. 의무적으로 받아야 하는데 받지 않았을 경우, 신분상 불이익을 당하게 되는데 이는 교사 발달을 위한 제도적 장치라고 할 수 있다. 우리나라는 1급 정교사 자격연수 이후에 의무화된 연수가 없으며 대부분은 자발적으로 받도록 하고 있다. 그러나 외국의 경우 의무화된 경우가 많다. 미국은 많은 주에서 소정의 연수를 받지 않으면 봉급을 인상하지 않거나 교원자격을 갱신하지 않는다. 일본 등 국가에서도 경력교사의 자질향상을 위한 연수를 의무화하고 있다. 교사 발달을 개인적인 결단에 맡겨 놓고 연수를 받은 교사와 그렇지 않은 교사 간에 어떠한 차별도 없다면 자발적 연수활동이 활성화되기 어려울 것이다. 그렇다고 하여 현장과 동떨어진 주제로 형식적으로 이루어지는 연수방식에 대한 개선 없이 연수를 의무화하는 것은 또 다른 문제를 낳는 것이다. '책무'로서의 교사연수를 도입하려면 교사들이 자발적으로 연수활동에 참가하도록 연수 내용과 방법을 먼저 개선한 후 제도화를 위한 노력을 할 필요가 있다.

교사연수는 '책무'보다는 '권리'로 인식될 때보다 효과적이다. 연수가 교사의 당연한 권리로 인식된다면 교사들은 필요와 목적에 맞는 양질의 연수를 학교나 교육청 등 관계기관에 요구할 수 있다. 교사가 자신의 필요에 맞는 연수를 받게 되면 연수 결과가 교실에 환류되어 교육 성과가 제고될 것이다. 교사연수의 성패는 교사를 교육의 대상이 아니라 교육주체로 보는 시각을 갖는 데 있다. 교사가 연수의 주체가 되어 연수의 목적과 내용, 강사, 연수 시간과 방법 등을 주도적으로 계획하며 이끌어갈 때 제대로 된 성과가 나올 수 있다.

2. 자기계발

연수가 제도적인 측면에서의 교사 전문성 향상 방안이라면 자기계발을 통한 전문성 향상은 교사의 자기주도적 학습에 기반하고 있다. 교사로서의 전문성 발달을 위해 교사들은 교과지도, 특별활동지도, 생활 지도 등 전반적인 영역에 걸쳐 자신의 필요에 맞게 자기주도적으로 학습한다. 이는 자기장학의 형태를 띠게 되는데, 그 방법은 수도 없이 많다. 예를 들면, 스스로의 수업을 녹화하여 분석하거나 체크리스트를 이용하여 자신의 수업을 평가하는 방법, 학생들의 평가나 의견조사로 수업을 개선하고자 노력하는 방법, 현장연구를 통해 문제를 깊이 파헤쳐 해결책을 구하는 방법, 교육서적이나 자료를 탐독하여 자기발전을 꾀하는 방법, 워크숍이나 강연에 참가하거나 대학원과정을 수강하여 자기발전을 꾀하는 방법, 교원전문 단체나 교과교육 모임 등에 참여하여 자기발전을 하는 방법, 인터넷상의 공개동영상 등을 통해 자기주도적으로 학습하는 방법 등 다양하다.

3. 실천공동체

교사의 개별적 장학이나 자기연수는 동료들과의 학습과 실천의 공동체를 통해 더욱 강화되고 내실화된다. 동료교사들과 공개수업을 통한 수업사례의 공유, 동료와의 협의와 협력을 통한 문제해결 노력, 공동연구 과제를 통한 협력학습, 초임교사-경력교사 간 일대일 동료장학, 동호회를 통한 동료장학 등 다양한 방식으로 이루어진다. 무엇보다 동료와의 신뢰, 협력관계, 학습공동체 의식이 바탕에 깔려 있어야 수업임상과 자기성찰을 통해 교사 전문성을 제고할 수 있다. 교사가 수업에서 보이는 폐쇄성은 수업 체험을 공유함으로써 얻게 되는 교수 전문성뿐만 아니라 교실에서 일어나는 일에 대한 문제해결과 공동 대처에도 도움이 되지 않는다. 동료와의 협의, 공동학습, 공동실천은 교사 전문성 개발의 가장 중요한 토대가 된다.

4. 교사 전문성 향상을 위한 방향

교사 전문성 향상과 관련하여 가장 큰 문제는 교사들의 자기계발 노력과 전문성 향상을 위한 동기를 어떻게 끌어내는가에 있다. 기존의 신자유주의 교육 정책에서는 성과 평가, 경쟁 등을 통해 교사들의 동기를 높이고자 했으며, 연수를 의무화하고, 연수를 받지 않거나 연수 성적이 나쁘면 불이익을 주고자 했다. 신자유주의의 렌즈를 끼고 교사 사회를 보면 나태하고 자기계발노력이 없는 집단이다. 이런 사고를 바탕으로 지난 정부에서 교사들끼리 성과급이나 승진을 놓고 경쟁하게 하고 다면평가제를 도입했으며, 인센티브 부여와 엄벌주의로 교사사회를 길들이려고 했다. 그러나 이러한 경쟁과 성과주의는 교사들의 문화를 정확하게 이해하지 못한 데서 나온 단견이며 자칫 교사 문화를 변질시킬 우려도 갖고 있다.

교사 전문성을 위해서는 '누가 더 잘하는지' 평가해서 서로 경쟁하게 할 것이 아니라 '서로 어떻게 함께 해서 효과를 내게 할까'로 패러다임을 바꿀 필요가 있다. 교사들을 움직이는 힘은 외부의 평가나 인센티브가 아니라 매일매일의 생활에서 부딪히는 삶의 현장, 즉 학교와 교실의 개선에서 나온다. 교사가 학교에서 주인의 역할을 하고 교실에서 학생들을 소신 있게 가르칠 수 있도록 자율권을 갖도록 해야 한다. 현재 교사는 교장의 명을 받아 업무를 추진하도록 되어 있으며 '교과서대로' 가르칠 것을 요구받고 있다. 만약 교사들이 교육의 주체가 되고 교수활동의 자율권이 보장된다면 교사들이 효과적으로 학교를 운영하고 교실에서 가르치고 지도하는 방법을 향상하기 위해 스스로 노력하게 될 것이다. 근본적인 한계를 바로잡지 못한 채, 교사들이 잘 가르치기만 하면 교육이 바로 설 것이라고 생각하는 것은 문제를 제대로 파악하지 못한 것이다.

자기성찰활동

유능한 교사와 좋은 교사

어떤 교사가 좋은 교사인가? 가르치는 과목에 대해 전문적인 지식을 갖추고 있으며 효과적인 교수방법으로 머리에 쏙 들어가게 가르치는 교사가 유능한 교사라고 생각하는 것은 당연하다. 여기에 수업에 대한 열의가 있고 학생들을 사랑한다면 더할 나위 없을 것이다. 학부모들은 이런 능력과 자질 이외에도 훌륭한 인격자로 아이들에게 모델이 되어주어야 한다고 생각할 것이고, 학교행정가들은 교사가 자신에게 부여된 행정업무를 잘 해나가기를 기대할 것이다. 하지만 모든 면에서 완벽한 존재로서의 교사는 찾아보기 힘들다. 만약 '좋은 교사'가 갖추어야 할 덕목을 한 가지만 꼽으라고 한다면 무엇을 꼽을 수 있을까?

이 질문에 답하기 위해서 1998년 한국교육개발원에서 수행한 「교육에 대한 국민의식 조사연구」에서 '가장 좋은 선생님은 어떤 선생님인가?'에 관해 질문하고 응답한 결과를 정리해보았다.

구분	교사	고등학생	학부모	평균
학생에 대한 사랑	41.4%	53.5%	42.2%	45.7%
인격	21.1%	8.0%	21.1%	16.7%
효과적인 교수방법	11.4%	27.3%	10.5%	16.4%
지도 열의	21.8%	8.1%	16.0%	15.3%
교과 지식	5.5%	2.8%	9.8%	6%
기타	0.4%	0.2%	0.4%	0.3%

* 이 통계는 아래 자료에서 발췌, 수정한 것임.

임연기 (1998) 「교육에 대한 국민의식 조사연구」 한국교육개발원. p.105

위 설문결과를 보면 계층을 막론하고 '학생에 대한 사랑'이야말로 좋은 교사의 가장 중요한 자질로 인식하고 있음을 알 수 있다. 교수 전문성인 전문적 지식과 교수방법은 지도에 대한 열의나 인격과 같은 무형적인 요소보다 더 중요하게 여겨지지 않았다. 이렇게 본다면 유능한 교사가 반드시 좋은 교사는 아니라는 오해를 하게 된다. 아래와 같은 이야기를 주변에서 가끔씩들을 때가 있다.

'유능하지만 아이들에 대한 정이 없다면 좋은 교사가 아니다.' '수업 능력은 다소 부족하지만 아이들을 사랑하는 교사가 좋은 교사이다.' '무엇보다 중요한 것은 교사의 인격이지 수업능력이 아니다.' '수업능력은 얼마든지 개발할 수 있지만 인성은 그렇지 않다.'

우리는 유능하지 않지만 인격이 훌륭하다는 이유로 의사를 찾아가지 않는다. 교사 전문성의 핵심은 무엇보다 전문적 지식과 기술에 있음에도 무형적 자질을 중시하는 설문결과가 나오고, 심지어 교사조차 그렇게 인식하기도 한다. 아래 설문의 각 항목에 대해 체크해보고 주위 동료와 교사 전문성에 대해 토론해보자.

〈교사 자질에 대한 설문지〉

아래 항목에 대해 자신이 중요하다고 생각하는 교사의 자질에 대해 '5:매우 그렇다 ~ 1: 전혀 그렇지 않다'로 체크해보세요.

	교사의 자질	5	4	3	2	1
1	교직에의 소명의식과 사명감					
2	건전한 교육관과 교육철학					
3	학생에 대한 애정					
4	교과에 대한 깊은 이해					
5	학생에 대한 깊은 이해					
6	효과적인 교수방법					
7	수업에 대한 열의					
8	학생 지도 능력					
9	행정업무 처리능력					
10	학급 운영에서의 리더십					
11	조직생활에서의 원만한 인간관계					
12	고매한 인격					
13	정서적 · 심리적 안정감					
14	건전한 자아개념과 인생관					
15	신체적 건강					

4장

교육과 학교

현대사회에서 교육은 다양한 형태를 띠고 있다. 전통시대의 교육은 소수 귀족 자제들을 위한 배타적인 교육형태가 주를 이루었다. 그러다가 근대 초기 대중교육이 시작되면서부터 학교가 교육의 중심축을 이루어 교육활동을 이끌어 갔지만 오늘날은 학교와 같은 형식 교육기관과 더불어 다수의 비형식 교육기관이 존재하고 있고 오프라인뿐만 아니라 온라인교육도 성행하여 학습형태가 다양해졌다. 이렇듯 다양하고 복잡해진 현대교육의 흐름에도 불구하고 교육에서 학교는 여전히 가장 핵심적인 역할을 맡고 있다. 그래서 교육이라 하면 많은 사람들이 학교를 떠올리는 것이고, 학교교육의 성패가 국가와 사회의 미래를 좌우한다고 믿고 있다.

학교는 설립 주체와 추구하는 목표에 따라 다양한 형태를 취하지만 기본적으로 교육과정을 꾸려서 교사를 고용하고 학생을 대상으로 교육을 실시하는 공공적 성격의 조직이다. 학교가 추구하는 목표, 학교의 교육철학과 학교문화는 교사와 학생 등 학교의 구성원들에게 깊은 영향을 끼칠 수밖에 없다. 앞 장에서 보았듯이 개별교사의 전문성은 교육의 성패에 영향을 미치지만 교사의 전문성을 꽃피우게 하는 것은 학교의 조직문화이다. 교사는 피고용인으로서 학교가 추구하는 교육목표의 달성을 위해 노력해야 하는 처지에 있다. 만약 교장중심의 비민주적인 문화가 팽배한 학교라면, 교사의 자율권은 큰 제한을 받게 될 것이다. 또한, 입시 위주의 교육을 강조하는 학교라면 아무리 전문성이 높은 교사라도 교과서를 재해석해서 창의적으로 수업하기 어려울 것이다. 교사의 전문성은 학교라는 틀 내에서 꽃 피울 수도 있고 억압될 수 있다. 교육은 교사의 전문성과 헌신을 매개로 해서 학교에서 실현되는 것으로, 교사의 전문성을 학교 현장과 분리해서 보는 탈맥락화된 시각으로는 교육적 현상을 제대로 분석할 수 없으며 올바른 교육적 개선 방향을 수립할 수 없게 된다. 교육이 올바로 서고, 교육적 성공을 거두려면 교사의 전문성과 함께 학교의 민주화와 교육기관으로서의 재정립이 무엇보다 중요한 과제라고 할 수 있다.

1. 학교제도와 현황

1. 학교 팽창과 여러 요인

산업혁명기에 대중교육이 시작되고 근대적인 학교가 설립되면서 20세기 들어 학교교육이 폭발적으로 확대되었다. 이후 식민지배하에서 해방된 국가들에서 초등교육이 팽창하고 유럽국가들에서 중등교육이 대중화되었으며, 미국의 경우 대학교육이 대중화되어 대학생 수가 증가하는 등 전세계적으로 학생 수가 급증했다. 한국의 경우는 더욱 심해서 다른 나라와 비교해도 교육에 대한 요구가 크게 늘어나고 학생 수의 증가도 훨씬 두드러졌음을 알 수 있다. 이러한 팽창의 결과 경제적 성장과 진보를 이루었지만 오늘날 우리 교육을 규정하고 있는 많은 문제들을 낳았다. 한국교육이 팽창한 원인을 찾아 학교교육의 문제와 해결방안에 대한 시사점을 살펴보기도 하자.

한국교육의 팽창의 요인은 교육적 요인과 교육외적 요인으로 나눌 수 있다. 교육적 요인이란 학생들이 배우려는 의지가 강하고 학부모와 사회가 아동들이 지식과 인격, 덕망을 갖춘 사람으로 성장하기를 바라는 마음에서 학교에 진학해 공부하도록 하는 것을 말한다.

한국에서는 교육적 요인을 무시할 수 없지만 학교 팽창의 근본적인 원인이라고 보기는 어렵다. 오히려 교육외적 요인이 교육 팽창을 주도했다고 볼 수 있다. 교육외적 요인은 정치·사회적 요인과 경제적 요인으로 나누어볼 수 있다.

먼저, 정치적인 측면에서 살펴보면, 국가의 국민통합을 위한 의무교육제도는 많은 사람들을 학교에 다닐 수 있게 해주었다. 현대 국가는 언어나 문화, 역사, 국가 이념을 국민들에게 가르쳤는데, 사회를 유지해나갈 수 있는 문해력을 갖춘 노동력이 필요했기 때문에 일정 연령대의 모든 국민에 대해 의무교육제도를 실시했다. 한국의 경우, 해방 이후의 재정빈곤을 이유로 의무교육제도 실현에 사립학교가 중요한 역할을 떠맡았으며 이에 대해 국가적인 지원이 이루어졌다. 그리하여 사립학교의 비대화와 사학권력의 확대가 심화되고, 향후 교육의 민주화와 학교개혁에 부정적 영향을 미치게 되었다.

사회적 측면에서 볼 때 학력이라는 새로운 신분이 사람들의 사회생활에 큰 영향을 미치게 되면서 학교 팽창이 불가피해졌다. 학력을 통해 신분상승을 꾀하려고 노력한 결과, 남보다 더 높은 학력을 취득하기 위한 경쟁이 치열해졌으며 이에 따라 고등교육의 대중화와 학력사회로의 고착화가 진행되었다. 한국사회는 식민지시대를 거치면서 급격하게 신분제도가 무너졌고, 학력이 이를 대신하는 기제의 역할을 하게 되어 학력중심의 새로운 신분제 사회로 변화하게 되었다.

학교팽창의 가장 중요한 원인은 경제적 요구이다. 현대사회가 산업사회, 정보화사회로 발전하면서 학교는 필수적인 인력양성의 역할을 맡을 수밖에 없다. 특히 산업화시대에 필요한 기술인력의 양성은 개별 자본의 이해관계를 떠나 국가적 존망이 걸린 문제였다. 학교교육을 통해 필요한 인력이 양성되고 공급하는 체제가 수립되어 사회의 변화와 산업구조의 변화에 따른 인력양성을 위한 학교제도의 변화도 두드러졌다. 고도의 정보화가 이루어지고 있는 오늘날의 사회에서 고급 인력이 필요하게 되었고, 그에 따라 교육기간이 장기화되었으며 새로운 학교와 학위과정이 속속 만들어지게 되었다. 이는 학력의 인플레를 불러오고 고학력의 불필요한 인력을 양산하는 결과를 낳아 인력수급에서의 불균형과 고학력 실업의 고착화를 불러일으키는 원인이 되었다.

2. 학교 현황

초등교육

초등교육은 모든 국민이 의무적으로 받아야 하는 기초교육으로, 교육법 제8조에 "모든 국민은 6년의 초등교육과 3년의 중등교육을 받을 권리가 있다."고 명시되어 있다. 초등학교에서 학생들은 일상생활에 필요한 기본능력을 갖추고 바른 생활태도를 형성하며 전인적 성장을 위한 바탕을 세운다. 이러한 목적을 달성하기 위해 교과, 특별활동, 학교재량시간으로 교육과정을 편성했는데, 1, 2학년의 교과는 바른생활, 국어, 수학, 슬기로운 생활, 즐거운 생활로 이루어져 있고 3학년부터는 도덕, 국어, 수학, 사회, 자연, 체육, 음악, 미술, 실과로 이루어져 있다. 재량시간이란 학교의 재량으로 특색 있는 교육을 실시하는 것이며, 3학년 이상 학생들이 주당 1시간씩 '컴퓨터', '한자', '영어' 등 교과나 기타 보충심화활동을 중심으로 공부한다. 한편, 특별활동은 학급활동, 학교활동, 클럽활동으로 편성되어 있다. 초등학교에의 취학률은 1980년 이후 100%에 도달해 의무교육의 실현을 이루었으며, 한동안 초등교육의 큰 문제로 인식되었던 과밀학급의 문제도 2000년대 들어서면서 학생 수 감소와 더불어 크게 해소되기에 이르렀다. 현재는 지나친 교육열로 인한 초등학생들의 과도한 학습부담이 문제가 되고 있으며, 빈부격차로 인해 교육격차가 점점 심화되는 것 또한 문제가 되고 있다.

중등교육

중등교육은 초등교육 이후 중고등학교 6년간 이루어지는 교육을 말한다. 3년간의 중학교육은 의무교육이며 주요한 목표는 다음과 같다.(교육법 101조)

- 초등교육의 성과를 더욱 발전, 확충시켜 중견국민으로서 필요한 품성과 자질을 기른다.
- 사회에서 필요로 하는 직업에 관한 지식과 기능, 근로를 존중하는 정신과 행동 또는 개성에 맞는 장래의 진로를 결정하는 능력을 기른다.
- 학교 내외에서의 자율적 활동을 조장하며 감정을 바르게 하고 공정한 비판력을 기른다.
- 신체를 양호 단련하여 체력을 증진시키며 건전한 정신을 기른다.

고등학교의 경우 '국가사회에 대한 이해와 건전한 비판력', '민족의 사명을 자각하고 체위의 향상을 도모하며, 개성에 맞는 장래의 진로를 결정케 하고, 일반적 교양을 높이고 전문적 기술을 기르는 것'을 목표로 하고 있다.(교육법 105조)

우리나라의 경우 초등학교 졸업자의 99%가 중학교에 진학하고 있으며 고등학교 진학률 역시 매우 높다. 이 중 절반에 가까운 학생들이 사학에 진학하는 데서 알 수 있듯이 중등학교에서 사학의 역할이 대단히 크다. 학교교육의 역사에서 중등교육의 급격한 팽창과 사학에의 과도한 의존은 성장은 학교와 교육의 질 저하를 가져왔으며, 국가의 재정적 부담을 가중시키고 사학의 부실화를 초래했다. 이는 다시 교사의 사회경제적 처지를 열악하게 했으며, 사학의 비리 등으로 교육에 대한 불신이 심해져 교육의 공적 역할에 대한 부정적 인식과 사교육의 확산, 학교의 사회적 기능의 축소로 귀결되었다.

2. 학교에 대한 이론적 탐색

위와 같은 학교 현황은 학교교육의 현상을 설명할 뿐 학교의 본질에 대해서는 깊이 있는 통찰을 제공하지 않는다. 오늘날 사회에서 학교의 역할과 본질은 단지 교육법에 드러나 있는 문구나 학교 수, 학생 수와 같은 통계상의 수치, 여타의 제도적 장치에 의해 잘 드러나지 않는다. 학교를 이해하기 위해서는 학교에 대한 전문적 연구가 필요한데, 교육사회학에서의 연구가 바로 그러하다. 교육사회학에서 밝히고 있는 학교교육에 대한 주요한 이론적 입장으로는 기능론과 갈등론, 해석학적 접근이 있다. 사회현상을 바라볼 때 현상의 유지와 존속에 관심을 갖는 관점이 있다면 현실의 변혁에 관심을 갖는 관점도 있다. 사회의 유지 및 존속에 관심을 가지고 체계적인 설명을 제공하는 접근이 기능론적 관점이라고 할 수 있다. 기능주의는 사회질서와 사회 안정의 유지가 사회 여러 부분의 조화로운 기능과 사회구조에 의해 가능하며, 다수에 의해 공유되고 합의된 규범이 사회의 질서유지와 평형을 이룬다고 보았다. 교육을 비롯한 여러 사회 제도와 관습도 제각기 맡고 있는 기능을 수행함으로써 사회의 안정과 존속에 기여한다고 보는 것이다.

기능론이 기존 사회의 유지와 정당화에 관심을 갖는다면 갈등론은 사회의 변화를 지향한다. 사회의 이념과 가치에 대한 사회 구성원 간의 합의로 사회가 유지, 발전하는 것이 아니라 사회계급, 계층 간 대립과 갈등이 사회의 본질이고 사회를 변화시킨다고 보는 것이다. 갈등론의 대표적인 이론가인 마르크스는 생산수단을 둘러싼 계급 간의 갈등을 사회를 변화시키는 핵심적인 요인으로 생각했으며 막스 베버는 부와 권력, 지위를 둘러싼 집단 간의 갈등을 중시했다. 갈등론에서 각 사회집단은 제한된 생산수단이나 부, 권력을 둘러싸고 상반된 사회 이념과 가치를 가지고 있는, 갈등하는 존재이다. 교육 등 각종 사회 제도는 피지배계급을 억압하고 지배계급의 이익에 봉사하는 것으로 기존의 불평등을 재생산해내는 기제(mechaism)로 보았다. 이하에서는 각각의 이론적 입장이 어떠하며 서로 어떤 차이가 있는지 알아보고 학교의 본질에 대해 살펴보도록 하자.

1. 기능론에서의 학교

기능론은 18세기 후반 유럽의 극심한 사회변동과 불안정한 정치적 상황 속에서 사회질서의 유지와 안정에 대해 관심이 높아지면서 성립된 이론이다. 당시의 사회학자들은 진화생물학의 영향을 받아 사회를 하나의 유기체로 비유했으며, 사회를 이루는 각 구성요소들은 상호의존적이며 전체 사회를 유지하는 데 각자 필요한 역할을 수행한다고 보았다. 기능주의자들은 사회가 항상 안정을 유지하려는 속성을 지니고 있다고 보았으며, 사회의 질서와 균형 유지를 중시했다.

교육에 대한 기능주의적 접근은 뒤르켐(Durkheim)을 거쳐 미국의 사회학자인 파슨스(Parsons), 머튼(Merton) 등에 의해 정립되었다. 기능주의적 교육관에서 학교교육의 목적은 기존 사회의 유지와 변화하는 사회에 적응하기 위한 사회화에 있으며, 학교의 주요 기능은 재능 있는 사람들을 분류해 선발함으로써 업적

주의 사회의 기반을 튼튼히 하는 데 있다. 일반적으로 교육의 사회적 기능에는 문화전달, 사회통합, 사회충원(선발의 기능), 사회이동 촉진과 사회혁신의 기능이 있는데, 기능주의적 입장에서는 문화전달과 사회통합, 사회적 선발 기능을 강조한다. 기능주의 교육에서 생각하는 교육의 목적과 교육과정에 대해 살펴보면 다음과 같다.

학교교육의 목적

기능론적 입장에서 각종 사회제도는 사회의 유지와 발전을 위해 상호유기적인 관계를 맺고 있으며 학교 역시 다른 제도나 기구와 더불어 사회적 존속을 위해 기능하고 있다. 대표적인 기능론자인 뒤르켐은 학교의 목적이 새로운 세대에게 기존 사회의 생활 양식, 가치, 규범을 전수하는 '사회화'에 있다고 보았으며, 이를 세분하여 보편사회화와 특수사회화로 나누었다. 보편사회화는 보다 중요한 사회화의 형태인데, 한 사회의 보편적인 감성과 신념을 새로운 세대가 내면화하는 것으로, 이를 통해 한 사회의 특성이 유지되고 동질성이 확보된다. 그리고 특수사회화는 개인이 속해서 살아가게 될 직업집단이 요구하는 신체적 · 지적 · 도덕적 특성을 내면화하는 것을 말하는데, 이는 개인이 사회에 적응하는 것일 뿐만 아니라 사회의 유지에도 매우 중요한 사회화의 한 형태이다.

한편, 파슨스는 학교의 목적을 사회화와 사회적 선발로 규정했다. 그는 학교가 해야 하는 사회화란 학생들이 장차 성인이 되어 맡게 될 역할에 필요한 자세와 자질을 기르는 것이라고 보았다. 그런데 이 역할은 서로 다를 수밖에 없으므로 누가 어떤 역할을 맡게 될 것인지 결정하는 것이 중요하다. 그는 학교가 학생들의 능력과 소질을 계발하고 그에 맞게 사회적 역할을 담당할 수 있도록 학생들을 선발해야 한다고 보았다.

학교의 교육과정

학교에서 교사는 국가, 지역, 학교에 의해 계획된 교육과정을 실현하기 위해 학생들을 가르친다. 대부분의 사람들은 교육과정이 결정되는 과정이 보편타당한 방식으로 이루어지며, 선정되는 지식내용이 학생이라면 누구나 다 알아야 하는 내용이어야 한다는 점에 대해 의심을 품지 않는다. 우리나라의 경우 대부분의 교육과정이 국가수준에서 결정되며, 교과서가 그 교육과정을 충실히 반영하고 있다고 믿기 때문에 교사들은 교과서에 나오는 내용을 그대로 교실에서 가르칠 것을 요구받고 있다. 교과서를 포함해 학교에서 가르치는 교육내용은 보편적 가치를 지니고 있으며, 누구에게나 의미 있고 가치 있다고 생각한다. 이와 같이 교육과정이 어떻게 만들어지고, 누가 내용을 선정하고 배분하는지, 학교에서 가르치는 내용이 누구를 위한 것인지에 대해서 하등의 의문을 품지 않는다. 심지어 각종 평가나 시험에서 교과서에 나오는 내용을 넘어서지 않아야 하고, 교과서의 내용에 대해 의혹을 품거나 질문하는 것을 금기시하고 있다.

이처럼 신화화된 교육과정은 기능론적 관점에서 비롯된다. 기능론에서 학교의 목적은 학생들이 사회에 잘 적응하도록 사회화하는 일과 현존사회의 체제와 질서를 유지, 존속하는 일이기 때문에 교육과정 내용은 사회화를 위한 기존 사회의 문화적 내용, 다가올 미래사회에 필요한 지식과 기능, 학생들이 담당하게 될 직업이나 사회적 역할과 관련된 내용, 사회존속과 체제 유지를 위한 내용 등으로 이루어져 있다. 이러한 내용으로 이루어진 교육과정은 그 사회를 살아가기 위해 학생들이 반드시 배워야 하는 것이므로 기능론에 영향을 받은 교사들은 지식의 계급성이나 편향에 대한 고민 없이 주어진 교육과정에 따라 교육목표의 선정과 진술, 교육내용의 선정과 조직, 수업계획의 개발 등에 주력하게 된다.

기능론에 대한 비판

기능주의 이론은 기존의 사회질서를 유지하고 정당화하는 이데올로기로, 오랫동안 사회학의 지배적인 이론으로 자리잡았다. 그러나 이론의 과학적 근거가 부족했고, 사회적 갈등에는 눈을 감은 채 사회적 응집력만 강조해 사회질서 유지를 위해서라면 어떤 사회도 정당화될 수 있다는 이론적 오류에 빠지게 되었다. 사회가 하나의 통합된 유기체와 같이 필요나 요구가 있는 것처럼 생각한 결과[1] 소수지배집단의 필요나 요구를 무비판적으로 정당화하는 잘못을 범하기도 했다.

기능론에서의 학생은 능동적으로 학습하는 주체라기보다 수동적이며 사회에 종속적인 존재로 인식된다. 교실에서 학생들은 반드시 배워야 할 문화적 내용을 전수받아야 하며 이를 위해서는 교실의 질서와 교사-학생 간의 수직적 관계가 유지될 필요가 있기 때문이다. 따라서 교실의 역동성과 학습자 중심의 창의적 활동, 교사의 교육과정 재해석과 같은 기존 교육질서에 변화를 가져오는 시도에 대해서는 부정적인 입장을 견지하게 된다.

교육과정의 측면에서 기능론자들은 사회적으로 서로 이해를 달리하는 집단 간 타협에 의해 교육과정이 결정된다는 것을 이해하지 못한다. 교육과 학교의 역할에 대해 가지고 있는 보수적인 태도 또한 비판의 여지가 있다. 사회의 한 구성요소로서 학교가 담당하고 있는 사회적 역할을 적절하게 수행하기 위해서는 급격한 변화보다 기존 교장 중심의 지배질서를 유지하는 것이 바람직하다고 본다. 결과적으로 학교 혁신에 대해 부정적이며 현상유지를 원하는 교육

---

1 사회유기체설을 주장하는 기능론자들은 '사회적 필요'나 '사회의 요구'라는 말과 같이 사회가 인간처럼 필요나 요구를 느끼는 것처럼 인식한다. 이런 수사를 통해 일부 계층의 필요나 요구를 마치 사회 전체의 요구나 필요처럼 눈속임할 수 있다.

지배층의 이익에 봉사하게 되는 것이다.

2. 갈등론에서의 학교

갈등론의 입장에서 볼 때 기존의 교육은 지배계급이나 집단의 신념과 가치를 피지배층에게 내면화하기 위한 목적으로 이루어지는 것이다. 학교는 지배계급의 이념과 가치를 보편화하여 피지배계층에 주입하고, 이를 통해 지배와 종속의 관계를 영속화하는 데 기여한다. 보울즈(Bowles)와 긴티스(Gintis) 같은 갈등론 학자들은 학교교육이 자본주의적 계급관계의 모순과 긴장을 완화해 계급적 구조와 불평등을 정당화하고 자본의 이익에 봉사할 생산력을 갖춘 노동인력을 양성해내는 데 목적이 있다고 보았다.

서구의 대중교육이 산업혁명기 때 공장에서 일할 노동자를 양성하기 위한 목적에서 시작되어 주로 읽고, 쓰고, 셈하는 문해교육에 치중했다는 사실은 갈등론의 입장을 강화한다. 초기 학교와 공장의 모습은 매우 닮아 있으며, 교사와 학생 사이가 관리자와 노동자 사이의 권력관계와 유사해졌다. 노동자가 자신의 일을 통제하지 못하는 것처럼 학생도 자신의 학습에 대해 제어하지 못하는 것이다. 임금과 성적, 해고와 퇴학 등이 노동과 학습을 위한 내적 동기가 아닌 외적 위협으로 존재하고, 공장시스템을 본떠 경쟁은 제도화되고, 교과는 세분화된다. 기업에서 단순노동은 규칙을 준수하지만 최고 수준의 일자리는 자율성이 있는 것처럼 교육에서도 초등교육과 고등교육 간에 차이가 존재한다(Swartz, 2001). 이와 같이 초기 학교는 공장제도의 모습을 본떠 만들어지고 운영되었다. 학생들을 길들여서 졸업 후에 공장의 노동자로 순응하며 살도록 하려면 학교에서의 훈육과 학교의 규율을 엄수하도록 가르치는 것이 중요하다. 또한 학력에 따라 상급학교로 진학할 수 있다고 믿는 능력주의 신화는 현재의 삶에 대한 불만족을 공부를 잘하지 못한 탓으로 돌려 사회적 저항의식을 약화시킨다.

학교교육에서의 능력주의는 지능과 성적 등과 같은 객관적이고 타당해보이는 검사에 의해 지지되지만 갈등론에서는 이러한 객관화된 검사를 과학적 근거가 없는 허구로 본다. 더구나 이러한 검사는 지배계층의 자녀들에게 유리하게 되어 있어 노동계급 자녀들은 처음부터 불리할 수밖에 없다. 학교 간 차별화 역시 노동계급에게 불리하게 작용한다. 하층계급이 다니는 학교, 가난한 지역에 있는 학교는 기초 기술을 강조하고, 규칙을 따르는 것을 강요하지만 부유한 지역에 있는 학교는 자율성과 창의성을 강조한다. 학교급별로 보자면 자본주의적 생산의 위계가 반영되어 나타난다. 초등교육은 복종과 시간 엄수, 규칙 엄수를 강조하며, 학교급이 높아질수록 자율성, 리더십, 창의성을 강조한다. 이는 하위 노동직과 최고 관리직으로 이어지는 기업의 위계를 반영하고 있는 것으로, 갈등론에서 볼 때 학교제도는 불평등한 사회구조에서 잉태되어 불평등을 지속적으로 재생산하는 기제로 작용한다고 본다.

문화재생산이론을 주장하는 부르디외(Bourdieu) 같은 학자들은 학교가 지배계급의 문화를 보편적인 가치를 지닌 문화로 인정하고, 모든 학생들에게 이를 강요하기 때문에 지배계급의 자녀들에게 유리할 수밖에 없는데, 불공정한 경기에 의한 결과는 밝혀지지 않고 정당화되어 계급과 계층의 고착화로 이어진다고 주장했다. 또한 학교를 통해 이러한 지배적인 문화를 자연스럽게 습득하게 함으로써 지배계급의 문화를 재생산할 수 있게 되는 것이다.

저항이론과 학교

갈등론은 학교가 지배계급의 이데올로기와 문화 전수의 역할을 하는 것을 비판하고, 이러한 상황에 대해 수동적으로 인정할 것이 아니라 적극적인 저항이 필요하다고 주장한다. 이는 학교를 자본가 계급에 필요한 순응적인 노동력을 배출하는 장이 아닌 정치적 투쟁이 일어나는 계급 간 경쟁의 장으로 보는 것이다. 대표적인 저항이론가인 애플(Apple)은 『교육과 권력』에서 교육을 통한 재생산과 재생산과정에서의 대립과 갈등, 모순, 학교지식과 명시적·잠재적 교육과정의 역할, 교육적 실천에 대해 전반적으로 논의하고 있다. 애플은 학교를 헤게모니 쟁탈전이 끊임없이 벌어지는 역동적인 공간이자 계급적·인종적·성적 불평등에 대한 거부와 저항의 장이 되어야 한다고 하였다. 학교에서는 계급적 모순뿐만 아니라 여러 문제들이 중첩되어 나타나며 이러한 모순들로 인해 끊임없이 갈등하는 공간이 될 수밖에 없다. 애플은 공식적인 교육과정이 갖는 허구성을 폭로하고 교사들이 진실을 가르칠 수 있어야 한다고 보았다. 교사는 자신의 교육과정을 결정할 권리가 없으며 단지 가르치는 전문가로, 소외된 노동자로서의 삶을 살아가고 있기 때문에 학생 및 여타 저항세력과 함께 교육의 과정에서 일어나는 헤게모니 쟁탈전에 실천적으로 나서야 한다는 것이다.

갈등론의 한계

갈등론은 기능론이 기존 사회의 질서를 영구불변한 것으로 봄으로써 사회적 변혁을 위한 노력을 등한시하고 사회적 갈등의 중요성을 경시한데 비해, 현실의 모순을 인식하고 경제적·사회적 불평등의 근본적인 원인을 비판적으로 탐구했다는 점에서 진일보한 이론으로 평가된다. 보울스와 진티스가 실증적인 연구를 통해 교육의 기회가 인종이나 부모의 경제적 수준에 달려 있다는 것을 입증하고 미국교육의 불평등을 드러낸 것 등이 그러하다. 그러나 갈등론적 입장의 학교관은 또 다른 극단적인 견해로 치우칠 수 있다는 우려도 있다.

먼저, 마르크스주의가 그렇듯 갈등론 역시 경제 결정론의 오류에 빠질 수 있다. 교육의 질이 사회적으로 결정되는 것으로 보게 되면, 교수학습과정이 무시될 수밖에 없는 것이다. 둘째, 학교가 노동시장에 필요한 규율과 규범을 전수한다는 주장은 지나친 단순화에 빠질 우려가 있다. 실제로 학교에서는 지배계급의 아이들에게 반드시 지배수단에 합당한 규범을 가르치지 않으며, 노동자 자녀에게 리더십과 자립심을 가르친다. 셋째, 학교의 불평등 재생산 기능을 강조하다 보면 교사와 학생의 주체적이고 자발적인 역할이나 강제된 헤게모니에 도전하고 저항하는 역동적 측면을 무시하게 된다. 그러나 다른 한편, 교사들의 헤게모니적 실천을 지나치게 강조하게 되면 학교를 이데올로기 투쟁의 장으로 그리고 교육내용과 방법을 둘러싼 정치투쟁의 공간으로 변질시킬 우려도 있다.

3. 해석학에서의 학교

사회현상을 살펴보는 입장은 기능론, 갈등론과 같은 전통적인 '규범적 패러다임'과 일상생활을 인간의 인식에 의해 부단히 구성되는 것으로 보는 '해석학적 패러다임'으로 나누어볼 수 있다. 해석학적 관점에서 볼 때 세상은 인식하는 주체인 인간의 의식과 밀접하게 관련되어 있다. 개인은 자신이 세계를 이해하는 틀 위에서 대상에 의미를 부여하기 때문에 개개인이나 집단에 따라 동일한 현상도 다르게 받아들일 수 있으며 시점과 상황에 따라서 다르게 해석할 수 있다. 따라서 해석학에서는 보편타당한 진리가 중요한 것이 아니라 진리를 둘러싼 대립과 갈등, 합의의 과정과 의미를 이해하는 것이 중요하며, 실재를 미시적이고 주관적인 관점에서 이해하려고 노력한다.

기능론과 갈등론이 교육과 다른 사회제도와의 관계를 규명하고 과학적 설명을 추구하는 규범적 패러다임으로 교육을 바라보는 반면, 해석학에서는 교육의 내적 과정에 대한 미시적인 접근 방식을 통해 교육 과정에서 겪는 인간의 실제적인 경험, 생활세계, 교육적 삶의 실재가 어떠한지를 살펴본다. 해석학에서는 교육에서 인간과 문화를 이해할 수 있는 질적인 자료를 산출하는 데 관심이 있으며 학교에서 일어나는 일을 있는 그대로 기술하여 교육현상을 이해하려고 한다.

교육현상을 해석학적 관점에서 바라보는 일련의 노력은 1970년대 신교육사회학으로 나타났다. 신교육사회학은 그 연구대상을 주로 학교의 내부과정에서 구하고, 지식의 배분과 교육과정 구성, 교사학생 간 상호작용, 교사에 의한 학생의 범주화 등에 초점을 맞추어 연구를 진행했다. 신교육사회학에서는 학교에서 교사와 학생의 관계, 교수학습과정을 일반적으로 규정할 수 없으며 상황이나 교사, 학생에 따라 다양한 의미로 해석할 수 있다고 본다. 예를 들어, 교사의 기대가 학생의 성취에 미치는 효과를 살펴보자. 교사가 학생들에게 갖는 기대는 간혹 차별적인 행동으로 이어진다. 가령, 교실에서 교사가 차별적으로 학생들을 대하면 학생의 자기표현양식에 영향을 미치고, 이는 다시 교사의 반응에 영향을 미친다. 흔히 피그말리온 효과[2]라고 불리는 이러한 현상은 교사가 기대하는 대로 결과가 이루어지는 상황을 지칭한다. 이와 같이 신교육사회학자들의 해석학적 접근은 해석과 의미부여 등 행위자의 시각에 의해 구성되는 주관적인 생활세계를 구체적 현실로 파악한다는 점에서 이전의 기능론이나 갈등론 등 거시적인 이론이 취했던 객관적 지식론과 경험주의 기반의 방법론과는 궤를 달리하고 있다.

2 피그말리온은 그리스 신화 속의 인물로, 자신이 조각한 여성상을 진심으로 사랑하게 되었는데 이를 지켜본 아프로디테가 그의 소원을 들어주어 조각상을 인간으로 만들었다. 피그말리온 효과는 무언가에 대한 사람의 믿음, 기대, 예측이 실제로 일어나는 경향을 말한다. 1960년대 미국의 교육학자 로젠탈(Rosenthal)에 의해 이루어진 한 실험연구와 후속연구에서 교사의 기대가 학생의 성취에 영향을 미치는 것이 밝혀졌고, 이를 피그말리온 효과라고 부르게 되었다.

3. 학교와 학교환경

1. 학교사회

학교는 교육을 목적으로 조직된 기관으로 강제성을 지니고 있으며 사회 여타 기구와 유기적으로 연관을 맺고 기능하는 사회적 기관이다. 학교는 교사, 관리자, 행정직원 등 성인과 학생이라는 아동의 두 집단으로 이루어져 있으며 양 집단 간 문화적 격차가 존재한다. 교사들은 학생을 지도하고 수업하는 기능 이외에도 행정 기능을 맡고 있으며, 학생들은 형식적으로라도 학생회나 각종 특활활동, 동아리 등에 소속되어 공부하는 것 이외에 사회생활을 경험한다. 학생들은 미성년자로서 학부모와 지역사회의 보호 아래 있으며 이들 집단은 학부모회, 운영위원회 등을 통해 학교에 직간접적인 영향을 미친다.

학교는 독립적인 사회집단으로 독자적인 문화, 긴밀한 망조직(network), '우리감정'(we-feeling)을 가진 사회조직이다. '우리감정'은 학교구성원, 동료집단, 또래집단 등이 공식적·비공식적 교육과정을 통해 장기간에 걸쳐 인간관계를 맺고 경험을 공유하는 과정에서 싹튼다. 학교는 이렇듯 공동체 의식이 강한 1차 집단의 성격을 띠고 있지만 특정 목적을 위해 구성되어 제도화된 기구라는 점에서 2차 집단의 성격도 지니고 있다. 학교의 이러한 이중적인 성격은 학교가 처한 상황에 따라 다양하게 나타나며 학교가 대규모화하고 도시화, 산업화, 관료화되면서 공동체가 아닌 2차 집단으로서의 성격을 더 강하게 드러내고 있다. 이렇게 되어 학교 본래의 특성을 잃고 학교의 기능이 형식화, 제도화되면서 학교의 공동체로서의 기능이 약화되고 있다.

학교가 관료조직화하면서 기능분담, 역할규정, 위계질서, 절차의 규칙화 등 학교조직의 경직성이 강화되어 간다. 관료조직화에는 효율성과 안정, 조직운영의 예측가능성과 공정성, 지속성이라는 순기능이 있지만 획일주의, 형식주의나 무사안일주의와 같은 역기능도 있다. 관료제 학교의 경우, 정도에 따라 심각한 비교육적 현상들이 당연시되기도 한다. 대표적으로는 다음과 같다.

첫째, 학생들을 대상화하는 문제이다. 학생들을 인격을 가진 독립체로 보지 않고, 시험점수나 가정환경에 따라 분류하고 판단하게 될 수 있다. 둘째, 인간관계가 형식적으로 이루어져 교사들과 학생들의 친밀한 관계형성이 어려워지고, 교사들이 학생들의 긍정적인 자아상을 개발하는 데 필요한 역할모델로 기능하지 못한다. 셋째, 공식적 규칙에 따라 업무가 처리되고, 상벌체제가 엄격해짐에 따라 교사들은 규정되지 않은 업무나 학생들에 대한 배려, 별도의 지도행위 등을 회피하게 된다. 넷째, 교사나 학생들이 학교의 변화에 영향을 미치지 못하게 됨으로써 무기력을 학습하게 되고, 학교의 변화에 대한 열정이나 교육에 대한 애정을 잃게 한다. 다섯째, 교사들이 행정체계에 순응하면서 교수전문성에는 관심을 갖지 않고 행정직으로의 진출을 선망하게 된다.

2. 학급

학교를 이루는 기본 단위는 학급이다. 단일 학급으로 이루어진 소규모 학교도 있지만 대부분은 여러 학급으로 구성되어 있다. 학급은 학습이라는 목표를 달성하기 위한 과업지향적 집단이며, 구성원 간에 긴밀한 상호작용이 이루어지는 공동체라고 할 수 있다. 학급을 구성하는 학생들은 보통 연령과 언어, 문화가 동질적이지만 지능이나 가정환경, 학습능력에 있어서는 서로 다른 특징을 가지고 있다. 학생들은 학급과 학교 생활을 통해 공부하고, 경험을 쌓으며, 사회관계를 맺는다.

학생의 입장에서 볼 때 학교와 학급에서 중요한 것은 인정과 보상체제이다. 학생의 행동에 대한 인정과 보상은 교육이 갖는 목적성을 실현하는 데 긍정적인 역할을 한다. 대부분의 학교는 성적에 따라 보상이 주어지므로 학생들은 좋은 성적을 얻기 위해 서로 경쟁하게 된다. 이러한 성적위주의 보상체제는 부정적인 영향도 미치기도 하는데, 학생 간 협동 관계를 방해하고 교사가 기대하는 방식대로 순응하는 결과를 낳기도 한다.

학급의 질은 학생-교사, 학생-학생 간 상호작용의 질에 의해 결정된다. 학급은 개인이 독립적으로 존재하는 집단이 아닌 하나의 사회적 체제로서 구성원들 간의 상호작용과 관계의 질이 매우 중요하다. 이러한 상호작용의 질을 결정하는 가장 중요한 요인은 교사행동이다. 그 이유는 교사가 학생과의 관계에서 우월한 지위를 가지고 있을 뿐만 아니라 역할모델로서의 기능을 하고 있기 때문이다.

교사-학생관계는 보통 수직적이고 상호 갈등하는 성격을 띠고 있다. 월러(Waller)는 교사-학생관계가 지배와 복종의 관계이며 학생들은 이에 대처하기 위한 전략을 발전시킨다고 했다. 권위적인 교사의 학급에서 학생들은 교사가 원하는 기대에 맞추어 행동하게 되며, 교사의 인정을 받기 위한 상호간 인정투쟁에 들어서게 된다. 반면 허용적인 교사의 학급에서 학생들은 상호간에 이루어지는 관계 형성을 중시하게 되고 협력적 행동에 가치를 부여하게 된다.

3. 학교환경

학교는 제도적으로 조직된 하나의 집단으로서 나름의 독특한 성격을 지니고 있으며 고유의 문화적 전통을 가지고 있다. 학교는 시설이나 설비, 학급과 학생의 수, 교사-학생비율, 학생집단의 특성과 같은 물리적인 특성을 가지고 있으며 학교 리더십, 구성원의 사고방식, 학급 분위기, 학교의 풍토와 같은 사회문화적 특성도 가지고 있다. 무스(Moos)는 물리적 환경에 비해 사회문화적 풍토가 학생의 행동에 강력한 영향을 미친다고 했다. 학교가 갖추고 있는 물리적 환경 요소보다 교사와 학생 간에 일어나는 사회심리적 요인이 학교교육에 더 중요한 영향을 미치고 있으며, 학습환경의 조절을 통해 학생의 성취를 높일 수 있다고 보는 것이다.

학교환경에 대한 그동안의 연구에 기초해보면 학습성과를 향상시키는 데 교육제도, 재정, 교육과정 등 거시적인 측면에서의 혁신을 꾀하는 것보다 학교와 학급의 사회심리적 환경을 개선하려는 미시적 접근이 더 효과적인 경우가 많다. 이는 교육에 있어서 관심의 초점을 학습자의 개인적 차원이 아닌 학습환경 차원으로 전환할 필요가 있음을 시사해준다. 학생들이 원하는 학급분위기와 실제 학급분위기가 일치할 때 학생들의 성취도가 높게 나타난다는 것을 감안하여 학급풍토를 분석하고, 이에 기초해 학교와 학급의 학습환경을 개선할 필요가 있다.

4. 학교의 한계와 교사 전문성

1. 학교의 한계

산업혁명기 대중교육제도는 마치 공장에서 동일한 제품을 생산하듯이 학생들을 특정 조건의 틀에 짜 맞추려는 의도로 설계되어 교육과정과 평가에 순응하는 학생들은 제도를 통과하고 그렇지 않은 학생들은 불량품으로 낙인 찍어 제도교육에서 퇴출했다. 이러한 방식으로 설계된 학교제도는 첨단 정보화 시대인 오늘날에도 여전히 그 잔재가 남아있다. 학교는 여전히 표준화된 틀에 기초해 가르치고 획일적인 잣대로 학생들을 평가하는데, 이러한 표준화와 획일성은 학생들을 승자와 패자로 구분하는 데는 유용하지만 학생들이 교육과정에 질문을 던지고 대안적이며 비판적인 사고를 하는 데는 방해가 된다. 이렇게 설계된 학교가 학생이 가진 잠재력을 실현하고 사회적으로 자기 실현할 수 있도록 돕고, 자유롭고 민주적인 시민으로 성장하도록 돕는 데 한계를 가질 수밖에 없다. 더구나 형식화된 학교제도는 학교라는 특정한 물리적 공간 내로 교육행위를 제한함으로써 교육적 활동의 여지를 크게 축소시킨다. 학생들은 학교뿐만 아니라 가정, 박물관, 과학관, 도서관 등 다양한 기관과 사회단체 프로그램을 통해서 훨씬 많은 것을 배우고 느낄 수 있는데, 이렇게 사회적으로 다양하게 존재하는 교육공간이나 프로그램과 협력하고 상생하는 것이 아니라 오로지 학교라는 공간 속에서 교육하는 것만을 중시한다.

학교는 이러한 공간적 배타성과 더불어 시간적 획일성을 통해 교육행위를 통제한다. 학교는 엄격한 시간표에 기초해 교육하며 학생들의 일과를 통제하고 시간에 맞추어 움직이도록 암묵적으로 강제한다. 이는 산업시대에 공장의 시간표에 맞추어 일해야 하는 노동자에게 필요한 훈육법일 수는 있지만 미래를 살아가야 할 학생들에게는 적절한 교육방법이라고 할 수 없다. 학교의 엄격한 시간표는 획일적인 수업방법, 권위적인 교사와 함께 학습활동을 강제적이고 지겨운 것으로 인식하게 만들어 학교를 졸업하면 배움에 담을 쌓게 되는 결과를 낳는 것이다.

과거에 학교와 교사는 유일한 지식의 원천으로서 기능했지만 이제는 더 이상 그렇지 않다. 손끝 하나로 세상의 무한한 지식에 접할 수 있는 세상이 되었다. 이렇게 지식정보가 폭증하고 접근성이 확대된 시대에도 학교에서 가르치는 지식은 국가에 의해 공인된 교육과정과 그에 따라 개발된 교과서에 의존하고 있다. 학생들이 자신의 필요에 따라 배우고 싶은 것, 또 교사 혹은 학부모가 학생의 특성에 맞게 가르치고 싶은 내용을 함부로 배우고 가르칠 수 없다. 이로 인해 변화하는 시대에 앞서가는 것이 아니라 오히려 뒤처져 학생들이 앞으로 나아가는 것을 방해하고 있는 것이다. 이처럼 학교가 변화와 발전에 대한 질곡으로 작용하고 있는데, 이는 비민주적인 학교조직에 의해 더욱 악화되고 있다.

학교에서 학생은 수동적으로 학습하는 존재일 뿐만 아니라 훈육의 대상이다. 배우는 지식과 내용은 국가나 학교에 의해 결정되며 획일적인 시간표대로 좁은 교실에서 많은 사람들과 함께 하루를 지내야 한다. 이런 상황은 주체적이고 개성이 뚜렷한 학생에게는 견디기 힘들다. 질서를 유지하고 '착한 아이'로 기른다는 명목으로 이들을 학칙과 규범으로 통제하고, 순응적이고 눈치 빠른 학생들이 성공할 수 있는 환경을 만들어 간다.

현재의 제도 아래에서 교사 역시 수동적이고 순응적인 존재이다. 교사는 국가의 위임을 받아 가르치는 공적 역할을 맡고 있으므로 학생들의 통제를 돕고 교육과정에 있는 대로 가르칠 의무를 지고 있다. 학교를 이끌어가는 교장 역시 단위 학교에서는 지배적 지위를 가지고 있지만 전체 교육체제에서 볼 때 중간 관리자에 불과하다. 중앙에서 결정된 사항을 집행하는 기구의 책임자로서 교장의 권한은 제한적일 수밖에 없다. 이와 같이 학생-교사-교장-지역교육청-정부로 이어지는 권력의 사슬은 학교가 행정말단의 관료조직으로 기능하는 결과를 초래했다.

2. 교사 전문성과 학교개혁

교사는 학교에서 교육을 통해 전문성을 발휘한다. 단위 학교에는 많은 교사들이 존재하고 있으므로 개별 교사가 학생들에게 미치는 영향은 제한적이다. 아무리 훌륭한 교사라고 하더라도 학교라는 체제에 의해 구속되어 있기 때문에 고립된 채 개별적으로 활동한다면 학생의 교육에 미치는 영향은 그리 크지 않을 것이다. 교사 전문성은 교사가 학교나 주위 동료와는 무관하게 개별적으로 성장하는 것이 아니라 학교 개혁과 교사공동체와 더불어 이루어질 필요가 있다. 교사 전문성의 궁극적 목적이 교사개인의 입신양명이 아니라 학생의 교육적 성과로 귀결되는 만큼 교사 전문성 역시 교사들의 협력적 네트워크상에서의 전문성으로 인식할 필요가 있다.

우리나라 대부분의 학교 교사들은 수업에 있어서만큼은 상호불간섭주의를 고수한다. 동료교사나 학교에서의 인간관계에서는 모나지 않게 대처하려 하며, 자신의 수업에 대해서는 수동적으로 자기방어에 급급하고 자신의 '학생'들에 대해서 과보호로 일관하려는 경향이 있다. 이러한 교사문화는 스스로를 열고 다른 교사와 협력해서 학생들을 지도하는 데 있어 부정적으로 작용한다. 학교의 개혁은 위로부터의 개혁도 중요하겠지만 교사문화의 자발적 혁신에서 비롯되는 아래로부터의 개혁을 통해서 진정으로 이루어질 수 있다. 교사는 자신의 전문성을 쌓아가기 위한 개인적 노력을 해야 하지만 동시에 동료교사와의 협력적 관계를 맺고 적극적으로 수업임상에 나서며, 학생 지도를 위해 교사와 학부모, 교장 등과의 공동 네트워크를 형성해야 한다. 교사 전문성은 바로 이러한 과정을 통해 발달하는 것이며 그 결과, 학생의 성취라는 열매를 거둘 수 있는 것이다.

3. 소규모 공동체 학교

학교가 본연의 역할을 다하려면 관료적 경직성에서 벗어나 의사결정의 분권화, 융통성 있는 교육과정 운영, 인간화 수업, 지역사회와의 연계 등에 힘쓸 필요가 있다. 이를 구현하는 것이 소규모 학교인데 소규모 학교는 규모상으로만 작은 학교를 의미하지 않는다. 소규모인 만큼 의사결정이 직접적이고 민주적이며, 학생들이 학교의 주인으로 참여하는 학교를 말한다. 의미 있는 학교개혁은 소규모 학교의 건립과 운영을 통해 가능하다(Ballantyne, Fien, & Packer, 2001).

소규모 학교는 학업성취도가 높고, 보다 인간적이며 학생과 교사의 만족도가 높다. 학생들의 중퇴율과 문제행동이 적으며 과외활동에 대한 참여율이 높고 특히 불우한 학생에게 유익하다. 안전하고 의사소통이 활발하며 수행에 대한 피드백이 적절하게 이루어지며, 의사결정에 많은 사람이 참여하는 참여형 학교가 가능해 공동체적 가치를 실현할 수 있다. 이런 이유로 최근 교육실천가들은 소규모 학교를 세우거나 대규모 학교 내 작은 학교를 만들어 관료제 학교의 단점을 극복하고자 노력하고 있다.

자기성찰활동

학교의 본질을 기능론의 입장에서 볼 것인가, 갈등론의 입장에서 볼 것인가? 그리고 새로운 대안적 주장은 없는지 논의해보자. 다음 각 글에서 나타난 주장을 살펴보고 학교의 본질과 개혁의 방향을 논의해보자.

1. 학교는 사회적 불평등을 해소하는 적극적 기능을 한다. 모 대학의 정문에 '등용문'이라는 석판이 붙어 있는데, 여기서 등용문이란 이무기가 용이 되어 오르는 곳을 뜻한다. 학생을 지도자로 성장시켜 사회에 배출한다는 의지의 발현이고 학생과 부모의 신분상승의 바람을 현실화해주는 데 기여하겠다는 약속이다. 현재 우리나라의 주요 정치인, 법조인, 경제계인사 등 사회 상층부를 이루는 사람들 가운데 많은 사람들이 불우한 어린 시절을 경험했다고 한다. 이들은 등용문이 상징하는 것처럼 교육을 통해 자신의 처지를 극복하고, 사회의 지배층으로 자리매김할 수 있었다고 한다. 이런 의미에서 교육은 사회적 불평등을 해소하고 능력있는 사람이 사회적 명예와 부, 지위를 얻을 수 있는 가장 공정한 방법이라고 할 수 있다. 이렇게 모든 사람에게 기회를 보장하는 학교제도가 없었다면 오늘날의 한국사회는 존재하지 않았을 지도 모른다.

2. 학교의 역할이 빈곤을 해소하거나 불평등을 해소하기에는 역부족이라는 연구결과가 있다. Coleman(1966)의 〈교육기회의 균등〉이라는 연구는 교육을 통해 빈곤의 문제를 해결해보려는 미국 의회와 행정부에 의해 수행된 것으로, 인종이나 계층의 차이로 인해 교육기회가 어떻게 달라지는지를 연구한다. 이 연구에서는 백인학교와 흑인학교 간의 특성에 차이가 있고 이러한 차이가 두 집단 간에 학업성취도의 차이를 가져올 것이라고 가정했다. 연구결과, 학교의 교육여건은 학업성취도에 큰 영향을 미치지 않으며 불우한 계층의 학업실패 원인은 학교가 아니라 학생의 가정환경에 있다는 결과가 나왔다. 우리나라의 경우, 대학이 서열화 되면서 상위권대학의 진학이 더욱 중요해졌고, 상위권 대학 진학 학생들의 배경적 특징도 두드러지게 나타나고 있다. 부모의 학력, 지위, 소득이 높을수록 자녀의 대학 진학률이 높고, 특히 소득보다는 학력, 지위에 따른 영향이 상대적으로 큰 것으로 나타나 사회경제적 계층에 따른 고등교육기회의 양적, 질적 불평등 현상이 심화되고 있음을 보여준다. 결국, 사회계급이 낮은 사람들이 교육을 통해 사회이동을 꿈꾸는 것은 많은 경우 비현실적이라는 것을 말하며, 사회계급

이 높은 사람들에게는 자신의 사회계급을 대물림하거나 상승시키는 통로로서 교육이 매우 유용하다는 것을 의미한다. 교육을 통한 활발한 사회이동은 신화이며, 사회적 불평등은 재생산되는 것이다. 교육은 저소득층이나 사회적 취약계층에게 희망의 '동아줄'이라 하기 어렵다.

3. 학교가 불평등을 해소하는 데 아무런 영향이 없다는 것을 넘어서서 학교 자체가 불평등을 재생산해내는 기제라는 견해도 있다. 미국에서 이루어진 한 연구에 따르면, 학교가 학업실패의 '공장'이며 학교에 머무는 기간이 길어질수록 소수민족과 다수민족 아이들 간 학업성취도의 차이가 커지고 있으며 학교가 불우한 계층의 열등한 학업결과를 더욱 고착, 강화시키는 경향이 있다. 학교가 이들 계층 아이들의 학습된 무기력을 조장하여 결국 사회의 피지배층으로 재생산한다는 것이다.

2부
실천

5장

교육과 내용

교육은 내용을 중심으로 교수자와 학습자가 존재하는 구조를 가지고 있다. 모든 교육은 가르치는 사람과 배우는 사람, 그리고 내용으로 이루어지는데, 내용은 교수자와 학교에 의해 제공되지만 그것을 배우는 사람에 의해 실현되기 때문에 일방적인 관계라고 할 수 없으며, 배우는 학생을 고려하지 않는 내용의 선정이나 전달은 있을 수 없다. 이렇게 본다면 내용을 선정함에 있어서 무엇을 지향해야 할 것인가에 대한 합의된 목표가 필요하다. 교육의 목표가 정해지면 구체적으로 무엇을 가르치고 배울 것인지에 대한 결정이 뒤따른다. 이것이 교육과정이다. 교육과정이 결정되면, 교과서나 교재라는 형태로 제작되어 학교에서 사용되는데, 내용을 어떻게 가르칠 것인가는 교육방법에 속하는 질문이다. 교육과정이 국가나 사회 차원에서 결정되어 하향식으로 전달되는데 비해 교육방법은 수많은 교실에서 벌어지는 자유롭고 다채로운 활동이다. 이는 통제할 수도 없도 통제해서도 안 되는 부분이다. 교사의 전문성이 가장 힘을 발휘하는 영역이라고 할 수 있다. 교육이 이루어지는 과정에 대한 감시는 어렵지만 교육의 결과에 대한 평가는 가능하다. 교육의 책무성이라는 이름으로 긍정적인 교육 결과에 대한 보장을 원하는 목소리가 많다. 아무리 좋은 내용을 아무리 효과적으로 가르치더라도 좋은 결과가 나오지 않는다면 문제가 있는 것이다. 목표, 내용, 과정, 평가가 분리되지 않고 긴밀히 연계되어야 하는 이유이다.

교육은 내용이 핵심이다. 가르칠 내용이 없다면 과정이나 평가도 불가능하다. 그러나 목표가 없다면 내용을 선정할 수 없다. 기준이 없기 때문이다. 기준과 목표를 정하는 것은 사회적 합의이며, 이러한 사회적 합의가 일부 계층이나 야심 있는 정치가의 이해관계를 반영하는 데 그쳐서는 안 된다. 교육의 목표를 정하고 내용을 결정하는 데는 여러 계급과 계층, 이해당사자들이 참여해야 하고, 미래를 내다볼 수 있는 혜안을 가지고 이루어져야 한다. 또한 학생들이 자신의 잠재력을 찾고 더 나은 배움과 더 나은 삶을 열어가기 위해 무엇을 배우면 좋은지 묻는 과정이 되어야 한다. 이와 같이 교육과정은 미래를 내다보는 전망 속에서 학습자의 입장을 중심으로 결정되어야 하며, 이를 위해 사회 각계각층의 의견을 듣고 학자들의 전문적 소견에 귀를 기울여야 한다.

I. 교육과정의 의미

1. 교육과정의 정의

교육과정은 학교나 교육기관에서 이루어지는 교육의 핵심적인 내용규정이므로 국가수준의 개입이 불가피한 측면이 있다. 그래서 교육과정이라 하면 국가수준의 공식화된 교육과정을 의미하는 경우가 많다. 특히 우리나라의 경우, 해방 이후에 국가수준에서 교육과정이 만들어지고 개정되면서 정치적인 성격을 띠게 되었다. 이때의 교육과정은 국가의 공식적 교육과정으로서 문서화된 형태로 남았다. 우리나라의 사례를 살펴보면 국가수준의 문서화된 교육과정은 형식적인 측면이 강하다. 제2차 교육과정이 경험중심교육과정을 표방하고 있으나 형식화되었고, 그 후 몇 차례의 교육과정 개정에서 국민정신을 강조하면서 애국과 역사교육을 강조했지만 실효성을 거두지 못했다. 이 사례에서 알 수 있듯이 국가수준의 문서화된 교육과정은 정치적 성격을 띠고 형식화된 형태로 존재하는 경우가 많다.

일반인이 실제로 인식하는 교육과정은 학교와 같은 교육기관의 교육계획을 바탕으로 한 교과와 교과서 중심의 교육내용을 의미한다고 할 수 있다. 교육과정(curriculum)이란 용어 자체가 경주로를 의미하는 라틴어 'currere'에서 유래되었다. 여기서 알 수 있듯이 교육과정이란 학생들이 일정한 기간 동안 학습해 나갈 코스이며, 교과의 목록이나 교수내용의 체계이다. 예를 들어 중학교에서 국어, 영어, 수학, 사회, 과학, 체육, 음악, 미술 등 교과를 배우게 되는데, 한국교육과정평가원에서 각 교과별로 학년에 따라 배워야 할 내용을 선정하고 어떤 수준에서 어떤 순서로 배열, 조직할 것인가를 사전에 정해서 교과서로 개발하여 배포하고 있다. 이렇게 교육과정을 정의할 경우, 상식적으로 이해하기 쉽고 용어상의 의미가 명확하나 교육과정에 명시되지 않은 교육내용에 대해 등한시하게 될 우려가 있다.

일반적으로 교과목을 중심으로 교육과정을 떠올리게 되는 것은 보통 사람들의 학교 경험에서 비롯된 것이다. 특히 우리나라의 경우, 입시위주의 교육으로 교과목 외에 다른 다양한 교육적 경험을 하기가 어려웠다. 그러나 일반인의 상식과 달리 교육의 내용을 교과목이 아니라 개인의 경험을 중심으로 구성할 수 있다. 경험중심교육과정에서는 교육과정이란 학교 생활을 하면서 학습자들이 겪는 경험 중에 의도되고 계획된 경험을 의미한다. 1963년에 개정된 2차 교육과정에서 "교육과정은 곧 학생들이 학교의 지도 아래 경험하는 모든 학습활동의 총화를 의미한다."라고 했는데 이것은 경험중심 교육과정에서 의미하는 교육과정의 정의라고 할 수 있다.

한편 교육과정을 교육을 통해 도달해야 할 학습 결과의 의도되고 계획된 측면이라고 보는 결과중심적 관점으로 개념화할 수도 있다. 학문중심 교육과정의 관점에서는 학문에서 요구되는 체계적인 지식과 탐구능력을 기르는 것이 무엇보다 중요한 학교의 임무라고 생각하므로 교육과정을 결과 중심으로 정의한다. 이들은 교육과정을 '일련의 구조화된 의도하는 학습결과'라고 정의하는데 이때 학습결과란 지식과 기능, 태도 등을 말한다. 인로(G. M. Inlow)는 "예정된 성과를 거둘 수 있도록 학생들의 학습을 이끌어가는 학교의 모든 노력에 관한 계획이다"라고 교육과정을 정의했는데, 이 정의에서 교육과정의 목적성이 보다 강조됨을 알 수 있다.

위와 같이 교육과정을 개념화하고 이해하는 데는 여러 가지 차원과 관점이 존재한다. 교육과정을 '계획'(국가수준의 문서화된 교육과정과 일련의 교수요목), '과정'(학생의 경험의 총체), '결과'(의도된 학습결과) 등 다양한 차원에서 볼 수 있기 때문에 모든 사람들이 동의하는 정의를 내리기란 쉽지 않다. 다만 어떤 차원의 정의이든 교육과정이 갖춰야 하는 공통적인 속성은 계획, 교육적 성취, 문화내용, 교육과정의 제시형태, 유효성 등이 있다. 곽병선은 이런 속성에 기초해 교육과정을 '학습자에게 교육적 성취를 의도하여 학교에서 유효할 수 있도록 지식, 사고의 양식, 경험 등 문화내용을 재구성한 모든 수준의 계획'이라고 정의했다.

2. 교육과정 결정의 요소

교육과정의 기본 질문은 '무엇을 배우고 가르칠 것인가?'에 있다. 교육과정은 학교라는 환경 속에서 학습자들이 더 나은 배움과 삶을 누리고 사회적 자기실현을 할 수 있도록 미리 계획되고 조직된 교육내용으로, 사회적 요구와 학문적 요구, 개인적 요구의 절충과정 속에서 결정된다. 사회적 요구란, 학습자가 속해 있는 사회의 필요를 말하며, 학문적 요구란, 다음 세대로 학문의 전수를 목적으로 하는 것을 말한다. 또, 개인적 요구란 학습자의 개별적 성장에 대한 요구를 말한다.

사회적 요구는 교육과정을 구성하는 내용이 사회적으로 유용하고 필요가 있어야 한다는 실제적 요구이다. 사회의 실제적 요구에 의해 교육과정을 구성한다는 것은 사회의 유지나 개선이라는 사회적 목적 달성에 필요한 내용을 선정하고 체계화해 교육과정을 편성하는 것을 말한다. 이러한 관점에서 교육과정은 여러 가지로 구성할 수 있다. 실생활에서 요구하는 실제적인 지식과 기능, 태도 등을 효과적으로 습득해 생활에 적응하는 것을 강조하는 생활적응교육과정, 직업이 요구하는 소양을 중심으로 내용을 구성하는 직업준비교육과정, 사회의 핵심적 주제를 중심으로 통합적으로 구성하는 중핵교육과정, 사회적 개혁과 재건을 목적으로 구성된 재건교육과정 등이 있다.

한편, 학문적 요구에 기초한 교육과정 편성은 기본적으로 지식의 전달을 중요시하며, 교과를 통해 실현된다. 각 교과별로 학생들이 배우는 내용이 체계적으로 조직되어 교재로 만들어지고 교실에서 활용된다. 학문적 요구를 중심으로 하는 교육과정의 형태로는 교과를 중심으로 하는 교과중심교육과정이 있으며, 학문의 기본 아이디어나 원리, 지식의 구조를 중심으로 하는 학문중심교육과정이 있다.

개인적 요구에 기초해 교육과정을 구성한다는 것은 교육과정의 내용을 사회나 교과 등 학습자 개인의 외부에서 찾는 것이 아니라 학습자의 내적인 요구에서 찾는 것이다. 교육의 궁극적인 목표는 학습자 개인의 성장에 있으며, 교육과정은 학습자의 능력과 소질의 성장을 돕고 적성을 찾도록 하며 이들을 만족시키는 것을 목적으로 하여 구성될 필요가 있다. 학습자를 고려한 교육과정으로는 경험중심교육과정, 인간중심교육과정이 있다.

사회적 요구, 학문적 요구, 개인의 요구는 어느 하나만으로 배타적으로 교육과정을 구성하지 못한다. 정도의 차이는 있으나 이들 세가지 요소들은 교육과정의 전체 틀을 짜는 데 기여한다. 사회적 요구는 사회의 유지와 발전을 위해 필요한 내용과 지식을 배우도록 학생들에게 강요하는 특성을 가지고 있으며, 이는 개인적 요구와 일치하기도 하고 상충되기도 한다. 학문은 인류가 체계적으로 축적된 문화내용이며, 사회적 요구를 반영한다. 이는 교과의 형태로 실현하기도 한다. 그러나 각 교과들은 교육과정 내에서 그 비중을 높이고 강화하려고 끊임없이 노력하며, 어떤 특정교과의 비중이 높아지면 다른 교과가 낮아지는 제로섬게임이 항상 벌어지는 것이 교육과정의 현실이다. 교과의 종류와 비중을 결정짓는 데 있어서 사회적 요구와 개인의 요구를 반영한 적절한 균형은 무엇보다 중요하다. 한편, 교육에서의 목표는 학습자 개인의 성장으로 학습자의 자아실현요구는 무엇보다 우선되지만 사회적 요구를 무시하고 개인의 요구나 학습자의 흥미에만 초점을 맞추는 것은 바람직하지 않을 것이다.

이와 같이 각 요소들이 서로 갈등하고 타협하면서 전체 교육과정의 얼개가 짜여진다. 중요한 것은 우리가 살고 있는 시대가 요구하는 시대정신을 반영하고 기술적 · 사회적 변화라는 맥락 안에서 학생의 과거, 현재, 미래의 삶을 고려한 교육과정이 필요하다는 것이다.

3. 교육과정의 중요성

교육과정은 교육방법, 교육평가와 더불어 교육이 실제로 이루어지는 3대 요소를 이룬다. 흔히 교육과정은 사전에 계획되고 하향식으로 전달되는 것이기 때문에 그 중요성을 간과하기 쉽다. 교육의 혁신을 주장하는 많은 사람 중에는 효과적인 교수법이나 실질적 평가가 중요하다고 생각하는 경우가 많은데,

아무리 효과적인 교수법이나 평가방법이 도입된다 해도 교육과정이 학생의 삶과 무관하고 흥미를 끌지 못하는 내용이라면 효과가 반감될 수밖에 없다. 교사의 전문성을 논의할 때조차 교육과정 설계자로서 교사의 역할에 대해서는 중요성을 두지 않는다. 교사들은 주어진 교육과정을 잘 전달하는 전문가로 만족해야 한다는 것이 많은 교육학자들의 주장이기도 하다. 한편, 평가전문가나 교육개혁자 중에는 평가방법이 혁신된다면 교육의 문제가 크게 줄어들 것이라고 생각하는 사람들도 있다. 그래서 교육현장에 사지선다형의 암기에 대한 평가가 아닌 실제적 평가, 수행평가, 질적평가를 도입해야 한다고 주장한다.

교수법의 혁신이나 평가방식의 개혁도 물론 중요하지만 보다 근본적으로 내용상의 변화 없이는 한계에 부딪힐 수밖에 없다. 미숙한 학생을 성숙한 사회인으로 성장하게 만드는 데 목적을 두고 교육과정의 내용을 구성한다면 사회적 존재로서 학생들의 부족함을 채울 수 있는 내용으로 교육과정을 구성할 수밖에 없다. 학생들의 요구와 삶의 필요는 중요하지 않은데, 만일 이런 내용으로 교육과정을 구성한다면 아무리 재미있게 가르치고 실제평가를 도입한다고 해도 학생들의 내적동기를 자극하지 못해 교육적 효과를 거두기 어려울 것이다. 반면, 어린 학생이 한 주체임을 인정하고 존중하는 기초 위에서 무엇이 아동의 성장에 도움이 되는지 면밀히 검토한 후에 교육과정을 구성한다면 내용이 설사 재미없게 구성되었더라도 학생들의 배움은 자연스럽게 일어날 것이다. 학생들이 스스로 내용에 호기심을 가지고 열의를 가지고 문제해결을 위해 노력할 것이기 때문에 인위적으로 재미있게 구성해서 가르칠 필요가 없을 것이다. 교사는 학생들의 학습활동에 도움을 제공하고, 멘토로서 격려하고 관리하며 피드백을 주는 역할을 하면 된다. 이렇게 되면 교사와 학생 간 거리가 더욱 가까워지고 개별적인 지도가 이루어져 실제 교육의 효과가 커질 것이다.

2. 교육과정의 종류 및 유형

교육과정은 기준을 어디에 두느냐에 따라 다양하게 분류하고 범주화할 수 있다. 기본적으로는 표면적(공식적) 교육과정과 잠재적(비공식적) 교육과정, 영교육과정으로 나눌 수 있다. 규모면에서 본다면 국가, 지역, 학교 교육과정 등으로 구별할 수 있고, 적용 범위에 따라 공통교육과정과 비공통교육과정으로 나눌 수 있다. 그리고 이수방식에 따라 필수교육과정과 선택교육과정으로 나누어 볼 수 있다. 또, 실현 여부에 따라 의도된 교육과정, 실천된 교육과정, 실현된 교육과정으로 나눌 수 있다. 구성형식으로 보면 교과교육과정과 교과외(특별활동, 준형식적) 교육과정으로 나눌 수 있다. 이렇게 다양하게 구별할 수 있지만 이중에서 표면적 교육과정과 잠재적 교육과정을 살펴보면 다음과 같다.

일반적으로 표면적 교육과정(manifest curriculum)은 공식적 교육과정, 문서화된 교육 과정이라고 부르며 의도하는 학습결과 혹은 교수요목을 의미한다. 표면적 교육과정은 국가 교육과정의 내용을 담은 문서, 시도교육청의 지침, 지역교육청의 장학자료나 학교 교육과정 운영계획 등에서 표면적으로 드러난다. 공식적 교육과정은 교과서로 형태화하여 수업시간에 교사에 의해 다루어지며, 학생들이 학습하는 것으로 실현된다.

공식적 교육과정은 교사들에 의해 다루어지는 실천된 교육과정, 학생들에게 경험되고 학습결과로서 드러나게 되는 실현된 교육과정의 기본 토대를 이룬다. 공식적 교육과정의 의도와 내용은 학생들이 곧바로 받아들이는 것이 아니며 실제 학교에서 학생들은 다양한 방식으로 공식적 교육과정 이외의 것들을 배우게 된다. 반대로 반드시 배워야 할 것들이 공식적 교육과정에 포함되지 않아 배우지 못하는 경우도 생기는데, 이와 같이 학생들이 공식적 교육과정에서 의도, 계획하지 않았으나 은연중에 배우게 되는 지식이나 기능, 태도 등과 같이 교육결과로서 경험하는 교육과정을 잠재적 교육과정이라고 한다.

잠재적 교육과정은 문서화하기 곤란한 교육의도 혹은 공식적인 교육과정이 진행되는 중에 우연하게 드러나게 되는 교육적 경험을 말한다. 잠재적 교육과정은 흔히 비교육적·반교육적이라고 오해할 수 있으나 대부분의 학교에서 공식적 교육과정과 동반해 경험하게 되는 교육과정이다. 잠재적 교육과정은 학교에서의 상벌, 장려와 억제와 같은 정책, 교사의 편애와 차별, 교사의 행태, 학생 간의 갈등, 선후배 간의 관계, 또래 집단의 역학 등으로 인해 끊임없이 변화하는 현실에서 자연스럽게 체득하게 되는 삶의 '지혜'이기도 하다. 따라서 표면적 교육과정과 잠재적 교육과정이 서로 조화되고 상보적인 관계에 있을 때 학생행동에 강력한 영향을 미칠 수 있다. 불룸(Bloom)의 견해에 따르면 표면적 교육과정과 잠재적 교육과정에는 다음과 같은 차이가 있다.

- 표면적 교육과정은 학교에서 의도적으로 조직되어 배우는 반면 잠재적 교육과정은 학교생활을 하는 동안 은연중에 배우게 된다.
- 표면적 교육과정은 주로 지적인 것과 관련이 있다면 잠재적 교육과정은 주로 정의적인 영역과 관련이 있다.
- 표면적 교육과정은 주로 교과와 관련이 있지만 잠재적 교육과정은 주로 학교의 문화풍토와 관련이 있다.
- 표면적 교육과정은 단기적으로 배우며 어느 정도 일시적인 경향이 있지만, 잠재적 교육과정은 장기적·반복적으로 배우며 그 효과가 보다 장기적이다.
- 표면적 교육과정은 주로 교사의 지적이고 기능적인 측면에 영향을 받지만 잠재적 교육과정은 주로 교사의 인격적인 측면과 관계가 있다.
- 표면적 교육과정이 주로 바람직한 내용인데 반해 잠재적 교육과정은 바

람직한 것 뿐만 아니라, 바람직하지 못한 것도 포함한다.

한편, 아이즈너(E.W. Eisner)가 『교육적 상상력』(1979)에서 학생들이 배울 필요가 있지만 학교에서 가르치지 않는 교육과정을 영 교육과정(null curriculum)이라고 표현했다. 표면적 교육과정에서 포함되어 있지 않은 교과나 지식, 사고양식을 말하며, 예를 들어 급변하는 현대사회에서는 기존의 교육과정이 변화하는 현실을 제대로 반영하지 못하기 때문에 꼭 배워야 하지만 배우지 못하고 학교를 졸업하는 경우도 있을 수 있다. 한편, 교육과정 구성 시 특정 교과나 내용을 의도적으로 배제하여 학생들이 배우지 못하도록 통제하는 경우도 있다. 한국의 경우, 박정희 정권 시기에 일제하 사회주의자들의 반일운동은 의도적으로 배제하고 국사교과서를 편찬한 경우나 기독교원리주의자들이 진화론을 의도적으로 교과서에 빼버린 미국 생물교과서의 사례 등을 그 예로 들 수 있다. 영 교육과정에 대한 논의는 특정 내용을 일부러 배제하거나 축소시켜 사회나 특정 집단이 요구하는 방식으로 교육을 왜곡하는 것에 대한 비판적 검토이기도 하다.

3. 교육과정의 패러다임

교육과정은 교육에서 핵심적 역할을 하며 그만큼 교육과정을 바라보는 관점도 다양하다. 교육과정을 둘러싼 수많은 쟁점들은 개개인의 사회적 처지나 학문적 관점, 개인적 요구에 따라 다르게 해석되며 서로 다른 해결책이 제시된다. 교육과정에 대한 관점과 쟁점에 대한 논의에 대해서는 누구나 인정하는 하나의 올바른 정답이 있는 것이 아니라 각자의 입장에 따라 세상을 보는 시각의 차이에서 유래한 패러다임의 차이라는 점을 인식할 필요가 있다. 따라서 그 시대가 요구하는 시대정신에 따라, 여러 가지 관점 중에서 가장 적절하다고 생각하는 패러다임을 취해 교육과정의 구성원리로 삼아야 한다. 교육과정의 패러다임을 규정짓는 가장 중요한 쟁점 중 하나는 지식과 경험 또는 교과와 학생 어디에 보다 큰 의미를 둘 것인가이다.

학교에서 교사가 학생에게 '교과내용을 가르치는 것'에 일차적인 의미를 두는 경우가 많고 '학생을 가르치는 것'을 등한시하는 경우가 많다. 이때 교사들은 학생이 겪게 되는 경험보다는 주어진 교과에 담겨 있는 지식을 어떻게 하면 효과적으로 전달할 것인가에 초점을 두게 된다. 교과중심으로 교육과정을 구성해야 한다고 생각하는 사람들은 학생들에게 교과지식을 가르쳐 사회에서 요구하는 성인으로 성장해나갈 수 있도록 돕는 것을 중요하게 여긴다. 이러한 관점은 교과중심교육과정이나 학문중심교육과정에서 많이 발견된다. 반면 학생의 경험을 중심으로 교육과정을 구성해야 한다고 보는 경우, 학생의 학업 수준, 관심과 흥미, 적성과 소질을 고려해서 교육의 내용을 제공하게 된다. 학생들의 경험의 질을 중시하고 학습자중심교육을 강조하는 이러한 관점은 주로 경험중심교육과정이나 인간중심교육과정에 나타나 있다.

교육과정 패러다임을 결정짓는 것 중의 하나는 '사회를 어떻게 보는가'이다. 현존 질서의 변화 대신 사회의 유지, 발전을 강조하는 보수주의적인 입장은 사회에 대한 비판적 인식이 없이 현 사회의 구조와 질서를 그대로 유지하기 위해 교육의 탈정치화와 교육의 중립성을 주장한다. 그 결과, 교육과정은 비판적 의식을 기르는 대신 기존 사회의 재생산을 위한 사회화에 치중하게 되는 것이다. 반면 급진적인 교육철학자나 갈등론자는 보수주의적 교육학자들이 주장하는 현상유지적인 교육관을 반대한다. 이들은 사회적 약자의 입장에 서서 현 사회의 불평등에 대해 비판적 관점을 가지고 있으며, 교육을 지배집단의 정치 이념을 들추어내는 대항적 헤게모니 유지를 위한 수단으로 본다. 이는 교육을 통해 비판적 문해력을 가진 사람을 길러 사회적 변혁을 추구하는 것이 중요하다고 보는 관점이다. 그러나 현실의 교육과정을 결정짓는 것은 사회적·정치적으로 지배적인 계층과 집단에 의한 것이므로 변혁적인 교육과정을 공식적으로 학교교육에 도입하는 것은 불가능하다. 그렇다고 해도 현존 사회의 불평등과 불의에 대해 학교교육이 무비판적으로 동조하지 않고, 사회의 변화를 위한 비판적인 시민 양성의 중요성을 강조하는 것만으로도 이러한 교육과정 개혁론자들의 주장은 가치가 있다고 하겠다. 이하에서는 교육과정의 주요한 패러다임을 이루는 교과중심, 경험중심, 학문중심교육과정에 대해 살펴보도록 한다.

1. 교과중심교육과정

교과중심교육과정은 전통시대와 20세기 전반기 경험중심교육과정이 나타나기 전까지의 교육과정을 통칭한다. 현재의 교육과정 구성에 있어서도 주요한 패러다임의 하나로 남아있어 매우 뿌리가 깊다. 교과중심교육과정은 전통적으로 가르쳐 온 교과를 중심으로 내용을 구성하고 학생들을 기존 사회 체제에 효율적으로 편입시키고 사회의 재생산에 기여하는 것을 중요시한다. 이런 점에서 교과중심교육과정은 기능론적 입장을 가지고 있으며 보수주의적인 교육과정이라고 할 수 있다.

원래 교육은 다음 세대에게 사회를 유지하고 살아가기 위해 필요한 문화적 유산을 전달할 목적으로 이루어진 것이다. 산업사회 이후 교육이 대중교육으로 확대되고 제도화되면서 전달하고 가르쳐야 할 내용이 크게 늘어나고 복잡해졌다. 이렇게 복잡하고 다양한 내용들을 서로 유사하거나 동질적인 것으로 묶어 가르친 것이 교과로 형성되었다. 원래 전통시대의 자유 7교과(문법, 논리학, 수사학, 대수학, 기하학, 천문학, 음악)는 오랫동안 핵심적인 교과로 존재했지만 산업시대를 거치면서 실제 생활과 거리가 먼 추상적인 지식으로 가득 차 있다는 비판을 받게 되었다. 그리고 생활영역에서 유용한 지식을 가르쳐야 한다는 주장이 힘을 얻게 되었다(Spencer, 1861). 오늘날과 같은 학교교과는 20세기 초 미국에서 수학, 읽기, 과학, 사회, 언어, 예술 등과 같은 교과가 출현하면서 확립되기에 이르렀다.

교과는 학생들이 배워야 할 문화적 유산의 내용을 정리하여 논리적으로 체계화한 것이다. 교과를 중심으로 교육과정을 편성하는 것은 일반적으로 이루어지는 것이어서 우리에게 매우 친숙하다. 교과중심교육과정은 다양하고 복잡한 문화적 유산 중에서 가르칠 내용을 선정해 교과로 묶고 각 교과의 내용을 학년별로 구분하여 체계화한 것이며, 학교의 수업이 교과를 가르치는 것이라고 할 정도로 교과교육과정은 가장 많은 비중을 차지한다. 교과는 관련된 학문, 대학의 학과, 학회, 현장교사들의 교과별 교사모임 등에 의해 지지를 받으며 교과별 구분이 엄격하고, 교과의 이익을 지키려는 노력으로 인해 교과교육과정의 틀을 극복하기 어려운 것이 현실이다.

교과중심교육과정은 교과를 중심으로 학생들에게 필요한 지식과 기능, 태도를 전달하는 것이므로 학생들은 교재를 암기하거나 교사의 설명을 듣고 학습하게 된다. 이와 같이 교육 내용의 전달을 중시하는 패러다임에서는 배우는 내용에 대해 의문을 제기하거나 비판적으로 바라보는 것이 권장되지 않으며 교사 주도의 교육, 배운 내용의 재생을 중시하는 시험 위주의 교육이 되기 쉽다.

2. 경험중심교육과정

경험중심교육과정의 이론적 기반은 앞서 설명한 진보주의 교육철학이다. 교과중심의 패러다임에서 학생들이 반드시 배워야 하는 교수요목을 미리 상정하여 내용을 구성한 것과 달리 경험을 중심으로 하는 교육과정 패러다임은

'교사의 지도 아래 학생들이 가지게 되는 모든 경험'을 교육의 내용으로 삼는다. 때문에 교육과정은 학습내용 그 자체라기보다 학생이 경험을 통해 그 내용을 자신의 일부로 만들 때 비로소 교육과정으로 인정된다. 즉, 교육과정은 교과나 교수요목, 교과서, 교사의 의도 속에 있는 것이 아니라 학생의 경험 속에서만 존재하는 것이다(Ragan, 1960). 교육과정은 "개인에 따라서 다르게 나타나는 경험 그 자체"라고 볼 수 있다.

경험중심교육과정은 학생마다 서로 다른 경험을 하기 때문에 교육과정 역시 아동의 수만큼 존재하고 있다고 본다. 이 점은 모든 학생을 동일한 방식으로 취급해 하나의 획일적인 교육과정을 강요하는 교과중심교육과정과 대비된다. 아동의 개별적 경험을 중시하므로 교과만이 아니라 교과외 활동에서의 경험 역시 중요하다. 교육이 학교생활 전반에 걸쳐 이루어질 수 있도록 교과외에 소풍, 전시회, 클럽활동, 자치회 등의 다양한 경험을 중시한다. 학생의 경험은 생활상의 문제를 해결하는 과정에서 성장하므로 교과지식과 생활 간의 괴리가 없다. 교과는 생활상의 문제를 인식하고 해결하는 방식으로 조직되므로 경험중심교육과정을 통해 문제해결능력을 갖춘 자율적인 생활인, 민주적인 사회인으로 육성될 수 있다. 또한 아동을 중심으로 하는 교육과정이므로 아동의 흥미나 소질, 적성과 능력에 대해 면밀하게 살피게 된다. 교사들은 추상적인 지식을 전달하는 사람이 아니라 아동을 관찰하고 성장을 도와주는 멘토나 활성자(facilitator)로 인식된다.

홉킨즈(Hopkins)는 경험중심교육과정의 특징을 다음과 같이 제시하고 있다.

- 교육과정의 중점을 교과가 아닌 학습자에게 둔다.
- 교재를 가르치는 데 치중하지 않고 학생의 바람직한 성장을 중시한다.
- 교재는 사전에 조직되는 것이 아니라 학습현장에서 결정된다.

- 교육과정은 교사의 일방적 지시가 아닌 학습자의 협동적인 참여로 구성된다.
- 개별적인 사실의 암기보다 통합된 의미를 체험하는 것이 중요하다.
- 교재와 결부된 교수법을 맹목적으로 따르기보다 아동의 학습법을 존중한다.
- 아동 개개인의 창조성을 육성한다.
- 교육은 교수가 아닌 끊임없는 성장의 과정이다.

경험중심교육과정은 존 듀이의 교육이론에 기초한 것이지만 실제로 이루어진 교육적 실천이 사뭇 다르다. 전통적인 교과중심교육과정이 교과와 아동을 대립적인 것으로 보고 교과를 중시했다면 경험중심교육과정은 교과가 아닌 아동의 즉각적인 흥미를 강조하고 전통적 교과의 가치를 무시하거나 교과를 배격하는 방향으로 나아갔다. 이것은 존 듀이가 주장한 '경험'의 의미를 올바로 이해하지 못한 데서 기인한 것이다.

존 듀이에 의하면 경험은 인간과 환경 사이의 상호작용이다. 인간을 둘러싼 환경은 끊임없이 변화하므로 환경에 그저 안주할 수 없다. 기존의 경험으로는 해결이 불가능한 문제 사태에 직면하게 되는데, 이렇게 변화하는 환경에 적응하고 새로운 문제를 해결하는 과정이 경험이다. 새로운 경험은 기존의 경험을 확대하거나 극복함으로서 환경과의 괴리를 극복하고 새로운 평형상태를 이루게 해준다. 이러한 경험의 확대 과정은 인간이 살아가는 과정 내내 반복되는 것이다. 이렇게 볼 때 교육은 계속적인 경험의 성장 과정이며 경험을 통한 성장을 의도적으로 보장해주는 장치이다. 학교는 학생의 경험이 계속 성장할 수 있도록 도와야 하며 이를 위해 교과는 아동에게 의미 있게 제시되어야 한다. 듀이에 의하면 교과는 아동의 성장에 따라 3단계로 구분해 구성할 수 있다.

성장의 초기단계에는 일상적인 놀이나 일을 중심으로 한 경험이 중요하다. 이때 학교에서 형식적인 교과를 가르칠 것이 아니라 몸과 손을 움직여 실제로 활동하도록 교육과정을 구성해야 한다. 아동이 사물에 익숙해지고 세계에 대한 이해가 깊어지면 언어화된 지식과 정보를 통해 그 의미를 더욱 풍부하게 하도록 도와야 한다. 이 단계에서는 다른 사람과의 의사소통이 중요하다. 아동은 교과 학습과 의사소통을 통해 인류 전체의 경험 속에서 나온 유산들을 자신의 경험과 연결시켜 자신의 경험의 의미를 확장시킬 수 있다. 마지막 단계는 과학적·논리적 지식의 획득이다. 이 단계에서는 보통 교과교육에서 이루어지는 방식을 통해 아동의 경험을 확장시킨다. 학생들은 지식 그 자체에 대한 관심 또는 사고 그 자체에 대한 흥미를 개발하게 된다.

듀이에 의하면 학교에서의 아동의 경험은 구체적인 활동에서 시작해 언어적 상호작용을 거쳐, 논리적인 사고로 발전하는 과정을 거쳐야 한다. 이를 위해 어떤 교과이든지 학습자의 경험 범위 내에 있는 자료를 가지고 시작해 그 자료를 점진적으로 확대하고, 전문적이고 체계적인 수준으로까지 끌어올리는 방식으로 교과를 '구체에서 추상으로' 전진적으로 구성할 필요가 있다.

이를 통해 볼 때, 경험중심의 교육과정에서 학습의 모든 단계에서 아동의 직접적인 흥미를 중시하고 구체적인 활동을 통한 행위학습(Learning by Doing)을 강조한 것은 듀이의 '경험'에 대한 생각을 오해한 것이다. 그 결과 경험중심교육과정 주장자들은 교육을 흥미위주의 저급한 활동으로 저하시켰으며, 경험중심교육과정이 논리와 지식을 무시하고 고차적 사고력을 기르는 데 적합하지 않다는 비판을 받게 된 것이다.

3. 학문중심교육과정

경험중심교육과정이 지식의 체계적인 전달을 소홀히 하면서 학교교육의 질이 저하되고 이 교육과정하에서 배운 학생들이 성장해 체계적인 사고와 학문적 연구능력이 저하되는 폐단을 낳았다. 이로부터 경험중심교육과정에서의

'생활적응교육'이 무엇인가 중요한 것을 가르치는 데 실패하고 있다는 회의가 커졌다. 이러한 회의는 1957년 소련의 인공위성 스푸트니크 발사가 촉매가 되어 결국 경험중심교육과정이 쇠퇴하는 계기가 되었다. 더구나 이 시기에는 지식과 기술이 폭발적으로 증가하면서 생활중심교육으로는 고도의 지적인 작업을 요구하는 학문적 연구자를 양성할 수 없다는 사실이 명확해졌다. 많은 지식과 기술 중에서 학교가 무엇을 가르칠 것인지에 대한 논의가 활발해졌으며 결국 학문에 내재되어 있는 가장 핵심적인 지식이라고 할 수 있는 '지식의 구조'를 가르쳐야 한다는 주장이 힘을 받게 되었다.

학문중심의 패러다임을 가진 사람들은 교육과정이 각 학문에 내재되어 있는 지식탐구과정의 조직이며, 일상적인 사실이나 표면적인 기술 대신 해당 학문의 기본구조를 가르쳐야 한다고 생각한다. '지식의 구조'란 학문의 핵심을 이루는 기본적인 아이디어, 지식의 기본원리, 지식 탐구과정과 같은 의미라고 할 수 있다. 지식의 구조를 가르쳐야 한다는 것은 그것이 학습의 전이를 쉽게 하고 오래 기억할 수 있게 하기 때문이다. 경험중심교육과정에서는 학문적 지식을 가르칠 때 일상생활과 관련지어 설명하는 반면, 학문중심교육과정에서는 해당 학문분야의 전문가가 가장 중요하다고 생각하는 원리를 중심으로 교육과정을 편성한다. 학생들이 하는 학습활동이 전문가의 그것과 전혀 다르지 않다고 보는 것이다. 이렇게 되면 초보적인 지식과 고등지식간의 간격이 좁아지게 된다. 학문의 기저를 이루는 구조는 학생의 발달수준에 맞게 적절하게 표현해서 제시하면 '어떤 발달 단계에 있는 아동도 효과적으로 가르칠 수' 있는 것이다(Bruno, 1960). 지식의 구조를 가르친다는 것은 해당 학문의 성격에 충실하게 내용을 가르친다는 것을 의미하며 이 점에서 지식의 구조를 강조하는 교육과정을 학문중심교육과정이라고 한다.

교과중심교육과정에서는 교사가 해당 교과의 기본 원리나 핵심적인 내용을 학생들에게 제시함으로써 교육이 시작되고 끝이 난다. 이러한 교육과정에서는 학생들의 탐구과정은 중요하지 않거나 시간낭비이며 기존의 지식을 암기하는 것만으로 충분하다. 학문중심교육과정은 교과의 기본원리나 핵심개념을 학생들이 학자가 하는 방식으로 탐구하는 과정에서 배우는 경험을 중시한다. 이는 듀이가 말한 3단계에서 이루어지는 과학적·논리적 지식의 탐구와 비슷하며 학생들의 탐구행위는 학교에서 교사의 지도하에 이루어지는 구체적인 '경험'이라는 점에서 경험중심교육과정과 일맥상통하는 측면이 있다. 학생들은 학자들이 하듯이 탐구를 통해 지적 활동의 희열을 경험하며 전이가가 높은 지식을 배우게 되는 것이다.

학생들의 탐구능력은 나이와 발달수준에 따라 차이가 많이 나게 되므로 탐구해야 할 내용은 비슷하지만 모든 학년에 걸쳐서 동일한 방식으로 이루어지지 않는다. 학생들의 수준과 사고방식에 맞게 그들이 이해할 수 있는 말과 자료를 통해 가르치는 것이 중요하다. 학생들의 수준이 높아지면서 그 내용의 깊이와 폭이 넓어지는 것이지 내용이 변화하는 것은 아니다. 이러한 생각은 달팽이 껍질의 선이 위로 올라갈수록 점점 커지는 것처럼, 동일한 내용이 점차 심화되어가는 방식의 나선형 교육과정에 대한 아이디어를 낳았다. 그리하여 종전에는 아동들에게 일상적인 생활경험을 중심으로 교육과정을 편성하고 어려운 학문적 개념을 가르치지 않았던 것에 비해 '나선형'교육과정에서는 어려운 학문적 개념도 일찍부터 도입하여 점차 내용을 확대, 심화하는 방식으로 배울 수 있도록 했다.

학문중심교육과정은 학생의 생활 주변에서 흥미를 끌 만한 것을 교과로 조직하는 방식이 아니기 때문에 동기부여가 어렵다는 오해를 받기도 하지만 학생들이 탐구과정을 통해 학문의 구조를 탐색하고 발견의 기쁨을 누린다는 점에서 내적동기를 유발할 수 있다고 볼 수 있다. 이렇게 내적동기를 바탕으로 교육과정을 구성해 학생들의 자발적인 학습을 유도하고 전이가가 높은 지식을 탐구하도록 한 것은 당시로서는 획기적인 아이디어라고 할 수 있다.

그러나 종종 이론과 현실은 다르다. 학문중심교육과정에서의 탐구활동을 기반으로 한 학습은 정작 학생을 지도하는 교사들에게 외면받았다. 단순히 내용을 전달하는 데 익숙한 교사들로서는 내용을 탐구형식으로 재구성하고 학생들을 지도한다는 것이 매우 큰 부담으로 작용했던 것이다. 또한 학자들에게나 이해될 수 있는 지식을 교과에 반영하고자 함으로써 학교교육을 지나치게 어렵고 재미없는 것으로 만들어버리고 말았다. 학자들이 논의한 '발견의 기쁨'이나 '유레카'는 현장 수업에서는 발견하기 어려웠던 것이다. 학문중심교육과정은 교육학자가 아닌 일반학자들의 제언으로 출발해 발전한 탓도 있지만 현장을 이해하지 못한 채 이루어지는 경우가 많아 결국 주요한 교육과정 구성원리로 지속되지 못하고 쇠퇴하게 되었다. 우리나라의 경우 1973년 학문중심교육과정을 채택한 이래 나선형교육과정의 개념은 확고하게 뿌리를 내렸다. 각 학문의 핵심개념이나 원리를 추출하고 이를 학교급에 따라 심화, 발전하는 형태로 조직해 교과를 구성하는 것이 현재 교육과정의 기본 틀로서 자리잡고 있다.

4. 교육과정 사회학

전통적인 교육과정에서는 주어진 지식을 효과적으로 전달하는 것에 초점을 두고 그 지식을 습득하는 데 영향을 주는 변인들을 탐색하고 적절한 교수학습방법이 무엇인가에 주된 관심을 기울였다. 또한 교육과정 구성요소를 교육목표, 내용 선정 및 조직, 학습경험, 학습결과 및 평가로 나누고, 과학적 · 객관적 · 조직적 구성을 강조했으며 교육내용과 평가, 목표에서의 보편성을 강조했다.

과학적 지식이 교육과정의 중핵이 되어야 한다고 믿었으므로 형식적 교육과정을 강조했다.

교육과정 사회학은 이러한 전통적 교육과정이 가지는 가정에 대해 비판적이다. 학교교육의 내용에 대한 관심은 무엇을 가르칠 것인가의 문제에 그치는 것이 아니라 가르치는 내용이 과연 객관적이고 보편타당한가에 대한 관심으로 확대되어나가야 한다는 것이다. 교육과정 사회학에서는 지식이란 사회적으로 구성되므로 결코 절대적이고 보편타당하지 않다는 관점을 취한다. 영(Young)은 학교교육의 내용이 엘리트 중심적이라고 비판하고, 교육과정에 대해 지식의 계층화(권력을 가진 사람들은 무엇을 지식으로 간주하는가), 지식에의 접근범위(각기 다른 집단이 어떻게 지식에 접근하는가), 지식영역의 개방성(지식영역들은 얼마나 뚜렷이 구분되는가)을 검토해야 한다고 했다. 그는 학교가 지식을 다루는 영향력 있는 사회기관으로, 학교에서 다룰 지식의 내용선정은 물론 계층에 따른 지식의 분배를 결정하고 있다고 지적하고, 학교에서 가르치는 지식에 대한 검토가 선행되어야 한다고 했다.

교육과정의 사회성을 주장하는 대표적인 이론으로는 사회특성론, 지배계급문화론, 문화제국주의론, 고급문화론 등이 있다. 사회특성론은 사회이념적 · 정치적 변화에 따라 교육과정의 강조점이 달라지는 것이다. 왈라스(Wallace)는 사회현상이 혁명기, 보수기, 복고기로 순환반복되는데, 시기에 따라 교육과정에서 강조하는 점이 다르다고 보았다. 지배계급이데올로기론은 교육과정과 내용이 사회적 · 정치적 산물이며, 지배계급의 이익을 반영하고 있다고 보는 것으로, 교육과정은 지배계급에 유리하도록 권력과 사회통제의 기능을 수행해 사회구조를 불평등하게 재생산해내는 기제로 본다. 지배계급은 자신의 지배구조를 정당화하기 위해 지배문화를 만들어 자본가계급의 문화와 자본의 지배를 정당화하는 이데올로기를 전파하고 사회를 지배한다고 본다. 문화제국주의론은 식민지의 교육이 식민지 국민의 의식을 왜곡시켜 지배자에게 복종하도록 강요했으며 제

3세계 학교교육이 주변국 노동자들에게 중심국 자본가의 필요를 충족시키기 위한 장치로 도입되어 토착 민중을 제국주의적 식민지 구조에 편입시키는 기제로 인식된다. 마지막으로 고급문화론은 학교가 가르치는 지식과 가치관, 예술 등이 계급에 관계없이 그 사회의 고급문화의 진수로 구성되어 있다는 것을 주장한다. 학교에서 다루는 내용이 상류계급의 문화이기 때문에 교육과정의 내용으로 선정된 것이며 이를 통해 고급문화가 보편화되는 경향이 있다고 본다.

교육과정 사회학은 신화화한 교육과정과 교과서에 대한 비판적 검토로서 학교교육에 대해 새로운 이해방식을 제공했다. 교육과정 사회학은 절대적 지식관을 배격하고 역사적·사회적 생성물로서의 지식관을 가지고 교육과정의 구성과 의미에 대해 새롭게 해석할 수 있도록 했다. 교육과정 사회학은 지식, 문화, 이데올로기, 규범 등의 지적인 과정을 통한 지배와 억압의 구조를 파헤치고 교육과 사회불평등에 대한 이해를 넓혔다. 학업성취와 교육과정에 대한 객관주의적이고 심리적인 분석을 포기하고, 그것을 합법화된 학교지식으로 대상화시켜 분석하는 것을 중시했다. 학교와 교실에 대한 통제와 조직에 대해 경영적 관점에서 효율적으로 접근하는 방식을 비판하고, 사회적 상호작용과 문화적 측면을 강조했다.

5. 교육과정의 개혁[1]

교육현장에서 형식적 교육과정은 절대적인 준거에 기초해 체계적으로 구성된 것으로, 반드시 지켜야만 하는 것으로 인식되고 있다. 지금까지 수십 년에

1 이 절은 필자가 공저한 『미래를 준비하는 학교』(2002, 학지사)의 내용(pp. 82~88)을 재구성한 것이다.

걸쳐 교육과정이 결정, 채택되는 과정에서 교사들의 참여는 극히 미미한 실정이었고, 그러다보니 학교 현장의 현실을 반영한 교육과정이 드물었다. 그럼에도 형식적 교육과정은 학교 현장에 강요되어 학교교육을 지배하게 되었다. 이러한 교육과정은 모든 학교에서 획일적으로 실천해야 하는 것이기 때문에 교장이나 교사들이 학교실정에 맞게 수정하고 일부를 변화시킨다는 것은 생각할 수 없는 일이 되고 말았다.

교육과정의 결정과정에서 소외되고 교육과정을 학교 실정에 맞게 수정할 수 있는 권한마저 박탈당한 교사들은 자연히 교과서의 내용 전달을 가장 중요시하고 탐구를 통해 주어진 정보를 다양하게 해석하고 내면화하는 수업활동을 등한시하게 된다. 또한 교육행정가들도 교과서 이외의 내용을 교사가 가르치는 것을 규제하고, 교사의 다양한 교육활동에 대해 간섭을 하는 것을 당연하게 여겨 왔다. 교과서를 절대적이고 유일한 학습자료로서 빠짐없이 가르쳐야 하는 것으로 믿는다면 교사와 학생이 상호작용하는 가운데 새로운 지식을 생산해내는 역동적인 교실은 실현될 수 없다. 지식은 만들어지는 것이고 잠정적인 것이라는 관점에서 보면 현재의 교과서는 그러한 지식이 만들어지기까지의 가설적 활동을 모두 생략했을 뿐만 아니라 제시된 지식이 절대적인 지식인 양 포장해 전달하고 있기 때문이다. 결과적으로 지식이란 누군가 위대한 사람이 만드는 것이고 자신들은 그렇게 만들어진 지식을 단순히 습득하면 되는 것으로 오해하는 것이다.

학습은 학생이 자신을 둘러싼 세계를 이해하고 의미를 창출해나가는 과정이며 그 과정에서 교과서는 하나의 보조 자료일 뿐이다. 하지만 현실적으로 교사들이 교과서 이외의 다른 참고 자료를 사용하는 데는 법적 제재가 따른다. 즉, 교과용 도서에 관한 규정에 의하면 인정된 교과용 도서 이외의 도서는 수업 중에 사용할 수 없다. 그리고 대학수학능력평가 등 주요한 시험은 교과서의 내용을 기준으로 출제되고 있다. 이러한 법적·제도적 제약으로 인해 교사들이 교과서를 벗어나 자율적으로 가르치는 것은 허용되지 않고 있다. 이런 이유로 교사가 교과서나 기타 학습의 보조자료를 이용해 학생들의 의미 탐구 과정을 돕기 위해 때로 협력적 탐구자로, 때로 안내자로서 올바른 역할을 하기가 어렵다.

게다가 학생들도 교과서 중심의 학습에 익숙해져 있어 교과서에 쓰인 문장 하나하나를 외우는 경우가 많지만 정작 중요한 교과서의 내용에 대해 의문을 제기하거나 탐구하는 데는 익숙하지 않다. OECD가 조사한 결과를 보면, 우리나라 학생들이 가정에서 컴퓨터나 사전 등 교과서 외의 학습 자료를 사용하는 비율이 22%로 네덜란드(69%), 영국(66%) 등 다른 나라에 비해 교과서 의존도가 매우 높다.

학교교육의 변화를 꾀하기 위해서는 우선 교육과정이 변화하지 않으면 안 된다. 교육과정이 변화해야 교수방법과 평가의 혁신이 실효성이 있기 때문이다. 교육과정 변화의 큰 흐름을 ① 학생들의 요구를 중심으로 한 통합적인 교육과정, ② 교과중심에서 학습경험을 중시하는 교육과정, ③ 고차적 사고력을 중시하는 교육과정, ④ 내용을 깊이 있게 알고 다양한 시각으로 바라볼 수 있도록 돕는 탐구를 중시하는 교육과정으로 나누어 살펴보기로 한다.

1. 통합적인 교육과정

통합적인 교육과정이 이루어지기 위해서는 우선 교과별로 분절화되어 있는 교과서로부터 주제별이나 과제 중심으로 교과서를 재편할 필요가 있다. 설령 현실적인 여건상 주제별 통합 교과서를 만들 수 없다면 각 학교에서 재량껏 비슷한 내용들을 통합해 학생들이 주어진 주제를 다양한 관점에서 바라보고 탐구할 수 있도록 허용해야 할 것이다. 이러한 교과서 또는 교육과정이 학교에 도입된다면, 예를 들어 지리와 지구과학을 통합하거나 역사와 국어의 옛글(시조, 옛 소설)등을 연계해서 가르치는 것과 같이 다양한 형태의 통합적인 수업이 가능하게 될 것이다.

2. 경험을 중시하는 교육과정

현재 우리나라의 교육과정은 교과중심으로 이루어져 각 교과의 모학문(母學問)에서 연구된 지식을 학습자에게 전달하는 것에 치중하고 있다. 전달하려는 내용이 학습자의 삶에 기반한 내용이라기보다는 학문공동체의 연구 결과이기 때문에 학습자의 생활과 유리된 내용이 많다. 교과서가 제작되는 과정을 보면 내용전문가로 인정되는 대학의 교수가 저술을 맡고 현장 교사들이 검토에 참여하는 형식으로 이루어져 있으며, 학생이나 학부모들의 참여는 전혀 고려되고 있지 않다. 그 결과, 내용의 정확성은 기할지 몰라도 학습자의 흥미나 능력, 환경을 고려하지 않은 딱딱하고 재미없는 교과서가 나오게 되는 것이다. 교과서의 지식들을 객관적 진리로 인식해 무비판적으로 외워야 하는 것으로 이해하는 것은 교과서 제작과정에서부터 시작되는 것이다. 학습자들의 경험을 중시하는 교육과정이 되려면 교과지식 영역의 많은 부분을 학습자의 삶과 연관된 많은 사례와 학습활동에 할애하지 않으면 안 된다. 단지 읽는 것뿐만 아니라 쓰고 말하고 만들고 행동하는 학습활동이 가능한 교과서와 교육과정이 되어야만 진정한 의미에서 교육을 실현할 수 있을 것이다. 그러기 위해서는 교수, 교사 뿐만 아니라 학생, 학부모 등 다양한 계층의 참여를 보장하는 교과서 제작과 교육과정 수립이 필요하다.

3. 고차적 사고력을 중시하는 교육과정

기존의 교육과정은 암기와 이해 등 기초적인 인지 능력에 중점을 두고, 학습자들의 내용에 대한 깊이 있는 이해와 적용을 위한 기회를 제공하지 않았다. 교육과정이 중점을 두어야 할 것은 '경험'의 확장이나 '지식의 구조' 학습이 아니라 학습자의 적용능력, 비판적 창의력, 문제해결능력과 같은 고차적 사고력의 함양이다. 이를 위해서는 학생이 스스로 학습할 수 있는 학습능력의 함양 또한 필요하다. 기초적인 인지능력에 초점을 둔 교육과정은 암기 중심으로 진행되므로 쉽게 잊힐 뿐만 아니라 학생들을 지루하게 하고 학습에 대한 거부감을 조장할 위험이 있다. 반복 · 단순암기에 기반한 학습은 본질적으로 풀이과정을 외우는 것이기 때문에 오개념에 의한 학습능력의 저하가 해결되지 않으며 습득된 학습내용의 지속도도 현저히 떨어진다고 볼 수 있다. 교육과정에서 다루어야 할 내용은 단편적인 지식들이 아니라 고차적인 분석, 종합, 평가를 요구하는 내용이어야 하며 학생들이 협력적으로 문제를 해결할 수 있도록 돕는 것이어야 한다.

4. 탐구에 기반한 교육과정

학생들이 충분한 시간을 가지고 흥미로운 주제를 깊이 있게 탐구할 수 있도록 교육과정을 조직한다면 학습에 대한 긍정적인 태도와 자기주도적 학습을 위한 토대가 형성될 수 있다. 기존의 교육과정은 너무나 많은 내용을 짧은 시간에 제공하려고 했다는 점에서 비판을 받아 왔다. 어떠한 교육과정이든 학습자가 학습과정을 통해 지적으로 성장하고, 느끼고 생각하는 법을 배우며, 학습하는 방법을 익히는 데 공통적인 목적이 있다. 그런데 기존의 교육과정은 짧은 시간에 많은 지식을 전달함으로써 효율을 높이는 데는 성공했을지 몰라도 학습자가 이러한 지식을 실제 생활에 적용하거나 자신들의 삶에 도움이 되도록 이용하고 배움의 기쁨을 느끼며, 자발적으로 심화된 탐구활동으로 나아가도록 하지는 못했다.

탐구에 기반한 교육과정은 학교 교육과정의 핵심이다. 자신이 흥미롭게 생각하는 부분에 대한 자발적인 탐구를 통해 학생들은 즐거움을 느끼며, 학습의 중요성을 이해하게 된다. 사실의 단순한 암기가 아니라 탐구하는 과정 속에서 학생들은 삶에 즐거움을 느끼고 학습에 대한 의미를 깨닫게 된다. 만약 교사가 특정 주제에 관심을 가진 학생을 발견했다면 학생이 그것으로부터 시작해 탐구할 수 있도록 해야 한다. 교사는 탐구방법을 같이 논의하고 다양한 관점을 갖도록 유도하며 관심의 분야를 넓히도록 격려해야 한다. 또 적절한 피드백을 제공하고 자신이 연구한 것을 발표할 수 있는 장을 마련해주어 경험을 공유하고 교실 속에서 자신을 실현할 수 있는 기회를 주어야 한다. 학생의 학습과 탐구는 교사의 도움을 받아 계속 영역을 확대할 것이며 그 자신의 삶의 폭을 넓히고 세상에 대한 깊이 있는 해석을 도울 것이다.

너무 많은 지식을 짧은 시간 안에 다루는 데 중점을 두지 않고, 중요한 주제에 대해 깊이 있게 배우면서 다양한 시각으로 접근할 때, 학생들은 자신의 주관성을 극복하고 다양한 관점을 이해하게 되며 자신의 생각을 보다 객관화해 합리적으로 다듬을 수 있다. 타인과의 경쟁과 효율을 강조하는 교육과정 패러다임을 극복하고, 교사와 학생을 주인의 위치로 자리매김할 수 있는 교육과정을 만드는 데 보다 많은 노력을 기울여야 할 때이다.

자기성찰활동

교사의 교육과정설계에 자율권은 제한적으로나마 보장되고 있다. 2009년 교과부의 '학교 단위 책임경영을 위한 학교자율화 추진 방안'과 2009 개정 교육과정에서는 학교를 교육과정 편성과 운영의 중요한 주체로 보고, 학생들을 창의적인 인재로 길러내기 위해 교사가 많은 권한을 가지고 교육과정을 재구성하기를 요구하고 있다. 교과서 중심의 획일적인 반복학습으로는 창의적인 인재로 길러내기 어렵다고 보기 때문이다. 아래의 글은 현장교사(윤치열, 초지고 교사)가 교육과정 재구성에 대해 쓴 글이다. 교육과정 재구성에 대한 현장교사의 인식이 어떤지 살펴보고 교육과정의 중요성에 대해 성찰해보자.

학교교육이 어떠한 기본 방향과 목표를 지향할 것인가를 구상하고 계획할 때 우선적으로 대두되는 것이 교육과정이다. 지금까지 교육과정 편성은 거의 전적으로 국가 수준에서 결정되어 왔다. 그리고 학교 현장에서는 국가가 정한 교육과정의 내용을 그대로 따라 왔다.

하지만 국가 수준의 교육과정이 아무리 이상적이라고 할지라도 현장에 그대로 적용하는 데에는 한계가 있다. 각 학교가 처한 위치나 환경, 지역 사회의 특성, 학생들의 성향 등이 다르기 때문이다. 아울러 중앙에서 만든 교육과정은 전국의 학교가 같은 목표 아래, 같은 내용을 가르치기 때문에 획일화되는 문제점도 있다.

다행히 최근 교육과정은 국가 수준의 공통성과 함께 지역, 학교, 개인 수준의 다양성을 추구하고 있다. 제6차 교육과정 이후부터는 국가 기준과 시·도교육청의 지침에 근거하여 지역의 특수성과 학교 여건에 맞게 학교 교육과정을 개발 운영하도록 하고 있다. 특히 2009 개정 교육과정에서는 교육과정 편성과 운영에 대한 권한이 단위학교로 많이 이양되었다.

이와 관련하여 교육과정 재구성이라는 말이 많다. 학교에서 교육과정 재구성이라 함은 국가수준 교육과정 또는 지역 교육과정 그리고 학교 교육과정을 교사 자신만의 교육과정으로 구성해가는 모든 과정을 말한다. 쉽게 말하면, 학교 및 교사가 전문성에 기초해 주어진 교육과정의 목표를 효과적으로 달성하기 위해 하는 모든 활동이다. 교육과정 재구성이라는 말은 곧 교사들이 만드는 교육과정이다.

흔히 교사는 수업을 하는 사람으로만 인식하고 있는데, 이는 교사의 전문가로서의 영역을 잘못 보는 것이다. 교사는 자발성과 창의성을 발휘해 국가 수준의 교육과정을 학생들에게 알맞게 적용할 수 있는 전문가이다. 교육과정 재구성을 통해 학생들의 실생활과 관련된 교육을 구상하고, 학생들의 삶을 위한 역동적인 수업과 평가를 만든다.

교사들이 단위학교에서 교육과정을 재구성할 수 있는 방법은 다양하다. 첫째, 학교 특성과 학생 수준에 따라 특정 교과의 단위 수를 증감함으로써 교육과정을 재구성할 수 있다. 이는 학습자에게 필요한 교과를 선택할 수 있게 해서 학습 의욕을 높이고 교육과정 내용의 적합성을 쉽게 확보한다.

둘째, 아이들의 욕구나 흥미에 맞게 교과서의 내용을 재조직하는 일이다. 단원 내용을 추가하기도 하고, 제외할 수도 있다. 이는 교과 내용의 특성, 단원의 연계성, 수업 시수의 부족 등을 고려하여 내용을 수정, 보완하는 것과 같은 맥락이다. 이때는 교과 내에서의 유사 주제를 하나로 묶거나, 제제별로 연관된 단원을 통합하여 지도하는 것이 효율적이다. 학교에서 교과에 따라 전공 영역에 해당하는 단원은 내용을 보다 충실히 구성하고, 전문 지식이 부족한 단원은 일부 내용을 축약하는데, 이것도 내용 재조직의 대표적인 방법이다.

셋째, 최근 학문은 융합 추세에 있다. 소위 스팀(STEAM) 교육이 그것이다. 이를 실현하기 위해서 교과 간 연계를 하는 교육과정 재구성도 할 수 있다. 두 교과에서 연관되는 단원 내용을 연결 지어 학생의 이해와 적용을 쉽게 할 수 있도록 재구성한다. 이때는 학습 주제와 관련되는 여러 교과 내용을 통합적으로 구성한다.

교육과정을 재구성한다는 것은 가장 적합한 교육 내용을 학습자 중심의 교육으로 조직하는 것이다. 다시 말해서 교사들이 학교에서 직접 작성하는 교수학습 지도안부터 실제로 가르치는 활동까지 교사가 학교 현장에서 하는 모든 활동은 교육과정의 재구성에 들어간다. 수준별 수업, 지도 내용 전개 순서 변경, 시기 조절, 기타 교과와 연계하여 창의적 체험활동을 편성하는 것 등이 모두 교육과정 재구성의 범주에 든다.

교육과정을 재구성하기 위해 가장 먼저 시작해야 할 일은 각 교과의 성격과 특성을 정확하게 파악하는 일이다. 이는 국가 수준의 교육과정에서 교과들이 설정된 이유와 교육을 통해 무엇을 성취하려고 하는지 정확하게 알아야 교육이 제대로 이루어질 수 있기 때문이다.

교육과정 재구성은 각 교과의 성격과 특성을 살리는 방향으로 이루어져야 하는데, 학생의 실태에서부터, 학교 및 지역사회의 특징 등을 정밀하게 분석하는 것이 중요하다. 이는 그들의 필요와 요구가 무엇인지를 정확하게 기술할 수 있어야 좋은 교육의 목표를 설정할 수 있기 때문이다.

교육과정 재구성의 궁극적 목적은 우리 학교 학생들을 어떻게 성장시킬 수 있는가에 있다. 그렇다면 그 출발점은 학생들이다. 우리 학교 학생들은 어떤 상태이고, 어떤 장단점을 가지고 있으며, 어떤 지역 환경 속에서 자라왔는지 파악해야 한다. 또한 교육과정의 재구성에는 전문가인 교사들의 교육 실천을 적극적으로 유도하기 위한 목적도 담겨 있다. 교사의 전문성에 기대어 효과적인 교육을 하기 위한 것이다.

※ 위의 내용은 〈한국교육신문〉의 기사(http://www.hangyo.com/news/article.html?no=66767)를 바탕으로 재구성한 것이다.

6장

교육과 심리

교육은 학생의 성장과 발달을 위해 존재한다. 어떤 철학을 바탕으로 무엇을 가르칠 것인가에 대한 여러 가지 이론이 있지만 학생을 염두에 두지 않는 철학과 이론은 없다. 학습자가 어떤 환경에서 어떤 방식으로 배울 때 가장 잘 배울 수 있는가는 모든 교육사의 공통적인 관심사항이다. 이럴 때 학생을 성인 교사의 관점에서 볼 것이 아니라 학습자의 내적 성장의 관점에서 살펴보는 것이 중요하다. 유아나 어린아이가 배우는 방식과 초중등학생, 대학생이 배우는 방식이 동일한지, 발달 정도에 따라 다르게 배우는지에 대해서는 서로 다른 견해가 있다. 근래에는 성인학습자에 대한 연구가 활발해져 성인들이 배우는 방식이 학령기의 아동과 다르다는 주장도 제기되고 있다.

교육심리학은 학습자와 학습 과정에 있어서의 심리현상을 다루는 학문적 체계이다. 교육심리학을 통해 교사는 학생의 학습심리를 비롯한 심리현상을 이해하고, 이에 긍정적인 영향을 미치는 교수활동에 대한 지식을 배울 수 있다. 교육심리학은 학습자가 어떻게 생각하고 학습하는지에 대한 지식을 제공하므로 학습자의 내적 성장의 관점에서 학습을 바라볼 수 있게 해준다. 예를 들어,

아무리 좋은 교육내용이라도 학습자의 성숙단계에 맞지 않는다면 효과가 없을 것이고, 또 성인에게 효과가 있는 교수법이 어린 아동에게도 똑같이 효과가 있을 것이라는 생각은 아동의 심리를 이해하지 못한 결과라고 할 수 있다. 교육내용과 교수법, 평가 등 교수학습활동을 학습자의 관점에서 다시 살펴보고, 가장 적절한 내용과 방법, 평가 방식을 찾아보는 것은 모든 교사가 해야 할 일이다. 마찬가지로 교육행정가와 정책결정자는 성인의 관점이나 사회적 요구가 아니라 아동의 발달단계에 맞게 교육적 결정을 해야 한다.

교육철학과 교육사회학, 교육과정 등은 철학적 입장과 사회를 바라보는 관점에 따라 호불호가 갈라지며 가치와 관련된 이슈가 많았다면 교육심리학은 인간 심리와 학습에 관한 과학적 연구의 결과에 따라 옳고 그름이 나누어지는 경우가 많다.

교육의 특성상 가치판단을 무시할 수 없으나 적어도 과학적으로 입증된 사실에 대해서는 자신의 가치관과 무관하게 받아들일 필요가 있다. 교육심리학이 주요한 연구의 주제로 삼는 것은 인간의 발달에 대한 이해, 인지구조의 문제, 인성의 발달, 지능, 창의성, 동기, 불안과 같은 학습 변인, 학습과정에 대한 탐색 등 인간의 성장과 학습에 관해 포괄적이고 광범위한 내용에 대한 것이다.

교육심리학은 20세기 초의 행동주의 심리학의 영향으로 본격화된 학습심리에 대한 연구로 시작하여 최근 뇌과학의 발달에 따른 뇌기반교육, 신경교육학에 이르기까지 다양한 변화를 겪어왔다. 지난 백여년 간의 인간학습에 대한 주요 패러다임에는 행동주의 패러다임과 인지주의 패러다임, 구성주의 패러다임이 있다. 이들 학습 패러다임은 인간학습에 대한 연구의 방향을 결정하고 연구결과의 해석과 바람직한 학습에 대한 이해, 가치 있는 교수학습활동의 선정에 영향을 미친다. 그렇기 때문에 보다 진지하고 심각하게 그 연구결과를 해석하고 받아들일 필요가 있다[1]. 이 장에서는 교육심리학을 인간발달에 대한 이해, 학습과 관련된 지적·정의적 특성, 학습패러다임으로 나누어 핵심적인 내용을 논의하고자 한다.

1. 인간의 발달

발달이란 인간의 생애 전반에 걸쳐 나타나는 신체적·심리적 변화를 통칭하는 것으로, 좁은 의미로는 태어나서 청년기까지의 성장을 의미하지만 넓게 보면 청년기 이후의 변화까지 포함할 수 있다. 따라서 교육심리학에서의 발달은 단순한 성장이나 성숙이라기보다 발달적 변화로 이해할 필요가 있다. 인산 발달에 대해 중요한 연구주제로 유전과 환경의 문제, 발달의 연속성의 문제, 발달과업과 결정적 시기, 도덕성과 인성의 발달에 대한 것들이 있다.

1. 유전과 환경

인간의 특성은 타고난 것이며 고정되어 있다고 믿는 주장이 유전을 중시하는 입장이라면 인간은 환경과 교육을 통해 변화하고 성장한다고 믿는 것은 양

---

1 현장교육에서 교육심리학의 연구결과와 무관하게 교사 자신의 경험과 상식으로 교육적 의사결정이 이루어지는 경우가 많다. 그러나 상식과 경험은 제한적이고 주관적인 측면이 있어 다양한 특성을 지닌 많은 학생들을 가르치는 데 전적으로 올바르다고 할 수 없다. 학습이론의 연구에 따르면 학생들은 상식적인 견해와는 달리 학습하는 경우가 많다. 예를 들면, 학생을 격려하기 위해 재능을 칭찬하거나 긍정적인 피드백을 주게 되면 오히려 학습을 위축하는 결과를 낳기도 한다(Dweck, 2006; Good & Brophy, 1995). 문화적 차이와 연구의 제약으로 인해 모든 학습이론이 우리 현실에 맞다고 할 수는 없지만 적어도 학생들의 관점에서 학습을 이해하고 교수에 대한 의사결정을 하는 데 좋은 참고가 될 수 있다. 이런 점에서 교육심리학은 교사 전문성의 가장 핵심적인 부분의 하나라고 할 수 있다.

육론 혹은 환경론의 입장이다. 인간발달에 영향을 미치는 요인에 대한 유전과 양육, 유전론과 환경론의 논쟁은 오랫동안 계속되어 왔다. 유전론의 입장에 따르면, 인간발달은 유전적으로 프로그램화되어 있어 개인의 신체적 특징이나 지능이 유전자에 의해 결정된다. 이런 입장에서 볼 때 교육은 개인이 가진 잠재성의 실현이라고 할 수 있다. 마치 정원사에 의해 꽃이 만개하듯이 학생들이 가지고 있는 천부적인 소질이나 적성이 교육에 의해 발견되어 꽃피우게 된다는 것이다. 일반적으로 볼 때 유전론적인 입장은 상식적인 견해이다. 특정 분야에 커다란 성취를 이룬 사람들에 대해 천재성을 타고났다고 생각하는 사람이 많다. 예를 들어, 피아노를 배우는 아이들은 많지만 그 가운데 소수의 사람만이 최고의 피아니스트가 되듯이 개인이 가진 잠재력의 크기가 정해져 있어 본인이 아무리 노력해도 이를 넘어서기 힘들다는 것이다. 그렇다면 교육의 목적이자 한계는 학생이 타고난 잠재성의 최대치에 도달하도록 돕는 것이라고 할 수 있다.

이에 비해 환경론은 인간의 발달은 어떠한 수준의 환경을 제공하느냐에 따라 촉진될 수도 있고 지연될 수도 있다고 본다. 인간은 시대와 문화적 환경 속에서 성장, 발달하는 것이며 개인의 특성은 양육되는 환경과 개인의 경험 속에서 형성되는 것이다. 환경론의 입장은 어릴 때 헤어져 성장한 일란성 쌍생아에 대한 연구를 통해 보다 강화된다. 일란성 쌍생아 연구는 같은 유전자를 타고 난 경우라도 서로 다른 환경에서 자라면 지능에서 차이를 보인다는 것을 입증하고 있다. 이 연구는 개인의 지능 발달이 개인의 유전적 소인보다 개인을 둘러싼 물리적 · 가정적 · 문화적 환경에 영향을 더 받는다는 사실을 밝히고 있다.

그러나 그동안의 많은 연구들은 유전이나 환경, 어느 한쪽이 일방적으로 결정적인 영향을 미치기보다는 양자 간의 상호작용에 의해 결정되는 것이라는 입장을 보이고 있다. 교육적 측면에서 살펴볼 때 개인의 발달에서 유전과 환경의 논쟁은 보다 적극적으로 해석할 필요가 있다. 만약 유전의 영향이 절대적이라면 교육과 훈련은 그저 이미 정해져 있는 개인의 소질이나 잠재력의 크기를 최대치로 끌어올리는 데 집중하는 것에 그치고 말 것이다. 그러나 최근의 뇌에 대한 과학적 연구결과를 살펴보면 인간의 뇌는 연령대와 상관없이 가소성을 가지고 있으며 개인의 노력과 환경적인 영향에 의해 얼마든지 변화한다는 것을 알 수 있다. 이것은 인간에게 미리 정해지고 고정된 재능이나 능력 따위는 없다는 것을 보여준다. 인간의 뇌는 적응력을 가지고 있어 어떤 능력도 적절한 교육훈련과정을 거친다면 변화할 수 있다는 것이다. 인간의 잠재력은 경험과 학습을 통해 강화되며 새롭게 개발된다. 이런 관점에서 인간을 바라본다면 교육의 가치와 교육자의 역할은 새롭게 조망된다. 이제 교육은 아동의 선천적인 재능을 찾거나 숨겨진 소질을 찾으려고 노력하는 것이 아니라 아동이 흥미를 느끼는 분야를 찾아 적절한 교육방법을 통해 능력을 개발하는 방식으로 변화해야 한다(Ericsson & Pool, 2016).

2. 발달단계

교육심리학의 주요 관심사 가운데 하나는 인간의 발달이 일정한 단계를 거쳐 질적으로 비약하는 형태로 발전하는지 아니면 양적인 변화를 통해 점진적으로 발달하는지에 대한 것이다. 이는 발달의 연속성에 대한 문제인데, 발단단계가 연속적으로 이루어진다는 생각은 인간의 발달이 나이가 들어감에 따라 커다란 질적인 변화 없이 꾸준하고 지속적으로 이루어진다는 것이다. 이런 견해는 주로 행동주의 연구자들이 가지고 있는데, 이들은 자극과 반응의 결합으로 이루어지는 조건형성이 누적되어 과거의 경험에 새로운 지식과 경험이 더해지는 양적인 변화를 인간 발달로 이해하고 있다. 반면에 인간의 발달과정에는 일련의 단계가 있으며 이 단계는 이전 단계와 질적으로 다르다는 주장도 있다. 각 단계로 발전해가는 과정에는 질적 비약이 요구된다. 예를 들면 피아제(Piaget)는 인지구조의 변화를 중심으로 인간 발달 단계를 구별했는데, 나이가 들어가면서 감각운동기(0세에서 2세), 전조작기(2세에서 7세), 구체적조작기(7세에서 11세), 형식적조작기(11세 이후) 등으로 발달해간다고 보았으며, 각 단계마다 학습자의 인지가 전 단계와 다른 특성을 지니는 것으로 보았다. 피아제의 인지발달에 대한 연구로 인간의 발달이 비연속적으로 이루어진다는 생각이 널리 확산되었으며, 학습자의 인지발달에 보다 유의해 교수학습활동이 이루어지는 방식으로 교육적 실천에서의 변화가 일어났다.

발달단계의 연속성과 비연속성의 문제는 사실 대립적인 문제라기보다 상호보완적인 측면이 없지 않다. 아동의 인지발달은 피아제의 연구와 같이 질적인 변화를 경험하지만 미시적으로 보면 이러한 단계적 변화들은 종종 점진적이며 연속적으로 이루어지기도 한다(Siegler, 1991). 인간의 발달은 일정 기간 양적인 축적이 진행되면서 어느 순간 질적 변화를 경험하게 되는데, 이 과정이 때로는 눈에 잘 띄지 않은 채 이루어지기도 하며 개인차에 따라 영향을 받기도 한다.

3. 발달과업

발달과업이란 헤비거스트(Havighurst)가 제안한 개념으로, 인간발달 과정에서 인간이 환경에 적응하기 위해 각 발달단계에 따라 반드시 성취해야 할 과제들을 말한다. 발달과업은 개인의 성장을 위해 일정 시기에 발달시키지 않으면 안 되는 과제로, 한 단계에서의 발달과업을 잘 성취하면 행복하게 되고 다음 단계의 과업을 원만히 수행할 기초를 마련할 수 있으나 그렇지 못하면 개인적 불행과 사회적 불인정, 이후의 과업수행에 곤란을 경험하게 된다.

발달과업은 인간이 성장하면서 사회에 적응하고 살아남기 위해 필요한 기술과 능력으로 이루어진다. 예를 들어, 12세에서 18세 청년기의 발달과업은 남녀 간의 성숙한 관계 형성, 성적 역할을 익히는 것, 신체적 훈련, 부모나 다른 성인으로부터 정서적 독립, 경제적 독립에 대한 확신, 직업의 선택과 준비, 결혼과 가정생활의 준비, 시민적 자질 형성, 가치관과 윤리체제의 습득 등이다. 헤비거스트가 연령별로 나열한 발달과업은 문화적·사회적 요구나 선입관을 반영하고 있으므로 성취해야 할 발달과업의 선택에 신중할 필요가 있다. 또한 후속 연구들에 의해 치밀하게 검증되지 않아 이론적 논의에 그친 측면도 없지 않다. 그러나 교사들이 학생들을 지도할 때 해당 시기에 반드시 익혀야 할 지식, 기술, 태도가 있다는 점에 유의해서 보다 책임감 있게 교육하도록 하는 데 기여한 측면이 있다.

2. 인지발달이론

1. 피아제의 인지발달론

피아제의 인지발달론은 인지발달이 비연속적으로 이루어지며, 사람은 성장하면서 4단계의 인지발달단계를 거친다고 주장한다. 그에 따르면 인간이 뭔가를 생각하고 반응하려면 환경으로부터 수많은 정보를 받아들이고 적절하게 반응하기 위한 틀을 가지고 있어야 하는데, 이를 인지도식(인지구조, 스키마)이라고 한다. 이러한 인식의 틀은 경험을 통해 형성되는데, 그 과정이 동화와 조절, 평형화의 과정이기도 하다. 인간은 새로운 정보나 경험을 접할 때 이를 자신이 가지고 있는 기존의 사고의 틀(인지도식)로 해석하려고 한다. 새로운 경험을 해석하는 데 어려움이나 혼란이 없다면 이는 기존의 도식을 새로운 경험에 적용해서 포괄했다는 의미이며 피아제의 용어로는 '동화'라고 한다. 그러나 기존의 도식으로는 해석하지 못할 때 새로운 정보나 경험을 해석하기 위해 기존의 사고방식을 수정해야 할 때가 있다. 이는 개인의 기존 인지도식이 새로운 인지도식으로 변화하는 것을 말하며, 피아제의 용어로 '조절'이라고 한다[2]. '조절'이 발생하면 새로운 경험을 해석하고 환경에 적응하는 데 성공하게 되고, 더 이상 혼란을 겪지 않아도 된다. 피아제는 이를 '평형화'라고 부른다. 평형화는 동화와 조절이 적절하게 균형상태를 이룬 것을 말하며, 인지도식은 우리가 생각하고 문제해결하는 데 필요한 기본단위로 인간이 사물이나 현상에 대해 생각하거나 정신적으로 표상하는 것을 가능하게 하는 조직화된 사고의 체계이다.

피아제는 이러한 과정을 거쳐 이루어지는 인간의 인지발달이 일반적으로 4단계를 거친다고 한다. 태어나서 2세까지 나타나는 인지적 특징은 자신의 신체적 행동과 주변 세계의 반응에 인지능력이 제한되어 있다는 것이다. 피아제는 이 단계를 '감각운동기'라고 불렀으며, 2세에서 7세까지는 언어와 상징적 사고가 발달하지만 개념조작이나 추상적 사고의 습득이 제한적인 특징이 있다. 이 시기는 '전조작기'로 사고에서 자기중심성, 비가역적인 사고, 물활론적 사고 등이 나타난다. 7세부터 11세까지는 '구체적 조작기'로 개념적·논리적 조작이 가능하고 추론을 토대로 결론에 도달하는 능력을 발전시킨다. 전조작기와는 달리 자기중심성이 감소되고 가역성을 획득하여 보존개념을 형성하게 된다. 그러나 아직 추상적이거나 복잡한 수준의 개념을 형성하지는 못한다. 11세 이후 인지발달의 특징은 추상성의 획득이며, 피아제는 이 시기를 '형식적 조작기'

---

2 학생들의 새로운 경험이 기존 도식으로 해석되지 않을 때 조절만 일어나는 것은 아니다. 조절 대신 기존의 도식에 무리하게 끌어맞추려고 하거나(동화), 새로운 경험을 무시하는 경우도 있다. 교육은 새로운 경험이 긍정적으로 해석되어 학생들의 성장을 꾀하는 것이므로 교사들은 새로운 정보를 제공할 때 학생들의 억지 해석과 무시가 없는지에 유의할 필요가 있다.

라고 불렀다. 이 시기에는 가설을 세워 논리적으로 사고할 수 있으며 추상적인 사고를 발전시킬 수 있다.

피아제는 자신이 주장한 인지발달단계를 모든 인간이 거치는 일반적이고 엄격한 단계라고 생각했지만 그 이후의 연구를 보면 실제 아이들의 인지 능력이 훨씬 높고, 각 발달단계가 피아제가 생각한 것처럼 분명하게 독립적으로 구분되지 않는다는 사실이 밝혀졌다. 또 브루너와 같은 학자는 피아제의 인지발달단계와는 무관하게 적절한 자료를 개발하고 설명할 수 있다면, 모든 연령대의 아동에게 어떤 내용이든지 가르칠 수 있다는 '대담한 가설'을 내세우기도 했다. 뇌과학에서 주장하는 뇌의 '가소성 이론' 역시 피아제의 인지발달단계가 지나치게 엄격하다는 주장에 힘을 실어주고 있다. 이와 같이 피아제의 이론이 한계를 보이기는 하지만 그의 인지발달이론은 여전히 아동을 위한 교육과정을 개발하는 데 좋은 참조가 되고 있다.

피아제의 이론은 교육적으로 많은 시사점을 제공한다. 첫째, 교육은 아동의 인지발달에 맞게 이루어져야 한다는 점이다. 이는 가정이나 학교에서 아동의 인지능력을 넘어선 과제를 부과하거나 인지발달단계에 적합하지 않은 능력을 길러주는 것에 대해 재고할 필요가 있음을 시사한다. 오히려 해당 단계에 맞게 아동의 인지발달을 돕고 촉진하는 방식을 찾아보는 것이 적절할 것이다. 둘째, 학습은 아동의 인지도식의 발달과정으로, 아동의 능동적 · 자율적 학습능력이 무엇보다 중요하다. 이를 위해 오늘날의 학교교육을 특징짓는 엄격한 스케줄과 강제적인 학년 배당, 교과중심의 교육 등 외부적인 간섭, 타율적인 지도, 외적 동기가 아닌 학생의 내발적인 동기와 자율적 학습을 중시하는 방향으로 교육이 변화해야 한다. 향후 인간발달에 대한 획기적인 이론이 나오지 않는 한 그의 인지발달론은 앞으로도 교육자들에게 좋은 참고가 될 것이다.

2. 비고츠키의 인지발달론

피아제는 개인이 성장하면서 인지적 불균형을 경험하고 이를 해결하는 과정에서 인지도식이 형성되고 인지발달이 이루어진다고 보았다. 이는 인간과 환경 간 상호작용의 결과이지만 피아제의 경우 개인의 인지발달에 주로 초점을 맞추고 모든 인간이 보편적으로 겪는 발달단계를 규명하고자 했다. 이에 비해 비고츠키(Vygotsky)는 인간의 개별적 인지발달에 초점을 맞추기보다는 인간과 환경 간의 상호작용에 주목했다. 인간이 부딪히는 환경, 그중에서도 사회적 환경이 가지는 영향에 초점을 두고 인간 발달을 연구했다. 그는 아동을 타인과의 관계에 영향받으면서 성장하는 사회적 존재라고 하면서 인지발달은 사회적 학습의 결과라고 했다. 피아제는 아동이 동화와 조절과정을 통해 스스로 인지도식을 발달시킨다고 했지만 비고츠키는 가족, 교사와 같은 성인이나 또래의 도움을 통해 인지적 조작을 배운다고 했다. 이와 같이 아동은 타인과의 상호작용을 통해 자신의 문화에 적합한 인지능력을 갖추게 된다. 이 과정에서 언어의 습득은 가장 중요한 변인이다.

아동이 혼잣말을 하거나 중얼거리는 자기중심적 언어(egocentric speech)를 피아제는 불완전한 사고의 표시로 보았던 반면 비고츠키는 문제해결을 위한 사고의 도구로 긍정적인 시각에서 바라보았다. 중얼거림을 통해 아동에게 독립적으로 발생한 사고와 사회적 언어가 점차 연합되고 이러한 연합을 통해 인지발달이 이루어진다고 본 것이다. 문제해결의 초기에 아동은 중얼거림을 통해 비언어적인 사고와 비지적인 언어를 사용하지만 일정 시기가 지나면 구체적인 단어를 형성하고 내적 언어[3]와 사회적 언어를 획득할 수 있다.

---

3 내적언어란 문제해결에 필요한 수단을 얻기 위해 마음속에서 사용되는 언어를 말한다. 내적언어는 과제수행을 통해 더욱 증가하며 과제의 난이도와 정적 상관을 보인다고 한다. 이를 통해 내적언어가 아

아동이 환경과 상호작용하면서 문제해결을 통해 성장하는 과정에서 스스로의 힘만으로는 해결하기 힘든 과제에 자주 부딪히게 된다. 문제해결을 위해서 아동에게는 어떤 구조나 단서, 힌트, 여러 세부사항 등이 필요하며, 이렇게 혼자서는 해결하기 힘들지만 타인의 도움을 통해 성공할 수 있는 학습영역이 있다. 비고츠키는 이를 근접발달영역(Zone of Proximal Development: ZPD)이라고 부르고, 이 영역에 해당하는 과제를 돕기 위해 다양한 지원이 필요하다고 보았다. 브루너는 이러한 지원을 건설현장에서 노동자를 돕는 비계에 비유하여 스캐폴딩(Scaffolding)이라고 개념화하고 근접발달의 영역에서 스캐폴딩의 중요성을 강조했다.

비고츠키의 이론은 사회적 구성주의의 핵심적인 내용을 이룬다. 그의 인지발달론은 교육은 개인이 혼자만의 개인적 노력에 의해 이루어지는 것이 아니라 다른 사람과의 끊임없는 상호작용과 대화가 필요하다는 것을 보여주고 있다. 그의 이론은 인간의 성장에서 사회적·문화적 환경의 중요성, 언어발달의 중요성, 근접발달영역을 확인하는 것, 학생의 성장에 필요한 스캐폴딩을 제공하는 것, 다른 학생들과의 협력적인 노력을 통해 문제해결을 하도록 하는 것 등 현대 교육이 소홀하게 여기는 것들에 대해 중요한 문제제기를 하고 있다.

3. 지능

1. 지능에 관한 새로운 관점

학교교육에서 지능은 흔히 '머리가 좋은 것' 그래서 공부를 잘하는 것으로 이

동의 문제해결에 중요한 역할을 한다는 것을 알 수 있다.

해되곤 한다. 어려운 수학문제를 척척 풀고 영어 단어를 쉽게 외우는 아동은 학교에서 환영받는 '지능이 높은' 아이이다. 지능이란 인간의 지적능력을 나타내는 대표적인 심리학적인 개념이며, 보통 사람들은 학업성취의 차이가 지능에 따른 차이라고 생각한다. 그러나 지능은 명확하게 정의하기 어렵고, 분명한 실체가 있는 것이 아니다. 지능을 '목적을 가지고 행동하고 합리적으로 사고하며 효과적으로 환경에 대처하는 종합적인 능력'(Wechsler, 1939)이거나 '고도의 추상적인 사고능력'(Thurstone, 1938) 등으로 정의하기도 하지만 지능에 대해 일치된 견해는 없다. 다만 지능을 모든 연령과 계층에 동일하게 적용할 수 있다고 주장하는 연구와 사회문화적 맥락을 반영하여 지능 이론을 개발하는 연구로 나누어 볼 수 있다.

스피어맨(Spearman)의 2요인이론, 써스톤(Thurstone)의 기본정신능력이론, 길포드(Guilford)의 지능구조모형 등 전통적인 지능이론은 지능이 연령, 계층, 문화와 상관없이 모든 사람에게 동일하다는 전제하에 지능의 구조를 파악하고 모형을 개발한 것이다. 이에 따라 이런저런 형태의 지능검사(IQ 테스트)를 개발하여 학생들이 지닌 지능을 수치로 나타내 교육적으로 활용했다. 이런 검사들에서는 언어나 논리수학적 능력, 추상적 사고능력을 지나치게 강조하여 인간이 지닌 다양한 지적능력을 파악하기 어려웠다. 이에 지능을 지적 능력에 국한해 볼 것이 아니라 사회문화적 맥락 속에서 인간이 지닌 다양한 능력으로 보고자 노력하는 연구자들도 나타났다. 대표적인 이론으로 가드너(Gardner)의 다중지능이론, 골만(Golman)의 감성지능이론, 스턴버그(Sternberg)의 삼원지능이론 등이 있다.

가드너는 지능이란 한 문화권 또는 여러 문화권에서 가치있다고 인정되는 문제를 해결하고 인공물을 창조해내는 능력이라고 정의하고, 이러한 능력을 범주화하여 8개의 서로 다른 지능이 존재한다고 주장했다. 신체운동적 지능,

언어적 지능, 공간적 지능, 논리수학적 지능, 음악적 지능, 대인관계지능, 내적 성찰지능, 자연탐구적 지능 등이 그것이다. 현재 우리의 교육이 언어나 논리 수학적 지능 등 특정 지능이 발달한 학생들에게 유리하게 작용하고 있다는 것을 감안하면 다중지능이론은 새로운 교육을 위한 이론적 토대를 제공해줄 수 있을 것이다.

스턴버그는 인간의 지능이 분석적 능력, 창의적 능력, 실제적 능력의 세 부분으로 구성되어 있다고 보았다. 분석적 능력은 새로운 지식을 습득하고 문제를 해결하는 데 적용하는 능력으로, 학교교육에서 중시하는 능력이다. 창의적 능력은 낡은 사고방식을 버리고 새로운 문제를 해결하며 새로운 개념체제를 만들어낼 수 있는 능력이다. 분석적 능력과 창의적 능력은 학교교육을 통해 어느 정도 형성될 수 있지만 실제적 능력은 학업성적과는 무관하며 일상생활 경험을 통해 획득된다. 이러한 지적능력은 그의 삼원지능이론의 3개 하위요인인 구성적(component) · 경험적(experiential) · 맥락적(contextual) 요인 각각에 해당하는 핵심적 능력이다. 그는 분석적 · 창의적 · 실제적 능력이 서로 균형을 이룰 때 가장 성공적인 삶을 영위할 수 있다('성공지능'이 높다)고 보았다. 스턴버그의 이론은 인간의 지능에 대해 일상적 삶과 사회문화적 맥락이 지니는 가치를 재평가하는 데 기여했다고 할 수 있다

2. 지능에 대한 논의가 교육에 주는 시사점

교육내용이 어려워져 학습할 내용이 많아지고 있는 현실에서 인지발달과 지능의 중요성은 갈수록 커지고 있다. 어린 아동의 경우, 추상적 사고에 익숙하지 않고 인지도식이 충분히 발달하지 않았기 때문에 학교교육이 어려워질수록 어린 나이부터 지능을 발달시키기 위한 부모의 노력이 커질 수밖에 없다. 더구나 학교에서는 시간을 들여 학생이 이해하고 충분히 배울 때까지 기

다리지 않아 학습속도가 느린 학생은 지능이 낮은 학생으로 오인되는 것이 현실이다[4]. 이렇듯 학교공부만으로는 내용을 이해하거나 수업을 따라가기 힘들고, 부모가 가르치기도 어렵기 때문에 사교육에 의존하는 경우가 많다.

현재의 학교교육은 아동이 사물에 대해 충분히 이해했느냐보다 이를 얼마나 추상화할 수 있느냐에 초점을 두고 있다. 그래서 '지능'이 높은 아동이 유리한 구조이다. 어린 아동들에게 자신이 알고 있는 사물을 문자라는 기호와 연합하는 것은 어려운 작업이다. 아동들은 구체적인 사물과의 친숙한 관계를 통해 사물을 이해하는데, 이러한 개별성과 구체성이 제거된 보편성이고, 추상적인 개념을 이해하는 것은 쉽지 않다. 아동은 구체와 추상, 상황과 개념, 사물과 기호 사이를 왔다갔다 하면서 세상에 대한 자신의 관점을 확대하고 '지능'이 발달한다. 오늘날의 학교교육은 문자와 숫자에 익숙한 학생들에게 유리하고, 이러한 인지적 조작에 익숙하지 않은 학생은 환영받지 못한다. 아동이 사물에 대한 자신의 이해를 언어나 기호로 표현하는 등 인지적인 조작에 익숙하지 않을 때 머리가 나쁘고 이해력이 부족하다고 보지만 이런 아동일수록 신체적 지능, 대인관계 지능이나 성찰 지능 등 다양한 지능이 발달했거나 구체적인 사물에 대한 이해가 깊고, '실제적 지능'이 발달한 경우가 많다. 학교교육과 지능에 대한 새로운 관점이 정립되지 않는 한 이런 아동들은 여전히 저학력자, 머리 나쁜 학생으로 남아 삶에서 불이익을 견디며 살아가야 할 것이다.

4 22세의 나이에 우리나라 최연소로 박사학위를 취득한 유효정은 초등학교 졸업 후 중고등 과정과 대학을 독학으로 공부하여 대학원에 진학했다. 그녀는 독학하게 된 이유에 대해 자신의 느린 학습 속도 때문이라고 말했다.(중앙일보 2018.8.20.)

4. 기억

학교교육에서 기억만큼 중요한 것은 없을 것이다. 학생들은 끊임없이 밀어닥치는 정보를 기억해야 하며, 학교에서는 시험을 통해 학생들이 얼마나 기억하고 있는지를 테스트한다. 기억력이 좋은 학생은 머리가 좋다고 우대하는 반면 기억력이 좋지 못한 학생은 교사들로부터 환영받지 못한다. 오늘날의 교육에서 어떤 학생이나 학부모라도 기억을 잘 할 수 있는 어떤 비법이나 신비스러운 약물이 있다면 마다하지 않을 것이다. 흔히 암기위주의 교육이라고 해서 기억을 중시하는 교육에 대해 비판적인 입장이 있지만 기억 자체가 중요하지 않다는 의미가 아니라 이해하거나 적용하는 과정 없이 무작정 암기하는 것에 대한 비판이라고 할 수 있다.

기억이란 경험이나 학습을 통해 얻은 최초의 정보가 사라진 후 이를 우리의 뇌 속에 보존하고 인출하는 데 관여하는 과정이다. 기억을 통해 우리는 과거에 있었던 일이나 사실들로 되돌아갈 수 있기 때문에 일종의 '정신적 시간여행'을 할 수 있다. 기억에 대한 연구는 기억의 구조에 초점을 맞춘 연구와 기능에 초점을 맞춘 연구로 나눌 수 있다.

기억의 구조에 대한 연구는 기억을 구성하는 여러 요소들을 규명하고 이들 요소들의 상호관계에 대해 연구하는 것이다. 대표적인 것으로 아킨선(Atkinson)과 쉬플린(Shiffrin)에 의해 제시된 기억의 이중과정이론이 있다. 그들은 기억을 단기기억, 장기기억으로 나누고 각 기억 간의 상호관계를 연구했다. 기능에 초점을 두는 연구 중 대표적인 것은 작업기억에 대한 이론이다. 바델리(Baddeldy)는 작업기억을 단기기억에 대한 대안으로 제시했는데, 작업이익을 학습과 이해, 추리와 같은 복잡한 인지과제를 수행하는 도중에 일시적으로 정보를 유지하여 조작하는 체계라고 했다.

1. 단기기억과 장기기억

아킨선(Atkinson)과 쉬플린(Shiffrin)은 기억의 구성요소를 감각저장소(Sensory Store), 단기저장소(단기기억, Short-Term Memory), 장기저장소(장기기억, Long-Term Memory)로 나누고 이들의 관계에 기초해 기억모델을 제시했다. 인간이 환경과 상호작용을 하면서 외부로부터 들어오는 정보는 먼저 감각저장소로 들어간다. 이 저장소는 눈과 귀 등 감각기관이 포착한 모든 환경정보를 저장하는데, 만일 주의를 기울이지 않는다면 순간적으로 사라지고 주의를 기울인 정보만이 단기저장소로 전이된다. 단기저장소에 들어온 정보는 우리가 의식하고 있는 정보이며, 단기저장소는 우리의 의식과 동일하다고 할 수 있다. 단기저장소의 정보는 우리가 문제를 해결하거나 결정을 내릴 때 초단위로 과제를 수행하는 데 이용된다. 예를 들어, 주위 사람에게 전화번호를 듣고 순간적으로 기억해서 전화를 하게 된다면 단기저장소의 정보를 이용한 것이다. 단기저장소 정보는 내버려두면 약 20초 이내에 소멸해서 기억에서 사라진다. 즉, 전화하고 난 후 다시 기억하려고 해도 기억이 나지 않는 경우에 해당한다. 만약 망각을 원하지 않는다면 되풀이하거나 심상을 이용해서 기억하려고 노력해야 한다. 앞의 예로 돌아가면, 중요한 전화번호라면 '까먹기' 전에 몇 차례 이상 반복해야 향후에도 전화번호를 기억해낼 수 있다. 이렇게 오랫동안 기억할 수 있는 것은 장기저장소의 덕분이다.

단기기억의 내용이 장기기억으로 전이될 때 정보가 그대로 옮겨가는 것이 아니라 정교화과정을 거쳐 변형된다. 예를 들어, 전화번호 숫자 그대로 하나하나 기억되는 것이 아니라 자신에게 의미있는 방식으로 조직되거나 심상으로 정교화되는 과정을 거쳐 변형이 일어난다. 새로 들어온 정보는 기존의 정보와 연합하여 새롭게 분류되어 저장되며, 장기기억의 용량은 거의 무한하므로 필요한 정보를 인출해내는(기억을 '끄집어' 내는) 문제가 뭔가를 기억하는 것보다 중요하다. 기억을 잘 하는 사람은 필요할 때마다 관련된 기억을 잘 끄집어내는 사람이며, 이런 학생이 시험을 잘 보는 학생이다. 이 과정은 무의식적으로 일어나기도 한다. 예를 들면 전화를 받았을 때 '여보세요' 소리만 듣고 상대방이 누군지 안다면 그 사람에 대한 정보가 장기기억에 효과적으로 저장되어 있다는 반증이다. 학생들이 기본적 원리나 사실에 대해서는 무의식적으로 기억할 수 있도록 반복 연습하는 이유이다.

일반적으로 장기기억에 저장된 정보에 대해 무작위로 접근(random access) 할 수 있으므로 기억을 '되살리려는' 노력을 통해 원하는 내용을 끄집어낼 수 있다. 이는 시험 때 우리가 보통 하는 것인데, 관련된 기억들이 연속적으로 인출되므로 혼란이 발생한다. 시험에서는 정확한 기억의 인출을 요구하므로 배운 것들을 올바르게 연관짓고 유사한 것과 구별하여 저장하지 못했다면 시험 때 낭패를 볼 것이다. 유의할 것은 장기기억은 일상의 자질구레한 낱낱의 사실보다 이것들을 '뭉뚱거려' 대략적인 요지로 기억하는 경향이 있으므로 무작정 모든 것을 기억하려고 노력할 것이 아니라 사실을 이해하고 자기 나름대로 의미있게 요약하고 부호화해서 저장할 필요가 있다.

2. 작업기억

작업기억(Working Memory)은 단기기억에 대한 대안으로 사용되는 용어이다. 단기기억이 기억의 장소와 시간을 강조하는 용어인데 비해 작업기억은 기억의 기능에 초점을 맞춘 개념이다. 작업기억은 단순히 수동적인 저장소가 아니라 정보가 끊임없이 다루어지고 처리되며 변환되고 있는 작업대(Matlin, 2002), 또는 마음이 계산을 하고 중간 결과를 나중에 사용하기 위해 기록해두는 일종의 흑판(Baddeley, 1986) 등으로 비유된다. 작업기억은 정보를 짧은 시간 저장하는데 그치는 것이 아니라 복잡한 인지과제의 수행을 돕기 위해 정보를 처리하는 능동적인 성격을 가지고 있다.

우리가 어떤 문제를 의식적으로 해결하고자 하는 상황을 생각해보자. 문제해결을 위해 우리는 장기기억에서 문제와 관련된 정보를 끄집어내어 현재의 문제해결에 도움이 되는지 평가하고 이렇게 활성화된 기억을 이용해 문제를 해결한다. 이때 문제 자체는 장기기억에서 끌어온 정보와 더불어 작업기억 속에 저장되어 있어야 한다. 작업기억의 크기가 클수록 더 많은 정보를 가져와 '작업대'에 올려놓을 수 있으므로 문제해결능력이나 학습능력이 더 커진다. 연구자들은 작업기억의 용량이 큰 사람들이 독서이해검사에서 높은 점수를 받는다는 것을 밝혔다(Daneman & Capenter, 1980). 학습을 위해 글을 읽을 때 새로운 문장들을 글의 앞 부분에서 나왔던 내용과 의식적으로 관련지어야 의미를 파악할 수 있는데, 이렇게 새로운 문장을 앞선 문장들과 끊임없이 연관하여 이해하려는 노력이 작업기억에서 일어나기 때문이다. 또, 만 5세 아동의 작업기억용량을 검사하고 이들을 고등학교 다닐 때까지 추적조사한 연구를 보면, 어릴 때 작업기억용량이 컸던 아이들이 높은 학업성취도를 보인 것으로 나타났다(Alloway & Alloway, 2010).

이와 같이 작업기억은 학교에서 공부하는 능력과 직결되며 작업기억용량이 크다면 그만큼 많은 것을 기억할 수 있다. 그렇다면 작업기억용량을 미리 측정해서 이를 키워줄 수 있는 방안을 고려할 필요가 있다. 작업기억의 용량을 확보하는 방법의 하나가 '자동화'이다. 우리가 곱셈 등을 할 때 기억 속에 있는 구구단을 이용하게 되는데, 구구단 법칙이 장기기억 속에 뿌리 깊게 저장되어 있어 기억하려고 애쓰지 않아도 자동적으로 튀어나온다. 이러한 자동화 과정은 작업기억에서 자리를 차지하지 않아 더 많은 정보를 작업대에 가져와서 처리할 수 있게 된다. 자동화된 기억이 많을수록 더 많은 작업을 일시에, 신속하게 처리할 수 있으므로 학업성취나 문제해결에 남들보다 더 큰 성과를 낼 수 있게 된다. 한편, 학생이 공부할 때 그 과업을 마칠 때까지 다른 정보를 주지 않는 방법도 있다. 너무 많은 정보는 오히려 학생의 주의를 떨어뜨리고 작업기억력에 방해를 주기 때문이다.

작업기억은 단기간 필요한 정보를 저장하고 정보처리를 위한 작업공간으로 기능하는 역할 외에도 장기기억으로 나아가는 중간 역할도 한다. 정보를 되풀이하거나(Rehearsal), 낱낱의 정보를 유의미한 단위로 묶어내는 일(Chunking) 등은 작업기억에서 일어나는 일이지만 이런 인지활동을 통해 정보가 장기기억으로 전이된다. 이와 같이 작업기억은 정보를 이해하고 받아들이는 능력과 직결되며 장기기억의 일부를 차지하고 있다.

3. 기억과 교육

기억은 역동적이며 문제해결과정에 적극 개입한다. 기억이라는 것이 마치 상자와 같아서 필요할 때 열거나 닫을 수 있으며 회상하고 싶은 것을 넣어 두었다가 필요할 때 끄집어낼 수 있다고 생각하는 사람도 있다. 그러나 '기억 상자'라는 생각은 학교에서 시험볼 때처럼 사실을 단순히 기억하고 필요할 때 끄집어내는 경우에는 타당해보일 수 있으나 기억이 가진 능동성과 역동성을 보여주지 못한다. 작업기억에 대한 논의에서 알 수 있듯이 기억은 일반적으로 어떠한 목적을 달성하기 위하여 계획하고 수행하는 것과 관련된 지식을 상기하는 역할을 수행한다. 즉, 사실을 담아두고 필요할 때 꺼내쓰는 것이 아니라 문제 해결과 목적 달성을 위해 유용한 정보를 장기기억으로부터 끌어내어 '작업대'에 올려서 문제를 해결하는 과정 그 자체이다. 이 과정이 끊임없이 반복되는 것이 인간의 삶이며 이 과정에서 유용한 정보가 장기기억에 전이되어 오랫동안 남게 된다. 기억은 목적 달성을 위한 기능을 수행하는 과정으로, 학습과정 그 자체이며 기억의 변화가 학습에서의 발전으로 나타나는 것이다.

인간의 기억력은 제한적이다. 밀러(Miller)는 '매직 넘버 7±2'라고 해서 사람들이 어떤 항목이나 메뉴를 한꺼번에 5개에서 9개 정도 기억할 수 있다고 했다. 이렇게 제한된 기억력을 가지고 학교에서는 학생들의 지능을 평가하는 경우가 많다. 그렇지만 기억력은 모든 사람들이 비슷비슷한 능력을 타고난다는 것을 명심할 필요가 있으며 적절한 훈련에 의해 향상될 수 있다. 교사들은 기억력을 가지고 학생을 판단할 것이 아니라 학생들의 기억력을 향상시키기 위한 방안을 찾아 가르치는 것이 중요하다.

5. 정의적 특성과 동기

1. 인간의 정의적 특성과 교육

인간을 교육한다는 것에는 지식과 정보를 전달해 많은 것을 기억하고 지적으로 성장하도록 돕는다는 의미만 있는 것이 아니다. 오히려 삶에 대한 긍정적인 태도와 가치관, 자존감, 타인에 대한 배려, 훌륭한 인성 등 비지적인 측면에서의 성장이 더 중요한 경우도 많기 때문에 학교에서는 교육목적을 정할 때 공부만 잘하는 학생을 기르는 것이 목적이라고 하지 않고, 전인교육, 인성교육 등을 내세운다. 지적 특성이 학생이 무엇을 얼마만큼 할 수 있는가와 같이 '무엇'(whats)에 대한 것이라면 정의적 특성은 학생이 어떻게 배우며 행동하는가와 같이 '어떻게'(hows)에 대한 것이다. 그동안의 교육은 '무엇'에 강조를 두고 '어떻게'를 무시하는 경향이 많았다. 예를 들어, '학습을 위한 흥미유발'과 같이 내용을 배우기 위해 정의적 특성을 일시적으로, 인위적으로 활성화하는 교수전략은 정의적 특성의 중요성을 간과하고 있는 것이다. 배우는 내용만큼 배우는 과정에서의 흥미와 만족감, 긍정적인 태도 역시 중요하다. 학습에서의 정의

(emotion)는 학습과정에서 느끼고 배우는 다양한 심리, 즉 배우겠다는 동기나 배움에 대한 흥미, 배우는 과정에서 느끼는 불안과 만족감, 배우고 난 후의 태도나 가치관 형성 등을 포함하고 있다. 정의적 특성은 흥미, 태도, 가치관, 인성, 성격, 자아개념, 도덕성, 불안, 동기 등 광범위한 영역에 걸쳐 있으며 학습에 영향을 미치기도 하지만 학습결과로 형성되고 변화하기도 한다.

교사들은 학생들의 흥미나 동기, 태도, 자신감 등 정의적 특성이 중요하며 이러한 특성들이 학습성취에 큰 영향을 미친다는 것을 알고 있다. 이와 같이 인간의 정의적 특성이 중요하다는 것을 알고 있으면서도 실제 학교교육은 학습내용에 대한 기억과 이해와 같은 인지적인 활동을 중심으로 이루어진다. 그 이유에 대해 황정규 등(2007)은 ① 정의적 특성의 개념이 모호하며, ② 정의적 특성을 교육하기 위한 이론과 방법이 미흡하고, ③ 중요한 특성들은 장기간에 걸쳐 형성되며, ④ 정의교육이 자칫 특정 특성을 강조하게 되어 교화라는 비난을 받을 수 있기 때문이라고 했다.

이런저런 이유로 학교교육에서 정의적 특성이 간과되고 있지만 인간이 가진 정의적 특성은 교육에서 반드시 고려해야 할 요소라는 점에 대해서는 대부분 동의할 것이다. 예를 들어, 학습에서의 흥미는 학업적 성공에 있어서 매우 중요한 요인이며 학교나 특정 교과에 대해 가지고 있는 학생들의 태도 역시 학습성취에 영향을 미친다. 흥미는 특정 사물이나 활동에 대해 좋아하는 정서적 반응이며, 행위로 이끄는 행동경향성을 가진 정서 중의 하나이다. 반면에 태도는 흥미보다 일반적이며 지속적인 특징을 가진다. 학교교육과 학습활동에 대해 흥미를 가지고 긍정적인 태도로 임하는 학생들과 그렇지 않은 학생들은 학업성취는 물론 일상적인 삶에 있어서도 큰 차이가 있을 것이다.

자신감이나 자존감과 같은 자아개념 역시 학습성취는 물론 한 개인의 성공적 삶에 중요한 영향을 미친다. 자신감은 어떤 과제를 할 수 있는 자신의 능력에 대한 믿음이며 자존감은 자기 자신을 하나의 주체로서 스스로 존중하고 인정하는 마음을 말한다[5]. 흥미나 태도가 자신을 둘러싼 환경과 세계에 대해 가지는 정서적 반응이라면 자신감이나 자존감은 '자기 자신'을 향한 자아성찰적인 반응이다. 아동이 가정과 학교에서 잇따른 실패와 주위의 무시를 경험하게 되면 자신감과 자존감, 자기효능감에 큰 상처를 입게 되어 긍정적인 자아개념을 형성하기 어렵게 된다. 자기 자신에 대해 형성된 자아개념은 오랜 기간에 걸쳐 내면화되기 때문에 고착되기 쉽다. 따라서 자신을 둘러싼 세계에 대해 긍정적인 태도를 형성하는 것과 더불어 자신에 대해 긍정적인 자아개념을 가질 수 있도록 어릴 때부터 성공적인 경험을 제공하고, 배려와 존중받고 있다는 느낌을 받으며 성장할 수 있도록 도와야 한다.

2. 동기

동기란 개인의 행동을 어떤 목표를 향하도록 하는 내적인 충동상태이다. 배가 고프거나 생리적 욕구가 생겼을 때 식사를 하거나 욕구 해결을 위한 강한 동기가 생긴다. 이렇게 내적으로 추동되는 동기(추동동기)도 있지만 학교에서 선생님의 칭찬을 듣기 위해 열심히 공부하는 것과 같은 유인(incentive)동기도 있다. 추동동기가 개인의 내적인 충동을 중시한다면 유인동기는 외적인 사건 또는 욕망의 대상을 강조한다.

모든 동기는 적어도 세 가지의 속성이 있으며, 동기에는 목표가 존재한다. 첫째, 내적인 욕구를 해결하거나 외적 대상에게 인정받고자 하는 목표가 그것이다. 둘째, 목표를 해결하고자 하는 방향으로 움직이며, 목표를 위해 행동을 규제하고 제어하는 방향타의 역할을 하는 것이다. 셋째, 동기는 강도가 서로

5 한편 유사한 개념이지만 자기효능감은 어떤 과제에 대해 자신이 해낼 수 있다는 자신감을 표현한다.

다르다. 내적인 욕구를 해결할 때의 욕구와 지위나 돈 등의 외부적 보상을 추구할 때의 욕구는 강도와 지속성에서 차이가 있다. 강도가 약하면 그 행동은 지속되지 않고 점차 소멸하게 된다. 학습을 위한 동기가 어떤 것인지에 따라 학습행동이 지속되기도 하고 소멸하기도 하는 것은 이런 이유 때문이다.

일반적으로 동기는 내적동기와 외적동기로 구분된다. 내적동기란 내재적 동기라고도 하며 행동을 하는 이유가 그 행동 자체가 좋아서 하는 것과 같이 동기가 그 행동 내부에 있는 경우를 가리킨다. 예를 들면, 내적동기에 의해 봉사하는 사람은 봉사 그 자체에서 보람과 기쁨을 느끼기 때문에 봉사하는 것이다. 남이 강요해서가 아니라 자율적으로 학습할 때, 학습내용에 몰입해서 성취를 경험할 때, 여러 사람과 같이 공부하며 재미를 느낄 때 인간은 내적동기에 의해 학습하게 된다. 내적동기를 가지고 학습하는 학생은 학습하는 행동 자체가 만족스럽고 자신의 신념이나 기대를 충족할 수 있기 때문에 공부하는 것이다. 한편, 외적동기는 외재적 동기라고도 한다. 외적동기는 행동의 동기가 외부에 존재하는 경우로, 돈이나 인정, 경쟁, 성적, 인센티브, 지위 등 행동의 결과에 따라 발생하는 것들을 기대하고 행동하는 경우이다. 학생이 공부 자체보다 부모와 교사의 인정이나 기대 충족을 위해 공부한다면 이는 외적동기에 의해 학습이 유발된 것이다

상이나 벌, 교사의 인정, 성적 등과 같은 외적동기의 경우, 일시적으로 학생들의 학업이나 성과에 영향을 미친다고 한다. 하지만 장기적으로 봤을 때는 내적동기에 의해 공부한 학생들에 비해 장기기억이나 학습성과에서 뒤쳐진다고 한다. 내적동기를 중시하는 사람들에게 성취동기 역시 높게 나타난다. 이러한 사람들은 과업 성취를 통한 외적인 보상을 중시하기보다 성취과정에의 도전감과 즐거움 등 내적동기를 중요시하며 학업이나 사업, 연구 등 많은 분야에서 높은 성과를 낸다. 성취동기는 아동기에 가정이나 학교에서 독립적으로 대우 받

고, 높은 목표수준을 정해 놓고 생활하며, 기대를 많이 받고 성장할 때 더 높아진다.

매슬로우(Maslow)는 동기위계론을 통해 인간의 동기를 결핍동기와 성장동기로 구분했다. 결핍동기는 생리적 욕구, 안전욕구, 사랑과 소속감에 대한 욕구, 자기존중욕구 등 자신의 부족한 부분을 채우고자 행동이 일어날 때와 관련된 동기이며, 성장동기는 앎에 대한 욕구(무엇인가를 알고 싶어하고 이해하려는 욕구, 탐색하고자 하는 욕구), 심미적 욕구(아름다움과 조화를 추구하려는 욕구), 자아실현욕구(자신의 잠재력을 실현하고 인정받고자 하는 욕구) 등이다. 인간다운 삶의 실현은 결핍동기에 그치지 않고 성장동기를 추구하고 자기 실현을 위해 노력할 때 가능하다.

6. 주요한 학습 패러다임

인간학습이 어떻게 이루어지는지에 대해 그동안 학습이론가들에 의해 많은 연구가 이루어졌다. 이런 연구결과들을 종합해보면, 크게 세 가지의 패러다임으로 인간학습을 바라보고 있음을 알 수 있다. 행동주의, 인지주의, 구성주의 패러다임이 그것인데, 이러한 패러다임의 형성과 발전, 변화는 심리학과 교육학에서의 발전을 반영하고 있다.

1. 행동주의 학습 패러다임

행동주의 연구자들은 학습을 '경험의 결과로 나타나는 관찰 가능한 행동의 변화'로 정의하고 인간 내부의 변화가 일어나는 과정보다는 관찰 가능한 결과로서의 행동에 초점을 맞추고 있다. 행동주의 학습 이론의 근본적인 원리는 자극(Stimulus)과 반응(Response)간의 연합이다. 여기서 자극은 학습자가 감각기관을 통해 환경에서 얻는 모든 것을 의미하며, 반응이란 자극에 의하여 야기되는 행동을 말한다. 행동주의 학습이론은 학습은 인간과 동물 모두 자극-반응(S-R)의 연합이라는 동일한 과정을 거친다고 본다. 이런 이유로 비둘기나 쥐, 고양이 등의 동물 실험결과를 인간에게 적용하여 학습 이론을 구성하고 있다. 인간의 행동은 내면적인 변화의 반영이지만 인간 내면은 일종의 블랙박스(black box)로 알 수 없으므로 그 외현적 표현인 행동을 살펴보아야 하며 이를 통해 인간에 대한 과학적 이해가 가능하다고 보고 있다.

행동주의자에게 행동의 변화는 곧 학습을 의미하며, 행동은 환경적 자극에 의해 일어나는 것이다. 따라서 환경의 조절에 따라 인간의 행동을 변화 또는 수정할 수 있다고 보고 환경을 적절히 조절하면 학습도 의도한 대로 조절이 가능하다고 본다.

행동주의 학습 이론은 크게 고전적 조건화(classical conditioning)와 조작적 조건화(operant conditioning)로 구별된다. 고전적 조건화 이론은 파블로프(Pavlov)에 의해 정립되었다. 그는 소화액 분비에 대한 연구 도중 우연히 개에게 먹이를 주기 위해 걸어가다가 자신의 발자국 소리를 듣고 개가 침을 흘리는 것을 발견하고 이를 통해 발자국 소리와 같이 원래 반응을 일으키지 않던 자극(중립자극)이 어떤 조건하에서는 반응을 불러일으킨다는 것을 알게 되었다(조건반응). 그는 개가 종소리를 듣고 침을 흘리게 되는 것과 같은 일련의 과정을 조건 형성(conditioning)이라고 불렀다. 이로써 체계적이고 과학적인 방법으로 외부 환경을 변화시킴으로써 학습을 유도할 수 있으며 그 결과는 예측가능하다는 것을 보여주었다. 학습에 대한 이러한 접근을 고전적 조건화라고 부른다.

고전적 조건화 이론이 인간을 단순히 자극에 반응하는 수동적인 존재로 간주하고 있어 다양한 인간의 행동을 설명하기에 한계가 있다는 것을 인식한 스키너(Skinner)는 조작적 조건화 이론을 제시했다. 그는 흔히 스키너 상자라고 부르게 된 상자 안에 지렛대를 누르면 먹이가 나오도록 설치를 하고, 그 안에 쥐를 넣었다. 쥐가 우연히 지렛대를 눌렀을 때 먹이가 나오자 그 쥐는 계속 지렛대를 눌렀다. 즉, 지렛대를 누르는 행동(조작)은 먹이라는 강화물을 얻게 됨으로써 학습된 것이다. 이와 같이 긍정적인 결과가 뒤따르는 행동은 발생가능성과 빈도가 증가하며, 그것은 학습되고 반복되는 것이다. 예를 들어, 인사를 잘한다고 선생님의 칭찬을 듣게 된 아동은 그 행동을 반복하는 경향이 있는데 이는 칭찬이라는 강화를 통해 인사하는 행동을 학습하게 된 것이다. 조작적 조건화에서 조작적 반응이 유발될 수 있는 가능성을 높이기 위해 사용되는 자극을 변별 자극이라 하며, 변별 자극은 어떤 조작적 반응이 유발될 때까지 기다리기보다는 유기체에게 그들이 강화를 받을 수 있는 행동에 대한 단서를 의도적으로 제공하는 것이다. 변별 자극은 학생들이 긍정적인 강화를 받고자 할 때 어떤 행동을 해야 하는지에 대해 안내를 제공하며 인간의 행동수정에서 중요한 역할을 한다. 행동수정이란 변별 자극과 강화를 사용해 바람직한 행동을 증가시키거나 그렇지 않은 행동을 감소시키는 것을 말한다.

2. 인지주의 학습 패러다임

행동주의 학습 패러다임에서는 인간의 머릿속에서 일어나는 기억, 주의, 개념형성, 심상, 사고와 같은 인지작용에 관심을 두지 않고 외면적으로 드러나는 인간의 행동에만 중점을 둔다. 이와 달리 인지주의 학습이론가들은 인간의 행동이 아니라 인지 과정에 초점을 두고 연구했으며 학습이란 '학습자가 외적 자극에 수동적으로 반응하는 것이 아니라 정보를 처리하기 위해 능동적으로 사고하고 문제를 해결하는 것'이라고 보았다.

초기 인지주의 이론가들은 형태주의(Gestalt psychology) 심리학자들로, 이들은 학습자가 상황을 지각할 때 낱낱으로 보는 것이 아니라 여러 부분을 연결해 조직된 형태(Gestalt)로서 지각한다고 생각했다. 이들은 인간은 세계를 유의미한 전체로 지각한다고 믿고, 학습은 어느 순간 문제 상황 속 사물의 관계구조(형태)를 파악하는 것, 즉 통찰에 의해 일어난다고 본다. 대표적인 학자인 쾰러(Kohler)와 베르트하이머(Wertheimer)의 실험은 학습이 조건과 행동의 연합에 의하여 발생하는 것이 아니라 능동적이고 의도적인 정신의 활동과 전체적 구조 파악에서 비롯되는 인지구조의 변화라는 것을 보여주었다.

인지심리학은 컴퓨터 과학의 발전과 더불어 발전하게 되는데, 일련의 인지 이론가들은 컴퓨터의 정보처리 과정을 비유로 삼아 인간의 인지 과정의 구조를 설명했다. 이들은 정보처리이론(Information processing theory)을 통해 인간이 정보를 받아들이고 저장하고 인출하는 과정을 규명하고자 했다. 정보처리 이론은 아킨슨과 쉬프린의 다중기억저장 모델(multistore model)로부터 발전했다. 이 모형에 따르면 다양한 자극 항목들이 감각기관을 통해 감각등록기(Sensory Register)에 투입된 후 짧은 시간 동안 감각적인 형태로 유지되다가 단기기억(Short-Term Memory)으로 전이된다. 단기기억은 보통 제한적인 수[6]의 정보만을 유지할 수 있고 반복하지 않으면 곧바로 잊힌다. 시연을 거친 정보들은 의미 있게 부호화되어 장기기억(Long-Term Memory)으로 전이되며 필요할 때 인출할 수 있다.

정보처리 모형은 정보저장소, 인지적 과정, 메타인지(Meta-cognition)의 세 가지 중요한 구성요소를 가지고 있으며, 정보저장소는 이미 설명한 바와 같이 감

---

6 단기기억은 용량의 제한이 있어 한꺼번에 '7±2' 이상을 기억하지 못한다고 한다. 이는 조지 밀러의 연구에서 나타났는데 이후 바델리(Baddeley)는 7이 매직넘버가 아니라 4라는 사실을 밝혔다. 다시 말해 한꺼번에 처리해야 할 정보가 4~6개이거나 서너 덩어리로 뭉쳐있다면 기억하기 쉽다는 것이다. 예를 들어, 전화번호가 세 덩어리로 분류되어 있으며(010-XXXX-XXXX) 맨 마지막 덩어리는 4개의 숫자로 되어 있어 기억하기 쉽다.

각기억, 단기기억, 장기기억 등 정보를 저장하는 곳으로 인지적 과정은 주의집중, 지각, 시연, 부호화, 인출 등 정보를 처리하는 과정을 의미한다. 특히 메타인지 요소가 중요한데 이는 인지적 처리 과정을 통제하고 조정하는 특별한 형태의 인지이다. 메타인지는 사물을 지각하는 데 영향을 미치고, 작업기억을 통한 정보의 흐름과 조정을 도와주며, 기억이나 문제해결에 대한 지식과 통제를 제공하므로 학습과 문제해결에 기여한다.

한편, 인지심리학에서는 인지도식을 매우 중요하게 여긴다. 인지도식(Schema)은 학자에 따라 세상에 대한 지식, 스크립트, 인지적 틀 등으로 다양하게 불리는데, 사람이 세상을 바라보고, 기억하고, 문제해결하는 데 결정적인 역할을 한다. 우리가 세상을 살아가면서 특정 사물들의 관계를 연관짓고 경험을 해석하는 인지적 틀을 형성하게 되는데, 이러한 틀을 인지도식이라고 할 수 있다. 예를 들어, 우리의 머리는 머리카락, 이마, 눈, 코, 입, 귀 등으로 이루어져 있지만 우리는 이것들을 전체적으로 '머리'라는 인지도식을 가지고 이해한다. 인간은 인지도식을 형성해 새로운 정보를 저장하게 되는데, 이때 기억 속에 있는 기존의 정보와 연결짓는 과정을 거쳐 하나의 인지도식으로 연결된다. 만일 새로운 정보가 기존의 인지도식과 맞지 않는다면 조절과정을 통해 새로운 인지도식을 형성한다. 일상생활에서 자주 접하는 사실이나 익숙한 것에 대해 우리의 인지도식은 매우 체계적이고 강력한데, 그래서 일상생활이나 대인관계 등을 아무런 무리 없이 해낼 수 있다. 그렇지만 여행을 떠나 새로운 환경과 문화에 접하게 될 때 기존의 인지도식으로 해석할 수 없는 많은 것들을 경험하게 된다. 이럴 때 우리가 가진 기존의 인지도식의 한계를 인식하게 되며 새롭게 인지적 틀을 형성해서 여행지에서 실수하지 않으려 노력하게 된다.

일반인들과 달리 전문가는 많은 내용들이나 여러 개의 인지도식들을 하나의 커다란 인지도식 내에 포괄시켜 인식한다. 이렇게 되면 장기기억에 저장되어 있는 정보를 보다 쉽고 빠르게 인출할 수 있고 새로운 정보를 쉽게 기억할 수 있다.

3. 구성주의

구성주의는 지식의 본질, 인간의 세계에 대한 이해 등에 대해 행동주의나 인지주의와는 상이한 철학적 입장을 가지고 있다. 행동주의와 인지주의가 학습이 이루어지는 과정에 대해 심리학적 측면에서 접근하고 있는데 반해 구성주의는 지식이란 무엇이며 어떻게 구성되는지에 대해 철학적으로 규명하려고 한다. 지식이 인간의 외부에 객관적으로 존재하고 있다는 생각을 객관주의 인식론라고 하는데, 정보처리이론과 같은 기존의 인지이론은 지식의 객관성에 기반하여 인간심리와 학습을 연구했다. 반면 구성주의 인식론은 지식이 인간 외부에 객관적으로 존재하는 것이 아니라, 인간에 의해 의미가 부여된 것이며 학습은 능동적으로 의미를 구성하는 과정이라고 보고 있다.

구성주의에서는 지식을 인식의 주체에 의해 구성되는 주관성을 지니고 있으며, 구체적인 상황 속에서 형성되는 맥락적인 성격을 지니고 있다고 보고 있다. 구성주의는 지식이 인식의 주체에 의해 능동적으로 구성된다고 보기 때문에 구성 주체가 처해 있는 상황과 맥락이 지식 구성에서는 매우 중요하다. 인식 주체와 동떨어진 지식 구성은 없으며 인식 주체는 항상 상황 속에서만 존재하기 때문이다. 따라서 우리는 배우는 상황과 맥락, 자신의 선행지식이나 경험 등에 따라 서로 다르게 학습하며 학습된 내용의 전이도 유사한 상황에서의 전이로 그치며 일반적으로 이루어지지 않는다. 이것을 '상황인지'(situated cognition)라고 한다.

한편, 각 개인은 서로 다르게 배우지만 '간주관성'(inter-subjectivity)에 의해 의사소통이 가능하다. 간주관성은 사회적 협상의 결과로, 인식 주체에 의해 주관적으로, 또 상황에 따라 상이하게 구성되는 개개인의 지식은 타인들과의 상호작용 속에서 그 타당성이 검토되어 서로가 공유할 수 있는 지식으로 형성되는 것이다.

구성주의 이론은 학습과 학교교육에 대해 전통적인 학습 패러다임과는 상이한 접근방법을 제시하고 있다. 지식 구성의 주관성, 맥락의 중요성, 간주관성에 대한 이론은 교육에서 학습자 중심, 맥락적 지식, 풍부한 학습환경, 실제적 과제의 부여, 문제해결능력 등을 강조하고 있다. 학습은 개인이 스스로 의미를 구성하는 과정이므로 학습의 중심은 교사가 아니라 학습자이며 교사는 학습을 돕는 활성자(facilitator) 역할을 한다. 또한 맥락을 떠난 지식은 공허하기 때문에 학습이 잘 이루어지도록 환경을 갖추는 것이 중요하다. 교사는 실제적인 학습환경과 실제 과제(authentic tasks)를 제공하여 학생들이 능동적으로 문제해결을 할 수 있도록 도와야 한다.

자기성찰활동

인간심리를 표현하는 행동은 참으로 다양하다. 교육에 도움이 될 만한 사례를 몇 가지 소개하면 다음과 같다[7]. 심리학 서적이나 교육학 서적을 통해 인간심리 중 현장교육에 도움이 될 만한 내용을 찾아 이 리스트를 보완해보자.

출석 부르기, 얼굴 기억하기

우리의 뇌에는 사람의 얼굴을 인식하는 특별한 부위가 있다. 그렇기 때문에 무수히 많은 사람들 속에서도 친근한 사람을 알아볼 수 있으며, 그에 상응하는 감정을 떠올릴 수 있다. 사람의 얼굴을 바라본다는 것에는 매우 중요한 교육적 함의가 있다. 교실에서 아이들의 얼굴을 하나하나 바라보고 질문하고, 아이들이 교사의 얼굴을 바라보며 공부하는 것은 그렇지 않은 교실보다 훨씬 수업성취가 높을 수밖에 없다.

교사의 시선처리

교사들은 교실에서 어느 곳을 가장 먼저 보고, 어느 곳에 시선이 많이 가는지 알 필요가 있다. 교실에는 많은 학생들이 있고, 교실 자체가 사각형의 공간이기 때문에 시선이 미치지 않는 사각지대가 많다. 학생들은 교사의 기대에 따라 행동하기 때문에 교사가 자신을 쳐다보지 않는다고 생각했을 때 학습에 열의가 떨어질 수밖에 없다. 시선처리는 보통 자신이 속한 문화권의 독서패턴에 따라 움직이는데, 교실에서 교사들은 자신의 시선처리의 흐름을 이해하고 보다 많은 학생들을 쳐다보고 수업할 필요가 있다.

내가 본 것이 다가 아니다

사람들은 뭔가에 집중하게 되면, 상관 없는 것들을 시야에서 사라져서 보지 못하는 경우가 많다. 유명한 고릴라동영상을 보면 농구장에서 커다란 고릴라가 지나다니는데도 많은 관객들이 전혀 알아차리지 못하는 것을 볼 수 있다. 이런 인간적 한계가 교육에 주는 시사는 꽤 크다. 먼저 교사들은 아이들의 행동에 대해 보기는 하지만 자신

---

7 이 내용은 수잔 웨인센크(Susan Winschenk)의 『모든 기획자와 디자이너가 알아야 할 사람에 대한 100가지 사실』(정경훈 역, 위키북스, 2017)에서 참고한 것이다.

이 본 것을 절대적으로 신뢰해서는 안 된다. 교사가 가르치는 행위에 몰두할 때 학생들의 행동변화를 전혀 예상하거나 알아차리지 못한다는 점도 알아야 한다. 아이들 역시 뭔가에 빠져 있을 때, 교사의 지도나 지시를 알아차릴 수 없다는 점을 알고, 인내심을 가지고 아이의 관심을 돌려 재차 지시하거나 학습에 몰두하도록 유도해야 한다.

학생들은 배운 그대로 기억한다?

학생들을 가르칠 때 학생들의 심리를 이해하지 못한다면 내용을 보여주고 그대로 익힐 것이라고 생각하는 오류를 범하게 된다. 학생들의 뇌가 제시된 정보를 어떻게 받아들일 것인가를 고민할 필요가 있다. 뇌는 입력된 정보를 판단할 때 과거의 경험을 바탕으로 대충 조합해 추측해내기 때문이다.

상상의 힘, 마음껏 상상하게 하라

뇌의 시각피질은 우리가 어떤 사물을 실제로 볼 때보다 상상할 때 더욱 활성화된다. 상상할 때 쓰는 시각피질과 우리가 사물을 볼 때 쓰는 시각피질은 같은 부위이다. 이 이론에 따른다면 실제로는 자극이 없는데 우리가 상상하고 있을 때 시각 피질이 더욱 활성화된다는 것이다. 어린아이들은 소꿉장난을 하며 세상을 배우는데, 이는 상상의 힘을 보여주는 것이다. 상상하게 하려면 기존의 정보에 얽매이지 않고 뇌를 자유롭게 해줄 필요가 있다.

7장

교육과 방법

학습은 인간 삶의 기본 요건으로서 개인적 삶의 토대이고 개인이 사회적 존재로서 살아 갈 수 있게 해준다. 학습은 자연상태의 인간을 먼 우주를 날아다니는 우주인으로, 미세세계를 연구하는 연구자로 만들어놓는다. 교육은 계획을 통해서 학습을 조장하는 시도이며 기본적으로 국가적 · 사회적 차원의 사업이다. 대부분의 국가들은 유아에서 성년에 이를 때까지의 교육을 의무화하여 책임지고 교육하는 체제를 갖추고 있다. 교육은 대부분 학교라는 기관에서 이루어지며 학교는 교사에게 수업을 배당하여 교육을 실현한다. 학교교육과정에는 수업과 더불어 부수적인 교과외 활동이 있지만 수업활동이 가장 중요하며 국가에 의해 엄격하게 규제되고 있다.

학교는 1년에 정해진 수업일수를 반드시 채워야 하며, 교사는 국가나 국가가 인정한 기관에서 발간한 교과서를 이용해 수업해야 한다. 수업활동은 교육적 목적을 달성하기 위한 수단으로 교육방법의 가장 핵심적인 활동이며, 수업은 일정한 목표와 계획을 통해 학습을 조장하는 활동이고 따라서 처방적인 성격을 가진다. 수업행위는 교실에서 이루어지는 데 가르치는 행위, 즉 교수활동 뿐만 아니라 다양한 관리활동도 수반된다. 교사는 원활한 수업을 위해 소란한 학급을 진정시키고 주의를 집중시키며 산만한 아이들이나 공부하는 척하는 학생 등을 수업 중에 알아차리고 공부하도록 유도한다. 수업 중 일어나는 돌발적인 사건에 대해서도 대처를 해야 하며 학생들과 신체적 · 심리적 교류도 끊임없이 이루어져야 한다. 이와 같이 수업에서는 교수활동 외에도 다양한 관리활동이 필요하다. 교수방법은 주로 교수활동의 계획과 조직, 전개, 마무리 및 평가를 포함한다. 학급경영이나 수업관리에 대한 것은 교수활동과는 무관한 활동이라는 생각을 가지고 있는 교사들도 많지만 현실적으로 교실에서 가르치는 행위와 관리행위는 분리될 수 없다. 이 장에서는 교육에서의 방법에 대해 논의하는데, 주로 교실에서 이루어지는 수업행위와 교수방법, 수업관리를 중심으로 살펴볼 것이다.

1. 수업과 교수학습활동

학교에서 이루어지는 수업(instruction)은 교수활동(teaching)과 관리활동을 포괄하는 행위라고 한다면 교수활동은 주로 내용을 전달하는 방법과 과정을 의미한다. 교수활동과 관련된 몇 가지 이슈를 살펴보면 다음과 같다.

먼저 교수활동과 학습의 관련성이다. 교수활동은 교수학습활동 또는 교수학습과정과 동일하게 쓰이기도 하는데 이는 교수활동과 학습을 별개의 과정으로 분리하기가 사실상 어렵기 때문이다. 교수이론을 교수학습이론과 동일하게 사용하는 것 역시 그런 이유에서이다. 그렇다고 해서 교수이론이 학습이론과 동일하거나 부차적인 이론이라고 하는 것은 아니다. 학습이론은 학습자가 어떻게 배우는가를 설명하는 기술적인 이론인 반면 교수이론은 교수효과를 거두기 위해 체계화된 처방적 이론이다. 교수이론이 학습이론을 기반으로 하지만 그 자체로 독립적인 응용학문이며 실천적인 이론임을 알아야 한다.

둘째, 교수활동이 학습으로 결과하지 않는다면 아무리 열심히 가르쳤다고 해도 의미가 없다. 가르치기는 했는데 학생들이 제대로 배우지 못했다면 '열심히 가르쳤다'는 것만으로 교사가 책임을 회피할 수 없다. 그런데 학습효과를 얻겠다고 강압적이거나 비도덕적인 방식으로 가르친다면 그러한 교수활동은 의미가 없을 뿐만 아니라 해롭기까지 할 것이다. 흔히 '때려서라도 가르쳐야 한다.'는 말을 하지만 강압적인 방식으로 교수활동이 이루어지게 되면 설사 일시적 효과를 거둘 수 있을지는 몰라도 인성발달에서의 장애, 학습과 학교에 대한 혐오감, 학습된 무기력과 낮은 자존감 등의 문제를 낳을 수 있다. 이런 의미에서 효과적인 교수활동에서의 '효과'를 성적이나 지적 측면에서의 성장만을 의미해서는 안 되며 학습자의 정서적 · 도덕적 발달을 꾀하는 '좋은' 수업으로 이해할 필요가 있다.

셋째, 유일하고 최선의 효과를 내는 교수방법이 있다는 신화이다. 아무리 좋은 교수법, 교수매체, 공학적 기술이 있다고 하더라도 모든 학생이 최고의 학습결과를 거둘 수 있도록 하는 '마법의' 교수법은 존재하지 않는다. 동일한 교수법도 학생의 수준, 교과목의 특성, 환경적 조건에 따라 다른 효과를 거두게 된다. 사실 동일한 교수법이란 현실적이지 않다. 왜냐하면 교수활동을 하는 교사자신의 신체적 · 심리적 상태에 따라서 동일한 교수법이라도 차이가 날 수 밖에 없기 때문이다. 교수방법의 효과는 교수자 자신, 상황과 조건에 따라 큰 차이가 있다는 것을 이해할 필요가 있다.

마지막으로, 교수활동을 위해서는 특별한 재능이 필요하다는 신화이다. 교수방법에 대한 연구결과를 살펴보면 과학적이고 이론적인 탐색에 의해 증명된 교수방법에 기반해 수업이 이루어질 필요가 있다고 한다. 교수방법을 배우고 연구하지 않고도 잘 가르칠 수 있다는 것은 마치 수영을 배우지 않고도 잘 할 수 있다고 생각하는 것과 같다. 교수법에 대해 배우고 익히는 과정은 교사라면 누구나 거쳐야 하는 과정이다. 이를 통해 지금까지 드러나지 않고 연구가 되지 않은 교수법에 대한 현장연구가 활성화될 수 있다. 다만 수영에도 재능이 있는 사람이 있듯이 교수법 역시 가르치는 사람이 독특한 재능을 가지고 있다면 더욱 큰 효과를 거둘 수 있을 것이다. 즉, 수업과 교수학습과정은 매우 역동적인 활동이고 과정이기 때문에 가르치는 사람의 순발력, 의사결정력, 인성, 재주, 신명, 열정, 애증이 과학적 이론만으로 설명할 수 없는 독특한 결과를 가져오는 것이다.

2. 교수이론과 교수모형

학습이론에 대한 연구는 심리학에서 중요한 주제이고 교육심리학의 핵심적인 내용으로 인식되어 오랫동안 연구가 이루어졌다. 반면 교수이론은 학습이론이 실제 교육현장에 적용되기에는 지나치게 이론적이고 기술적이라는 한계를 인식한 이후에 발전했다. 교육자들은 수업이 교사의 경험이나 직관에 의존하여 이루어지는 현실을 극복하고 학습이론을 현장교육에서 적용할 수 있도록 체계화되고 처방적인 지식을 원했다. 이에 브루너 등은 '교수활동에 대한 규범적이고 처방적인 이론'으로서 학습이론과 현장을 잇는 다리(bridge)로서 교수이론의 중요성을 강조했다. 그에 의하면 교수이론은 교수사태의 구성과 평가에 필요한 준거들을 일반적으로 진술해야 한다는 점에서 규범적이며, 특정한 교수목표에 도달하기 위해서 가장 효과적인 방법이 무엇인가를 제시해야 한다는 점에서 처방적이라는 것이다. 초기 교수이론으로 도럴드(Dollard)와 밀러(Miller)

의 4개 교수변인 이론, 캐롤(Carroll)의 학교학습모형, 브루너의 교수이론, 블룸의 완전학습이론, 오스벨의 유의미학습이론, 가네의 학습의 조건 이론, 글래이서의 교수모형 등이 있다. 최근의 교수이론은 교수설계이론과 설계모형에 대한 연구에서 통합되어 이루어지고 있다. 이 부분에 대해서는 다음 장('8. 교육과 설계')에서 논의하기로 하고 이 장에서는 초기에 연구된 몇몇 교수이론에 대해 살펴보기로 한다.

도럴드와 밀러는 행동주의 학습이론에 입각해서 교사와 학생 간의 상호작용의 질과 내용을 분석해 동기(drive), 단서(cue), 참여, 보상 등을 교수의 핵심변인으로 제시했다. 먼저, 동기(drive)는 학생들을 행동하게 하는 자극을 의미하며, 주요 자극에는 식욕이나 성욕과 같은 생리적 욕구도 있으나 인간 학습과 관련해서는 사회적 · 심리적 요구가 보다 더 중요하다. 승인욕구, 성취욕구, 만족감 추구, 자존과 애정에 대한 욕구 등은 학생의 인지적 · 정의적 출발점 행동과 밀접하게 관련되어 있다.

둘째로 단서란 학생이 배워야 할 과제의 방향을 명백하게 하고 그 과제의 목표가 무엇인지에 대해 분명하게 시사하는 것이다. 교사는 학습내용을 소개하고 예시하고 시범을 보이기 위해 여러 가지 방법을 사용하며 학생들은 이 단서를 통해 언제 반응하며 어떻게 해야 하는지에 대해 알게 된다. 교사가 다양하고 명백하게 단서를 사용할 때 교수효과가 높아지게 되며 학생들의 학습성취에 기여하게 된다.

셋째로 참여는 학생들이 학습하려는 과제에 얼마나 적극적으로 반응하느냐에 대한 것이다. 참여에는 수업 때 경청하거나 질문에 답하는 등 외현적 참여도 있으나 학생들이 문제를 풀 때와 같이 과제에 집중하는 내재적 참여도 있다. 다인수학습의 경우에는 외현적 참여보다 내재적 참여를 조장할 필요가 있다.

마지막으로 보상은 학생들의 반응에 대해 주어지는 상이나 벌을 말한다. 만일 적절한 보상이 따른다면 학생들은 동일한 반응('인사를 잘한다' 등)을 반복하려고 할 것이다. 보통 생리적 · 신체적 1차 강화(칭찬이나 물리적인 보상)보다 학습에 의해 강화자가 된 2차 강화(만족감과 성취감, 긍정적인 자아개념 등)가 효과적이라고 한다.

교수학습과정은 여러 요인들이 복합적으로 작용하는 복잡한 현상이므로 이들 요인들을 체계화하여 정리할 필요가 있다. 이 과제에 대해 캐롤은 학교학습에 대한 가설적 모형을 제시함으로서 해결하고자 했다. 캐롤은 학습속도(rate)라는 개념으로 학습의 정도(degree)를 표현했는데 학습속도는 '학습에 필요한' 시간의 양에 비추어 얼마만의 시간을 실제로 '학습에 사용했느냐'의 비율에 의해 결정된다고 했다. 학습성취는 학습에 필요한 시간을 줄이거나 학습한 시간을 늘리는 전략에 의해 달성할 수 있으며 '학습에 필요한 시간'을 결정하는 변인으로 특정과제를 해결하는 데 필요한 시간의 양(적성), 수업에서 요구하는 것을 이해할 수 있는 능력(교수이해력), 수업의 질 등 세 가지를 들고 있다. '학습에 사용한 시간'의 결정변인은 특정 학습과제의 학습을 위해 허용된 시간(학습기회)과 학습을 위해 스스로 소비하는 시간(지구력)의 두 가지가 있다. 이들 적성, 교수이해력, 수업의 질, 학습기회, 지구력 등 다섯 가지 변인은 상호작용적이어서 두 변인 이상이 서로 영향을 주고 받으며 학교학습의 질을 결정한다고 보고 있다.

캐롤의 학습속도 개념은 블룸의 완전학습이론에 영향을 미쳤다. 블룸은 학생들의 성취가 지능이 아니라 학습속도의 차이로 인한 것이라고 보고 누구든지 적절한 학습속도가 주어진다면 완전학습에 이를 수 있다고 보았다. 완전학습이란 차시 학습으로 넘어가기 이전에 약 90%에 통달하는 단계에 이르는 것을 말하는데 이에 미치지 못하면 보충학습이나 또래의 도움을 통해 성취하도록 돕고 다음 단계의 학습으로 나아가게 하는 것이다.

인지주의 심리학자인 오스벨은 수업이 주로 교사의 언어적 설명으로 이루어진다는 점을 감안할 때 교사의 설명 방법과 교재의 구성을 체계화하여 의미 있는 학습을 이루어야 한다고 주장했다. 그는 브루너의 발견 학습은 초등학교 단계에서만 필요할 뿐 중학교 이상 단계에서는 필요 없다고 주장하며 설명식수업을 의미 있게 구성할 유의미 수용학습(meaningful reception learning)을 주장하고 이를 촉진시킬 수 있는 선행조직자(advance organizer)의 활용을 제안했다. 선행조직자는 교사가 수업초기에 제시하고 설명하는 핵심적인 개념 또는 교재 구성 시 처음 제시되는 핵심 요약과 개념 설명을 의미하며 새로운 정보를 학습자의 인지구조 내에 포함시키기 위한 발판을 마련하기 위해 제시된다. 그가 제시한 유의미 학습의 교수 원리로 점진적 분화의 원리(일반적이고 포괄적인 지식이 먼저 제시되고, 점차적으로 세부적인 사례로 분화), 통합적 조정의 원리(새로운 개념이 이전에 학습된 개념과 긴밀한 관련성을 맺도록 조직), 선행학습의 요약과 정리의 원리(교과의 내용을 계열적으로 조직하여 선행 학습을 분명하게 제시), 내용의 체계적 조직의 원리, 학습준비도의 원리 등을 제시했다.

가네는 교수이론을 교수설계라는 틀 속에서 조망하고 통합하려고 했다. 그는 학교 학습에는 학습결과, 학습조건, 교수사태의 요소들이 관여한다고 보았으며, 여기서 학습결과는 지적기술, 인지전략, 언어정보, 운동기능, 태도와 같이 학습의 결과로 얻어지는 것을 말한다. 학습조건은 내적조건과 외적조건이 있는데 내적조건이란 학습내용을 받아들이는 학습자의 내적 심리 상태를 말한다. 이러한 내적조건을 조장하고 촉진하는 것이 외적 조건, 즉 교수행위인데 여기에는 아홉 가지 교수 사태가 있다. 주의집중획득, 목표제시, 사전학습 재생, 자료제시, 학습안내, 수행유도, 피드백, 평가, 파지 및 전이가 그것이다.

교수이론이 특정 교수변인을 규명하고자 하는 연구를 통해 체계화된 것이라면 교수모형은 교수과정에서의 주요 요소들을 도출해서 이들의 관계를 모형의 형태로 시각화한 것이다. 교수과정이 도입, 전개, 결말이라는 시간적 흐름을 바탕으로 하고 있으므로 교수모형 역시 시간적 흐름에 따른 교수요소들 간의 상호관계를 제시한 것이 많다. 예를 들어, 글레이서의 교수모형은 수업목표의 설정, 출발점행동의 진단, 수업절차의 선정과 실행, 학습성과의 평가로 이루어져 있다. 그는 ① 학습과 수행 모두에 관심을 두고, ② 지식 영역에 초점을 두며, ③ 규범적 · 처방적 접근방법을 취하고, ④ 개인차를 지향하는, ⑤ 상황에 맞게 역동적인 수업설계가 필요하다고 보았다. 조이스(B. Joyce) 등은 『교수모형』에서 다양한 교수모형을 정보처리 모형, 사회적 모형, 개인적 모형, 행동주의 체제 모형 등으로 나누어 소개하고 있다.

3. 좋은 교수의 특징과 조건

1. 내용 학습과 동시적 학습(Concomitant Learning)

수업은 교수활동을 포함한 여러 관리적 요소를 포함하며 수업과정은 형식적이고 일회적인 만남이 아닌 지속적이고 인격적인 만남의 과정이다. 교사가 학생들과 눈을 마주치고, 개별적으로 이름을 불러주고, 마음을 편안하게 해주기 위해 유머를 사용하며 졸고 있는 학생들이나 소란스럽게 하는 학생들에게 주의를 주고, 수업주제와 무관하지만 삶의 지혜를 나누는 행위는, 직접적인 교수행위는 아니지만 수업이 원활하게 이루어지는 데 필요한 행위들이다. 반복연습으로 즉각적인 성과를 꾀하는 훈련이나 성과와 수행을 중시하는 기업교육에서의 수업과 아동을 가르치는 공공교육의 수업은 인간적 접촉과 관리의 정도에서 매우 다른 모습을 보일 수밖에 없으며 학교에서의 수업은 교사의 수업능력과 관리에 따라 큰 차이를 가져온다.

교사의 다양한 수업행위는 학생들의 학습에도 영향을 미치며, 학생들은 의도된 학습과 동시에 여러 가지를 우연적으로 학습하게 된다. 어떤 교사가 특정 학생을 편애하거나 체벌하는 경우 학생들은 그 교사의 수업뿐만 아니라 교과도 싫어하거나 혐오하게 될 가능성이 높아진다. 만일 교사가 학생들끼리 서로 돕는 것을 좋아하고 격려한다면 학생들끼리의 관계 형성이나 친밀도가 높아질 것이다. 이렇게 의도되지 않은 결과를 낳는 것을 잠재적 교육과정이라고 하지만 학습의 측면에서 본다면 우연하게 정서적인 학습이 일어났다는 점에서 동시적 학습(Concomitant Learning / Affective Incidental Learning)이라고 한다. 동시적 학습은 인간이 지적 · 정서적 · 신체적으로 통합된 유기체로서 수업을 통해 지적인 변화만이 일어나는 것이 아니라 정의적 · 사회적 · 신체적 변화가 수반되는 현상을 지적하고 있다. 교사가 수업을 계획하고 진행할 때 이러한 동시적 학습을 고려해야 하며 이를 위한 학습경험을 고안해서 지적 측면 이외에 학생들의 긍정적 변화를 이끌어내기 위해 노력해야 한다.

2. 일제 학습과 개별화 학습(Individualized Learning)

현재 학교는 하나의 학급에 많은 학생이 있는 다인수 학급구조이며, 학생들 간의 개인차가 크게 벌어져 있고, 내용은 갈수록 어렵고 복잡해져 내용을 파악하고 익힐 수 있는 시간적 여유가 부족하다. 교사는 학생들이 배우고 익힐 수 있도록 시간을 조정하기보다 교육과정상의 진도에 맞게 교과서 내용을 전달하는 것을 중요시한다. 학생들이 독특하게 이해하고 있는 것을 평가하기보다 배운 내용의 복제 능력을 더 중요시하고 시험 성적에 따라 우수학생과 부진한 학생을 구별 짓는다. 또한 개인차가 심한 교실에서 어떤 기준으로 가르쳐야 하는지와 같은 문제에 대해서는 학년 표준(grade norm)을 만들어 평균학생을 상정하고 이들을 기준으로 수업을 한다. 사실 평균학생은 통계적 개념으로 현실에서 딱 중간인 학생은 없기 때문에 대부분의 수업은 가상의 대상을 상정하고 진행하는 모습을 보인다.

한편, 수업에서는 대개 한 명의 교사가 많은 학생들에게 동일한 내용을 동일한 방법으로 전달하는 일률적인 교수학습활동(일제식 수업)이 이루어진다. 학생들은 배우는 내용을 정확하게 이해하고 기억해서 시험에서 좋은 성적을 거두기를 바란다. 교사 역시 학생들이 주의를 집중해서 공부하고 배운 내용을 (주로 시험에서) 그대로 복제할 수 있는 것을 수업성과라고 생각한다. 이와 같은 일제 수업과 일제 학습은 모든 학생들이 동일하게 학습한다는 전제를 깔고 있지만 이는 현실적이지 않다. 학생들은 자신의 경험과 사전지식에 기초하여 개별적으로 수업내용을 받아들이므로 수업 결과가 모든 학생에게 동일한 학습결과로 직결되는 것이 아니라 학생들의 특성에 따라 각기 다른 성취로 귀결된다. 학생들은 조금 알고 많이 아는 것과 같은 양적인 측면만이 아니라 질적으로 서로 다르게 받아들이며 때로는 자기 나름대로 이해하여 오개념이 형성되는 경우도 있다.

어렵고 도전적이지 않은 내용, 평균학생을 상정한 일률적인 수업방식, 역시 일률적인 평가방식이 맞물려 학생들을 자율적 학습자가 아닌 타율적인 학생으로 만든 결과 수업실패가 발생한다. 이 문제를 해결하기 위해서는 근본적인 교육패러다임의 변화가 필요하겠지만 교사의 수업개선을 위한 노력 역시 중요하다. 교사들은 수업에서 학생들의 사전지식, 적성, 경험과 신체적·심리적 상태에 대해 보다 관심을 가지고 개별화된 지도와 관리활동에 더 많은 노력을 기울여야 한다.

3. 구조화된 수업과 열린 수업

최근 구성주의적 학습이론의 영향력이 커지면서 문제해결학습, 학생중심의 비구조화된 수업이 해묵은 교육문제를 해결하고 학생들이 학습을 싫어하는 문제를 극복할 수 있을 것이라고 생각하는 교육자들이 많아지고 있다. 그런데 마가렛(Margaret) 등의 연구를 보면 학업성취에 대한 영향력은 학생의 인지적 능력, 교사의 수업관리, 가정환경, 교사-학생 상호관계, 수업의 양과 학교문화 순으로 나타나고 있다. 학생의 인지능력은 사전지식과 이해수준, 언어능력이나 공간적 추론, 수학적 능력 등과 같은 개인적 적성, 메타인지능력 등을 말하는데 단기간에 향상시키기 어렵다. 그러나 교사가 학생들의 인지능력을 파악하여 그에 적절한 교수전략을 개발하여 수업한다면 학생들의 인지능력을 향상시킬 수 있을 것이다. 수업관리능력은 전적으로 교사의 능력여부에 따라 달라지는 변인이다. 수업관리능력은 실제 수업하는 능력뿐만 아니라 교실관리, 학생지도 능력을 포함하고 있다. 제이콥 쿠닌(Kounin)은 효과적인 수업관리의 원칙으로 교사의 편재성[1], 멀티태스킹(multitasking) 등과 함께 순조로운 수업진행과 일관성, 수업단계 이행, 개별화 학습, 공부하는 척 간파하기 등을 들고 있다. 이 연구에 따르면 내용적으로 명료하게 구분되고 적절한 대화를 통하여 구조화된 수업은 학업성취에 효과가 있으며 인지적 학습과 관련하여 볼 때 잘 구조화된 교사중심의 수업이 열린수업의 방식보다 더 효과적일 수 있다는 것을 보여준다.

한편, 매코믹(McCormick)은 좋은 교사가 학생들의 학업에 영향을 미친다고 하면서 좋은 수업의 특징을 제시하였는데 융통성 있는 강의방법과 같이 비구조화된 요소와 더불어 학생 수준에 맞는 내용 조직, 적절한 어휘 사용, 학생들 수준에 맞는 질문 등과 같이 사전에 준비되고 조직되어야 하는 구조화된 요소들을 지적하고 있다. 비구조화된 수업이 학생들의 문제해결력, 창의력의 함양에 효과적일 수 있다는 점과 교사에 의해 잘 조직되고 짜임새 있게 구성된 수업이

1 교사가 어디서든 자신을 바라보고 관심을 기울이고 있다는 느낌은 학생들을 수업에 집중하게 한다. 또한 수업을 이끌면서 부수적으로 다양한 활동(산만한 학생 지적하기 등)을 할 수 있어야 한다.

대부분의 학습상황에서 긍정적인 효과를 거둘 수 있다는 점을 고려해서 실제 수업을 진행할 때 교사들은 구조화의 정도를 적절하게 조정할 필요가 있다.

4. 수용식 학습과 탐구식 학습(Inquiry-based Learning)

잘 구조화된 교사중심의 수업은 일반적으로 수용식 수업의 형태를 띤다. 수용식 수업은 학생들이 내용을 받아들이도록 환경을 조성하고 교수활동을 하는 것을 말하는데, 이때 학생들 스스로 유의미하게 받아들일 수 있도록 하는 것이 중요하다(오스벨의 유의미 수용 학습). 수용식 학습은 기계적인 학습이나 주입식 수업과는 다르다. 수용식 학습은 교사가 직접 교수, 설명식 수업(explicit instruction)을 하는 것으로 교사가 주제를 구성하고 설명하면 학생들에게 연습할 기회를 제공하고, 질의응답이나 토론도 이루어지며 학생의 연습결과나 토론에 대해 피드백이 주어지는 수업이다. 수용식 수업은 학생들이 개념이나 기능을 정확하게 배우고 익히는 데 도움을 줄 수 있다. 이러한 장점에도 불구하고 수용식 학습의 문제는 학생들이 탐구활동을 통해 지식의 생산에 관여하고 지적희열을 경험하는 데 한계가 있다는 것이다.

흔히 탐구라 하면 단순히 호기심을 가지고 이것저것을 두서없이 찾아다니는 것을 연상하기도 하지만 탐구는 '개인이 자신이 경험한 것을 합목적적으로 이해하기 위하여 지적인 노력을 경주하고 의미를 추구하는 행위'이다. 탐구활동은 목적의식적으로 행하는 활동으로, 학생들은 탐구할 문제를 해결하기 위해 의문을 제기하고 일정한 절차를 거쳐서 합리적인 결론을 내리는 것이다. 탐구를 중심으로 학습경험을 구조화하는 학습을 탐구식 학습이라고 하며, 탐구식 수업은 학습자를 '탐구함'으로 이끌어 지식을 생산하고 학문의 구조를 알아나가는 탐구 과정을 경험하는 학습이다. 일반적으로 탐구식 학습의 과정은 탐구할 문제나 주제에 대해 탐구계획을 세우고, 가설을 설정하며 탐구를 위한 자료를 수집, 평가하여 가설을 검증하며 반성적 성찰로 마무리하는 절차를 거친다.

탐구식 학습은 다음과 같은 특징을 가지고 있다. 첫째, 탐구식 학습은 학습자들이 탐구를 통해 지식의 본질과 구조를 파악하고 사물을 지배하는 원리에 대해 스스로 배우도록 돕는다. 둘째, 탐구학습에서 교사 역시 한명의 탐구자로서 탐구과정에 참여한다. 교사는 지시적으로 수업에 임하는 것이 아니라 때로는 안내자로서 때로는 촉진자로서, 때로는 모델로서 학습자들과 교류하며 학생들의 학습활동을 돕고 이끄는 역할을 한다. 셋째, 탐구학습은 탐구 과정의 결과, 어떤 특정한 정답을 요구하지 않는다. 학습자들의 탐구 자체가 어떤 정해진 절차를 따라서 이미 주어진 답을 발견해나가는 것이라면 탐구로부터 얻는 즐거움과 미지의 세계에 대한 호기심을 가져다 줄 수 없다. 넷째, 탐구학습은 미리 짜여진 계획대로 운영되는 수업이 아니라 학습자들이 탐구능력의 향상을 돕고 독립적 탐구자로서 성장할 수 있도록 돕는 도구나 기제를 가지고 있는 학습환경이다.

수용식 학습과 달리 교실에서 탐구식 학습이 이루어지려면 보다 많은 준비를 해야 한다. 이를테면 탐구문제를 발견하기 위한 다양한 상황의 제시나 문제의 구체적인 표현을 돕는 장치, 문제해결에 필요한 자료와 의사 교류를 원활하게 하기 위한 다양한 도구, 학습자들이 곤란에 처해 있을 때 도울 수 있는 학습자 지원시스템, 탐구결과를 발표하기 위한 시설 및 장소의 구비, 성찰을 돕는 일정 관리 등 인적·물적 지원환경이 필요하다.

5. 고립된 학습과 학습커뮤니티(Community-based Learning)

학습에 대해 일반적으로 가지는 이미지는 도서관이나 독서실 같은 공간에서 자기 자신(나태함과 욕망)과 싸우면서 나홀로 공부하는 모습일 것이다. 학습은 결국 자신의 두뇌에 학습한 것을 기억하거나 몸에 새기는 것이므로 다른 사람과 공유할 수 없다는 것은 인간조건의 하나이다. 분산된 인지나 분산학습을 주장하는 학자들은 공동체 속에서 개인의 능력과 역할의 분산과 통합을 의미하는 것이지 개개인의 두뇌가 물리적으로 통합될 수 있다는 것을 의미하지 않는다.

학습 결과의 개별화가 학습과정에서의 고립화를 의미하는 것은 아니다. 고립학습이란 학습과정에서 다른 사람의 도움이 없이 혼자서 공부하는 독학을 의미하는데, 물론 고립 학습이 필요한 시점이 있고, 필요한 내용을 외우거나 학습을 성찰하는 시간은 혼자만의 노력이 필요하다. 그럼에도 전체로서의 학습 과정은 다른 사람의 도움에 의지하거나 다른 사람과 같이 할 때 효과적이고, 유의미하며, 가치 있다.

효과적이라 하면 학습내용을 바르게 이해하고 빠르게 익힐 수 있게 해준다는 의미이고, 유의미하다는 것은 학습과정에서 자신의 근접발달영역에 속한 지식을 타인의 도움으로 배울 수 있다는 것이다. 가치가 있다는 것은 학습자 간의 협력을 통해 공동체적 가치를 추구할 수 있다는 뜻이다. 이와 같이 다른 사람과 같이 하는 공동체를 통한 학습은 학습된 결과를 자신의 머리와 몸에 새기는 것을 넘어서서 더 큰 가치를 추구하는 활동인 것이다. 학습커뮤니티가 효과적이고 유의미하고 가치를 가지려면 교사와 학생, 학생과 학생 간의 인간적 교류와 신뢰가 전제되어야 한다. 학습커뮤니티는 학급 규모에서 작게는 소그룹으로 규모나 형식에서 자유롭지만, 구성원 간의 규약과 역할분담, 내용적인 풍부함, 민주적인 수업문화, 잘 준비된 환경이 있어야 지속될 수 있으며 학습성취로 이어진다.

6. 통합적인 수업

이상과 같이 좋은 수업은 의미 있는 학습과정을 경험하게 하고 긍정적인 학습결과를 낳는다. 동시적 학습, 개별화학습, 적절히 구조화된 수업, 탐구식 학습, 커뮤니티학습은 따로 분리된 것이 아니라 통합적인 관점에서 이해해야 한다. 결국 수업상황이라는 맥락과 교사, 학생의 변인을 고려하지 않는 수업행위는 좋은 결과를 낳지 못할 것이다. 일반적으로 교사의 태도(사랑과 존경, 개방성, 열정 등)와 능력(내용지식, 교과지도, 진단능력, 사회성 등)은 교수-학습상황에서 결정적인 역할을 한다. 교사가 주도권을 가진 교실에서 교사의 능력은 수업의 질과 학생들의 삶의 질에까지 영향을 미친다. 이 말은 학생변인이 중요하지 않다는 뜻이 아니다. 학생들의 학습태도(동기, 흥미, 주의력 등)와 학습능력(자기주도적능력, 학습기술, 선수학습능력, 사회성 등) 역시 학업 성취에서 결정적인 변인이다.

교사의 수업에서 교사의 역할과 학습에서 학생의 역할은 일방적이면서 상호적이다. 교사가 학생의 태도와 능력을 고려해서 수업을 진행하는 것이지 학생이 교사의 태도와 능력을 고려해서 학습하는 것이 아니라는 점에서 일방적이다. 그러나 교사가 아무리 좋은 수업을 해도 학생이 받아들일 수 없다면 효과가 없으며 교사와 학생이 수업과정에서 서로 영향을 미치고 변화한다는 의미에서 상호적이다. 좋은 수업은 교사와 학생이 상호작용하는 과정에서 시너지를 얻고 깨달음과 성찰을 통해 이루어지는 것이기 때문이다. 좋은 수업은 단순히 학업성취만을 높이는 수업이 아니라 교사와 학생 모두의 변화와 성장으로 이끈다. 교사들은 통합적 관점의 수업행위를 통해 자신만의 수업관과 수업 노하우를 가지는 것이 필요하다.

4. 교수방법의 유형

1. 교수방법의 분류

교수법은 어떠한 준거 틀을 이용하느냐에 따라 다양하게 구분할 수 있다. 우선, 학습을 통제하는 주체에 따라 교수자 주도형, 학습자 주도형으로 나눌 수 있으며, 교수학습의 목적과 내용(지식습득, 태도 및 행동 변화, 창의적인 문제해결능력, 기능습득 중 어떠한 것인가)에 따라 다르게 분류할 수 있다. 예를 들어 교육을 통해 새로운 지식을 습득하는 것이 중요하다면 강의법, 토의법, 혹은 시청각 교수법 등을 활용하는 것이 효과적이다. 만약 태도 · 행동 변화에 초점을 둔 교육내용이라면 역할극이나 체험학습과 같은 기법을 선택하는 것이 좋을 것이다.

지식습득을 위한 교수방법

내용을 전달하기 위해 다양한 방법을 사용할 수 있다. 이 경우 많은 교사들이 활용하는 교수법은 강의식 수업이다. 강의는 제한된 시간에 많은 양의 정보를 전달하고 체계적으로 다양한 자료와 아이디어를 전달할 수 있다. 학습자의 참여가 없고 교사의 능력에 의존하고 있어 사실 가장 전문적인 강사에게 어울리는 교수법이다. 강의는 보통 질의응답이나 토론 등을 수반하는데 질의응답이 강의의 보조적 역할에 그치지 않고 수업전반에 걸쳐 활용된다면 그것은 질의응답식 교육이다. 이는 소크라테스의 산파술과 같이 오래된 교수법이며 학습자의 호기심을 불러일으키고 정확한 지식을 쌓도록 하는 데 도움이 된다. 다만 많은 학생이 있는 교실에서 효과적으로 질의응답식 수업이 이루어지려면 주의집중을 유지하고 학습자의 흥미와 참여를 유지하기 위해 노력해야 한다.

토론식 수업은 강의가 아닌 토론을 중심으로 수업을 이끌어갈 때의 수업유형이다. 토론은 다양하게 이루어질 수 있으며, 토론, 그룹토의, 포럼, 심포지엄, 패널, 버즈그룹 등 다양한 형식이 있는데 교실상황과 주제에 맞게 형식을 선택해서 수업을 진행할 수 있다. 강의나 질의응답, 토론 수업이 주로 인지적 측면에서 내용을 이해하기 위해 취하는 방식이며 배운 내용을 실제로 적용하는 것은 추후 연습이나 개인적 학습에서 이루어진다.

행위기반의 교수방법

학교수업에서는 배우는 과정이 실제로 적용하는 과정과 분리되어 이루어지는 경우가 많지만 역할놀이나 체험학습, 프로젝트 학습, 행위학습(Learning by doing), 노작수업(Learning by working), 메이커운동(Maker movement) 등은 배우는 과정이 적용하는 과정과 분리되지 않고 이루어진다. 역할놀이의 경우 역할을 준비하면서 모르는 것을 배우고, 역할을 행하는 과정에서 배운 것을 적용하거나 잘못 알고 있는 것을 다시 배운다. 역할놀이 발표와 이후에 얻는 피드백을 통해 자기 학습에 대한 성찰과 추후 학습에 대한 정보를 얻게 된다. 프로젝트 학습은 현실에서 사람들이 배우는 방식을 학교수업에 적용한 것이다. 성인들은 자신에게 익숙하지 않은 과제를 해결하기 위해 정보를 찾고 협력하며 결과를 이끌어낸다. 학교에서 학생들은 새롭게 배울 지식이나 정보를 프로젝트라는 형태로 과제를 부여받는다. 과제를 해결하는 과정이 곧 배우는 과정이며 프로젝트 활동을 통해 성인들의 일하는 방식에 익숙해진다.

행위기반의 학습은 체계화된 학문을 배우는 데 적합하지 않다고 생각하는 사람들이 많다. 보통 학문적 체계를 익히려면 기본이 되는 원리를 먼저 이해하고 이러한 학문적 기초 위에서 하나하나 탑을 쌓아올리듯이 지식을 쌓아올려야 한다고 생각하기 때문이다. 그런데 대부분의 가치 있는 지식이 되려면 올바른 이해가 필요하고 배우는 과정에서 어려움에 부딪히고 깨닫는 과정을 경험하지 않으면 안 된다. 주어진 대로 공부하는 지식습득형의 학습에 비해 속도나 효율은 떨어지지만 행위기반의 수업은 깨닫고 이해하는 과정을 거치게 되므로 탐구적 소양을 기르고 학문적 기초를 다지는 데 도움이 된다. 이런 점을 고려해서 학습 목적과 학습이 이루어지는 맥락에 맞게 수업이 계획되고 진행되어야 한다. 우리 사회의 변화와 관련하여 떠오르는 토론식 수업, 협력학습, 문제기반학습, 게임기반학습에 대해 살펴보고자 한다.

2. 주요한 교수방법

토론식 수업

우리 사회의 변화와 관련하여 떠오르는 토론식 수업의 중요성은 토론을 통한 학습이 단지 학교에서 배우는 학습내용을 익히는 데 그치지 않고 일상적인 삶의 기술과 민주적인 태도를 기를 수 있다는 데 있다. 토의나 토론은 우리가 일상적으로 행하는 활동이고 이를 통해 자신의 의견을 피력하고 다른 사람을 설득할 수 있으며 타인으로부터 많은 것을 배울 수 있다. 효과적인 토론 기술과 태도를 갖춘 사람은 그렇지 않은 사람에 비해 성공적인 삶을 누릴 수 있다. 우리의 삶은 다른 사람과 공존하면서 협력해나가는 삶이고 이를 위해 적절한 대화의 기술은 필수적이기 때문이다.

토론식 수업은 지식내용의 전달이 중요하거나 효율성을 필요로 하는 수업 상황에서는 적절하지 않을 수 있다. 토론식 수업은 문제를 해결해나가는 과정이 중요한 학습상황이나 창의력과 고차적 사고력을 기르고자 할 때 활용할 수 있는 교수방법이다. 토론식 수업은 학생들이 집단 사고의 과정에서 자유롭게 의견을 발표하고, 타인의 의견을 받아들여 문제를 해결해나가는 과정에서 타인으로부터 배우고 스스로 성찰하는 경험을 통하여 배운다. 토론식 수업을 통해 학생들은 민주적 태도, 고차적 사고력, 자기주도적 학습 능력 등을 기를 수 있다.

그러나 토론식 수업의 한계 역시 명백하다. 이 수업유형은 다른 교수법과 비교해서 준비 및 진행단계에서 많은 시간이 소요되어 시간효율성이 요구되는 분야에 적용하기가 어려우며, 집단의 크기가 크면 원활한 토의가 이루어지기 어려워 많은 인원이 있는 학급에서 적용하기가 어렵다. 또한 학생들의 능력이나 성숙 정도에 따라 토론의 질적 차이가 크며 특정 학생의 영향이 지나치게 클 수 있고, 흥미를 잃은 학생들의 방관적 태도 등도 토론식 수업유형의 약점이라고 할 수 있다.

협력학습

협력학습(Collaborative learning)은 강의법, 질의응답식, 토론식 수업과 더불어 많이 활용되고 있는 교수유형이다. 이들 교수법은 상호 보완적이고 같은 교과에서 다양한 방식으로 조합하여 융통성 있게 활용할 수 있는 교수법들이다. 가르치고, 묻고 답하며, 서로 토론하게 하고 같이 문제를 해결하기 위해 협력하는 활동은 일상적인 교실에서 자주 일어나는 일이다. 이중에서 협력학습은 개인 간의 경쟁과 개인적 성과를 강조하는 오늘날의 학교교육에 대한 대안적 교수법으로 중시되고 있다.

오늘날 학교교육은 학생들 개개인에 대한 평가를 바탕으로 우열을 나누고 학생 간의 경쟁을 조장하여 교육적 효과를 거두려고 한다. 그런데 이러한 개별화된 평가와 경쟁체제는 학생 간의 갈등을 불러일으켜 협력하거나 서로 공감하는 능력을 기르는 데 적절하지 않다. 경쟁에서 뒤처지는 학생은 패배의식이나 학습된 무기력에 빠지게 되고 공부를 잘하는 학생조차도 끊임없는 경쟁에 의해 압박을 받게 되어 학생 상호간에 불신이 커지게 된다. 협력학습은 학습자 간에 긍정적인 상호의존을 높여 현재와 같은 경쟁 체제가 가져오는 부정적인 영향을 극복하려는 노력의 하나이다.

협력학습은 서로 다른 학생들이 동일한 학습목표를 향해 소집단 내에서 함께 활동하는 수업방법으로, 협력학습에서 학습자 개인의 목표 달성은 그가 속한 집단의 목표가 성취될 때 가능하기 때문에 구성원 각자가 열심히 공부하면서 다른 구성원을 도와주게 되어 있다. 이와 같이 긍정적인 상호의존, 개별책무성, 동등한 성공의 기회 등이 협력학습의 주요한 요소가 된다. 학생들이 느끼는 소외감이나 적대감을 해소하고, 성취수준이 다른 학습자들이 하나의 소집단을 이루고 집단 구성원 간에 서로 협력하여 공동의 목표를 달성하는 것이다.

협력학습의 여러 장점에도 불구하고 잘 활용하지 않으면 학습효과를 거두기 어렵다. 협력학습은 이질적인 학습자로 이루어진 집단인 경우 학습능력이나 선수학습정도, 성향과 문화적 차이로 인하여 집단 내에서 갈등이 일어나기도 하고 일부 학생들이 협력하지 않으면 전체적으로 학습이 이루어지기 힘든 단점이 있다. 자칫 잘못하면 협력이라는 미명아래 학업이나 학습과제는 소홀히 하고 분위기나 집단활동 과정만을 소중히 여길 우려가 있다. 협력학습에 대한 운영 원칙과 방법이 적절하게 수립되지 않으면 득보다 실이 더 많을 수 있다는 점을 알 필요가 있다.

문제기반학습

내용 전달을 중시하는 강의식 수업에서는 질의응답과 토론이 이루어지더라도 학습목표와 내용이 미리 정해진 상태에서 수업이 진행되기 마련이다. 수업내용의 전달과 숙지가 중요하고 이를 확인하기 위해 문제와 평가가 이용된다. 보통 교사들이나 학생들은 이런 유형이 수업에 익숙해있기 때문에 문제가 먼저 제시되고 문제를 해결하는 과정이 교수-학습과정이라는 아이디어에는 익숙하지 않다.

그런데 문제기반학습은 문제가 먼저 제시되고 내용이 뒤따르는 형태의 수업을 말한다. 이런 수업유형은 학생들의 학습동기를 자극하지 못하고 배웠더라도 지식을 실생활에서 활용하기 어려웠던 기존의 교수방법에 비해 학생이 문제를 해결하는 과정에서 배우게 되므로 자율적 탐구를 통한 동기 부여, 상황맥락적인 지식 구성이 가능하다는 장점이 있다. 문제기반학습(Problem-Based Learning)은 안내된 형태(교사가 제시한 문제를 협력적으로 해결하기 위해 학생들이 토론과 자기주도학습을 병행)와 교사의 직접적인 개입이 없이 이루어지는 보다 열린 방식으로 나눌 수 있다. 어떠한 형태이든 문제기반학습은 지식과 정보의 전달이 아니라 학생이 학습 과정에 적극적으로 참여하여 배우는 학습자 중심 학습환경을 구현한 교수방법이다. 문제기반학습의 주요한 특징은 다음과 같다(이인숙 외, 2012).

- 현실과 동떨어진 이론적인 지식이 아닌 실생활과 밀접한 관련이 있는 상황 맥락적 문제와 주제를 중심으로 학습한다. 따라서 학습주제는 교실 내의 교과에 제한되지 않고, 실생활의 문제와 관련된 다양한 이슈를 다루거나, 교과통합적인 접근을 하게 된다.
- 학습자의 능동적이고 자율적인 자기주도학습이 강조된다. 문제해결을 위해 가장 중요한 것은 학습자의 자발성과 자율성, 적극성이다. 교수자는 교수–학습활동의 안내자, 촉진자의 역할을 하게 되며, 학습자가 자기주도적인 능동성을 가지고 학습을 진행하는 중심 역할을 맡게 된다.
- 여러 학습자 간의 협력과 상호작용을 기반으로 하는 협력적 문제 해결이 매우 중요하다. 소그룹이나 팀 내에서, 혹은 팀 간에 의견과 정보를 상호 교환하며 교류하는 과정이 필수적이다. 협력적 문제해결은 사회적 상호작용에 의한 지식의 구성을 촉진한다.
- 문제기반학습은 정보와 지식을 습득하는 주입식 교수·학습이 아니라 학습자 스스로 문제를 인식하고 해결안을 발견해나가는 귀납적인 학습방법을 중시한다. 문제와 해결안은 교수자가 줄 수도 있지만, 많은 경우 학습자가 스스로 인식하고 만들어나간다. 즉, 미리 어떤 정보가 주어지고 학습자가 이를 수동적으로 받아들이기보다는, 스스로 정보를 찾거나 생성하는 과정이 매우 중요하다. 이를 통해 문제의 인식과 해결 과정까지 학습자 스스로 경험하는 것이 가능해지게 된다.
- 문제기반학습은 문제해결의 과정 자체를 중시한다. 학습에서 제시되는

문제의 형태는 복잡하고 비구조화된 것으로, 문제해결의 과정을 통하여 관련 분야의 내용을 탐색하고 지식을 습득하게 된다.

문제기반학습은 전통적인 교육과는 다른 아이디어와 실천방식을 가지고 있으므로 교사, 학생 모두가 실제로 운영할 때 어려움을 겪는다. 형태상으로는 문제기반학습으로 보이지만 실제로는 지식전달에 그치고 마는 사이비 문제기반학습이나 사이비 문제가 나타나는 이유이다. 문제기반학습의 성공전략은 학습자에게 유의미하며 실제상황에 사용될 수 있는 학습환경을 구축하는 것이라고 할 수 있다. 이런 환경에서 상황맥락적이고 실제적인 활동이 이루어질 때 효과적이다. 그러나 현재 학교의 시설이나 교육과정이 문제기반학습에 친화적이지 않고, 교사의 경험이 미숙하고 문제가 이끌어가는 수업에 대한 학생, 학부모의 인식이 여전히 낮아 문제기반학습이 현장교육에 정착되기에는 많은 어려움이 있다.

게임기반학습

게임기반학습은 놀이를 통한 학습, 디지털게임을 통한 학습, 게미피케이션 등과 혼용되어 사용되거나 이들 수업 전체를 아우를 때 사용한다. 엄격히 말해 게임(game)은 규칙이 있으며 경쟁이 존재하는 놀이(play)로, 그 자체로 즐거움을 추구하는 행위인 놀이와는 구별된다. 게임 참가자들은 일련의 규칙을 따르는 상황 속에서 특정 목표를 달성하기 위해(이기기 위해) 상호간에 경쟁하게 된다. 게임기반학습은 게임을 활용해 교육의 목표를 달성하고자 하는 학습으로, 이때 게임은 동기유발과 내용 습득을 위한 교수적 장치로 역할을 한다. 디지털게임을 통한 학습은 컴퓨터가 발달하면서 디지털기반의 게임을 수업에 활용하면서 확산되고 있다. 최근에 대부분의 게임기반학습은 디지털게임을 기반으로 이루어지고 있다고 해도 무방하다.

한편, 게미피케이션은 게임 요소, 메커니즘, 게임기반의 사고를 이용하여 학습을 촉진하고 동기를 부여하는 최근의 교수적 접근방법이다. 게미피케이션은 수업의 일부로 게임을 도입하거나 게임요소들(예를 들어, 점수 따기, 도전을 극복하기, 과제 수행으로 상점 따기 등)을 교수환경에 통합한다. 교육활동 전체가 게임으로 이루어지지 않는 경우, 게임기반학습을 게미피케이션과 동일한 의미로 사용한다. 학교에서 모든 수업이 게임만으로 이루어지기 어려우므로 게미피케이션이 현실적인 대안이 될 수 있다.

게임기반학습은 여기서 소개하는 다른 형태의 교수방법과 같이 기존의 교사중심, 교실중심의 모델이 정보전달에는 효과적일지 모르나 오늘날 요구하는 창의적인 인재를 길러내기에는 적절하지 않다는 문제의식을 공유한다. 특히 일방적으로 학생의 참여 없이 이루어지는 교육은 학생들을 동기부여하기 어렵다. 왕따, 학교폭력 등 학교에서 일어나는 각종 문제들은 결국 학생이 만족하는 교육이 이루어지지 않기 때문에 일어난다고 할 수 있다. 이와 같은 상황은 학생이 주도하는 즐거운 교육에 대한 관심을 높이게 되었으며 게임기반학습이 적절한 대안으로 떠오르고 있다. 게임기반학습은 교육내용과 게임의 결합이며 교사가 직접 관여하지 않고 학생이 독립적으로 내용과 게임이 결합된 교육용 게임을 이용하여 학습목표에 도달하는 학습이다. 이 학습은 게임을 교수학습의 매체 또는 교수학습환경으로 활용하며, 학습의 각 과정에 게임의 요소들이 충분히 반영되는 학습의 형태이다.

게임기반학습에서 지켜야 할 원칙은 다음과 같다(Kapp, 2018). 첫째, 학생의 몰입을 창출하고 유지해야 한다. 게임기반학습에서 가장 근본적인 요소가 몰입이다. 학생들은 게임을 통해 배우는 과정에서 활동, 의사결정, 자극에 반응하는 것을 통해 몰입할 필요가 있다. 둘째, 학생들이 규정된 규칙을 지키고 중요한 선택을 하도록 격려한다. 게임기반학습에서 규칙이 없다면 단순한 놀이와 게임을 구별할 수 없다. 학생들은 게임과정에서 무엇이 가능하고 그렇지 않은지 알아야 하며 이러한 규칙 내에서 결정을 내려야 한다. 이러한 규칙 내에서 학생들은 선택하고 자신들의 자율성을 행사할 여지를 가질 수 있다. 성공적인 게임기반학습이 되려면 학생의 선택과 자율성이 보장되어야 한다. 이를 위해 외부적인 압박이 없이 선택이 가능하며 학생이 설정한 목표를 인정할 필요가 있다. 셋째, 학생들에게 학습목표완수를 향해 나아가고 있다는 시각적 증거를 제공한다. 최근의 게임기반학습은 주로 컴퓨터에 기반한 디지털게임을 이용한다. 이럴 때 학생들이 내용을 배우고 있으며 성취를 얻고 있다는 것을 보여주는 것은 매우 중요하다. 이를 위해 학생들이 얼마나 성취를 거두었는지에 대한 피드백을 제공하여 학생들이 수업 중에 어떤 지점에 있으며 어디로 향해가고 있고, 얼마나 가야 목적이 달성되는지를 알아야 한다. 이를 위해 학생이 진척된 것을 볼 수 있도록 시각적인 정보를 제공할 필요가 있다.

게임기반학습의 장점과 교육적 효과에 대해 백영균(2006)은 ① 게임이 제공하는 다양한 교육적 기능(교수, 탐구, 실습, 오락, 태도변화 등), ② 사회적 학습환경 내에서 지식의 의미 있는 구성, ③ 흥미유발, ④ 고차적 정신기능의 향상, ⑤ 온라인커뮤니케이션의 증가와 새로운 사회적 관계형성 등을 제시하고 있다. 이러한 장점에도 불구하고 교사 입장에서 게임기반학습을 실제 수업에 도입할 때 조심스럽게 접근하지 않으면 안 된다. 교사들이 유의할 점은 다음과 같다. 먼저, 게임에 대한 가정과 학교, 사회적 지지가 크지 않다는 점이다. 디지털게임에 대한 사회적인 편견이나 학부모들의 우려에 대해 잘 인식하고 대처할 필요가 있다. 더구나 학교의 관리자나 동료교사의 협력이나 도움 없이 단독으로 게임기반학습을 지속적으로 진행하기란 현실적으로 어려울 수도 있다. 컴퓨터게임의 효과에 대한 홍보와 게임이 가지는 중독성에 대한 교육이 같이 이루어져야 하는 이유이다.

둘째, 학생들은 잘 만들어진 교육용게임이라고 하더라도 내용보다는 게임 요소에 더 몰입하는 경향이 있다. 재미와 학습을 동시에 추구하는 것은 주의 깊게 계획하지 않는다면 실제 교실에서 실현하기 어려운 경우가 많다는 것을 알아야 한다. 단기적이고 동기유발을 위한 흥미위주의 게임기반학습 도입은 교육적 효과를 거두기 어렵기 때문에 우리나라와 같이 획일적인 교육과정하에서는 게임기반학습을 활용하여 장기적인 교육적 효과를 꾀하기 어렵다.

마지막으로 게임기반학습을 효과적으로 이끌어갈 수 있는 교사의 역량에 대한 문제이다. 교사자신이 게임에 익숙하지 않거나 별도의 연수과정을 이수하지 않아 게임기반학습에 대한 이해가 부족하다면 아무리 좋은 교육용게임을 수업에 도입하더라도 의도된 성과를 거두기 어렵다. 게임기반학습이 학생의 선택과 자율성에 기초해 이루어지고 교사의 직접적인 교수적 개입이 불필요하다고 하지만 이는 단편적인 견해이다. 게임기반학습을 비롯해 여기서 소개한 혁신적인 수업활동은 학교와 학급이라는 물리적 환경, 교육과정이라는 틀을 바탕으로 교사가 조성한 학습환경 내에서 이루어진다는 점을 잊어서는 안 된다.

5. 수업분석

일반적으로 교사가 수업 경험을 많이 쌓을수록 교수학습이론에 대한 이해가 깊어지고 수업방법에 있어서의 전문성은 향상될 것이라고 예상할 수 있다. 앞 절에 소개된 다양한 수업방법을 활용해보고, 자신만의 수업 노하우를 가지는 것은 교사로서 성공하는 데 매우 중요하다. 그러나 단순히 경험이 쌓인다고 해서 저절로 성공적인 교사가 될 수 없다. 교사 전문성 향상을 위해서는 인간학습과 수업에 대한 이론적 토대를 확장하기 위해 노력하고 이러한 이론적 기반 위에서 자신의 수업활동에 대해 객관적이고 냉정하게 살펴보며 개선을 위해 끊임없이 노력할 필요가 있기 때문이다. 이와 같이 교사가 수업 중에 일어나는 일상적인 실천활동을 이론적 기반 위에서 살펴보고 비판적으로 검토해보는 활동을 '수업분석'이라고 한다.

수업분석은 수업 중에 일어나는 교사와 학생의 발언, 활동 등 모든 사실과 현상을 상세하게 관찰 기록해서, 수업을 구성하는 각 요인 간의 관련성, 학생들의 사고과정 및 교사의 의사결정 과정 등에 내재된 법칙이나 원리, 의미를 밝혀내려는 연구활동이다. '사실과 기록을 근거로 수업을 이해하가는 총체적인 과정'(천호성, 2008)이며, 이를 통해 효과적인 수업을 위한 대안을 제시할 수 있다. 결국 수업분석은 수업 현상에 대한 단순한 이해에 그치는 것이 아니라 교수활동의 개선에 초점을 두고 이루어질 필요가 있다.

수업분석과 관련되어 자주 사용되는 용어로 수업컨설팅, 수업장학, 수업비평 등이 있다. 수업컨설팅이란 조언자인 컨설턴트가 교사(컨설턴티)와 수업과 관련된 제반 사항에 대해 논의하고 보다 좋은 수업을 하는 데 도움이 되는 지식과 정보를 조언하는 것을 말한다. 수업컨설팅의 목적은 실질적인 수업개선을 위해 교사가 필요한 지식, 기능, 태도에 대해 성찰해보는 기회를 제공해서 수업에 대한 교사의 전문성을 신장하기 위한 것이다. 수업컨설팅은 수업분석과는 달리 전문적인 컨설턴트의 지도와 조언에 초점을 두고 있다.

수업장학이란 학교나 상급기관이 제공하는 공식적인 장학활동의 하나로서 교수학습과정을 보다 효과적으로 유지, 개선하기 위한 활동이다. 수업장학은 학교장을 중심으로 하는 교내장학과 교육청 등 외부기관에 의한 교외장학으로 나누어진다. 변영계(2005)는 수업장학은 공식적으로 계획된, 조직의 필요와 공식적 권위에 기초해서 이루어지는 활동이며 학습촉진을 목적으로 교사의 행동변화를 꾀하기 위해 행해진다고 했다.

마지막으로, 수업비평이란 교사의 수업행위를 자율적이고 구성주의적인 '비평적 관점'에서 바라보고 수업을 이해하고자 하는 활동이다. 기존의 수업에 대한 평가가 표준화된 방식으로 이루어져 양적 지표를 강조했다면 수업비평은 교사의 수업실천을 마치 예술가의 활동과 같이 바라보는 것이며 비평가가 예술작품을 평가하듯이 수업에 대한 '상상적 지평을 넓혀주는' 비평 활동이라고 할 수 있다. 즉, 수업비평이란 '교사와 학생이 함께 구성해가는 수업현상을 하나의 분석 텍스트로 하여, 수업활동의 과학성과 예술성, 수업참여자의 의도와 언행, 교과와 사회적 맥락 등을 종합적으로 고려하면서 수업을 기술, 분석, 해석, 평가하는 비판적이고 창조적인 글쓰기'(이혁규, 2008)라고 할 수 있다.

1. 수업관찰과 기록

수업관찰이란 관찰자의 눈으로 수업을 살펴보고 이에 대해 기술, 해석, 비평을 통해 이야기하는 것을 말한다. 수업에 대한 관찰자의 시각은 수업을 진행하는 교사의 시각과 거리가 있을 수 있다. 이러한 시각의 차이는 교사 스스로 자신의 수업을 다른 관점에서 살펴보고 기회를 통해 수업을 개선하도록 하는 데 도움을 준다. 수업관찰에는 연구수업이나 교내연수, 공개수업 등을 통한 외부 관찰자에 의한 관찰이 있으며, 수업을 녹화하고 사후에 이루어지는 자기관찰이 있다. 효과적인 수업관찰을 위해서는 수업관찰의 내용과 대상, 관찰 시 강조점을 사전에 충분히 이해할 필요가 있다. 수업관찰의 내용은 연구자마다 다르지만 일반적으로 교사 측면에서는 교사의 성격, 말, 판서, 교사위치와 교실순회, 교사의 지명, 학생 측면에서는 학생들의 발언과 동작, 수와 특징 등을 관찰하며 기타 교실의 분위기나 교실전체의 움직임 등을 관찰하고 기록한다. 수업관찰 시에는 수업의 리듬이 어떠하며 관찰내용과 대상에 대해 상호 관련하여 이해할 필요가 있다. 수업관찰은 상황과 맥락에 대한 이해, 오감을 통한 느낌과 직관적인 앎을 중시하는 질적연구방법에 기초해 있다.

수업관찰은 관찰에 그치는 것이 아니라 관찰한 내용을 적절하게 기록하는 것이 중요하다. 수업관찰의 실행단계는 다음과 같다. 먼저, 관찰 시 교사와 학생의 상호작용에 유의해야 하며 수업에 대한 느낌과 아이디어를 기록한다. 학생의 활동을 지속적으로 관찰하여 기록해야 하며 쉬는 시간을 이용해서 교사나 학생과 간단한 인터뷰를 실시한다. 최종적으로 수업에 대한 종합적인 관찰 기록을 작성한다.

2. 수업분석 방법

수업분석을 위해서는 분석의 영역을 결정하고 적절한 분석도구를 사용할 필요가 있다. 수업분석의 주요 영역은 수업전반에 대한 검토, 교사의 수업행위와 학생의 학습활동에 대한 분석, 활용된 매체, 상호작용 검토로 나누어볼 수 있다. 수업 전반에 대해 검토할 때는 수업이 목표와 내용, 방법, 평가 간에 일관성이 있는지를 확인하고 수업내용의 구성, 수업의 명료성 등을 확인할 필요가 있다. 교사영역에서는 교사가 적절하게 동기유발하고 있는지, 수업분위기를 잘 이끌고 있는지, 학생들과의 비언어적 소통이 잘 이루어지고 있는지를 분석한다. 학생을 분석할 때는 좀 더 많은 노력이 요구되는데, 교사는 한 명이지만 학생들은 다수이기 때문에 모든 학생들에 대해 하나하나 분석하기란 사실상 불가능하다. 따라서 학생들의 전반적인 활동을 분석하되 예외적인 사례나 일탈행위 등에 대해 유의할 필요가 있다. 학생분석에는 학습기술을 제대로 활용하는지, 학습동기와 과업에 대한 집중 정도가 어떠한지, 수업에 대해 얼마나 만족하는지를 전체적으로 살펴볼 필요가 있다. 매체영역에서는 매체가 제대로 수업 목적에 봉사하는지(매체를 위한 매체가 아닌지), 효과적으로 활용하는지에 대해 주안점을 둔다. 마지막으로 상호작용 영역에서는 교사와 학생, 학생과 학생 간의 언어적 상호작용을 중점적으로 살펴본다(비언어적 상호작용은 교사 영역에서 다룬다). 또한 학생들이 주어진 시간을 효과적으로 활용하여 그룹과제에 집중하고 있는지를 살펴본다. 수업분석의 영역과 주안점에 대해서는 다음 표에서 요약했다.

〈표 7-1〉 수업분석의 영역과 주안점

분석영역	분석의 주안점	설명
수업 전반	수업일관성	수업목표, 내용, 방법, 매체, 평가간의 유기적인 통합정도 분석
	수업구성	도입, 전개, 정리단계의 조직성과 단계별 세부수업전략 분석
	수업명료성	내용전달이 쉽고 명확하게 이루어졌는지 분석
교사	동기유발전략	동기유발을 위한 전략을 살펴보고 주의집중, 자신감, 관련성, 만족감 정도를 분석
	수업분위기	수업을 진행하는 다양한 행위에 따라 학습자가 느끼는 정서를 분석
	비언어적소통	교사학생 간에 이루어지는 비언어적 소통 분석
학생	학습기술	자기관리, 수업참여, 과제해결, 읽기와 쓰기, 정보처리 등에서의 학습기술 분석
	수업만족도	수업내용과 방법, 평가 및 수업환경, 교수자와의 관계 등에서의 만족 정도 분석
	학습동기	수업에 대한 내적, 외적 동기, 자기효능감, 주의집중, 관련성, 자신감, 만족감의 영역에 걸쳐 분석
	과업집중도	학생들의 교실 내 자리배치에 따라 과업집중 경향성 분석
매체	매체설계	매체를 효과적으로 활용하는지 분석
상호작용	언어적 상호작용	교사학생 간 언어적 상호작용의 유형이나 패턴을 찾아 지시적/비지시적 수업유형 분석
	시간관리/과업분산	주어진 시간을 효과적으로 활용하여 학생들의 과업집중도를 어느 정도 확보했는지 분석

* 참고: 이상수 외(2012)의 〈수업분석표〉 일부를 수정하여 사용

자기성찰활동

교사가 수업을 준비하고 실행, 평가할 때 교육방법에 따라 시간, 준비, 실천 행동 등에서 많은 차이를 보인다. 강의법과 토의법, 문제기반학습을 준비하고 실행, 평가할 때 차이를 아래 영역별로 생각해보자(1시간 단위 수업기준).

영역	강의법	토의법	협력학습	문제기반학습
수업 준비 활동	교재 연구 핸드아웃 준비 판서자료 준비 질문항목 준비 * 이상의 활동으로 2~3시간 소요	교재연구 미니강의 준비 토의주제 준비 토의방법 준비 토의조 구성 토의자료 준비 평가자료 준비 * 이상의 활동으로 2~3시간 소요		
수업 시 활동	강의 낭독 질의응답 형성평가	미니 강의 분위기 조성 토의 진행 토의 촉진 조별 지원 교실 통제 토의 평가		
평가 활동	총괄평가	토의참여 정도 토의보고서 총괄평가		
매체 및 자료 준비	컴퓨터 / PPT 교과서 참고자료	인터넷 / 노트북 토의자료 조별 토의록		

8장

교육과 설계

교육이 목적의식적으로 인간을 변화시키기 위해 이루어지는 활동이라면 무엇보다 먼저 목적을 정하고 학습자의 수준과 흥미에 맞게 내용을 선정한 다음, 교수방법과 평가방식을 구상하는 작업이 필요하다. 이렇게 하여 전체적인 구상이 섰다면 이를 실행에 옮길 수 있도록 실천계획을 짜고 필요한 매체를 구입하거나 개발해야 한다. 이와 같이 교육활동이나 교수행위를 사전에 계획하고 준비하는 과정을 교수설계라고 한다. 일반적으로 설계는 문제를 인식하고 문제해결을 위한 방안을 모색하는 목적의식적인 활동이다. 교육에서의 설계는 교육공학의 핵심적인 영역이다. 이 장에서는 교수설계를 중심으로 교육공학에 대한 이해를 돕고자 한다.

1. 교육공학

1. 정의

교육공학은 교육방법과 밀접한 관련을 가진 학문적 영역이다. 교육방법이 교육목표와 내용, 성과를 연결시키는 모든 형태의 활동, 매체, 도구를 의미한다면 교육공학은 이러한 방법들이 실제로 성과를 거둘 수 있도록 과학적 이론에 기초하여 체계적으로 조직하고 활용하는 데 관심이 있다. 교육공학(Educational Technology) 또는 교수공학(Instructional Technology)[1]은 교육이나 교수학습 활동의 목표를 규명하고 목표 달성을 위한 전략을 고안하며 세부적인 실현방안들을 체계화하여 의도된 학습목표를 달성하기 위해 노력하는 실천적인 학문이다. 교육공학의 개념은 교육공학 분야가 성장하면서 변화를 겪고 있으나 미국교육공학회(AECT)에 의한 최근의 정의(2008)를 살펴보면 다음과 같다.

> 교육공학은 적절한 과학기술적인 과정과 자원을 창출, 활용, 관리함으로써 학습을 촉진하고 수행을 향상하기 위해 연구하고 윤리적으로 실천하는 학문이다.

이 정의에서는 교육공학의 목적이 학습 촉진과 수행향상이라는 점을 분명히 하고 있다. 학습 패러다임의 변화를 반영하면서 학습을 촉진시킬 수 있는 방안을 연구하고, 학습한 것을 실제로 활용할 수 있는 수행능력의 향상을 도모한다. 이때 수행능력의 향상은 교육이외의 다른 방법에 의해서도 가능하기 때문에 교육공학자들은 수행향상을 위한 교육적 처치 이외의 다른 방안에 대해서도 관심을 가지고 연구한다. 또한 위의 정의에서는 학습과 수행을 위해 필요한 여건을 만들어내는 것을 '과정과 자원을 창출, 활용, 관리'하는 것이라고

---

1 교육공학(Educational Technology)에서의 '교육'은 의미하는 바가 광범위하므로 교수공학 또는 수업공학(Instructional Technology)과 같이 교수활동에 초점을 맞추어 연구를 진행하자는 논의가 있다. 여기서 공학(technology)은 과학적 이론을 이용하여 실제 생활의 문제를 해결하기 위해 체계화된 지식기반을 말하는 것으로 기계를 조작하거나 운영하는 데 사용하는 공학(engineering)과는 다르다.

표현하고 있다. 교육공학은 긍정적인 학습경험을 제공하기 위한 환경과 필요한 자원을 설계, 개발, 제작하는 명세화된 과정을 중요시한다[2]. 여기서 과정이란 교수개발에서의 체제적 접근이라는 이론적 토대를 바탕으로 설계, 개발, 활용, 평가의 절차를 거쳐 의도하는 학습결과를 이끌어내려는 일련의 활동이다. 자원은 학습을 돕는 인적자원, 도구, 테크노롤지, 기타 자료들이다. 교사와 학생들은 새로운 자원을 발견하거나 창출하고 교수학습활동에 활용하는데, 이러한 자원들이 실제 효과가 있는지, 어떻게 활용해야 하는지에 대한 연구와 실천지침이 필요하다. 이는 교육공학에서 매우 중요하게 여기는 활동이다.

교육공학은 '공학'이라는 용어로 인하여 가치중립적이고 목적지향적이라는 오해를 사곤 한다. 이때의 공학은 엔지니어링(engineering)에 해당하는데 사전적 정의는 '공업적인 생산에 응용하여 생산력과 생산품의 성능을 향상·발전시키기 위한 과학 기술의 체계적인 학문'이다. 이런 의미에서 공학은 주어진 목적을 달성하기 위한 실용성을 강조하므로 가치판단이나 윤리문제 등에 관심이 소홀한 측면이 있다. 그러나 교육공학에서의 공학은 테크놀로지(technology)의 번역으로 과학적 연구성과를 실제 문제의 해결에 활용한다는 의미를 담고 있다. 교육공학은 공학의 영역이 아니라 교육학의 영역에 속해 있으며, 교육적 가치판단과 교육철학적 입장에 따라 연구와 실천 양상이 크게 변화한다. 다시 말해 교육공학에서는 다른 교육학 분야와 마찬가지로 가치관과 철학이 중요하며 문제해결을 위한 도구적·실용적 학문에 그치지 않는다는 것이다. 바로 교육공학의 정의에서 '윤리적 실천'이 나오는 이유이다. 교육적 실천에 있어

---

2 최근에는 구성주의의 영향으로 연구의 중점이 교수에서 학습으로 변화하고 교수자중심에서 학습자중심으로 관점의 전환이 이루어졌다. 이로 인해 전통적인 분야인 교수설계(과정)에 대한 관심이 줄어들고 학습자 중심의 학습 환경 창출에 더 큰 관심을 기울이게 되었다. 즉, 사전에 교수 절차를 명세화하는 것이 아니라 학습 환경의 설계를 중시하고 있다.

윤리적 관심은 매우 중요하다. 매체에 대한 윤리적 사용과 지적 재산권 보호에 대한 문제는 갈수록 심각한 사회문제가 되고 있다. '윤리적 실천'은 단순히 법적 제한이 아니라 일을 수행하는 접근법이고, 학문적 연구의 기본 토대가 된다. 윤리적 실천은 교육적 성공을 위한 필수적 요소이며, 아무리 효과가 좋은 매체나 아이디어라고 하더라도 윤리적이지 못하다면 성공할 수 없다.

2. 영역

교육공학은 크게 설계, 개발, 활용, 관리, 평가 영역으로 나누어진다. 각각의 영역에서 이루어지는 연구와 실천을 살펴보면 다음과 같다.

설계영역

설계는 문제를 확인하고 해결방안을 모색하기 위한 목적의식적인 활동이며, 문제의 확인, 바람직한 상태와 현재상태 간의 격차 확인, 목표의 정립, 목표 실현을 위한 방법과 절차의 고안, 세부적인 방법에 대한 명세화 등을 통해 이루어진다. 교육공학에서의 설계는 교수설계를 핵심으로 하고 있으며, 교수설계는 초기 행동주의 이론을 토대로 프로그램 학습 설계에서 인지과학에 기반한 교수체제설계, 구성주의적 학습환경 설계 등으로 변화, 발전하고 있다. 설계영역에 포함되는 세부영역으로는 교수체제설계, 메시지 디자인, 교수전략, 학습자 특성 등이 있다.

개발영역

개발영역은 주로 매체 제작 분야에서 발전해왔으며 첨단 기술의 발달로 인해 크게 확장되고 있다. 인쇄물을 중심으로 하는 초기 매체에서 최근의 인공지능기반의 교수매체에 이르기까지 매체의 효과와 개발 및 활용방안에 대한 연구와 실천이 이루어지고 있다. 개발은 설계의 결과를 반영해 교육에 필요한 매체를 만들어내는 과정이다. 또한 개발된 매체를 활용, 관리, 평가해야 하므로 교육공학의 활용, 관리, 평가 영역과도 긴밀하게 연관되어 있다. 개발영역에는 인쇄 테크놀로지, 시청각 테크놀로지, 컴퓨터기반 테크놀로지, 통합 테크놀로지 등의 세부영역이 있다.

활용영역

활용영역은 설계를 통해 나온 계획서를 바탕으로 현장에서 실행하는 행위를 비롯해 다양한 분야에 걸쳐 있다. 교육공학은 교수학습의 효과를 증진시키기 위한 방법에 관심이 많기 때문에 활용영역에서 설계·계획된 것이 실제로 구현된다는 의미에서 매우 중요하다. 활용영역의 네 가지 하위영역은 매체활용, 혁신의 보급, 수행과 제도화, 정책과 규제이다. 이중 혁신의 보급은 새로운 매체나 교육방법의 채택을 목적으로 하여 계획적인 전략을 사용하는 의사소통의 과정이다. 수행은 교수매체나 교수법을 실제환경에서 사용하는 것이며 제도화는 한 조직의 문화와 구조 안에서 혁신을 지속화하는 것이다. 활용영역에서 정책과 규제란 매체의 보급과 사용에 영향을 미치는 사회적 규칙과 행위를 말하는 것으로, 정책을 수립하고 정치적인 행동을 조직하며, 조직을 개발하거나 윤리적 문제를 논의하는 등 다양한 사회적 활동을 포함한다. 이러한 사회적 실천은 교육공학이 개별적인 교육현장뿐만이 아니라 학교나 기업, 지역사회, 국가의 정책에 영향을 미치고 있음을 보여준다.

관리영역

관리영역은 프로젝트 관리, 자원관리, 전달체제 관리를 비롯하여 정보관리에 이르기까지 다양한 환경에서의 관리를 말한다. 전달체제 관리는 산출물에 관련된 이슈, 즉 하드웨어와 소프트웨어에 대한 요구사항, 사용자와 기술자에게 필요한 기술지원, 설계자와 교사를 위한 지침과 같은 절차적 문제를 다루며, 정보관리는 학습자원을 공급하기 위해 정보를 기획, 감시하고 적절히 저장하며 정보를 전달하거나 처리하는 것을 말한다. 정보 관리는 인공지능과 대량의 데이터 처리 기술이 발달한 오늘날 더욱 큰 중요성을 가지고 있다. 학습분석학과 같은 분야는 정보를 활용해 교육과정과 교수설계의 적용을 혁신하고 있으며 사용자에게 맞는 맞춤형 교육의 실현을 위해 노력하고 있다.

평가영역

평가영역은 교수학습이 적절하게 이루어졌는지를 결정하는 과정이며, 문제분석, 준거지향 평가(절대평가), 형성평가, 총괄평가 등은 평가영역의 하부 영역에 해당한다. 평가영역에서 문제분석은 정보수집과 의사결정전략을 사용해 문제의 성질과 변인을 결정하는 것을 말한다. 요구를 확인하고 그 내용이 교육과 관련된 문제인지를 판단하며 학습에의 방해요인, 필요한 자원, 학습자의 특성을 확인해 목표와 우선순위를 결정한다.

2. 교수매체

매체(media)란 라틴어 'medius'에서 유래한 말로, 무엇과 무엇의 사이(between)를 의미한다. 매체는 의사소통에 있어서 송신자(sender)와 수신자(receiver)간에 정보를 전달하는 모든 수단을 의미한다. 교수매체란 교수 상황에서 사용되는 매체로, 효과적으로 교육목표를 이룰 수 있도록 교수자와 학습자, 학습자와 학습자 사이에 필요한 의사소통을 도와주는 다양한 형태의 매개 수단을 말한다.

교수매체의 특징은 기술적 속성, 내용적 속성, 상황적 속성, 상징적 속성 등 네가지로 구별하여 살펴볼 수 있다(권성호, 1990). 먼저, 기술적 속성은 매체를 구성하는 재료 및 기기의 속성을 말하며 정보 전달 방식에 영향을 미친다. 매체가 가진 기술적 한계나 가능성은 교수 상황과 여건에 따라 매체를 적절하게 선택해야 하는 필요성을 낳는다. 매체의 내용적 속성은 전달하려는 내용에 따라 매체 효과가 좌우될 수 있다는 의미인데, 예를 들어, 텔레비전이 어떤 내용을 전달하는가에 따라 유용하기도 하고 그렇지 않을 수도 있다. 아무리 좋은 매체라도 내용이 적절하고 잘 설계되어 있지 않다면 효과를 보기 어려울 것이다. 매체의 상황적 속성이란 정보가 전달되는 상황이나 사회적 환경에 따라 동일한 매체라도 다른 효과를 거둘 수 있다는 의미이다. 텔레비전에서 교육용 프로그램을 보더라도 부모나 교사와 같이 시청할 때와 혼자 시청할 때는 효과가 다르다. 마지막으로 매체의 상징적 속성은 매체에 따라 내용을 전달하기 위해 문자, 음성, 영상 등 특정한 상징체계를 사용한다는 것이다. 동일한 내용도 문자로 전달될 때와 음성으로 전달될 때 다른 효과를 거두게 된다. 어떤 상징체계를 사용하느냐에 따라 정보 전달 효과가 달라지는 것이다. 이러한 매체의 속성을 잘 이해하면 교사가 수업할 때 매체를 선정하고 활용하는 데 도움을 받을 수 있을 것이다.

1. 교수매체의 역할과 기능

교수매체는 학습자의 주의를 끌고 동기를 유발하는 특성을 가지고 있다. 교사가 교과서와 칠판 없이 수업하는 경우는 거의 없다. 교사들은 교과서를 읽거나 설명하고 칠판에 판서를 하면서 청각적·시각적 자극을 통해 정보를 전달한다. 이와 같이 교과서(교수자료)나 칠판(테크놀로지)은 중요한 매체로서 오랫동안 교실에서 활용되어 왔다. 여기에 영상매체를 활용한다면 학생들의 주의를 끌고 학습동기를 유발하는 데 기여할 것이다. 교사가 아무런 자료 없이 언어만으로 진행하는 수업에 비해 다양한 매체를 활용한 수업은 학생들의 주의 집중과 동기유발에 도움이 될 것이다.

매체는 또한 교실에서 직접적으로 경험하기 힘든 내용을 전달하는 데 활용된다. 학생이 직접 답사를 가거나 만들어보는 직접 경험은 제한적일 수 밖에 없다. 어린 학생일수록 직접적인 경험이나 관찰 없이 추상적인 개념을 발전시키기가 어려운데, 매체는 직접 경험 대신 간접체험의 기회를 제공하고, 시각자료나 영상자료를 통해 짧은 시간 내에 유사한 학습효과를 거둘 수 있게 한다. 구체적인 경험을 제공할 뿐만 아니라 학습자의 사전 경험을 새로운 개념에 통합시켜 추상적인 개념을 유의미하게 이해하도록 돕는다.

이와 같이 교수매체는 교사를 도와 유의미한 교육적 경험을 제공하며 학습자의 주의를 끌고 동기를 유발하여 학습목표를 달성하는 데 기여한다. 매체는 교수자료로서 내용을 전달하고 때로는 교수자의 역할을 대신하기도 한다. 동영상 강의로 수업을 대신하거나 참고서 문제 풀이로 수업하는 것과 같이 교사의 개입이 없이 학생들 스스로 학습하게 되는 경우도 종종 발생한다. 이런 경우 교수매체는 교사의 역할을 하게 되며 학생들은 매체로부터 배운다. 그러나 매체를 활용하는 목적은 교사의 짐을 덜거나 대체하기 위한 것이 아니다. 매체는 교사와 학생, 학생과 학생간의 정보교환과 의사소통을 촉진하기 위한 것이며 학습 목표를 달성하기 위해 존재하는 것이다. 이렇게 본다면 매체는 교사와 학생에게 있어 파트너의 역할을 한다고 볼 수 있다. 구성주의 교실에서 매체 활용 방안에 대해 살펴보면 다음과 같다(Jonassen 외, 2008).

지식구성을 지원하는 도구

• 학습자의 아이디어, 이해, 신념 등을 표현할 수 있게 해준다.

- 학습자가 조직화된 멀티미디어 지식기반을 생성할 수 있게 해준다.

지식을 탐색하도록 지원하는 도구

- 필요한 정보에 접근할 수 있게 해준다.
- 다른 관점, 신념, 세계관을 비교할 수 있게 해준다.

행위학습(learning by doing)을 위한 실제적 맥락 제공

- 실제 세계의 문제, 상황, 환경 등을 표현하고 경험해볼 수 있게 해준다.
- 다른 사람의 신념, 관점, 논의, 이야기를 묘사해준다.
- 학습자가 사고활동을 할 수 있는 신뢰할 수 있고 통제 가능한 문제 상황을 정의해준다.

협력 학습을 위한 매개체의 역할

- 다른 사람들과 협력할 수 있게 해준다.
- 지식 구축 공동체 간의 진지한 토론이 가능하게 해준다.

성찰을 지원하기 위한 지적 동반자의 역할

- 학습자가 무엇을 어떻게 배웠는지 반성할 수 있는 기회를 제공해준다.
- 학습자의 내적 의미 협상과 의미 구성을 지원한다.
- 학습자가 신중한 사고를 할 수 있게 해준다.

2. 교수매체의 분류와 유형

1. 교수매체의 분류

교수매체는 매우 다양한 종류가 있다. 이들을 분류하여 유형화함으로써 각

유형별 특징을 잘 이해할 수 있고, 이러한 특징을 살려 교실에서 사용할 때 보다 큰 효과를 거둘 수 있다. 가장 일반적인 유형별 분류는 상징체계에 따른 분류인데, 상징체계가 무엇이냐에 따라 시각매체, 청각매체, 시청각매체, 상호작용매체로 나눌 수 있다. 시각매체는 문자나 실물, 모형, 사진, 그림 등과 같이 시각적인 방법에 의존해 내용이 제시되는 것이고, 청각매체는 주로 청각적인 상징체계를 이용하는 것으로, 라디오나 녹음기 등이 여기에 속한다. 시청각매체는 텔레비전이나 영화와 같이 시각적 자극과 청각적 자극을 동시에 자극하여 정보를 전달하는 매체를 말한다. 멀티미디어는 시각, 청각, 시청각 등 모든 매체의 특징을 가지고 있다. 상호작용 매체는 매체와 사용자간의 상호작용을 강조한 것이며, 주로 컴퓨터와 관련된 매체가 해당한다. 단순히 정보를 제시하는 것이 아니라 학생의 반응을 유도하고 감지하며 피드백이나 정보를 제공하는 특징을 가지고 있다.

교수매체를 상징체계가 아닌 학생이 교수학습상에서 경험하는 바를 중심으로 분류할 수 있다. 1960년대 에드가 데일은 '경험의 원추'라는 모형을 제시했는데, 경험의 원추는 원추의 가장 넓은 아래 부분에 직접적이고 목적적인 경험을 놓고 꼭대기에 언어기호를 배치하여 학생들이 실질적인 경험과 참여로부터 추상적인 언어에 이르기까지 매체를 어떻게 분류할 수 있는지 보여주고 있다. 경험의 원추는 학습자의 구체적이고 직접적인 참여에서 시작해 직접적 관찰, 매체에 의해 매개된 참여와 관찰, 최종적으로 상징을 통한 경험으로 구성되어 있다. 이를 나열하면 직접적, 목적적 경험, 구성된 경험, 극화된 경험, 시범, 견학, 전시, 텔레비전, 영화, 녹음, 시각기호, 언어기호 등이다.

2. 교수매체의 유형과 활용

교수매체는 다양하지만 실제 현장에서 사용되고 있는 매체는 그리 많지 않다. 많은 매체들이 현장에 도입되었다가 실효성을 잃거나 관심에서 멀어지면서 사라졌다. 또한 기술이 발달하면서 이전 기술로 만들어진 제품들은 교실에서 더 이상 활용되지 않는다. 한때 교육을 혁신시킬 수 있다거나 놀라운 학습효과를 거둘 수 있다고 여겨졌던 매체들 중 많은 것들이 사라졌다. 괘도, OHP, VTR, 슬라이드, CD, DVD, 상호작용 비디오디스크, 쌍방향 텔레비전, 녹음기, 라디오 등이 이미 사라졌거나 조만간 사라질 운명이며, 전자교탁이나 전자칠판, 디지털비디오, VR이나 AR기기, 인공지능 로봇 등은 이미 도입되었거나 향후 도입될 예정인 매체들이다. 현재 교육현장에서 많이 사용되고 있는 것은 칠판이나 화이트보드, 전자칠판, 컴퓨터 등이다. 이하에서는 이들 매체를 중심으로 활용방안을 살펴보고자 한다.

칠판, 화이트보드, 전자칠판

칠판은 교육현장에서 가장 오래되고 많이 활용되고 있는 전통적인 매체로, 최근에는 화이트보드나 전자칠판의 형태로 진화하고 있다. 전통적 매체인 칠판의 활용방안에 대해서는 잘 알려져 있는데, 몇 가지를 소개하면 다음과 같다.

- 판서내용을 잘 볼 수 있도록 글자와 그림의 크기를 충분히 크게 한다.
- 판서는 수업의 보조적 역할을 하는 것이다. 교재를 대신해서 자세한 정보를 적어놓아서는 안 된다.
- 판서의 활용은 내용을 적고 학생들이 받아적게 하는 일방적 방식이 아니라 학생과 상호작용할 수 있도록 역동적으로 판서계획을 짜야 한다.
- 판서는 학생들이 멘털모델(mental model)을 형성할 수 있도록 칠판 전체를 사용해 시각적으로 잘 정돈해야 한다.
- 판서를 하면서 설명을 할 때는 학생들의 주의를 집중시키고 난 다음 시작해

야 하며, 칠판이 아니라 학생들을 향해 설명해야 한다.

- 색깔을 적절히 사용해 중요한 개념이나 부분을 표시한다. 내용상 중요한 부분이 있으며, 지시봉 등을 사용한다.
- 정밀한 그래프나 도형은 칠판에 직접 그리기보다 다른 매체를 활용해 보완하도록 한다.

최근 전자칠판이 교실에 도입되는 추세에 있다. 전자칠판은 칠판의 기능과 더불어 컴퓨터의 기능을 결합한 것이다. 교사나 학생이 전자펜으로 입력한 내용이 컴퓨터에 저장되고 출력이 가능하며 컴퓨터에 저장된 교수자료를 전자칠판으로 직접 전송해 수업에 활용할 수 있다. 인터넷에 연결하여 실시간 자료 검색도 가능하며 화상 수업도 진행할 수 있다. 그래픽 도구나 연산 도구와 같은 소프트웨어 활용법을 전자칠판을 이용해 시범을 보일 수도 있다.

프리젠테이션 소프트웨어

프레젠테이션 소프트웨어의 대표적 제품이 마이크로소프트사의 파워포인트 프로그램이다. 파워포인트 프로그램은 간단한 사용법만 익힌다면 다양한 시각자료를 만들어 교실에서 투사할 수 있다. 프로그램이 제공하는 템플릿을 활용할 수 있으며, 텍스트, 그림, 사진, 도표, 다른 프로그램에서 가져온 이미지나 음성, 음향, 음악도 삽입할 수 있고 간단한 애니메이션을 삽입할 수도 있다. 프리젠테이션 소프트웨어를 제작하거나 활용할 때 유의할 점은 다음과 같다.

- 텍스트 위주의 자료를 제시할 때는 개괄식으로 간단하게 제시해야 한다. 자료를 보고 읽는 수업이 되지 않도록 한다.
- 프로그램에서 제공하는 템플릿을 활용하면 일관성 있는 자료를 작성할 수 있다. 지나치게 다양한 폰트나 색상보다는 정보나 자료 전달의 목적에

맞게 일관성을 유지하는 것이 좋다.

- 지나치게 많은 애니메이션이나 오디오, 화면전환 효과는 오히려 학습자의 주의력을 산만하게 한다. 최소한의 필요한 정도만 삽입하는 것이 효과적이다. 간단한 것이 가장 좋다(Simple is Best).
- 페이지 간에 적절한 링크를 삽입하여 내용을 보다 조직화할 수 있다. 외부 웹사이트나 다른 형태의 문서로 링크하여 부가적인 자료를 제시할 수도 있다.
- 프리젠테이션 소프트웨어는 투사매체이므로 빛에 민감한 학생들에게 피로감을 줄 수 있고 오랫동안 활용하게 되면 주의력이 산만해진다. 학습목적에 맞게 적절하게 사용할 필요가 있다.
- 프리젠테이션 소프트웨어는 보통 전달식 수업에서 많이 사용되나 토론학습이나 협력학습, 탐구학습, 문제기반학습 등 여러 학습형태에서 학생들에게 정보를 제공하거나 학생들의 결과 발표 등에 활용할 수 있다. 다양한 상황에 적절하게 활용한다면 수업효과를 거둘 수 있다.

컴퓨터와 첨단 매체

컴퓨터가 학교교육에 도입된 이래 많은 교육자들은 그 어느 매체보다도 컴퓨터로 인해 교육현장이 변화할 것이라고 기대했다. 수업에서 컴퓨터 활용의 장점을 고려해보면 이러한 주장에 어느 정도 공감할 수 있다. 먼저, 컴퓨터를 활용하면 개별화된 맞춤형 학습이 가능하다. 컴퓨터를 활용하여 학습자는 자신의 학습속도에 맞게 공부할 수 있으며 필요에 따라 학습을 통제할 수 있다. 둘째, 장애나 문화적 요구 등 학습자의 특수한 요구에 부응해서 내용이 제공되므로 소수자로서의 불이익을 피할 수 있다. 셋째, 멀티미디어 자료를 이용해 학습자의 다양한 감각을 자극하므로 주의를 끌거나 동기를 유발할 수 있다.

넷째, 기본적인 교수, 교정, 보충 학습을 제공하는 등 교수학습의 전 과정에서 이용할 수 있다. 다섯째, 학습자가 직접 프로그램을 실행하고 제어하면서 학습하므로 적극적인 참여를 유도할 수 있다. 또한 관리 측면에서도 유용하다. 교사들은 컴퓨터에 기록된 로그 파일을 통해 학습 현황을 모니터링할 수 있으며 학습자에 대한 정보 관리와 수업자료 관리가 용이하다.

이러한 장점을 가지고 있는데도 컴퓨터 매체가 교육현장을 혁신하거나 학생들의 학습활동에 획기적인 변화를 불러일으킨 것 같지는 않다. 아무리 좋은 도구라도 사용하기에 따라 유용한 정도가 달라지듯이, 컴퓨터 역시 활용과정에서 주로 교수자료의 전달수단으로 이용되면서 원래의 장점을 살리지 못했다. 교육과정이나 평가방식이 바뀌지 않은 상태에서 컴퓨터 매체의 도입만으로 변화를 불러일으키기에는 한계가 있었던 것이다. 또한 자기조절능력이 부족한 학생의 경우에는 주로 게임이나 오락용으로 이용되기도 하고, 질이 높은 콘텐츠나 프로그램이 개발되지 않아 현장에서 외면을 받기도 했다. 또한 컴퓨터 매체를 활용할 때 적절한 교수설계가 이루어지지 않아 '매체를 위한 매체' 수업이 되고 마는 경우도 많았다. 컴퓨터의 속성에 대한 정확한 이해와 교육적 활용방안, 기존의 교육과정과 평가방식을 고려한 적절한 교수설계 없이는 컴퓨터 매체가 그 장점을 제대로 발휘하지 못할 것이다. 컴퓨터의 올바른 교육적 활용에 대해 이인숙(1996)은 '정보의 창고', '탐구학습의 동반자', '기능적 도구', '의사소통 도구'로 나누어 살펴보았다(이인숙, 1996).

① 정보의 창고: '정보의 창고'로 활용될 때 컴퓨터는 주로 일방향적인 커뮤니케이션을 통해 접근가능한 정보 제공원으로서의 역할을 한다. 컴퓨터는 전통적 교실에서라면 입수불가능한 정보를 탐색할 수 있게 해주며, 학습자의 학습 및 연구활동을 위해 광범위하게 사용할 수 있게 해준다. 학생들이 과제 수

행을 위해 정보를 찾고 검색한 정보에 대한 자신의 이해와 지식을 바탕으로 과제를 해결한다. 정보의 창고로서의 컴퓨터는 구체적으로 쓰기, 계산, 정보 검색 등에 활용될 수 있으며, 지식 강화, 개념 개발, 문제 해결에 기여할 수 있다.

② 기능적 도구: '기능적 도구'로 활용될 때 컴퓨터는 학생들의 아이디어를 다른 사람에게 표현하고 학습결과물을 산출, 제시할 수 있도록 지원해준다. 대부분의 경우 지식의 형성은 학습자가 다른 사람과 대화하고 스스로 자료를 설계하며 학습자원을 관리할 때 이루어진다. 최근의 추세는 교수 전달을 위한 매개체가 아닌 학습 과정을 돕는 기능적도구로서의 컴퓨터의 가치를 강조하고 있다. 예를 들어, 학생들이 학습한 결과를 텍스트, 그래픽, 이미지, 오디오, 비디오 등을 활용해 재구성할 때 학습이 더욱 촉진된다. 컴퓨터 소프트웨어를 활용하여 수집한 자료를 기록하고 분석하여 결과물을 창출할 수도 있고, 복잡한 도구의 활용 없이 학생들이 창작활동에 참여할 수 있도록 돕기도 한다. 대표적인 '기능적 도구'에는 문서작성 프로그램, 스프레드쉬트, 탁상출판 프로그램, 그래픽 프로그램, 발표도구, 하이퍼미디어, 문법 분석 프로그램 등이 있다.

③ 탐구학습의 동반자: '탐구학습의 동반자'로 활용될 때 컴퓨터는 학습자들의 사고 과정을 지원하고 이끌어주며 사고범위를 확산시켜 주는 역할을 한다. 이때 '비판적 사고'를 동반하며, 학생들의 지식구성 및 지식촉진을 돕는다. '탐구학습'에 활용되는 컴퓨터는 학습자가 자신의 지식을 구체화하고 자신의 학습 과정과 결과에 대해 되새겨 보며, 스스로 의미를 만들어가며 형성된 의미를 자신의 언어로 표현하는 것을 도와준다. '탐구적 학습'을 위한 컴퓨터는 '기능적 도구'와 달리 인간의 능력을 단순히 확장하는 것을 넘어서서 지식을 구성하게 해주고 학습자들을 인지적 활동에 참여시킴으로써 인지적 성장을 돕는다.

④ 의사소통 도구: '의사소통 도구'로서의 컴퓨터는 서로 다른 장소에 있는 교사와 학습자들이 의견과 정보를 주고받을 수 있도록 해준다. 컴퓨터를 활용

한 의사 소통이 면대면 소통을 완전히 대체하지는 않겠지만 거리와 시간의 제약을 최소화하면서 언제 어디서나 자기의 필요에 맞게 각종 자료와 데이터를 공유할 수 있게 해준다.

3. 교수매체의 선정과 ASSURE 모형

이제 교사가 교실에서 칠판과 백묵만으로 수업하는 시대는 지났다고들 한다. 그러나 현실이 반드시 그런 것은 아니다. 또 여러 가지 다양한 매체를 활용한다고 해서 수업효과나 학생들의 동기가 높아지는 것은 아니다. 교사의 웅변적인 강연만으로도 충분히 도달할 수 있는 학습목표도 많고 값비싼 매체를 이용하지 않더라도 손쉽게 수업성취를 이루는 경우도 있다. 또한 칠판과 같은 매체를 잘만 활용하면 그 어떤 매체보다 더 재미있고 효과적인 수업활동이 가능하다. 이런 점을 고려해보면 첨단 매체를 무작정 활용하는 것에 대해 경각심을 가질 필요가 있다.

그럼에도 자신의 수업에 적절한 매체를 선정하고 효과적으로 활용하고자 하는 교사의 노력은 존중되어야만 한다. 매체의 활용이 학습자의 입장에서는 이전에 가능하지 않았던 새롭고 유의미한 경험을 할 수 있도록 도와주며, 교사의 입장에서는 즐겁게 가르치고 학생들과 더 가까워 질 수 있는 기회를 갖게 해주는 것이다. 그렇다면 매체의 선정과 활용을 위한 기준이나 방법은 어떠해야 하는가?

교수매체의 활용을 돕는 모형은 여러 학자들에 의해 소개되었지만 여기서는 하인리히(Heinich) 등이 개발한 ASSURE 모형을 소개하고자 한다. ASSURE 모형은 교수매체를 활용한 수업을 할 때 학습자 분석(Analyze learners), 학습목표 진술(State objectives), 교수방법, 매체 및 자료 선택(Select methods, media, and materials), 교수매체와 자료 활용(Utilize media and materials), 학습자 참여 유도(Require learner participation), 평가와 수정(Evaluate and revise)의 앞 글자를 따서 만든 모형이다.

- 학습자 분석(Analyze learners): 학습자의 일반적 특성으로는 연령, 지적특성, 가정환경 등을 들 수 있다. 이러한 요인은 학습내용과 직접 관련되어 있지는 않으나 수업 수준을 결정하거나 수업 중에 학습자에게 적절한 예를 찾는 데 도움을 줄 수 있다. 학습자의 출발점능력은 교수매체를 선정하거나 활용할 때 보다 밀접한 관련을 가지며, 학습을 하기 전에 학습자가 가지고 있는 선행 지식이 어느 정도인지, 오개념을 가지고 있지 않은지를 확인해야 한다.
- 학습목표 진술(State objectives): 목표는 교과서나 교사용 지도서 등에서 확인하거나 교사 스스로 개발할 수 있다. 요점은 교사의 입장이 아닌 학습자의 입장에서 수업을 받은 결과 무엇을 할 수 있는지에 있어서 진술하는 것이다. 이때, 학습자가 목표를 수행할 때의 학습의 조건, 수용할 수 있는 정도 등이 포함되어야 한다. 이를 ABCD 진술기법(Audience, Behavior, Condition, Degree)이라고 한다.
- 교수방법, 매체 및 자료 선택(Select methods, media, and materials): 학습자가 갖고 있는 지식, 기능, 태도 등에서의 능력의 정도가 확인되고 나면, 학습목표를 확인한 후 적합한 교수방법과 매체 형태를 선정하고 활용할 자료를 결정해야 한다. 매체선정의 절차는 3단계로 이루어진다. 학습과제에 적합한 교수방법을 결정한 후, 방법을 수행하기에 적합한 매체 형태를 선택하며 마지막으로 매체 형태로 사용할 수 있는 자료가 있으면 선정하거나 변형하고, 없으면 새 자료를 제작한다.
- 교수매체와 자료 활용(Utilize media and materials): 자료가 선정된 후 어떻게 자료를 활용할 것인지에 대한 계획을 세워야 한다. 우선 자료를 검토하고,

사용할 것을 미리 살펴본 후, 교실수업을 준비하고 필요한 장비와 설비 등을 확인한다. 그러고 나서 매체에 맞게 다양한 활용방법을 통해 수업을 실시한다.

- 학습자 참여 유도(Require learner participation): 학습이 효과적으로 이루어지기 위해서는 학습자가 활발하게 수업에 참여할 수 있어야 한다. 교사는 학습자의 반응을 유도하기 위해 질의응답, 토의, 탐구과제 등을 제시하거나 매체를 활용한 뒤에 과제를 부여하는 등 학습자 참여를 구조화해야 한다.
- 평가와 수정(Evaluate and revise): 수업 후에는 수업의 영향과 효과를 평가할 필요가 있다. 수업과정 전체를 평가하는 것과 별도로 목표를 성취했는지, 선정된 방법이나 매체가 목표에 이르도록 보조했는지, 모든 학생들이 자료를 적절히 사용했는지 등을 구체적으로 평가해야 한다. 만약 교사가 원하는 바와 학생들의 평가가 일치하지 않으면 교수계획을 수정해야 한다. 교사는 사용한 자료와 매체의 효과성, 비용효율성, 매력성 등을 평가해 다음에 교수매체를 사용할 때 참고로 삼는다.

3. 교수설계

교수설계란 의도한 학습목표를 달성하기 위해 과학적으로 입증된 교수학습의 원리를 적용하여 효과적인 수업을 개발하고 실행하는 체계적인 방법을 말하며(교육공학용어사전 편찬위원회, 2005) 교수, 학습과정의 문제를 진단하고 이를 해결하기 위한 과정을 계획하며, 결과를 평가하는 체제적 절차이다.

수업을 하는 교사들에게 교수설계는 수업계획을 짜는 것이다. 그러나 우리 교육에서 수업계획서나 교수학습지도안을 개발하는 것은 주어진 양식의 빈칸을 채워나가는 형식적인 작업인 경우가 많다. 교사들 중에는 이런 형식적인 작업을 왜 해야하는지에 대해 불만스럽게 생각하는 사람들도 있다. 교수설계의 결과가 수업계획서나 교수학습지도안으로 나타날 수 있지만 교수설계는 보다 폭넓은 활동이다. 학생을 이해하고, 문제를 찾아 원인을 분석하고, 해결책을 모색해보는 것을 포함해 매체를 활용하거나 자료를 개발하고 대안적 활동을 준비하고 평가계획을 수립하는 등 수업의 전 과정을 계획하고 준비하는 활동이다. 교수설계자는 체계적인 절차를 따라서 학생, 교사, 내용, 매체, 환경을 통합적으로 이해하고 학습목표의 달성을 위해 구체적인 활동계획을 수립하고자 노력한다. 교수설계의 결과를 형식적인 틀로 문서화한 것이 교수학습지도안이며 이 지도안을 잘 활용하기만 한다면 수업을 개선하고 학습을 촉진시킬 수 있다.

1. 교수설계 이론과 특징

교수설계에 대한 이론은 교수행위를 어떻게 설계할 것인가에 대한 이론이다. 교수이론이 주로 개별적인 교수 활동에 초점을 맞추고 있는데 반해 교수설계이론은 수업 전 과정의 설계와 설계방법에 대해 관심을 가지고 있다. 교수설계이론은 학습이론을 비롯해 여러 교수이론들을 참고하여 수업의 전체 과정을 어떤 방식으로 조직해서 운영할 것인가에 대한 지식기반을 제공한다. 교수설계 이론을 통해 '인간의 학습과 발달을 촉진시키는 보다 나은 방법에 관해 명확한 지침'을 얻을 수 있다. 교수설계 이론은 가치지향적이며, 처방적이고, 개연적인 특징을 지닌다. 이런 특징을 자세히 살펴보면 다음과 같다.

가치지향적 특징

교수설계이론은 목표를 달성하기 위한 설계를 강조하므로 '가치'가 중요한 역할을 한다. 교수설계 이론에 있어서 가치는 추구해야 할 목표를 결정하는 데 중요한 역할을 한다. 요구분석에 기초해서 학습할 내용이나 방법, 매체를 결정할 때 교수상황에서 이해관계에 있는 사람들 간에 충돌이 발생한다. 이때 합의점을 찾을 수 있는 것은 공통의 가치가 있기 때문이다. 합의된 가치는 교수설계의 방향을 결정하는 것이다. 이러한 합의는 교수설계 시 대부분 목표도달을 위해 하나 이상의 방법이 도출되는 데 어떤 방법이 최선인지 결정하는 데 기여한다. 공통의 가치 기반이 없는 경우나 교육적 가치를 무시하는 경우, 올바로 된 교수설계를 하기 어렵다는 것은 자명한 사실이다.

처방적 특징

교수설계 이론은 현상을 기술하는데 그치지 않고 적극적으로 현상을 변화시키기 위한 처방을 제시한다. 이러한 처방은 학습을 촉진하기 위한 방법과 그 방법들을 사용하는 때와 그렇지 않는 때를 구분 짓는 기준(상황)이라는 두 가지 요소를 포함한다. 이처럼 교수방법을 상황과 무관하게 보편적으로 제시하는 것이 아니라 상황에 맞는 적절한 방법을 처방해서 제시하는 것이다. 교수설계자는 교수 결과, 효과성, 효율성, 매력성의 정도가 높은 방법을 중심으로 여러 가지 방안 중에서 최적의 것을 처방하고자 노력한다. 효과성은 교수활동의 질에 관한 문제로, 학습목표에 도달하는 정도로 판단하며, 효율성은 투입시간 대비 효과나 교수비용 등을 통해 판단한다. 매력성은 학습자가 학습을 즐기는 정도이며, 이러한 기준에 더해 최근에는 윤리성과 가치를 강조한다. 윤리성이란 사회적 가치체계에 부합하는 정도로, 예를 들어, 게임을 통해 효과적이고 효율적이며 즐겁게 공부한다고 해도 게임내용이 폭력적이거나 지나친 경쟁을 유발하는 등 사회적으로 용인되기 어려운 내용으로 구성되어 있다면 올바른 처방이라고 볼 수 없다. 궁극적으로 교수설계의 성공은 그 사회의 문화와 윤리체계, 가치관에 대한 이해를 바탕으로 할 때 가능하다.

개연적 특징

교수설계이론은 개연적인 결과만을 보장한다. 어떠한 방법도 기대된 학습 결과를 전적으로 보장하지는 못한다는 의미에서 그러하다. 교수설계는 경험이나 직관으로 하는 설계보다 기대하는 결과가 나타날 확률을 높일 뿐이다. 그 이유는 교수학습상황에 워낙 많은 변수가 존재하고 있기 때문이다. 교수설계 결과 작성된 교수학습지도안대로 수업상황이 진행되지 않는 경우가 많다. 수업상황의 우연성은 교사들이 융통성 있게 대처하고 신속하게 의사결정할 것을 요구한다. 교사는 대안적 활동을 준비하고 수업에 임하지만 교수학습상황에서 발생하는 많은 우연적 변화를 모두 대비할 수는 없다. 따라서 결과의 개연성을 받아들이고 예상되는 문제점이나 우연성에 대처하는 설계, 교사의 전문성을 신뢰하고 선택의 폭을 넓게 제공하는 설계가 필요하다.

2. 교수설계와 체제적 접근

체계적 접근

교수설계가 기대하는 학습결과를 낳기 위해서는 교사가 개인적인 경험이나 그때그때의 감정에 좌우되지 않고 일관된 원칙과 절차를 지킬 필요가 있다. 직관적인 경험에 기초하여 수업계획을 짜는 것과 체제적 접근에 의해 설계하는 것은 학습과정과 결과면에서 차이가 있다. '체제'(System)란 상호작용하는 요소들의 통합된 집합체이며, 체제의 각 요소는 동적이고, 하나의 요소가 다른 요소들과 서로서로 영향을 미친다. 교수설계에서 체제적 접근이란 목표와 방법, 그리고 평가는 서로 조화있게 설계되어야 하며 이들 요소를 통합된 전체로 보고 설계하는 접근방법을 말한다.

교수설계에 있어서 체제적 접근을 하는 이유는 수업의 효과를 높이고, 학습에 소요되는 시간이나 비용을 줄일(효율성) 뿐만 아니라 학습자들이 획득하기를 원하거나 반드시 획득해야 되는 필수적인 지식이나 기능 등을 획득하도록 도우며, 교사나 상황이 바뀌더라도 일관된 결과를 기대할 수 있다는 데 있다. 체제적 접근에 의한 교수설계는 보통 절차에 따라 순서대로 이루어지지만 매우 융통성이 있으며, 새로운 관점이나 설계 과정에서 얻은 정보에 의해 수정되고 이전 단계로 다시 돌아가 재차 설계가 진행될 수도 있다. 이러한 과정이 반복되면서 교수계획과 전략이 수정되고 개선된다.

교수체제

교수설계의 체제적 접근이 설계방식에 대한 접근이라면 '교수체제'(instructional system)란 교수를 하나의 통합된 체제로 보는 관점에서 출발한다. 마치 자전거가 달리기 위한 목적 달성을 위해 각 구성요소들(핸들과 안장, 체인, 바퀴 등)이 상호작용하는 통합된 시스템(체제)이듯이, 교수체제 역시 교수 목적 달성을 위해 '상호작용의 관계에 있는 수업의 여러 요소들이 통합된 집합체'로 보는 것이다. 교수체제는 보통 학습목표, 학습내용, 학습자와 교수자, 자료, 기자재, 절차와 방법, 환경 및 시설, 일정계획 등으로 이루어져 있으며 이런 요소들은 상호간에 영향을 주고받는 관계에 있다. 학습목표를 달성하기 위해서는 각 구성요소들의 상호관계를 고려하여 각 요소가 그 기능을 최대한 발휘하고 전체적으로 극대화된 효과를 거둘 수 있도록 해야 할 것이다. 또, 이를 위해서는 체제적 접근을 적용한 교수설계가 이루어져야 할 것이다.

교수설계 모형

한편 '교수설계 모형'이란 수업을 설계, 개발, 실행 그리고 평가하기 위한 체제적 과정을 기술하고 이러한 과정을 시각화하여 모형으로 구성한 것이다. 교수설계모형은 교수설계 이론을 명료하게 하고 설계의 원리와 절차를 단순화하여 쉽게 활용할 수 있도록 만든 것이다. 대표적인 교수설계모형으로 ADDIE 모형이 있다. ADDIE 모형은 ADDIE라는 서로 상호관련성을 지닌 구성요소들이 흐름도 형태로 구분되어 구성된다. 일반적으로 ADDIE 모형의 각 단계는 다음과 같다.

- 분석(Analysis)

교수적 해결이 필요한 요구 규명, 인지, 정서, 운동 기능의 목표 설정을 위한 교수 분석 수행, 학습자 요구 분석과 학습의 영향력 결정, 가용 기간과 기간 내 성취가능성 정도 분석, 상황 분석 및 가용 자원 분석

- 설계(Design)

각 과정의 주요목표와 교과목적에 따라 기대되는 전반적 수행결과의 명세화, 교수 주제와 단원의 결정 및 각 단원의 시간 배분, 단원목표에 관련된 학습 과정의 계열화, 교수 단원의 구체화 및 주요목표 확립, 각 단원의 학습내용과 활동 제시, 학습한 결과를 확인하기 위한 구체적 평가도구 개발

- 개발(Development)

교수자료와 매체 유형 결정, 교수자료와 활동의 초안 개발, 교수자료와 활동의 시범 적용, 수정·보완된 교수자료와 활동 제시, 교수훈련이나 교수자료 제시

- 실행(Implementation)

교수자와 예상 학습자에게 홍보/소개자료 적용, 필요한 도움이나 지원 제공

- 평가(Evaluation)

학습자 평가를 위한 실행계획, 프로그램 평가를 위한 실행계획, 과정 유지와 개선을 위한 실행계획

3. 주요 교수설계이론

가네(Gagné)의 교수설계 이론

가네(Gagné)는 학습이란 '환경으로부터의 자극을 새로운 능력 획득에 필요한 정보처리의 여러 단계들로 변경시키는 일련의 인지 과정'이라고 보았고 '학습자의 학습결과에 직접적으로 영향을 미치는 모든 종류의 노력'을 교수라고 했다. 그는 학습의 범주를 언어정보, 지적기능, 인지전략, 운동기능, 태도 등 다섯가지로 분류했는데, 그에 의하면 교수설계란 단순히 무엇을 가르칠 것인가에 대한 계획이 아니라 학습자가 어떻게 학습하는지에 기초를 두어 어떻게 학습의 조건을 충족시킬 것인가에 대한 계획 과정이다. 여기서 학습의 조건이란 내적 조건(심리적, 인지적 상태)과 외적 조건을 의미하는데, 학습의 조건이 만족되어야 의도한 결과가 일어날 수 있다. 교수란 학습의 내적조건을 돕기 위해 설계된 일련의 외적조건(events, 교수사태)이며 이러한 외적인 사태로 아홉 가지의 교수사태를 제시했다. 이들 아홉 가지의 교수사태는 단위수업안을 설계하는데 매우 구체적이고 유용한 지침을 제공한다.

① 주의력을 획득하기
② 학습자에게 목표를 제시하기
③ 선수학습요소의 회상을 자극하기
④ 자극자료를 제시하기[3]
⑤ 학습안내를 제공하기
⑥ 수행행동을 유도하기

---

3 '자극자료'란 교수목표와 관련된 교과학습내용 및 교과학습을 보조해주는 정보나 자료를 말한다. 내용을 제시할 때 고려해야 할 점은 학습자의 정보처리능력, 과제의 양, 과제의 난이도 수준 등이다.

⑦ 수행행동에 대한 피드백 제공하기

⑧ 수행을 평가하기

⑨ 파지 및 전이를 향상시키기

켈러(Keller)의 ARCS 모형

학습은 부모나 교사가 시켜서 억지로 할 때보다 학생 스스로 하고자 하는 동기가 있을 때 훨씬 좋은 성과를 보인다. 동기만 주어진다면 교사의 적절한 안내만으로도 좋은 결과를 내는 데 어려움이 없을 것이다. 켈러는 학생들이 '무엇을', '어떻게' 배우는가에 초점을 두고 '왜' 배우는지에 관심을 보이지 않은 것에 대해 문제를 제기했다. 그는 학습자를 위한 효과적이고 효율적인 교수상황을 제공하는 데 초점을 두지 않고 학습동기의 설계와 개발을 위한 전략을 밝히는 데 주력했다.

켈러는 '노력'을 개인이 과제를 달성하기 위한 활동에 참석하는지 여부로 보고 '노력'이 학습동기의 직접적인 지표가 된다고 보았다. 개인이 노력하는 이유는 자신의 활동에 부여하는 '가치'와 그 일을 성공적으로 수행할 수 있다는 '기대'가 복합적으로 상호작용한 결과라는 것이다. 또한, 실질적인 성취를 의미하는 '수행'보다는 '결과'를 준시하는데, '결과'란 학습 후 개인의 지적·정의적 변화와 보상(상이나 별 등 외적 보상과 프라이드나 기쁨 등 내적보상)을 모두 포함하고 있으며 결과에 대한 경험과 기대가 학습동기에 영향을 미친다.

켈러는 학습동기에 대한 자신의 이론을 기반으로 동기유발을 위한 체계적인 교수설계모형인 ARCS모형을 제시했다. ARCS는 주의집중(Attention), 관련성 부여(Relevance), 자신감 획득(Confidence), 만족의 경험(Satisfaction)의 앞 자를 따서 만든 것이다.

• 주의집중: 학습동기의 첫 번째 요소는 '주의집중'이다. 학습내용에 주의를

집중하지 않으면 학습이 일어나지 않는다. 주의집중은 호기심 유발, 주의환기, 감각적 추구 등을 통해 이루어지며, 이것은 일시적이 아니라 지속적일 필요가 있다. 학습자가 학습내용에 흥미를 가지고 문제를 해결하는 과정을 통해 주의를 유지하도록 도와야 하며, 학습자의 주의를 끌고 유지하기 위한 방법으로 지각적 주의환기(학습자의 관심을 끌기 위해 무엇을 해야 하는가), 인식적 주의환기(어떻게 호기심을 자극할 수 있는가), 다양성(어떻게 주의를 유지할 수 있는가) 등을 제시하고 있다.

- 관련성 부여: 학습내용에 주의를 기울이면 학생들은 왜 이 내용을 공부해야 하는지 관심을 갖게 된다. 관련성 부여란 학습할 내용이나 과제가 개인적인 삶과 어떠한 연관을 맺는지 확인하는 것으로, 관련성을 부여할 때 보통 학습한 결과에 초점을 맞추는 경향이 있다. 교사나 부모가 이 공부가 당장 소용이 없더라도 장래에 도움이 될 것이라는 이야기로 학생들을 설득해왔다. 그런데 켈러는 결과의 측면에서 관련성을 따지기보다 학생들의 '현재'의 흥미와 목적, 경험과 관련짓는 것이 중요하다고 보았다. '과정'의 측면에서 관련성 부여는 학생들의 성취욕구를 충족시켜주는 것이다. 이를 위해 친밀성(어떻게 수업을 학생의 경험과 연결지을 것인가), 목표지향성(어떻게 학생들의 욕구를 충족시킬 것인가), 필요나 동기와의 부합성(언제, 어떻게 수업을 학생들의 개인적 관심사와 연결시킬 것인가) 등을 세부적인 방법으로 제시하고 있다.
- 자신감 획득: 학습동기를 위해서는 단순히 내용의 흥미나 개인적인 의미뿐만 아니라 이 내용이나 과제를 학습할 수 있다는 자신감이 필요하다. 학생들의 적당한 도전감과 노력에 따라 성공할 수 있다는 자신감은 동기유발과 지속에서 매우 중요하다. 이를 위해서 학습의 필요조건 제시(학습자들이 성공에 대한 긍정적인 기대를 하도록 어떻게 도울 것인가), 성공의 기회 제공(학생들이 자신의 능력에 확신을 갖도록 돕기 위해 어떤 학습경험을 제공할 것인가), 개인적 조절

(자신의 성공이 노력이나 능력에 좌우된다는 것을 어떻게 확신하게 할 것인가) 등의 세부전략을 제시했다.

- 만족의 경험: 학습자가 노력한 결과가 자신의 기대와 일치하고, 만족을 가져다준다면 계속적으로 공부하는 동기를 갖게 될 것이다. 만족감은 학습 초기에 동기 유발요인이라기보다 동기를 지속시키는 요인이라고 볼 수 있다. 학습자가 만족감을 느끼려면 외적 보상이 아니라 학습과제 자체에서 흥미를 찾도록 도와야 한다. 만족의 경험을 제공하고 만족감을 유지하기 위해서 자연적 결과(학습경험을 통한 내적만족도를 어떻게 향상시킬 것인가), 외적 보상(학습자의 성공에 어떤 보상을 할 것인가), 공정성(학생들의 학습결과를 공정하게 판단하고 평가한다) 등의 세부전략을 제시하고 있다.

4. 교육공학 패러다임의 변화

교육공학의 역사를 통해 살펴보면 교육공학이라는 학문이 필요하게 된 이유가 1910년대 이후의 시청각교육운동, 양차 세계대전에서의 교육훈련의 급박한 필요성 때문이라는 것을 알 수 있다. 기술의 발달과 함께 새로운 매체, 특히 영화나 텔레비전과 같은 영상매체의 등장은 교사의 말과 교재로만 이루어진 교육현장에 충격을 주었고, 시청각 매체를 활용한 교육에 대한 관심이 급증하면서 이러한 매체를 도입하면 교육이 혁신될 것이라는 생각이 널리 퍼지게 되었다. 이런 사고의 배경에는 현장 교사들의 역량과 실천방식에 대한 우려와 불신이 깔려 있다. 또한 교사를 변화시키는 데는 많은 노력과 시간, 비용이 소요되지만 그에 비해 매체의 도입은 손쉽게 이루어질 수 있다는 점에서 정책결정자들의 구미에도 맞았다. 이러한 사고는 이후 새로운 매체가 도입될 때마다 반복되는 모습을 보이고 있다. 이와 같이 혁신적인 매체가 도입되면 현장 교육을 변화시킬 것이라고 보는 관점을 매체중심, 기술지향적 패러다임이라고 할 수 있다[4].

한편, 양차 세계대전 중에 군사교육을 비롯해 새로운 무기나 시스템의 도입으로 인해 교육훈련의 필요성이 커졌다. 시청각매체와 새로운 교육훈련방식이 요구되었으며 이로 인해 교수설계에 대한 개념이 정립되기에 이르렀다. 매체의 도입만으로 효과를 거둘 수 없다는 것이 명백해지고 매체의 활용방법과 더불어 효과적인 설계방법에 대한 연구가 시작되었다. 이처럼 교육적 효과를 가져오는 것은 매체 자체의 효과라기보다 교수상황에서 어떻게 활용하는가에 달려 있다는 생각은 설계중심의 패러다임이라고 할 수 있다. 설계중심 패러다임은 교수설계이론과 실천의 기반이 되고 있는 사고방식이다. 목표를 분석하고 설정한 후, 적절한 처치방안을 설계해 실행한다면 목표를 달성할 수 있다는 생각이 합리적으로 여겨졌다. 많은 교육공학자들이 주어진 목표를 달성하기 위해 올바른 전략과 전술을 구상해 그대로 실천하면 성과를 거둘 수 있다는 설계지상주의적인 사고방식을 가지고 있지만 이런 사고방식의 이면에는 학교현

---

4 좀더 부연하자면 다음과 같다. 컴퓨터가 교육현장에 도입된 이후 교사를 대체하고 교육의 혁신을 가져올 것이라는 기대를 품은 교육자들이 많았다. 인간 교사에 비해 컴퓨터는 편견이 없고 일관성이 있으며 정확한 지식을 전달해줄 수 있을 것이라고 믿었다. 학생들은 컴퓨터에 의한 맞춤형 학습과 적절한 피드백으로 학습능력이 향상될 것이라고 보았지만 이런 장점에도 불구하고 그동안 컴퓨터가 인간 교사를 대체하거나 교육을 혁신하지 못했다. 이를 통해 많은 교육자들이 컴퓨터라는 매체와 교수학습이라는 활동을 이해하지 못한 데서 잘못된 기대를 품게 되었다는 것을 알게 되었다. 사실 매체가 교육에 도입되면서 이러한 기대나 환상은 여러 차례 반복되었다. 20세기 초에 영화가 발명되자 일부 교육자들은 교육내용을 영화로 제작해서 보급하면 교사가 필요 없어질 것이며 교육이 정상화될 것이라고 믿기도 했다. 매체를 바라보는 관점이 매체를 가지고 인간 교사를 대체하고자 하는 시도는 매체지상주의적인 관점이라고 할 수 있다. 매체지상주의적 관점에 선 사람들은 테크놀로지가 근본적인 혁신을 가져올 것이라는 기술지상주의자들이기도 하며 이들이 지난 몇 십년 간 컴퓨터가 교육을 바꿀 것이라고 기대했다. 아마 이들은 다음 몇 십년간 컴퓨터 대신 인공지능이 교육을 혁신할 것이라고 기대할 것이다.

장에서 교수설계전문가나 교사가 설계한 대로 실천하게 되면 교사의 개인적인 역량에 좌우되지 않고 동일한 성과를 거둘 수 있다는 믿음이 깔려 있다. 이런 사고방식은 교사 전문성과 현장에 대한 이해 부족을 드러내고 있으며 그 결과 교육공학적 실천이 기업교육 등 수행과 성과를 중시하는 영역에서는 어느 정도 성공적이었지만 학교현장에는 큰 영향을 미치지 못하고 말았다.

매체중심 패러다임과 설계중심 패러다임에 의한 교육공학적 실천은 학교현장에서 교육공학의 도입과 교육 혁신으로 이어지지 못했다. 이에 비해 최근 구성주의적 패러다임은 교육공학을 새로운 관점에서 바라보게 하고 학교에서의 교육공학적 실천을 확산시킬 수 있는 잠재력을 가지고 있다. 구성주의자들은 기존의 교육공학이 '전달' 패러다임에 기초하여 학습할 내용을 잘 설계해서 제공하면 학습자가 있는 그대로 받아들일 것이라고 믿었던 것에 대해 의문을 제시한다. 구성주의적 지식관은 동일한 내용이라도 학습자의 사전경험과 내적 특성에 따라 다르게 받아들이며, 자신만의 인지도식을 구축한다고 보고 있다. 결국 모든 지식을 학습자의 내부에서 다시 구성되는 것이며 교육공학은 이러한 지식구성의 과정에 기여해야 한다고 본다.

구성주의적 관점에서는 내용을 분석해서 설계하는 것이 아니라 학습자중심의 학습환경을 설계하는 것이 중요한데, 전문가나 교사가 사전에 설계하는 것이 아니라 학습자가 직접 개발하고 구성해볼 수 있도록 환경을 구축하는 것을 강조하고 있다. 교수설계는 학습자가 학습 과정에 몰입할 수 있도록 직접 탐색하고 활동할 기회를 제공해주는 방식으로 변화해야 한다고 보고 있다. 구성주의적 교육공학 패러다임은 지식전달 중심에서 지식구성으로, 교수자중심에서 학습자로, 내용설계 중심에서 환경설계로, 수행과 성과중심에서 동기와 몰입으로 관점의 변화를 요구한다.

이처럼 변화된 교육공학적 접근이 학교현장을 바꿀 수 있을지에 대해서는 아직 미지수다. 진정한 변화를 위해서는 교육받은 사람이란 어떤 사람이어야 하는가에 대한 사회적 기대의 변화와 사회적 보상체제의 변화가 필요하며 이러한 변화는 교육과정의 혁신과 새로운 평가시스템의 구축을 가져올 것이다. 그러나 사회적 변화는 기다린다고 해서 오는 것은 아니다. 보다 주체적으로 변화의 물길을 터는 것이 중요하다. 교육공학의 입장에서 본다면 교사 전문성의 바탕 위에서 학습자의 탐구적 경험을 위한 혁신적 학습환경의 구축과 성공모델의 제시가 변화를 위한 일종의 '마중물' 역할을 할 수 있을 것이다.

자기성찰활동

1. 대표적인 교수설계이론인 가네의 학습 조건에 대해 살펴보고, 아래 표의 빈칸에 자신의 의견을 적어 보자.

학습의 내재적 조건	학습의 외적 조건	수업 시 유의할 점
학습자가 자극을 수용할 수 있도록 주의		
학습결과에 대한 기대감 형성		
장기기억 항목들을 활동기억 상태로 재생		
학습하게 되는 자극들의 선택적 지각		
의미 있는 정보의 저장		
학습결과를 나타내기 위한 재생과 반응		
학습결과에 대한 확신을 주기 위한 강화		
자극에 의한 재생		
새로운 상황에 행동을 일반화		

2. 아래의 글을 읽고, 교육공학의 사회적 역할에 대해 도론해보자.

A. 교육공학은 미래지향적 학문이며 현실적으로 실천가능한 실용적인 학문이다. 교육공학적 사고는 합리적이며 체계적으로 현실을 분석하고 최적의 해결책을 찾는 데 초점을 맞추고 있다. 이러한 사고와 실용적 가치관을 바탕으로 그동안 여러 교육 분야, 특히 군사교육과 기업교육, 성인교육 등에 큰 영향을 미쳤으며 현장의 교육자들이 교육목적을 실현하는 데 도움을 주고 있다. 특히 교수설계는 관습적이고 우연적으로 접근해왔던 교수활동에 대해 분석, 개발, 실행, 운영, 평가라는 과정을 거치는 체제적 접근을 통해 현장의 교육수준을 향상시켰다.

오늘날과 같이 매체가 급속도로 발전하고 있는, 4차 산업혁명이 진행되는 시대에 기술의 교육적 이용은 무엇보다 중요하다. 교육공학은 오랫동안 매체의 교육적 효과 연구, 매체의 교육적 활용방안에 대한 연구를 통해 매체활용교육에 대한 지식기반을 쌓아왔다. 이러한 지식기반은 자라나는 세대가 미래 사회에서 성공하기 위한 초중등 교육에서의 교육적 실천에 기여할 것이다. 또한 미래교육에서 매체의 중요성을 이해하지 못한다면 현대판 러다이트 운동으로 귀결되어 교육적 퇴보를 가져올 것이다. 미래에는 기술기반의 교육, 즉, 인공지능과 로봇이 현장교육에 도입되며 온-오프라인교육이 통합 되어 언제 어디서나 상시 교육이 이루어지고, 학습분석학과 빅데이터에 기반한 최적의 개별화된 학습처방이 가능하게 될 것이다. 교육공학자들은 이러한 교육적 변화에 대응해서 인간중심의 가치를 잃지 않으면서도 효과적인 교육적 실천을 모색하고 있다.

B. 교육공학은 체계적인 방법론에 기초해 교수현상을 분석하고 최적의 처방을 내리는 데 초점을 두고 있는 학문 분야이다. 초기의 매체중심의 패러다임에서 교수설계 패러다임, 최근의 구성주의적 패러다임으로 관점이 시대적 흐름에 따라 변화하고 있다. 이러한 관점의 변화에도 불구하고 기업교육 등 일부 교육(훈련)분야를 제외하고 초중등교육에 큰 영향을 미치지 못하고 있다. 이에 대한 원인의 하나가 교육공학이 공교육의 현실을 합리적이고 이상적인 교육현장으로 잘못 이해하고 있다는 데 있다. 현실을 분석해서 최적의 방안을 처방하면 기대하는 결과가 나올 것이라는 사고는 공학 분야에서는 가능할지 몰라도 현실에서는 그렇지 않기 때문이다. 심지어 컴퓨터 등의 기술을 이용해서 교사의 역할을 대신하거나 비용을 줄이는 것을 교육적 성취라고 생각하는 학자들도 있다.

교육공학이 교육의 가치와는 무관하게 기능에만 초점을 두는 것이 아닌가하는 의문이 들기도 한다. 예를 들면 파시즘이나 공산주의 등 잘못된 교육에 대한 비판적 태도 없이 주어진 목적을 실현하기 위해 효과적인 방법을 고안해내는 데 급급하다면 진정한 교육자의 자세는 아닐 것이다. 교육은 가치를 기반으로 이루어지는 행위이며 교육공학도 교육학의 한 분야로서 여기에서 벗어날 수 없다. 이런 점에서 4차 산업혁명으로 대변되는 미래사회의 교육에서 교육공학이 미래교육의 지향점에 대한 심각한 고민이 없이 기술을 이용하는 데 급급하여 기능적인 활용에 그치고 만다면 교육적 재앙을 불러올 수도 있을 것이다. 그동안 기술이나 매체가 부족해서 배우지 못한 것이 아니라는 점을 안다면 이는 자명하다. 학생들과 교사들에 대한 깊이 있는 이해, 현장에 대한 애정이 없이는 어떠한 기술도 효과를 발휘하지 못한다. 교육공학이 기반하고 있는 매체 중심의 공학적 사고를 극복하지 않고는 교육에 대한 긍정적 기여를 하기 어려울 것이다.

9장

교육과 평가

교육평가는 교육과정, 교육방법과 더불어 학교교육의 중요한 영역을 구성하고 있다. 일반적으로 평가는 학생이 제대로 배웠는지, 교사가 제대로 가르쳤는지를 살펴봄으로써 교육의 질을 향상하기 위한 자료를 수집하고자 하는 것이다. 그러나 현재 학교교육에서 평가가 원론대로 이루어지는 경우가 그리 많지 않다. 우리 현실에서 교육평가는 교육과정이나 방법을 돕는 것이 아니라 이끌어가는 역할을 하고 있으며, 가까이는 중간고사나 기말고사, 멀리는 고교입시나 대학입시에 의해 학교교육이 규정되는 경우가 많다.

학교나 교사들이 잘 가르친다는 말이 시험에 좋은 성적을 얻었다거나 좋은 대학에 진학한 통계와 동일시되는 현실에서 소신 있게 교육활동을 하기란 쉬운 일이 아니다. 질 높은 교육을 위해서는 교사들이 교육평가의 의미를 정확하게 이해하고 교육과정과 교육방법, 교육평가의 균형을 맞추기 위해 노력할 필요가 있다.

1. 교육평가의 정의

전통적 관점

교육평가를 정의할 때, 목표 달성 정도를 확인하는 과정으로 보는 전통적인 견해가 가장 많이 이용된다. 타일러(Tyler)는 교육평가를 '교육목표가 얼마나 실현되었는지 그 정도를 밝히는 과정'으로 보았다. 교사가 일정 기간 수업을 하고 학습목표를 얼마나 달성했는지를 확인하기 위해 평가를 실시하는 경우이다. 이러한 전통적인 견해는 우리나라에서는 1960년대 학력평가를 교육과정 목표의 달성도를 측정하는 것과 연계시키는 정책에 반영되어 있다. 이러한 견해는 교육평가가 교육목표가 실현된 정도를 밝히는 것을 포함해서 수업의 효과를 파악하거나 피드백을 받고, 상급학교 진학자 선발과 같은 다양한 역할을 하는 현실을 반영하지 못한다. 또 교육목표로 포함되지 않는 부분에 대해 평가를 어떻게 할 것인가 하는 문제, 교육목표 자체가 선험적으로 주어진 상태에서 평가가 이루어지므로 목표 자체가 타당하고 윤리적인지 평가하는 문제 등은 간과되고 있다.

확장된 관점

스터플빔(Stufflebeam) 이나 크론바흐(Cronbach) 등은 교육평가에 대한 전통적 견해와 달리 교육평가의 영역을 넓게 정의해 '교육과 관련된 의사결정을 내리는데 필요한 정보를 수집하는 활동'으로 보았다. 즉, 우수상 수상자 결정이나 진학을 위한 선발, 새로운 교육법 도입 등 주요한 교육적 의사결정에 필요한 활동이나 과정으로 보는 것이다. 이때 교사나 평가자는 의사결정에 필요한 자료를 충실히 제공하는 역할을 하는 데 그치며, 교장 등의 의사결정자가 결정을 하도록 돕는다. 또, 교육평가의 목적은 학생 간에 수업의 결과나 효과를 비교하는 것보다는 학생들의 정보를 수집해서 수업과정을 개선하는 데 있다고 본다.

이러한 견해는 정보를 수집해서 의사결정자에게 제공하고, 교사가 수업을 개선하는 데 초점을 두어야 한다고 보기 때문에 교사나 평가전문가가 의사 결정에 참여하는 것은 제한적일 수밖에 없는 한계가 있다. 그래서 교사나 평가자가 전문성을 발휘해 각종 정보를 수집하고 주요한 의사결정까지 할 수 있어야 한다고 보는 학자도 있다. 교육평가를 '교육과 관련된 어떤 대상의 장점, 질, 가치를 판단하는 과정과 그 산물'로 보는 스크리븐(Scriven)의 경우가 대표적인데, 자료 수집과 의사결정이 분리되어서는 올바른 의사결정이 이루어지지 않으므로 효과적인 교육평가가 되려면 평가전문가가 설정된 평가기준을 적용해 평가대상(학생, 교사, 교육과정, 수업, 교과서, 교육기관, 교육정책 등)의 가치와 유용성 등을 판단할 수 있어야 한다는 것이다.

2. 교육평가 모형

교육평가에 대해 어떤 입장을 가지고 어떤 관점을 택하는가에 따라 교육평가에 대한 정의와 평가방법, 절차가 달라질 수밖에 없다. 평가를 구성하는 요인들과 절차를 시각적으로 보여주는 평가모형은 이러한 관점의 차이를 잘 드러내 보인다. 교육평가 모형은 철학적 배경이나 모형의 주요 요소에 의해 다양하게 분류될 수 있다.

1. 구바와 링컨의 4세대 평가모형

구바(Guba)와 링컨(Lincoln)은 다양한 교육평가 모형을 세대별로 구분하여 전통적 평가모형과 이를 대체하는 평가모형으로 나누어 제시했다. 그들에 의하면 측정과 평가를 동일시한 1세대 평가, 현상에 대한 기술을 강조한 2세대 평가, 대상에 대한 가치판단을 중시한 3세대 평가는 모두 전통적 평가모형이다. 1세대 평가는 측정(measurement) 중심의 평가로 학교에서 전통적으로 사용하는 표준화검사를 통해 교육목표 달성 정도를 측정하는 데 중점을 두고 있다. 2세대 평가는 보다 체계화된 평가로, 학생뿐만 아니라 교육프로그램까지 평가의 대상으로 삼아 장점과 단점을 기술하고 이를 바탕으로 프로그램을 개선하고자 한다. 3세대 평가는 프로그램에 관한 기술(description)을 바탕으로 한 판단을 중시하는 평가이다. 이러한 평가모형들은 지나친 관리 중심, 가치중립적 입장, 맥락을 무시한 양적 자료에 의존하는 등 정작 중요시해야 할 학생이나 평가대상을 소홀히 하고 다원적 가치를 무시하는 등 평가활동의 본질에서 멀어져 실효성을 거두기 어려웠다.

4세대 평가모형은 이러한 전통적 평가모형의 문제점을 극복하기 위한 것으로, 이해당사자들 간의 타협을 통한 평가를 강조하고 자연주의적 탐구와 구성주의적 평가에 초점을 두었다. 뿐만 아니라 평가대상자들을 고려한 평가의 공정성과 민주성을 중시했으며 평가 과정에서의 가치관의 개입, 사회 정치적 영향을 남김없이 드러내 평가의 본질을 올바로 이해하는 데 도움을 주었다. 그리고 평가의 교육적이고 생산적인 측면을 강조하여 평가활동 자체의 내재적 가치를 중시했다.

4세대 평가모형의 여러 가지 장점에도 불구하고 여전히 남아 있는 문제점들이 있다. 먼저, 주관적인 관찰과 판단을 강조하고 평가자의 주관성에 지나치게 의존하는 데서 나오는 평가의 객관성과 관련된 문제이다. 둘째, 현장에 참여하여 과정을 직접 관찰하고 기술하는 데 중점을 둔 평가의 체계성과 관련된 문제이다. 셋째, 평가현장에 직접 참여하여 관찰하는 데서 오는 시간과 과다한 경비 소요 등 경제성의 문제이다. 넷째, 질적 평가를 진행할 경험 있고 유능한 평가자를 확보하거나 양성하는 인력의 문제이다.

2. 워던 등의 평가모형 분류

워던(Worthen) 등 (1997) 은 기존의 평가모형들을 분류하여 객관주의-주관주의적 관점의 연속선상에 6개로 범주화했다.

객관주의(공리주의적) 〈--〉 주관주의(직권적 · 다원적)

목표중심	운영중심	소비자중심	전문가중심	반론중심	참여자중심

여기서는 6개의 범주 중 목표중심모형, 운영중심모형, 소비자중심모형, 참여자중심모형 등을 구체적으로 살펴보도록 한다.

목표중심 평가모형

목표중심 평가모형은 목표를 사전에 설정하고 교육이나 수업을 통해 그 목표가 어느 정도 달성되었는지를 판단하는 데 초점을 두고 있다. 앞서 살펴보았던 타일러(Tyler)가 제시한 모형이 대표적인데, 그의 평가모형을 살펴보면 '교육목표의 설정 → 학습경험의 선정 → 학습경험의 조직 → 학습성과 평가'로 이루어져 있으며, 구체적인 평가절차는 다음과 같다.

- 광범위한 목적 혹은 목표를 설정하고 적절하게 분류한다.
- 광범위한 목적 혹은 목표를 설정하고, 적절하게 분류한다.
- 분류된 교육목표를 행동적 용어로 정의한다.
- 교육목표의 달성이 측정될 수 있는 평가 장면을 설정한다.

• 측정도구를 개발하거나 선택한다.
• 수행(평가대상)자료를 수집한다.
• 수행(평가대상)자료를 진술된 목표와 비교한다.

목표중심 평가모형은 교육목적과 과정, 평가 간에 논리적 일관성을 유지하여 명확한 기준에 따라 교육활동이 이루어질 수 있도록 한다. 또한 목표의 중요성을 강조함으로써 교사가 평가결과를 통해 자신의 수업행위에 대해 판단하고 책무성을 느낄 수 있도록 한다. 이 모형은 이해하기 쉽고 현장에 적용하기 쉬워 일반적으로 받아들여지지만 미리 설정된 목표에만 초점을 두기 때문에 실제로 얻어진 부수적·확산적 목표에 대해 간과하기 쉬운 문제점도 있다. 또한 행동적 용어로 진술하기 어려운 교육목표에 대해 평가하기 어렵고, 목표실현의 유무를 평가하므로 교육행위 자체와 과정에 대해 충실하기보다 결과, 즉 평가에 종속되는 경향을 낳기도 한다.

운영중심 평가모형

목표중심 평가모형이 주로 목표에 비추어 성취한 정도를 평가하는 데 초점을 맞춘다면 운영중심 평가모형은 평가를 통해 의사결정자에 필요한 정보를 제공하는 데 관심이 있다. 대표적으로 스터플빔(Stufflebeam)의 CIPP모형을 살펴보면 다음과 같다.

스터플빔은 의사결정을 위해 유용한 정보를 제공하는 것을 평가로 정의하고 의사결정의 계획 단계, 구조화 단계, 실행 단계, 재순환 단계 각각에 맞는 평가 유형을 제시했다. 여기서 CIPP란 C(Context evaluation, 계획 단계의 의사결정을 위한 상황평가), I(Input evaluation, 구조화 단계의 의사결정을 위한 투입평가), P(Process evaluation, 실행 단계의 의사결정을 위한 과정평가), P(Product evaluation, 재순환 단계의 의사결정을 위한 산출평가)를 의미한다. 그는 각 평가유형의 설계를 위해 ① 평가초점의 명료화, ② 정보 수집, ③ 정보 조직, ④ 정보 분석, ⑤ 정보 기록, ⑥ 평가 시행의 단계를 거쳐야 한다고 했다.

운영중심 평가는 학생의 성취에 초점을 둔 기존 평가와 달리 프로그램의 개선에 초점을 두고 있다는 점에서 차별성이 있다. 학생의 성과는 결국 프로그램의 결과로 볼 수 있으므로 프로그램의 개선 없이는 궁극적으로 학습성과를 거두기 어렵다는 점에서 진일보한 교육모형이라고 볼 수 있다. 운영 중심 평가모형은 지속적인 평가를 통해 의사결정자에게 프로그램의 개선을 위한 피드백을 제공한다는 장점이 있다. 그러나 평가자와 의사결정자의 역할이 구분되어 있어 평가자가 단순한 정보제공자에 머무르게 되거나 의사결정 자가 관심을 가지는 내용만을 평가의 대상으로 삼게 될 위험도 존재한다.

소비자중심 평가모형

소비자중심 평가모형은 교육행위를 서비스로 간주하여 교육 프로그램의 대상인 소비자(학생) 가 무엇을 원하고 필요로 하는지에 관심을 두고 있는 평가모형이다. 스크리븐은 평가를 사물의 가치나 장점을 체계적으로 판단하는 일이라고 정의하고 교육 평가가 단지 목표달성 여부만을 판단하는 것이 아니라 학생들의 복지향상에 기여하고 있는지를 살펴보아야 한다고 했다. 더 나아가 교육프로그램의 목적에 관계없이 학생의 요구를 기준으로 실제적인 가치를 판단해야 한다고 보았다. 그는 평가준거로 교육목표 달성 여부, 예상되는 결과, 의도치 않은 부수효과, 교육관계자들에게 미치는 효과, 실용성, 도덕적 고려, 비용 등 일곱 가지를 제시하고 있다.

소비자중심 평가모형은 교육프로그램을 개발하거나 선정할 때 중요시해야 할 준거가 무엇인지 구체적인 지침을 제공하며, 교육현장에서 발생하는 의도하지 않은 긍정적 · 부정적 성과들까지 평가한다는 점에서 사전에 설정된 목표만을 고집하는 목표중심 평가모형에 비해 진일보한 측면이 있다. 그러나 소비자의 입장을 중시해 교사나 교육과정 개발자 등의 요구를 등한시한 측면이 있으며 교육을 상품화하고 교육행위를 서비스로 간주하는 등 교육의 가치를 평가절하했다는 문제를 가지고 있다.

참여자중심 평가모형

참여자중심 평가모형은 전통적인 평가와 달리 교육활동과 환경에 대한 직접적인 경험을 강조하는 평가로, 이 모형은 자연주의적 탐구방식과 평가과정에의 참여를 강조한다. 스테이크(Stake)는 프로그램의 의도보다 실제 이루어지는 활동에 직접적인 관심을 가지고 이해대상자들의 관심과 요구에 반응하는 반응적 평가를 제안했다. 참여자중심 평가모형의 하나인 반응적 평가에서는 평가를 위해 사전에 계획을 세우는 것이 아니라 평가 실제에 따른 즉각적인 반응을 중요시하여 전문적 역량을 가진 평가자는 프로그램을 관찰하고 이해대상자들의 의견을 듣는 데 보다 많은 시간을 할애하게 된다. 자연주의적 탐구방법을 제안한 구바와 링컨은 다양한 이해관계자의 요구와 주장에 반응하는 것을 강조하고 평가과정에서 새롭게 제기되는 요구와 상황에 반응할 필요가 있다고 했다. 자연주의적 평가는 참여와 관찰, 합의점을 도출해가는 과정을 중시하는데, 이때 평가자는 이해당사자들의 주장이나 관심사를 파악하고 이들 간의 합의를 통한 해결을 이끌어내기 위해 협상을 진행해야 한다.

참여자중심 평가모형은 기존의 실증주의적 · 과학적 패러다임에 대한 대안으로 발전하여 구성주의를 기반으로 새로운 평가방법을 제안하고 평가의 영역을 확대했다. 이는 정보 수집에 질적 방법을 도입해 평가과정의 본질을 정확하게 이해하는 데 기여했다. 평가로 인해 불이익을 받을 수 있는 이해대상자들을 배려하여 평가활동의 공정성과 민주성을 중시했으며 평가를 교육적이고 생산적인 활동으로 파악하고 평가의 내재적 가치를 강조했다. 다만 평가를 행하는 사람의 주관이나 선입견을 배제하기 어렵고 평가자의 전문성과 객관성을 확보하기 어렵다는 단점이 있다. 자연주의적 방식으로 평가를 수행할 때 소요되는 시간과 경비의 문제는 참여자중심 평가모형의 보급에 제약요소라고 할 수 있다. 아래 표는 위의 네 가지 모형을 서로 비교한 것이다.

〈표 9-1〉 교육모형 비교

	목표중심 평가	운영중심 평가	소비자중심 평가	참여자중심 평가
주요 이론가	타일러	스터플빔	스크리븐	스테이크, 구바, 링컨
목적	목표달성도 결정	의사결정을 돕기 위한 정보제공	채택, 구매결정에 도움이 되는 교육과정에 대한 정보제공	정보에 대한 고객의 요구에 반응하고, 교육활동의 복잡성을 묘사함
특징	목표의 상세화, 객관적 도구로 자료수집, 목표와 수행의 차이 확인	합리적 의사결정	교육활동 분석을 위한 체크리스트	귀납적 사고와 발견, 현장의 일차적 경험, 의도하는 관계자 포함
판단기준	목표의 측정, 신뢰도와 타당도	효용성, 적합성, 실현가능성, 타당성	편견 배제, 기술적 타당성, 객관적 기준, 효용성과 필요에 대한 증거	신뢰성, 적합성, 감사 및 확인 가능성
장점	용이성, 단순성, 결과에 초점, 높은 수용가능성	포괄성, 리더에 대한 책임성, 상세한 지침, 다양한 자료원	고객의 욕구에 초점, 비용대비 효과성	서술과 판단에 중점, 맥락 고려, 생성적 평가, 다원적·귀납적, 다양한 정보원
단점	평가의 단순화, 지나치게 결과지향적, 환원주의적, 단선적임	조직의 효용성과 산출모델 강조, 예측가능성에 집착, 많은 비용, 리더 의존적인 성격	비용과 후원 부족, 창의성과 혁신 저해, 토론과 교차검증의 기회 부족	지나친 노력, 많은 비용, 주관적이고 비지시적임

※ 출처: Fitzpatrick, J. L., Sanders, J. R., Worthern, B. R. (2004) Program evaluation. Boston:Pearson. 160-162.

3. 학교에서의 평가

1. 평가의 유형

평가 시기에 따른 평가의 유형

학교에서의 평가는 대부분 수업과 관련하여 이루어지는 학력 평가이다. 학교 수업과 관련하여 평가는 진단평가, 형성평가, 총괄평가 등으로 나뉜다.

- 진단평가: 진단평가는 교사가 수업을 시작하기 전에 학생들이 어떤 능력이나 선행지식을 가지고 있는지를 판단하고자 할 때 이루어진다. 진단평가의 중요한 기능은 수업이 시작될 때 학생을 이해하여 그에 맞게 수업을 계획하는 것을 돕고, 학습 진행 중 예상되는 학생의 반응을 미리 검토할 수 있도록 돕는 것이다. 진단평가는 학생들의 출발점 행동에 대한 정보를 제공하여 교사가 수업활동을 준비하고 계획하는 데 도움을 준다. 진단평가는 또한 수업 중에도 가능하며 이때 학생이 보이는 지속적인 문제의 원인을 파악해 적절한 의사결정을 하도록 돕는다. 수업 중에 이루어지는 형성평가가 학습목표와 관련해서 이루어지는 것이라면 진단평가는 학생의 신체적 · 정신적 결함을 찾아 문제를 해결하고자 하는 것이다.

- 형성평가: 형성평가는 총괄평가와 연관하여 제기되는 평가개념이다. 총괄평가가 수업 후에 이루어지는 최종결과에 대한 평가라면 형성평가는 수업 중에 학생의 지식과 능력이 '형성'되어가는 중에 이루어지는 평가이다. 형성평가는 '학습 및 교수가 진행되고 있고 유동적인 상태에 있는 도중에 학생에게 피드백을 주고 교과과정의 문제를 개선하며 수업방법을 개선하기 위해 이루어지는' 평가이다. 형성평가가 교육적으로 유용한 것

은 평가 결과에 따라 피드백과 수업개선이 이루어져 교육효과를 거둘 수 있기 때문이다. 특히 다인수학급인 경우, 교사가 학생들이 학업진도에 대해 모두 알기 어렵기 때문에 형성평가를 통해 학생들의 학습 진행 정도를 이해하고 잘 알고 있는 것과 모르는 것, 오개념 형성 등에 대한 정보를 얻을 수 있다. 그리고 평가결과를 바탕으로 다음 수업행위에 대해 수정과 개선이 이루어질 수 있도록 해야 한다. 형성평가는 학생들을 줄 세우고 선발하는 것을 목적으로 하지 않기 때문에 절대평가(목표지향평가)의 방식을 취해야 한다. 절대평가란 수업목표에 비추어 학생들이 어느 정도 성취를 보이고 있는지 평가하는 것인데, 형성평가에서는 이처럼 설정된 목표를 학생들이 제대로 성취하고 있는지를 확인한다.

• 총괄평가: 총괄평가는 보통 수업이 끝난 후에 교과에 대한 성취수준을 판단하기 위해 실시한다. 총괄평가의 목적은 학생의 성적을 평가하고 판정해서 행정을 위한 자료로 만들기 위한 것이다. 따라서 형성평가에 비해 빈도가 적고 제도적인 차원에서 이루어지는 경우가 많다. 중간고사나 기말고사, 학년말고사와 같이 학생의 학업적 성취를 최종적으로 평가해서 선발하거나 등급을 부여하기 위해 이루어진다.

규준지향평가와 준거지향평가

규준지향평가는 학생의 수준을 그가 속해있거나 비교할 만한 집단의 규준(norm)에 비추어 본 상대적 서열에 의해 판단하는 것을 말한다. 규준이란 원점수의 상대적인 위치를 설명하는 개념으로 상호비교를 위해 필요한 기준이다. 규준지향평가는 흔히 상대평가로 이해할 수 있으며 정상분포라는 통계적 개념에 의해 보편화되었는데 학생이 '무엇을 얼마나 성취했느냐'가 아니라 '다른 학생에 비해 얼마나 많이 혹은 적게 성취했느냐'를 중시한다. 규준지향평가는 경쟁에서 우위를 차지하기 위한 학습동기를 부여하고 선발에서의 객관적인 기준을 제공한다는 측면에서 중요한 평가방식이다.

규준지향평가는 현장 교사의 관점에서 볼 때 많은 한계를 가지고 있다. 먼저, 학생이 무엇을 얼마만큼 알고 있는가에 관심을 두지 않으므로 평가결과 무엇을 가르치고 배워야 할지에 대한 정보를 제공하지 못한다. 둘째, 집단 내 상대적인 위치를 보여주기 때문에 집단의 수준에 따라 평가결과가 좌우되는 측면이 있다. 셋째, 우등생과 열등생으로 학생을 구분하고 학생 간에 경쟁을 부추기고 서열주의적인 사고를 확산한다는 단점이 있다. 또한 학생들의 정서적 불안이 커져 정서적 발달에 부정적인 영향을 미칠 수 있다.

준거지향평가는 준거(criterion)에 비추어 학생들이 무엇을 얼마나 알고 있는지에 관심을 가지고 있는 평가방식이다. 준거지향평가에서 가장 중요한 요소는 과제 영역과 준거로, 영역이란 교육내용으로 측정하는 대상이며, 준거란 교육목표를 설정할 때 도달해야 할 최저기준이라고 할 수 있다. 학교에서 절대평가로 인식되고 있으며 특정 기준에 도달한 사람에게 부여하는 자격증 시험 등에서 활용되는 평가방식이다. 준거지향평가는 규준지향평가와 달리 무엇을 알고 모르는지에 대해 직접적인 증거를 제시하며, 교사는 이러한 정보를 바탕으로 수업을 개선할 수 있다. 학생 간 경쟁을 강조하지 않기 때문에 협력적인 활동이 가능하고 지적인 성취 등 학습에 대한 내적 동기를 유발할 수 있다. 그러나 준거지향평가에서 준거의 설정이 임의적일 수 있어 개인의 주관에 따라 설정될 수 있는 단점이 있다.[1] 또한 설정된 준거가 너무 낮거나 높으면 학습을

1 우리나라의 경우 일부 고등학교에서 대학진학에 유리하도록 준거지향평가에서 준거를 낮추어 높은 평가를 받게 하는 사례가 있었다. 학생들이 높은 등급을 받도록 하고 학교 내신을 부풀리는 방식으로 성

위한 동기유발이 어려울 수 있다. 준거지향평가로는 학생 간의 상대적 서열을 알 수 없으므로 선발을 위한 목적으로 활용될 수 없다.

2. 평가 도구의 세 요소

교육이 이루어지는 과정에서 많은 형태의 평가가 이루어진다. 대표적인 것이 학력평가이지만 적성평가, 인성평가, 지능검사, 체력검정 등 다양한 방식으로 이루어진다. 어떤 평가가 되든 평가도구를 사용하기 마련이며 각종 평가를 위해 다양한 평가도구가 개발되어 있다. 평가도구란 직접적으로 측정이 불가능한 인간의 특성을 간접적으로 측정하기 위해 사용하는 도구로, 키나 몸무게와 같은 물리적 특성들은 육안이나 측정도구를 가지고 직접 차이를 살펴볼 수 있으나 기억이나 이해 정도, 지능이나 성격, 흥미, 태도 등은 시험지 등과 같은 평가도구를 이용하여 간접적으로 살펴보아야 한다. 따라서 평가도구는 평가하고 그 결과를 해석하는 데 있어서 물리적 측정과 달리 정확하지 않은 제한점을 가지고 있다. 평가도구가 적절하지 않다면 평가결과를 신뢰할 수 없기 때문에 좋은 평가도구를 준비하거나 개발해서 평가에 임하는 것은 매우 중요한 일이다. 좋은 평가도구가 되기 위해서는 타당도, 신뢰도, 객관 도의 세 가지 요소를 갖추어야 한다.

타당도

타당도란 평가도구가 '측정하려고 의도한 것을 평가하고 있는가'로 정의할 수 있다. 이를테면, 국어시험 문제는 국어를 배우면서 익힌 것, 어휘력이나 독

적 관리가 이루어지는 경우, 대학입학전형 자료로서 고등학교의 학교 내신에 대한 불신이 커질 수밖에 없다. 따라서 준거지향평가를 활용할 때, 평가 목적에 부합되게 타당한 준거 설정이 이루어져야 교육적으로 가치를 얻을 수 있다.

해능력, 쓰기 능력을 평가하는 것이지 엉뚱하게 수학이나 계산능력을 평가하는 것이 아니라는 것이다. 타당도란 '무엇을 재고 있는가'에 대한 것이며, 그 '무엇'에 비추어 해당 평가도구가 타당한지 그렇지 않은지 판단하는 준거가 있다. 국어시험 문제가 언어능력을 재는 데에는 타당하지만 도덕성을 재는 데에는 타당하지 않은 것처럼 타당도란 어떤 준거와의 관련 속에서만 그 의미가 확인된다. 결국 타당도란 무엇을 측정하고 있는가와 그 측정하는 것을 어느 정도로 충실하게 측정하고 있는가의 문제이다. 평가도구가 원래 측정하기로 의도한 내용을 잘 측정하고 있다면 내용타당도가 우수한 것이고, 평가도구가 미래의 준거를 잘 예측한다면 예언타당도가 높은 것이다.

신뢰도

타당도가 무엇을 측정하느냐에 대한 것이라면 신뢰도는 얼마나 정확하게 측정하고 있는가의 개념이다. 반복해서 측정해도 같은 결과가 나오는가와 같이 측정하고 있는 정도에 일관성이 있는가, 측정의 오차가 어떠한가를 묻는 개념이다. 아무리 정확한 평가도구라 할지라도 정확하게 학생들의 능력을 평가할 수 없으며 어느 정도의 오차를 감수해야 한다. 그렇지만 이러한 오차를 최소한으로 하는 노력이 필요하다. 아무리 타당도가 높은 평가도구라고 해도 신뢰도가 낮아 측정할 때마다 오차가 크게 나타난다면 그 평가도구는 쓰기 어렵다. 이렇게 타당도는 평가도구의 필수불가결한 조건이지만 신뢰도가 낮으면 타당도 역시 이에 비례하여 낮아지거나 의미를 잃게 되므로 신뢰도가 낮으면서 좋은 평가도구는 없다.

객관도

객관도는 평가자의 신뢰도를 나타내는 개념으로, 교사가 채점하거나 평가할 경우 채점이 어느 정도 신뢰할 만하고 일관성이 있는가를 묻는 개념이다. 평가자인 교사가 학생의 반응을 놓고 채점하는 시간(예를 들어, 식사 전과 식사 후)이나 개인적 선호, 변덕 등으로 평가결과가 다르게 나타난다면 객관도가 부족한 것이다. 신뢰도가 평가도구의 문제라면 객관도는 평가자의 변덕에 의해 결정되는 신뢰도라고 할 수 있다. 한 학생에 대한 평가를 여러 사람이 동일하게 평가한다면 '평가자 간 객관도'가 높다고 한다. 한편, 한 명의 교사가 시간적 간격이나 상황에 따라 같은 평가결과를 내놓는다면 '평가자 내 객관도'가 높다고 한다. 논술형 시험문제나 미술작품 평가와 같이 평가자에 따라 다른 결과가 나오는 평가 도구는 객관도가 낮다고 볼 수 있는데, 이런 경우 여러 사람이 공동으로 평가해서 그 결과를 종합하는 것이 객관도를 높이는 데 도움이 될 것이다.

3. 평가도구의 종류

학교에서 교사가 활용할 수 있는 평가도구는 다양하다. 대표적으로 지필평가와 수행평가로 나눌 수 있으며, 지필평가 방식으로는 선택형과 서술형이 있고, 수행평가를 위한 도구로는 서술형 및 논술형 시험, 구술 및 발표평가, 토론평가, 실험실습평가, 실기평가, 포트폴리오 등이 있다.

지필평가

지필평가 중 선택형 지필평가 도구에는 진위형 문항, 선다형 문항, 또는 연결형 문항 등이 있다. 흔히 진위형이나 선다형과 같은 도구로는 고차적 사고력을 측정할 수 없다는 오해가 있지만, 충실하게 만들어진 평가도구라면 어느 정도 학생들의 이해의 깊이와 적용능력을 평가할 수 있다.

서술형 지필평가에는 단답형 문항, 서술형 문항, 논술형 문항으로 구성된 평가도구가 있는데, 학생들이 실제로 답을 써넣어야 하는 것이기 때문에 추측의 영향을 배제할 수 있으며 학생 자신의 생각이 잘 드러나게 문항을 제작한다면 깊이 있는 사고력도 측정할 수 있다. 다만 단답형 문항은 단순한 암기능력을 측정하기 쉬워 유의할 필요가 있고, 서술형 문항은 학생들이 서술해야 할 분량이 많지 않고 서술한 내용의 정확성 정도를 파악하는 데 그친다. 이에 비해 논술형 평가는 내용의 정확성이나 깊이뿐만 아니라 글을 조직하고 구성하는 표현력이나 논리력을 살펴볼 수 있다. 서술형 문항이나 논술에 의한 평가는 지필평가로 이루어지지만 학생 스스로 자신의 지식을 나타낼 수 있도록 답을 작성하는 행위를 한다는 의미에서 수행평가 방법으로 볼 수 있다.

수행평가

서술형 및 논술형 시험, 구술 및 발표평가, 토론평가, 실험실습평가, 실기평가, 포트폴리오 등의 평가도구들이 수행평가에 활용된다. 먼저, 구술 및 발표평가는 논술과 달리 주제나 질문에 대해 직접 말하거나 발표하도록 요구해서 학생 지식의 정도를 평가하는 방법이고, 토론평가는 특정 주제에 대해 토론하는 것을 지켜보고 토론내용의 충실성, 논리성, 수용력, 사회성, 참여도 등을 평가하는 것이다. 실험실습이나 실기에 의한 평가는 학생들이 직접 실험, 실습하는 것을 관찰해 평가하는 방법인데, 이때 학생들이 준비하고 수행하는 과정과 더불어 결과를 서술하여 제출한 보고서를 가지고 평가한다. 포트폴리오 평가는 학생들에게 학습과정을 포트폴리오의 형태로 체계화, 조직화하도록 하여 평가를 행하는 방식이다. 장기간에 걸쳐 학생들의 학습과정과 개선 정도를 파악할 수 있는 장점이 있으며, 다른 학생과 비교하지 않고 각 개인의 변화와 향상을 살펴볼 수 있다.

4. 교사의 평가 전문성

학교현장에서 평가는 평가목적의 확인, 평가영역과 내용 선정, 평가방법의 결정, 평가도구의 선정 및 개발, 평가시행 계획 수립, 평가환경 구축, 평가 실시, 평가결과 분석 및 해석, 평가결과의 보고 및 활용의 순서로 진행된다. 평가 절차를 진행하고 주도하는 것은 교사이다. 평가전문성은 교사로서 학생을 가르치는 데 필요한 교사 전문성의 하나이다. 교사의 역할은 교육목적의 실현을 위해 교육과정을 적절하게 재구성하고 교실에서 효과적으로 가르치는 데 그치지 않는다. 교사는 가르친 내용을 학생들이 얼마나 배웠는지를 확인하기 위해 학생을 평가하는 역할도 맡고 있으며, 평가 전문성은 교사가 반드시 익혀야 할 소양(literacy)이고, 평가소양은 평가에 대한 지식 및 실천 능력이다. 평가 전문성은 평가소양을 넘어서서 교사가 갖추어야 하는 핵심역량의 하나인데, 평가방법을 선정하는 능력, 평가도구를 개발하는 능력, 평가를 실시하고 채점하며 성적을 부여할 수 있는 능력, 평가결과를 해석하고 활용하며 의사소통하는 능력, 평가에서의 윤리적 인식 등을 포함하고 있다(한국교육과정평가원, 2005).

1. 평가방법 선전능력

교사는 교과에 설정된 성취기준을 참고하여 교과를 가르치고 평가를 진행한다. 성취기준의 내용요소와 행동요소를 분석하고 평가계획을 수립한다. 보통 평가는 중간평가나 기말평가와 같이 가르치고 난 이후에 성과를 살펴보기 위해 이루어지는 것이 대부분이어서 초기에 평가계획을 세우고 방법을 선정하는 것을 소홀히 할 수 있다. 그러나 평가계획을 우선 수립하고 이를 염두에 두고 수업계획을 짜는 것은 수업행위와 내용을 평가와 일관되게 이루어질 수 있게 한다는 점에서 매우 중요하다.

평가방법을 선정할 때 양적평가와 질적평가를 상반된 것으로 보고 평가계획을 수립한다면 수업행위나 학습활동을 제한할 수도 있다. 지필평가와 같은 양적평가를 중심으로 평가방법을 선정했다면 이후 수업활동은 기억이나 이해를 위한 교사중심의 전달식 수업이 주를 이루게 된다. 반면 포트폴리오평가 계획을 수립했다면 수업 시작부터 포트폴리오의 작성에 초점을 맞추고 수업활동이 이루어지게 된다. 이와 같이 평가계획은 직접적으로 수업활동에 영향을 미치게 되므로 어느 하나의 평가방법만을 고집하기보다 양적 · 질적 평가를 포함한 다양한 평가계획을 세우는 것이 중요하다. 그러나 학교가 평가를 통해 학습 성취를 확인하고 향상의 계기로 삼는 것보다 학생들을 차별화하여 점수를 올리는 것에 급급한 경우, 개별 교사가 융통성 있게 평가계획을 수립하기는 쉽지 않을 것이다. 그렇지만 학습목표와의 일관성을 유지하고 효과적인 수업, 의미 있는 학습이 될 수 있도록 다양한 평가방법을 적절하게 혼합해서 운영할 필요가 있다.

평가방법의 적절한 혼합을 위해서는 원칙적으로 성취기준을 고려하되 교육적 관점에 기초해서 확장된 사고를 할 필요가 있다. 대부분의 교과가 지식 전달을 중시하는 인지적 영역이 대부분이기 때문에 내용을 기억하고 이해했는지 평가하는 지필평가 방법이 주를 이루고 있다. 그런데 이러한 기존의 평가방법으로는 고차적인 사고능력과 문제해결능력, 창의성을 평가하기 어렵고 동기, 흥미, 학습의욕, 가치나 태도 등 정의적 영역에서의 변화를 판단하기 어렵다. 따라서 필기평가방법을 중심으로 하되 고차적 사고력을 살펴볼 수 있도록 토론이나 발표, 저널 쓰기 등을 평가의 한 부분으로 포함시키는 것이 필요하다. 만약 수행능력의 향상이 주요 성취기준이라면 포트폴리오 평가를 중심으로 해서 지적 영역의 확인을 위한 지필평가를 부가적으로 포함시키는 것도 고려할 수 있다. 이와 같이 평가방법의 혼합은 학생들의 성취를 어느 하나의 방법만으로 평가해서 규정하는 것이 아니라 다각도로 살펴보고 개선의 여지를 위해 피드백을 제공하는 방식으로 운영되어야 한다.

2. 평가도구 개발능력

평가방법이 결정과 더불어 평가도구의 개발은 교사 전문성의 핵심적인 부분이다. 평가도구의 개발은 평가방법의 결정과 더불어 이루어지며 평가목적을 구체적으로 구현하는 수단이 되기 때문이다. 평가도구를 개발하기 위해서는 평가의 타당도와 신뢰도, 문항의 변별도와 난이도 등을 고려해야 하지만 무엇보다 중요한 것은 학생에 대한 이해이다. 교사 자신의 수업과 평가가 얼마나 밀착되어 있는지, 평가방법에 대해 학생들이 충분히 숙지하고 있는지, 평가문항이 학생들의 수준을 고려하고 있는지를 검토할 필요가 있다. 선정된 평가방법에 부합하는 평가도구를 개발하려면 다양한 평가도구의 특성과 장단점을 알아야 한다.

3. 평가과정 운영능력

평가방법을 결정하고 도구를 개발했다면 다음으로 평가방법에 대해 결정을 해야 한다. 평가과정 운영에는 평가 시기, 채점, 성적부여 등이 포함된다. 평가의 시기는 진단평가, 형성평가, 총괄평가 등 평가의 유형에 따라 다르며, 양적평가, 질적평가 여부에 따라서도 다르다. 대부분의 학교는 학교평가계획 속에 이미 평가 시기가 정해져 있어 중간고사, 기말고사 등의 일정은 고정되어 있으며 교사는 그 날짜에 맞게 진도를 맞추어 수업을 진행해야 한다. 이처럼 평가 시기의 권한이 교사가 아닌 학교에 있기 때문에 교사의 재량에 따라 평가를 하는 것에 어려움이 많다. 이러한 문제를 최소화하는 방안은 교사별 평가 및 상시평가의 도입이다. 즉, 교사마다 평가 시기를 달리할 수 있는 자율권을 주는 것이다.

채점과 관련하여 교사는 양면적인 감정을 가지게 된다. 선다형 문항은 출제하기에는 까다로울 수 있으나 컴퓨터에 의해 채점이 이루어져 편리한 반면, 서답형 문항은 채점이 그리 쉽지 않다. 서답형 문항의 경우 주관적으로 아무렇게나 채점해서는 안 되고 모범답안, 인정답안, 채점분할기준 등 평가채점 기준표를 만들어서 이 기준표에 의해 성취수준을 결정해야 하기 때문이다. 논술형 문항의 채점은 더욱 까다롭다. 모호하거나 예상하지 못한 답안의 경우 채점 기준표대로 하기가 어렵다. 다른 교사와 같이 채점을 해서 협의에 의한 채점을 하는 경우가 많고, 채점의 양이 전체적으로 많아질 수밖에 없다. 수행평가에 의한 과정평가는 더욱 어려운 측면이 있다. 교사가 학생을 직접 관찰하면서 이루어지는 관찰평가와 학생의 학습에서의 성장을 담은 포트폴리오 평가는 작성하는 학생도 어렵지만 평가하는 교사의 입장에서도 관리와 채점이 쉽지 않다. 수행평가가 주관적일 수밖에 없는 경우도 많기 때문에 학생이나 학부모와의 갈등을 피하기 위해 객관성을 강조하는 방식으로 변질되는 경우도 있다. 이렇게 되면 수행평가의 본래 취지와는 다른 평가가 되고 평가에 대한 교사의 전문성이 훼손될 우려가 크다.

올바른 평가를 위해서는 교사가 평가의 관점을 명확하게 가지고 성취기준을 분석하고 평가기준표를 작성하여 학생들의 동의를 얻어야 한다. 학생들이 동의하고 납득한 평가기준은 학생들을 준비하게 하고 차후의 불필요한 갈등을 막는 효과가 있다. 평가결과를 공개해서 투명하게 하고 이의를 제기하는 경우 성실하게 답변해야 한다.

4. 평가결과 활용능력

대부분의 교사는 평가결과를 학교장에게 보고하고 학생들이 확인한 다음

마무리를 짓는다. 단순히 평가를 성적을 내기 위한 목적으로 본다면 이것으로 끝나겠지만 평가결과는 이러한 성적산출을 넘어 선다. 평가결과는 학생들이 얼마만큼 배웠는지 그 정도를 알려줄 뿐만 아니라 평가문항의 질을 판단할 수 있게 해주며 교사가 얼마만큼 잘 가르치는지를 판단하는 역할도 한다. 교사는 평가결과를 놓고 자신의 교수활동에 대해 스스로를 평가할 수 있어야 한다.

평가가 끝난 후 교사들은 학생들이 무엇을 맞고 틀렸는지 확인하는 시간을 가진다. 학생들은 오답노트를 작성해서 틀린 문제를 다시 풀어보고 제대로 이해했는지를 확인할 수 있어야 하는데, 이때 교사는 학생들이 자신의 장단점, 이해의 정도를 분명하게 인식하는지 살펴보아야 하고 학생들과 더불어 학습과 평가에 대해 소통하는 기회를 가져야 한다. 틀린 문제를 같이 풀어보고, 학생들과 다양한 이야기를 나누며, 학습의 방향을 찾고, 학습방법의 개선에 대해 아이디어를 얻는 것이야 말로 교사의 측면에서 보는 평가의 진정한 효과일 것이다.

평가결과는 교사의 교육활동을 되짚어보는 정보를 제공한다. 수업을 진행하기 전에 이루어지는 진단평가와 수업 중의 형성평가를 바탕으로 학생들의 총괄평가 결과를 분석해보면 수업의 문제점을 파악하고 교수학습활동을 개선할 수 있는 정보를 확보할 수 있다. 또한 평가결과를 통해 평가도구의 질을 평가할 수 있고 향후 평가문항을 어떻게 개선할 수 있는지에 대한 정보도 얻을 수 있다.

5. 윤리적 인식

평가의 윤리성과 관련해서 가장 유의할 것은 성적의 조작이다. 이는 교사가 특정한 목적을 위해 평가결과를 조작하는 것으로, 법적인 책임을 진다. 굳이 법적 문제까지 아니더라도 교사는 평가 시 윤리성을 지키도록 노력해야 한다.

평가를 하면서 의도하지 않게 학생들에게 상처를 주는 경우도 많이 있다. 교사가 학생의 인격을 존중하고 교육적 관점에서 평가를 하지 않는다면 자기도 모르는 사이에 학생들을 대상화하게 되고 결과적으로 올바른 교사와 학생의 관계가 이루어지기 어렵다. 교사의 주관적 편견에 의한 평가는 배제해야 하며 언제든지 객관적이고 공평한 평가가 이루어지도록 해야 한다.

5. 바람직한 평가의 방향

1. 교육평가에서 패러다임의 전환

현재 우리의 교육을 지배하는 평가 패러다임은 선발적 평가관과 객관주의 평가관에 기초해 있다. 선발적 평가관은 학습 결과에 대한 피드백이 아니라 소수의 우수한 학생 선발에 평가의 목적을 두는 관점을 말한다. 이러한 관점에서는 학습 후에 누가 더 많은 학업 성취를 이루었는지 확인하는 개인 간의 비교가 중요시된다. 한편, 객관주의 평가관은 객관주의적 인식론에 기초하여 평가란 과학적이고 객관적이어야 한다고 보는 관점으로, 이는 반복평가 시 동일한 결과를 얻을 수 있도록 평가도구의 객관성과 신뢰성을 중시한다. 학교는 객관적으로 평가가 가능하다는 이유로 표준화된 검사에 의존하게 되며 교사는 학습과 정보다 결과를 중시하는 '평가를 위한 평가'를 하는 문제를 낳는다.

선발적 객관주의 평가관은 획일적인 대량의 제품을 생산해내는 산업사회의 패러다임을 반영하고 있는데, 이러한 평가관은 복합적이고 역동적이며 다양한 상호작용이 존재하는 교육과정을 무시하고 학습된 결과만을 평가하는 단점이 있다. 산업사회의 패러다임에 기초하여 이루어지고 있는 평가는 학습자들을 구별하고 선발하는 역할을 함으로써 사회의 불평등한 사회관계의 유지를 보장하는 역할을 한다. 양적 평가를 중시하는 객관주의 평가관은 단편적이고 일회적인 평가에 머물 우려가 많고, 통제나 강요된 상황에서 평가가 이루어지기 때문에 평가가 가지는 본래의 목적인 교수학습과정의 개선을 위한 정보제공에 한계가 있다.

산업사회 패러다임의 한계가 명확해지면서 구성주의적 평가패러다임이 점차 힘을 얻고 있다. 이는 교육심리와 교육방법에서 구성주의적 흐름과 궤를 같이 한다. 구성주의적 평가패러다임은 학습결과보다는 과정을 중시하며, 평가자가 학습과제 수행과정 및 결과를 직접 관찰하고 그 결과를 전문적으로 판단하는 평가 방식을 취하고 있다. 이는 학생들이 인공적인 산출물을 만들거나 구체적인 활동을 수행하도록 하여 자신들의 능력을 충분히 드러내도록 한다. 구성주의 평가 패러다임은 정보의 탐색, 수집, 분석, 비판, 종합, 창출능력, 자기 주도적 학습능력, 효율적인 의사소통능력을 비롯하여 협력적 문제해결능력을 강조한다. 또한, 교육의 목표와 방법, 평가의 일관성을 강조하고 수업과 평가를 긴밀하게 연계하여 평가가 교수학습활동과 분리되지 않고 통합적으로 이루어질 수 있도록 한다. 구성주의 평가 패러다임에서의 구체적인 평가 형태는 서술형 및 논술형검사, 구술시험, 토론, 실기, 실험실습, 면접, 관찰, 자기평가 및 동료평가, 프로젝트, 포트폴리오 등을 들 수 있다.

2. 산업사회 패러다임과 표준화검사와 문제점

학교에서 교사들은 평가를 주도하며, 임의로 개발한 평가지를 가지고 학생들을 테스트하고 성적을 부여한다. 교사가 누구냐에 따라 평가목적이나 평가도구가 달라지므로 객관성은 보장할 수 없다. 이에 반해 표준화검사는 학교에서 교사가 임의로 만들어 사용하는 검사지가 아니라, 누가 사용하더라도 평가의 실시, 채점, 해석이 동일하도록 절차와 방법을 일정하게 만들어 놓은 검사를 말한다. 표준화검사는 대표적인 산업사회 패러다임에 기초한 평가방법으로, 제작 규모와 절차가 전문적이고 체계적으로 이루어져 검사의 타당도가 높고, 검사내용이 표준화되어 있어 상호비교가 가능하며, 피검사자 모두가 동일한 조건하에서 시험을 치르기 때문에 공평하다는 특징을 가지고 있다. 검사가 진행된 후 채점과 해석에서 표준화가 이루어져 검사의 신뢰도가 높다.

표준화검사는 다양한 상황에서 활용될 수 있다. 검사 결과를 통해 장래 학업 성취나 직무에서의 성패를 예측할 수 있으며, 개인의 장단점이나 개인이 가진 개성, 지능, 적성을 발견해서 그에 맞게 진단하고 적절하게 지도할 수 있도록 돕기도 한다. 또한 특정 지역이나 학교의 성취와 같은 집단의 일반적 경향을 알아볼 수 있고 차별적인 지원을 위한 기준을 정할 수 있다. 대표적인 표준화검사에는 표준화 학력검사, 지능검사나 성격검사, 심리검사 등이 있다. 이 가운데 학교교육과 깊은 관련이 있으며 논란이 끊이지 않는 표준화검사는 일정 연령이나 학년에 도달한 학생이 그 수준에서 배웠거나 배워야 하는 학습교육목표를 어느 정도 달성하고 있는지 그 정도를 표준점수로 산출하는 표준화 학력검사이다. 학교에서 담임교사가 자신이 맡은 학급의 학생들 중 부진학생들을 파악하기 위해 쪽지시험이나 면접, 대화방식으로 이루어진 진단평가를 대체하는 국가수준 기초학력 진단평가나, 학생들이 교육 과정에서 규정하는 교과 목표와 내용을 얼마나 성취했는지 평가하는 국가수준 학업성취도평가가 이에 해당한다.

표준화검사의 여러 장점에도 불구하고 표준화검사가 교육적 목적과는 무관하며 심지어 교육 문제의 핵심에 자리하고 있다는 비판도 많다. 예를 들어 방금 언급한 국가수준의 학업성취도 평가의 경우, 지역 · 학교 간 학력 격차를 파악하고, 평가 결과를 교수 및 학습법 개발에 활용해서 공교육의 질을 높이고 교육 경쟁력을 키울 수 있다는 긍정적인 측면도 있지만 실제 현장에서는 다수의 학교들 간 학력경쟁을 부추겨 학교 교육과정을 파행으로 몰아가는 결과를 낳았다. 실제로 이 평가에서 좋은 성적을 얻기 위해 교육과정을 파행적으로 운영하고 시험문제풀이 중심의 교육과정을 운영하고 있는 학교가 다수 나타났다. 결국 국가수준의 학업성취도 평가는 교사가 해야 할 일을 국가가 떠맡아 동일 문항으로 동시에 시행하는 것이 정당한가의 문제, 표준화검사 실시의 배경이 학교 간 서열을 매기기 위해서라는 의혹 등으로 인해 비판에 시달리다가 폐지되고 말았다.

교육에서 표준화를 위한 노력은 표준화된 교육과정에서 잘 드러나 있듯이 표준화된 인간을 기르기 위한 것이 아니며 개별적인 인격을 침해하거나 개성의 성장을 가로 막지 않는다. 그러나 표준화된 검사는 여러 가지로 문제점이 많다. 이를테면, 시험에 포함되지 않은 부분이 무시되며(이로 인해 개성적인 성장이 방해를 받는다). 객관식 문제 등을 통해 제한된 형식으로 응답을 해야만 한다(이로 인해 단순암기식 공부에 치중하고 배우는 것을 경시하게 된다). 이런 식의 시험을 반복적으로 치르거나 삶에서 중요한 시험(수능 시험 등)을 이렇게 치르게 되면 배운 것에 대한 맥락적 지식을 형성하거나 지식구성을 통한 이해에 도달하기가 어려워진다. 교사나 학교의 입장에서 볼 때 표준화된 시험은 자신들의 능력을 평가받는 기회이므로 시험에서 좋은 성적을 얻는 데 급급하게 된다. 결국 학교는 배움의 즐거움을 나누는 장이 아니라, 시험 대비를 위한 학원으로 전락하고 마는 것이다. 교사들은 창의성, 문제해결능력, 협력과 소통, 비판적 사고, 깊이 있는 맥락적 지식의 형성과 같은 성공적인 삶에 필수적인 능력을 길러주기보다 시험에 나올 만한 문제를 반복적으로 가르치는 단순 기술자로 전락하게 될 위험성이 높아진다.

지금 각급 학교가 '좋은' 상급학교에 진학하는 것을 목표로 삼아 몇 명의 학생이 자사고나 외고, 또는 상위권 대학에 들어가는지에 초점을 맞추는 상황에서 표준화시험을 폐지하고 정상적인 교육을 하자고 주장하는 것은 비현실적인 일인지도 모른다. 표준화검사의 문제는 학교교육의 비정상화에 그치지 않는다. 표준화검사는 거대 학원재벌을 탄생시키고 사교육 시장의 비대를 낳아 비싼 사교육비를 감당할 수 있는 일부 계층은 지속적으로 부를 재생산할 수 있는 기회를 잡을 수 있으나 대부분의 사람들은 그렇지 못해 결국 부익부, 빈익빈으로 빈부 차이가 극심한 불평등한 구조로 사회가 변화하는 데 기여하고 있다. 이러한 문제점을 많은 사람들이 인식하고는 있으나 사교육시장에서 부를 축적한 일부 사람들의 정치적 영향력이 커지면서 교육의 정상화를 위한 노력이 더욱더 어려워지고 있다. 이런 상황에서 지나친 표준화검사에의 의존을 극복하고 교육을 정상화하기 위해서는 교사와 학생, 학부모를 비롯한 많은 사람들이 장기간에 걸쳐 교육뿐만 아니라 정치/경제/사회/문화 각 방면에서 꾸준하게 노력하는 것 외에는 다른 방법이 없다. 교육분야에서만 이야기한다면 일단 일부 학교에서라도 대안적 평가를 실시하여 성공 모델을 확립하고 전파하는 것도 중요한 노력의 하나라고 할 수 있다.

3. 구성주의 패러다임과 대안적 평가

교육에서의 평가란 학습한 결과를 판단하기 위한 것이라는 점에 대해서 누구도 의문을 제기하지 않는다. 그러나 평가의 궁극적 목적이 바로 학습이라는 점을 생각해본다면 학습이 있고 그 후에 평가가 있는 현재의 분리된 모델이 가지는 한계를 인식할 수 있다. 구성주의 패러다임에서 강조하듯이 학습으로서의 평가, 즉 학습과 평가를 통합적으로 인식한다면 평가를 바라보는 우리의 시야가 넓어질 수 있다. 이러한 통합적 모델에서 평가는 학생들이 자신의 학습과정과 진도, 학습능력에 대해 실시간으로 파악할 수 있게 해주며, 교사들에게는 학생들이 무엇을 잘하고, 못하는지, 어떤 적성과 재능을 보이고 있는지를 파악해서 개별 학습자에게 코칭할 수 있도록 한다. 그동안 교사는 정보와 지식을 전달하고 평가하는 역할을 맡아왔지만 학생 개개인에 대해 자세히 살피고 방향을 잡아주고 충고하는 코치로서의 역할[2]은 등한시해왔다. 교사가 정보의 전달자에서 의문을 제기하고 탐구를 돕는 조력자로, 가르치는 교사에서 개개인의 특징을 파악하고 개인적 성장에 기여하는 코치로 변화하기 위해서는 평가에서의 혁신이 필요하다. 그러한 혁신의 하나가 포트폴리오에 의한 평가방식이다.

포트폴리오는 개인의 작업이나 작품을 모아둔 자료집을 말한다. 포트폴리오평가는 수행평가의 하나로서 학생은 포트폴리오를 구성하면서 어떻게 순서를 정할 것인지, 어떤 자료를 집어넣을 것인지 등을 결정하는데, 학습과 평가에서 포트폴리오는 한 학기나 한 해에 걸쳐 장기적으로 행해지는 지속적인 작업이며 그 기간 동안 이루어지는 학습자들의 학습과 성찰, 성장 모습을 살펴볼 수 있다. 포트폴리오 작업을 하면서 학습자들은 종합적인 인지능력을 활용해 자신의 학습을 스스로 계획하고 성취를 거두며, 반성을 한다. 이 과정에서 학생이 거둔 성과만이 아니라 발달 과정까지 살펴볼 수 있으므로 학생들의 장점과 약점, 적성과 취향에 대해 귀중한 정보를 얻을 수 있다.

포트폴리오 평가는 수행평가 방법에서도 획기적이지만 과제선정 및 수행, 평가의 어려움, 평가에서의 주관성, 다수의 포트폴리오 전시, 저장상의 어려움, 질 관리 문제 등 현실적인 어려움이 있다. 온라인 포트폴리오는 인쇄기반

---

2 폴 김은 『교육의 미래, 티칭이 아니라 코칭이다』(세종서적, 2017)에서 코칭에 대한 자신의 경험 사례를 소개하고 있다. 그가 미국대학에 진학해서 음악수업을 수강할 때 영어가 미숙해서 감상평을 써내지 못하자 담당 교수는 한국어로 써서 그 내용을 번역해서 들려 달라 했다고 한다. 교수는 '이 학생은 감정이 풍부하고 좋은데 단지 영어가 약하다'고 보고 '이 강의는 영어 수업이 아니라 음악 수업이니까 나는 영어에 대한 점수를 줄 생각이 전혀 없다'면서 A학점을 주었다고 한다.

의 포트폴리오가 가지는 문제점을 극복하고 보다 효과적으로 포트폴리오를 활용하기 위한 대안이다. 온라인 포트폴리오는 디지털화된 자료이고, 웹을 기반으로 하므로 접근, 저장, 수정, 관리, 검색 등이 용이하며 융통성이 많다. 온라인 포트폴리오는 그 자체의 특성과 새로 추가된 기능으로 인해 종이기반의 포트폴리오에 비해 다음과 같은 다양한 장점이 있다(Kankaanranta, Barrett & Hartnell - Young, 2000).

- 자료가 디지털 형태로 저장되기 때문에 공간이 필요치 않다.
- 자료를 복제하거나 보관본을 만드는 것이 용이하다.
- 자료의 이동이 용이하다.
- 저장기간에 구애를 받지 않는다.
- 학습자별 관리가 매우 용이하다.
- 관련 자료를 서로 연결해볼 수 있다.
- 포트폴리오에 접근하는 것이 용이하다.

온라인 포트폴리오를 교육에 활용하는 사례[3]는 현재로는 그리 많지 않지만 편리성의 추구, 컴퓨터와 온라인시스템의 발전, 인공지능시대에서 요구되는

---

3 포트폴리오를 현장 교육에 적극적 활용하는 사례는 아직 많지 않지만 미국의 Blackstone Valley Tech 고등학교의 사례를 소개하면 다음과 같다. 이 학교에서는 9학년부터 12년까지 모든 학생들이 매 학년이 끝날 때 포트폴리오를 제출하도록 하고 있다. 교사는 학생이 제출한 포트폴리오를 바탕으로 학생의 진학, 졸업, 진로지도 및 취업 등의 관점에서 결과물을 평가한다. 학교는 학생들에게 온라인 포트폴리오 제작에 필요한 템플릿을 제공해서 학생들이 개인 정보, 목적, 표지, 참고자료, 수상내용과 참석활동 등에 대해 개별적으로 기록할 수 있도록 하고 있다. 이 학교의 온라인 포트폴리오는 학생의 학습 결과를 평가하는 것이 주요 목적으로 각 학년마다 상이한 평가용 점검표를 제시하고 있다. 이 점검표의 항목들은 학생들이 포트폴리오를 만들 때뿐만 아니라 교사가 학생들의 성취를 평가할 때 준거로 사용된다.

교사 역할의 변화, 평가 방법 혁신에 대한 열망 등으로 인해 점차 확대될 것으로 기대되고 있다.

4. 미래교육에서 평가의 원칙

교육평가가 평가를 위해서가 아니라 원래의 목적대로 교육을 정상화하는 데 기여하려면 여러 가지 고려해야 할 점이 있다. 미래교육에서 평가가 지향해야 할 방향을 지적한다면 다음과 같다(강명희, 임병노, 2002).

먼저, 평가의 목적에 관한 것이다. 평가는 인간을 규정하는 것이 아니라 인간을 이해하는 데 목적이 있다는 점을 분명히 해야 한다. 이를테면, 학습자의 학습양식을 고려해 이루어져야 하는데, 학습자들은 자신이 선호하는 방식으로 평가받을 때 최대한의 능력을 발휘할 수 있다. 시각적 학습자의 경우, 주요 아이디어를 설명하는 콜라주, 포스터, 슬라이드 등 시각적 자료를 고안하도록 하고 청각적 학습자에게 인터뷰나 토론을 통한 평가, 신체운동적 학습자에게 스크랩북이나 뮤지컬, 오페라나 희극을 쓰게 하여 평가할 수 있을 것이다. 학생들이 자신의 학습양식에 따라 과제를 맡을 수 있도록 다양한 과제를 제시하고 선택하게 할 수도 있을 것이다.

둘째, 평가의 내용에 대한 것이다. 평가는 개인들 사이의 비교와 서열화가 아니라 개인이나 집단이 얼마나 알고 있고 무엇을 할 수 있는가에 집중해야 한다. 평가활동의 결과, 교사는 학생 학습경험의 현재 상태에 대해 파악할 수 있고 교수과정에서 학습지도 방법을 효과적으로 개선할 수 있어야 하며 또, 학생은 스스로 자신이 당면하고 있는 학습곤란의 원인이 무엇인지 진단할 수 있으며 스스로 학습을 개선하기 위한 지속적인 방법을 탐구할 수 있어야 한다.

셋째, 교수활동 개선을 위해 평가가 이루어져야 한다. 평가를 통해 단순히 점수를 부여하고 성공과 실패를 가리는 데 관심을 두는 것이 아니라 교사나 학생의 입장에서 교수학습과정을 개선할 수 있는 자료로 사용되어 실제적으로 학생들에게 도움을 줄 수 있어야 한다. 평가결과, 교사와 학생은 자신의 장단점을 알고 심화된 학습을 할 수 있어야 한다. 학생은 자신의 실력을 알고, 어떤 면이 부족한지 알아야 하며 교사는 자신의 교수활동을 향상시키도록 자극을 받는다.

마지막으로 평가결과가 교사에게 귀중한 피드백을 제공하기 위해서는 학생을 평가의 대상으로만 다룰 것이 아니라 평가의 파트너로 적극적으로 활용해야 한다. 미래지향적인 평가에서는 학생 개개인의 학습목표의 성취 여부에만 초점을 두는 것이 아니라 교사의 능력 및 활동, 교과과정, 프로그램에 대한 평가도 같이 이루어지도록 해야 한다. 평가의 대상은 단지 학생에게만 해당되지 않는다. 교사나 교장, 학부모 역시 평가의 주체이자 대상이 된다. 지금까지 평가의 대상으로 인식되어 온 학생을 평가의 파트너로 참여시킴으로써 평가활동이 학습활동과 유기적으로 연관을 가질 수 있도록 해야 한다.

자기성찰활동

다음은 켄 로빈슨의 혁신적인 평가 사례이다.[4] 『사례를 통해 얻을 수 있는 시사점에 대해 토론해보자.

A. 빅픽처러닝(Big Picture Learning)은 전 세계 백여 개 이상의 학교가 연결된 네트워크로, 여기서는 교육이 학교뿐만 아니라 지역공동체 전원의 책임이라는 점을 강조하고 있다. 빅픽처스쿨의 학생들은 지역사회의 멘토나 자원봉사자들의 지도아래 많은 시간 동안 지역 공동체에 참여하면서 실제적 학습을 한다. 전통적인 방식으로는 학생들의 역량을 끌어내지 못하지만 이들 학교에서는 학교의 벽을 허물어 학교에서 수행하는 학습과 학교 밖에서의 학습을 통합시켜 자연스럽게 삶 속에서 학습할 수 있도록 돕고 있다. 프로젝트 중심의 학습을 중심으로 교육과정이 개발되어 있으며 성과에 대한 평가도 실제 평가로 이루어지고 있다. 한편, 학생들은 자신에게 흥미가 있는 프로젝트를 통해 자신의 꿈을 키워간다. 예를 들어 교사가 상담과정에서 학생이 축구에 흥미를 느끼는 것을 알고 스포츠심리학과 관련된 프로젝트를 개발해서 같이 탐구하는 사례 등을 들 수 있는데, 이런 사례를 통해 학교가 학생들을 위해 해야 할 것이 무엇인지를 알 수 있다. 빅픽처스쿨은 이런 종류의 프로젝트를 통해 학습에 강한 목적의식을 부여하고 관련된 외부 기관을 참여시켜 학생들의 교육적 경험을 풍부하게 해주기 위해 노력한다. 이 학교에서의 평가는 표준화된 검사로 이루어지는 것이 아니라 학생이 자신이 설정한 목적에 얼마나 다가서기 위해 노력했는지 여부이다. 학생의 성적은 전체 교육경험의 핵심이 아니라 학습과정에서의 부산물이며 학생들을 동기부여하고 방향을 잡아주는 본연의 역할을 한다.

B. 미국 뉴햄프셔 주에 있는 한 학교에서는 졸업생이 갖추어야 할 이상적 특징을 정해서 학생들이 습득해야 할 지식과 활용능력, 그 유용성을 토대로 교육과정을 짜고 있다. 이러한 목적에 맞게 이를 어떻게 평가할지 결정하고 학생들이 자신의 능력을 마음껏 펼칠 수 있도록 학습환경을 잘 구축해놓았다. 이 학교에서는 학생들이 졸업할 때까지 사고와 공부에서 협력과

4 『아이의 미래를 바꾸는 학교혁명』(21세기북스)에 나오는 내용을 재구성한 것이다.

리더십, 호기심과 의문갖기 등 17가지의 특정습관을 갖도록 하는 것을 목표로 하고 있다. 이들 습관들은 성취해야 할 하위 기술들로 세분화되어 있으며, 호기심과 의문갖기 습관의 하위 기술로는 새로운 아이디어에 대한 열린 마음, 복잡성에 대한 인정, 의문제기능력 등이 있다. 이러한 하위 기술들을 미숙자, 초심자, 숙련자 단계 등으로 구분하여 세부적으로 기술하고 있으며, 평가기준은 교사를 비롯해서 학생, 학부모 등에게도 공개되어 있고, 학생들은 학교를 다니는 동안 자신이 미숙자, 초심자, 숙련자 단계에서 자신이 어디쯤에 와 있는지를 끊임없이 점검한다. 그 결과, 이 학교에서 공부하는 학생들은 자신의 장점과 약점에 대해서 잘 파악하고 있으며 자신이 어떤 직업을 희망하고 있는지에 대해 분명한 생각을 가지고 있다.

C. 캐나다 브리티시 컬럼비아 주의 한 학교에서는 프레시 그래이드(Fresh Grade)라는 온라인 포트폴리오 프로그램을 평가에 활용하고 있다. 각 학생의 학업 성취를 사진으로 찍어서 학부모와 학생이 모두 살펴볼 수 있도록 온라인상에 정리해놓는 것이 핵심인데, 교사들은 학생들과 함께 개인별 목표와 기준을 정해놓고 이를 바탕으로 성과를 평가한다. 교사들은 학생들과 일대일로 마주앉아 함께 목표를 정하는 데 많은 노력을 기울이며, 이때 학생들에게 스스로의 노력을 평가할 만한 역량을 갖출 것을 주문한다. 이 학교에서는 매일 학습진도 보고서를 온라인상에 올려놓기 때문에 학생들이 어려워하거나 한계에 부딪힌 것을 그때그때 파악할 수 있으며 곧바로 개입해서 도울 수 있다. 보통은 학생들의 학업 상황을 모르고 시험을 보고나서야 알게 되지만 이 학교에서는 그렇지 않다. 이 프로그램에서 가장 어려움을 겪는 학생들은 기존 평가에서 상위권에 들던 학생들로, 그 이유는 규칙에 따라 행동하고 교사가 원하는 것을 간파해서 좋은 성적을 받았으나 새로운 제도에 적응하는 데는 실패했기 때문이다. 오히려 중하위권 학생들이 스스로 목표를 정하고 진전되는 과정을 확인하면서 성적이 향상되는 모습을 볼 수 있다.

3부

전망

10장

교육과 확장

산업사회에서 대중교육이 시작된 이래 교육은 학교를 중심으로 발전했다. 학교교육은 초기에 체계 없이 이루어지다가 점차 연령별로 초등교육, 중등교육, 고등교육으로 분화되었으며 교과 역시 읽고, 쓰고, 셈하는 문맹퇴치교육에서 다양한 내용을 구분해서 가르치는 교과교육 체제로 발전했다. 20세기 이후 학교교육은 더욱 다양한 연령대의 학생들을 포괄하게 되었으며 고등교육 역시 보편화되는 형태를 띠게 되었다. 대부분의 사람들이 학교교육을 통하여 사회적·문화적 가치를 내면화하고 지적으로 성장했으며 사회발전에 큰 역할을 담당하게 되었다. 그러나 21세기에 들어서면서 학교는 사회 변화의 속도에 적응하지 못하는 거대한 공룡과 같은 존재로 변질되면서 개인적 성장과 사회적 발전에 긍정적인 역할을 하는 데 한계를 보이기 시작했다. 이런 현상은 어느 한 나라에 국한된 것이 아니라 대부분의 국가에서 나타난 현상으로 보편성을 가지고 있다. 사회 여러 분야에서 교육개혁의 필요성에 대한 요구가 커지면서 교육에서 새로운 흐름이 생겨났다. 이러한 흐름은 학교교육의 내면적 확장이라는 흐름과 학교교육을 대신할 대안적 체제의 성립이라는 흐름으로 나눌 수 있다.

먼저 학교교육의 내면적 확장은 기존 교육의 주류에서 밀려나 있던 장애아 교육(특수교육)이나 소외된 계층을 위한 다문화교육, 소외된 젠더(gender)를 위한 페미니즘 교육 등이 교육에서 중요한 위치를 차지하게 되는 것을 말한다. 현재의 학교교육체제가 하루 아침에 없어지지 않는 한 그동안 학교교육의 변두리에서 주목을 받지 못했던 장애아나 다문화계층의 자녀들, 여성들에 대한 교육적 배려를 강화하는 것은 무엇보다 중요하다. 다른 한편, 학교체제를 대신할 새로운 대안적 체제가 등장하는 흐름은 그 전부터 존재했지만 21세기 들어 점차적으로 기존의 교육체제를 위협하는 정도까지 발전하고 있다. 대표적인 것이 대안교육과 대안학교의 성장이다. 대안학교는 학교를 바꾸자는 것이지 학교를 없애자는 것이 아니지만 홈스쿨링은 학교체제를 부정하고 개인이 가정에서 학습하는 것을 보다 중요시한다. 학습공학의 발전과 사회적 학습망의 발전은 대안학교나 홈스쿨링이 현재의 형식적인 학교교육을 대체하는 과정을 가속화할 전망이다.

교육의 확장은 학교교육의 내적·외적 확장에만 그치지 않는다. 이제는 형식적인 학교체제에 의존하지 않고 학교교육을 넘어서서 모든 이들의 평생에 걸친 교육이 가능한 세상이 되었다. 평생교육은 20세기 후반부터 주목받는 교육현상이지만 사실 오랫동안 인간 삶의 조건 가운데 하나였다. 오랜 옛날부터 사람들은 사회를 이루고 살면서 평생에 걸쳐서 생존 기술을 익혀왔으며 삶과 학습이 분리되지 않는 생활을 해왔기 때문이다. 그러나 현대에 이르러 평생교육은 사회의 모든 구성원들이 원하는 교육을, 원하는 시기에 받아, 원하는 삶을 살 수 있도록 하는 혁신적인 교육체제로 자리매김을 하고 있다. 교육이 단지 사회에 '쓸모' 있는 사람을 길러내는 것이 아니라 자신의 삶을 '행복'하게 꾸려가고자 하는 사람을 도와주는 것이라는 평생교육의 기조는 기존의 학교체제를 넘어서는 혁명적인 사고방식이다. 이 장에서는 학교교육의 내면적 확장으로 특수교육, 다문화교육, 페미니즘 교육을 다루었으며 대안학교와 홈스쿨링을 대안적 교육체제로 살펴보았고, 학교교육을 넘어서서 발전하는 평생교육의 흐름에 대해서도 살펴보았다.

1. 학교교육의 내면적 확장

1. 특수교육

특수교육은 교육대상과 교육과정, 내용과 방법, 평가면에서 일반 교육과 구별된다. 특수교육은 특별한 정신적·신체적 문제를 가지고 있는 학생의 교육적 요구를 충족시키기 위해 제공되는 교육을 말한다. 미국의 「장애인교육진흥법」(IDEA 2004)에서 특수교육을 "교실수업, 체육수업, 재택수업, 병원 및 시설에서의 수업을 포함하는 것으로, 부모의 추가 비용 없이 장애아동의 독특한 요구를 충족시켜주기 위해 특별히 설계된 교수"라고 정의하고 있다. 즉, 특별한 요구를 가지고 있는 학생들의 상황에 맞게 교육 목표, 방법, 내용이 변화하게 되므로 각각에 맞는 개별화 프로그램을 설계하여 교육하게 된다. 여기서 특별한 요구란 일반 학생들과는 다른 교육적인 배려가 필요하다는 것을 의미하며 보통 장애로 인한 신체적·정신적 문제에 따른 요구를 의미한다.

특수교육이 오래 전부터 발달한 나라는 미국이다. 미국의 경우, 일찍이 장애를 가진 아동과 특수교육 요구아동에게 무료 교육을 실시하기 위해 「전장애아교육법」을 제정(현재 장애인교육법(IDEA))하여 모든 장애아동들이 그들의 독특한 요구에 맞게 고안된 특수교육 관련 서비스를 무료로 이용할 수 있게 했다. 이 법은 장애아동과 부모 또는 보호자의 권리를 보호했으며, 이를 위해 장애

아동 교육에 관한 6대 원칙, 즉 완전수용(zero reject), 비차별적 평가(nondiscriminatory evaluation), 개별화교육 프로그램(IEP)과 무상의 적절한 공교육(free, appropriate public education), 최소제한환경(least restrictive environment), 적법절차(due process), 부모 참여(parental participation)를 제시했다. 한편, 우리나라에서는 장애인에 대한 편견과 사회적 무관심으로 인해 장애학생들의 기본 권리가 오랫동안 보장되지 못하다가 1977년 「특수교육진흥법」에 의해 특수교육이 주목을 받게 되었다. 이 법으로 인해 특수교사 양성기관이 증가하고 국립특수교육원이 설립되었으며, 특수교육 정책 전담 부서가 설립되었다. 2007년에는 「특수 교육진흥법」을 부족한 점을 보안한 「장애인등에대한특수교육법」이 제정되어 특수아동에게 통합된 교육환경을 제공하고 개별화된 교육을 실시하는 데 이르고 있다.

특수교육의 내용

특수교육의 목적은 개인의 소질을 파악하고 가능성을 계발한다는 측면에서 일반교육의 목적과 큰 차이가 없다. 다만 특수교육은 장애학생의 교육적 요구를 충족시키기 위해 이들의 특성에 적합한 교육과정 및 특수교육 관련 서비스를 제공하여 학생들이 자아를 실현하고 사회에 통합되도록 하는 데 목적이 있다. 이러한 목적을 실현하기 위해 핵심이 되는 것은 개별화교육과 통합교육이다.

- 개별화교육: 「장애인등에대한특수교육법」에 의하면 개별화교육이란 "각급 학교의 장이 특수교육대상자 개인의 능력을 계발하기 위해 장애유형 및 장애특성에 적합한 교육목표·교육방법·교육내용·특수교육 관련서비스 등이 포함된 계획을 수립하여 실시하는 교육"을 말한다. 개별화교육은 개별화교육지원팀에 의해 이루어지며 개별화교육계획를 수립하여 실행된다.

• 통합교육: 통합교육은 특수교육대상자가 일반학교에서 장애유형, 장애의 정도에 따라 차별받지 않고 또래와 함께 개개인의 교육적 요구에 적합하게 이루어지는 교육을 말한다. 통합교육을 통해 장애아동은 사회적 활동이나 학습활동에서 일반아동과 의미 있는 상호작용을 한다. 통합교육을 위해서는 특수아동의 장애 유형, 발달 수준, 교사와 아동 비율, 일반아동의 준비도, 교사의 훈련 정도 등이 고려되어야 하며, 물리적 통합뿐만 아니라 교수적 통합과 사회적 통합이 이루어져야 한다. 물리적 통합이란 장애아동을 분리하는 교육이 아니라 일반학교의 같은 공간에서 배우도록 하는 것이고, 교수적 통합이란 일반학교의 학생들이 사용하는 교육과정에 장애아동이 의미있게 접근하여 교육성과를 성취하는 것이다. 사회적 통합이란 학교 내 아동 구성원 간에 사회관계형성과 상호작용을 목표로 하는 통합이며, 이러한 통합교육의 성공을 위해 특수아동을 받아들이는 일반아동과 일반아동의 부모, 교사, 지역사회의 태도가 중요하다. 통합교육은 특수아동에게 주어지는 개별화교육계획과 더불어 융통성 있게 운영되어야 한다.

중재

특수교육의 중요한 핵심은 중재에 기반한 교수라는 것이다. 중재란 장애아동이 학습하고 학교와 사회에 적극적으로 참여하는 것을 저해하는 장애가 발생하지 않도록 예방하는 것을 포함해 기존 장애를 제거하거나 장애아동으로 하여금 장애를 극복하도록 돕는 것이다. 중재에는 예방적(preventive) 중재, 교정적(remedial) 중재, 보상적(compensatory) 중재 등 세 가지 형태가 있다.

• 예방적 중재: 특수교육자들은 잠재적이거나 경미한 문제들이 장애가 되

는 것을 막기 위해 예방적인 중재에 유의해야 한다. 예방적인 중재에는 장애가 발생할 수 있는 사건을 막고 기존 장애가 미칠 수 있는 부정적인 영향을 축소하는 것을 말한다. 예방은 장애가 발생하지 않도록 위험요소를 제거해서 아동이 장애를 가지지 않도록 하는 것부터 현존하는 위험요소의 부정적인 영향을 제거하거나 최소화하는 것, 나아가 이미 장애가 발생했다면 장애로 인한 영향을 최소화하는 것까지 다양하게 이루어진다.

- 교정적 중재: 교정적 중재는 장애의 특정 영향을 제거하기 위해 노력하는 것이다. 장애아동이 독립적이고 성공적으로 살아가는 데 필요한 기술을 가르치는 것을 목표로 한다. 학교 환경에서 필요한 기술 또는 능력은 읽기, 쓰기, 셈하기와 같은 학습능력과 사회적 기술, 자기관리능력 등이다.
- 보상적 중재: 보상적 중재는 장애에도 불구하고 아동이 과제를 수행할 수 있도록 대체기술을 가르치는 것이다. 보상적 중재는 기구나 기술을 제공하고, 이를 이용해 장애를 극복할 수 있도록 돕는 것이다. 예를 들어, 뇌성마비 아이들에게 손의 조작 대신 헤드스택(head stack)을 사용하도록 훈련시키거나 시각장애 아동을 위한 이동과 방향정위와 같은 특수교육 훈련 또는 보조장치를 제공하는 것이다.

특수교육에서의 수업

누구에게, 무엇을, 어떻게 가르치는가를 놓고 특수교육을 설명하면 다음과 같다.

- 대상: 특수교육의 대상은 개별적으로 계획된 교수 프로그램을 필요로 하는 특수아동이다. 일반교사 또는 특수교육 교사는 학생에게 개별화교육 프로그램을 설계하여 제공한다. 교사들은 학교 상담가, 언어병리학자, 물리치료사, 상담사와 같은 전문가뿐만 아니라 보조교수자와 함께 일한다.

이들과 특수아동의 가족이 함께 협력하여 학제 간 팀을 구성하며 이 팀이 특수아동의 학습에 일차적인 책임을 지게 된다.

- 교수내용: 특수교육은 일반교육과 차별화된 교육과정에 기초해 이루어진다. 모든 장애 아동이 일반교육과정에 의해 학습하는 것이 필요하지만 일부 장애 아동을 위한 개별화교육의 장단기목표는 일반 교육과정과 관련이 없다. 이들은 아동이 쉽게 익히는 옷 입기, 식사하기, 화장실 사용하기 등의 신변처리기술조차도 체계적인 교수에 의해서만 배울 수 있기 때문이다. 장애 학생들에게는 신변처리기술이 교육과정의 중요한 부분을 차지한다.
- 교수방법: 특수교육은 일반교육과 달리 교수자료와 교수방법도 특화되어 있다. 예를 들어 시각장애 아동에게는 점자책을 사용해야 하며, 청각장애 아동에게 수화나 의사소통판을 사용하는 등 자료 자체가 일반학생들과 차별화된다. 특수교사는 특정 과제를 과제분석하여 가르칠 때 체계적이며 단계적으로 수업이 이루어져야 한다. 특수교육은 세부적이고, 집중적이며, 엄격하게 교수되어야 하며 학생의 성취정도를 자주 평가할 필요가 있다.

특수교육의 과제

특수교육이 성공하려면 우선적으로 교사들이 제공하는 질 높은 교수가 보장되어야 한다. 특수교육에 대한 지식기반은 아직 미흡한 실정이다. 효과적인 특수교육 교수에 대한 연구들이 어느 정도 이루어지고 있지만 실제 실천상에서의 효과는 검증되지 않은 것들이 많다. 연구에 의해 밝혀진 교수와 학습의 이론적인 측면과 실제 대부분의 학급에서 행해지는 것 사이에는 심각한 차이가 있다. 이와 같은 이론과 실제 사이의 간격을 메우는 것은 여전히 특수교육에서 중요하다. 또한 교수의 질적 확보를 위해 모든 특수교사가 전문가 기준을 충족하도록 교사양성 프로그램과 교사연수 프로그램의 질이 향상될 필요가 있다.

둘째, 성인이 되는 중등 장애 학생에 대한 도움이다. 많은 장애 아동들이 고등학교를 졸업한 후 성인 생활에 잘 적응하지 못하며 불행해하는 것이 현실이다. 특수교육의 성공은 장애 청소년이 학교에서 지역사회로의 성공적인 전환을 할 수 있도록 돕는 데 달려 있다.

셋째, 지체장애나 감각장애의 영향을 감소시키기 위해 보조공학을 적절하게 활용하고 기술에 대한 접근성을 증가시켜 특수 아동의 교육적 수행과 독립성을 향상시켜야 한다.

넷째, 특수교육을 위한 재정 확보가 필요하다. 특수 아동을 가르치는 데는 비용이 많이 든다. 특수교육을 위한 법률과 규정, 관련 서비스는 재정적 지원이 부족할 경우에 적용하기가 어렵기 때문이다.

2. 다문화교육

우리 국민은 오랫동안 한민족으로 구성되어 있었지만 최근 수십년 동안 다른 나라 사람들이 이주하거나 귀화하고 타 민족과 결혼해 다문화가정을 이루는 등 많은 변화가 일어났다. 이제 우리나라는 더 이상 한민족으로만 이루어진 단일민족국가가 아니다. 다민족국가로 변화, 발전해가는 와중에 이전에는 부딪히지 않았던 다양한 문제들이 발생하기 시작했고, 소수민족 사람들에 대한 집단적 차별과 외국인 혐오로 여러 가지 사회적 문제가 나타나고 있다. 오랫동안 단일 민족의 정체성에 대해 도전받은 적이 없었고, 권위주의 시절의 민족교육으로 인해 과다한 민족적 자부심을 가지고 있는 기성세대에게 자신과 다른 피부색, 종교, 문화와 관습을 가진 사람들에 대해 이해가 부족한 것은 당연하다. 이러한 이해의 부족은 결국 타 문화에 대한 관용과 존중 대신 혐오와 차별로 나타나게 되었다. 결국 변화하는 현실에 적응하지 못하고 낡은 민족중심의 사고로 인해 사회적 갈등이 격화되고 있다고 할 수 있다.

한편, 우리 사회가 다문화적 성격을 띠게 됨과 동시에 글로벌화 현상도 심화되고 있다. 외국과의 교역은 물론이고 공적·사적 교류가 급격하게 증가했으며, 이러한 교류의 확대로 다른 나라 사람들에 대한 이해, 그리고 그들과 공존하는 태도가 중요해졌다. 그리하여 다문화 이해를 위한 사회적 노력이 필요함을 인식하게 되었으며, 이에 다문화교육은 낡은 민족주의적 사고의 극복과 소수자에 대한 존중과 배려, 상호공존을 위한 노력의 하나로 주목받게 되었다. 다문화교육이란 '민주주의의 가치관과 신념에 기초해 문화적으로 다양한 사회에서 문화적 다원주의를 지지하는 교수-학습 접근법'(Bennett, 2007), 또는 '학교교육 개혁운동의 일환으로서 학교나 다른 교육기관을 변화시키고자 모든 사회계층, 성별, 인종, 그리고 문화적인 집단 등이 학습을 위해 균등한 기회를 갖게 하는 것'(Banks, 2002) 등으로 정의하고 있다.

다문화교육은 한 국가의 문화권 내에서 존재하는 다양한 소수집단을 위한 교육에서의 기회균등과 다른 문화에 대한 존중과 배려에 중점을 두고 있다. 다문화교육은 단지 민족적·인종적 차이만이 아니라 문화, 사회계급, 성, 장애 등에서의 차이를 극복하고 공존을 실현하기 위한 교육이다. 이를 통해 모든 학생들이 인종과 종교, 문화의 다양성을 인정하고 사회의 편견이나 고정관념에 대처할 수 있게 될 것이며 우리사회가 다민족사회로 발전적으로 변화하는 데 크게 기여할 것이다.

다문화교육의 필요성과 목표

오늘날과 같은 다양하고 급변하는 세상에서 타문화에 대한 이해나 교육은 단순히 소수민족 사람들에 대해 관용을 베풀거나 그들을 우리 사회의 한 구성원으로 받아들이자는 시혜적 자세가 아니다. 오히려 그들과의 공존과 이해 없이는 우리 사회가 발전하거나 생존할 수 없다는 적극적 인식을 바탕으로 할 필요가 있다. 개인적인 차원에서도 다른 문화의 가치나 상징을 이해하고 존중할 수 있는 다문화적 관점과 정서는 개인이 풍성한 삶을 영위할 수 있도록 하고, 자기자신의 정체성 형성에도 기여하게 된다. 다문화교육은 가치관과 민족적 정체성이 완고하게 굳어지기 전에 이루어질 필요가 있다. 어려서부터의 다문화교육은 아이들이 보다 풍요로운 삶을 영위할 수 있도록 돕고 개인적이거나 공적인 문제들을 보다 창의적이고 효과적으로 해결하는 데 도움을 줄 것이며 보다 긍정적인 자아정체성을 형성하도록 돕는다. 학생들은 보편적인 문화적 가치와 원칙을 내면화하고, 이러한 가치에 따라 행동하는 데 필요한 능력, 역량, 헌신하려는 태도를 갖게 되는 것이다.

다문화교육의 목표는 자신의 문화를 바탕으로 다른 문화의 가치를 존중하며 다문화사회에서 성공적으로 적응할 수 있도록 하는 데 있다. 자신과 자신의 문화를 존중하는 만큼 타인과 타인의 문화도 존중할 수 있도록 교육하고, 상호의존적인 세계에서 서로가 공존하며 살아가기 위해 요구되는 지식, 기술, 태도를 배우고 실천하도록 하는 것이다. 뱅크스(Banks)는 다문화교육의 목표를 세분화하여 여섯가지 정도 정리하고 있다. 첫째, 다른 문화의 관점을 통해 자신의 문화를 바라봄으로써 자기자신에 대한 이해를 깊이하는 것이다. 둘째, 소수 문화의 풍부함을 가르치는 등 주류 교육과정에 대한 대안을 제시한다. 셋째, 모든 학생들이 다문화사회에서 요구되는 지식과 기능, 태도를 습득한다. 넷째, 다문화가정 자녀들이 인종적·신체적·문화적 특성으로 인해 겪는 고통과 차별을 감소시킨다. 다섯째, 학생들이 글로벌한 세계에서 살아가는 데 필요한 능력을 습득하도록 돕는다. 여섯째, 학생들이 자신의 공동체에서 역할

하는 데 필요한 지식, 기능, 태도를 습득한다.

다문화교육의 내용

다문화교육의 교육과정 구성 원칙은 다음과 같다. 먼저, 통합이다. 다문화교육의 교육과정을 구성할 때 우선적으로 고려해야 할 것은 다양한 문화 및 집단과 관련된 내용과 사례를 추출하여 통합하는 것이다. 둘째, 지식 구성과정에 대한 비판적 이해이다. 학생들이 암묵적인 문화적 관심이나 편견이 지식 구성 과정에 영향을 미친다는 것을 이해하고 지식에 대해 비판적으로 해석할 수 있는 능력을 기르도록 돕는다. 셋째, 편견의 감소이다. 학생들이 다른 집단이나 문화에 대해 긍정적이고 우호적인 태도를 갖도록 돕는 것이다. 다문화교육의 성공요인에는 비판적인 교육과정과 더불어 다양한 학생들을 공평하게 가르치고 학생들이 인종이나 문화, 종교에 상관없이 학업에 성공할 수 있도록 돕는 교수법과 다양한 배경을 가진 학생들이 학교에서 평등과 조화를 경험할 수 있도록 학교문화와 조직을 재구조화하는 것 등이 포함된다.

우리나라에서 이루어지는 다문화교육의 주요내용은 크게 네 가지로 나누어 볼 수 있다(양영자, 2008)

- 소수자 적응교육: 주류사회에 새로운 이주자를 받아들일 때 가장 보편적으로 행하는 교육으로 주류사회에의 동화를 목적으로 한다. 기초학습능력, 한국문화 정체성 교육, 한글능력 향상, 문화이해의 심화 등을 교육한다.
- 소수자 정체성교육: 소수자의 정체성 함양을 목적으로 소수자들이 자존감을 회복하고 자신의 문화집단에 자부심을 갖도록 교육한다.
- 소수자 공동체교육: 소수자들의 정서적 지지를 위한 정서적 지원망 확보에 기여한다. 소수자 문화집단 간 혹은 소수집단 내 갈등이 생길 때 요구

되는 교육이다. 집단 간의 이해를 도모하여 갈등을 줄이고 사고의 지평을 확장하는 데 주안점을 둔다.

- 다수자 대상의 소수자이해교육: 주류사회의 구성원들이 소수자에 대한 차별과 편견의식을 극복하도록 교육하는 것이다. 다수의 인식변화가 필요하며 국가교육과정을 통해 이루어져야 할 교육내용이다.

다문화교육을 위한 교사교육

다문화교육의 성공을 위해서는 현장교사의 다문화에 대한 지식습득 및 인식의 변화가 필요하다. 다문화교육은 특정교과, 특정교사만이 배타적으로 실시하는 것이 아니며 수업시간에만 이루어지는 것이 아니다. 교사의 행동과 말을 통해서 학생들이 자연스럽게 배우기도 하기 때문에 잠재적 교육과정의 한 부분이기도 하다. 교사가 다문화가정의 학생들을 대하는 태도는 일반 학생들에게 많은 영향을 미치게 된다. 따라서 다문화교육을 위해서 교사는 다문화교육에 대한 의의와 목적의식에 공감해야 하며 다문화교육에 대한 풍부한 지식과 신념을 갖추어야 할 뿐만 아니라 다문화 관련 교육활동에 긍정적인 태도로 참여하고, 다문화 학생은 물론 학부모와 적극적으로 의사소통할 수 있어야 한다. 또, 교사는 다문화교육 프로그램 및 자료를 개발할 역량을 갖추어야 한다. 그러나 다문화가정 학생을 지나치게 배려하여 일반 학생들의 거부감이나 역차별의 감정이 발생되지 않도록 유념할 필요가 있다.

우리나라 국가교육과정에는 여전히 다문화교육과정이 경시되고 있는 실정이며, 다문화교육을 위한 교사교육 역시 시작 단계에 있다. 국가적인 차원에서 전문적이고 체계적인 다문화교사교육이 필요한 시점이다. 교사입장에서도 급변하는 교육환경의 변화를 보다 적극적으로 받아들일 수 있는 미래 지향적 사고를 가지고 다문화교육프로그램의 전문적인 지식과 방법을 익혀 다문화교육의 내실화에 기여할 필요가 있다.

다문화교육의 과제

우리 사회에서 이미 이주근로자, 결혼이민자, 북한이탈주민과 그 자녀들은 사회의 매우 중요한 구성원이 되었으며 학교에서도 자주 마주치게 된다. 그럼에도 여전히 학교에서의 교육은 배타적이고 동화주의적이다. 이러한 교육으로는 다문화사회로 나아가면서 새롭게 발생하기 시작한 다양한 사회문제를 해결할 수 없다. 다문화사회가 겪는 문제들의 일부는 다문화교육을 통해 해소될 수 있으며 무엇보다 학교는 다문화가정의 자녀들이 자신의 정체성을 정립하고 한국사회에서 행복하게 성장하는 데 도움을 주어야 할 것이다. 그러나 이주근로자가정 자녀, 특히 미등록근로자 가정의 자녀는 학교에 가는 것조차 쉽지 않다. 이들도 학교교육을 받을 수 있도록 법적 보장이 되어 있으나 실제로 교육의 기회에서 벗어난 아이들도 있는 실정이다. 학교를 다니지 않는 아이들은 여러 유해한 사회 환경에 그대로 노출되고 있으므로 이들에게 제도적 차원의 교육기회를 제공하는 것이 매우 중요하다.

다문화교육은 외국인이나 다문화가정의 학생에 국한되어서는 안 된다. 사회문제의 해결과 공존을 위해서는 주류 사회의 성인과 학생들도 다문화교육의 대상이 되어야 한다. 다문화교육을 통한 상호이해는 지역사회에서 민족적·문화적 차이를 가진 사람들 간에 교류를 강화하고 통합을 촉진하는 토대가 될 것이다.

다문화교육은 우리 사회가 글로벌한 사회가 되면서 가치를 더하고 있다. 글로벌한 사회에서 생존하기 위해서는 나와 다른 사람에 대한 상호존중과 차별해소, 개방적 태도가 중요한데, 다문화교육에서 이러한 지식과 태도를 배울 수 있기 때문이다. 이런 측면에서 다문화교육을 통해 다중언어와 개방적 태도,

글로벌한 마인드를 배울 수 있도록 교육과정을 구성해야 한다. 이러한 교육과정을 통해 다문화가정 자녀들은 한국사회를 구성하는 일원으로서의 자아정체감을 확립할 수 있다. 일반학생들은 각각의 문화를 존중하면서 상이한 문화들끼리 공존하는 방법을 찾을 수 있고 일반인들은 다문화에 대한 이해를 넓힘으로써 문화적 편견을 극복할 수 있다.

우리나라의 경우 다문화교육지원 사업이 있지만 관련된 사업들과 연관성 없이 이루어지고 있다. 취약계층 복지 사업이나 농산어촌지원 사업, 북한이탈주민 지원 등 관련 사업 등과 별개로 운영되어 있어 학교와 유관 단체 간의 협력이 부족하다. 따라서 정책적으로 추진되고 있는 여러 사업들 간의 연계성을 파악하여 협력적으로 운영할 수 있는 방안을 모색할 필요가 있다.

3. 페미니즘 교육

세상의 절반은 여성이다. 이 말은 단순히 인구의 절반이 여성으로 이루어져 있다는 뜻이 아니다. 여성도 남성과 똑같은 권리를 부여받고 사회적으로 자기실현할 수 있어야 한다는 의미이다. 우리 헌법에서는 모든 국민은 법 앞에 평등하며, 누구든지 성별·종교 또는 사회적 신분에 의해 정치적·경제적·사회적 · 문화적 생활의 모든 영역에 있어서 차별을 받지 않는다고 명시하고 있다. 이러한 헌법의 이념에 따라 「남녀차별금지및구제에관한법률」에서도 남녀 간의 차별을 금지하고 피해자의 권익을 구제하는 것을 보장하고 있다. 그러나 우리 사회는 여전히 남성과 여성을 같은 인간이기에 앞서 남성 혹은 여성으로서의 역할을 수행하기를 기대하고 있다. 유교적 전통과 남성중심의 가부장제로 인해 사회적으로 규정된 성역할과 성정체성이 여성의 사회적 역할을 제한하며, 성차별을 당연시하고 있다. 최근 권력을 가진 남성들에 의해 주로 행해진 성희롱이나 추행에 대한 여성들의 '미투' 운동은 남녀차별을 극복하고, 보다

평등한 사회를 만들기 위한 첫 단계에 불과하다. 같은 인간으로서 대우받고 사회적으로 자기실현할 수 있도록 차별과 부당한 대우를 고발하는 또 다른 '미투' 운동이 조만간 시작될 것이다.

여성의 권리 회복 운동은 오랫동안의 페미니즘 운동의 결과이기도 하다. 페미니즘은 여성해방, 여성주의, 여권운동 등 다양하게 이해되지만 단순한 여성의 권리 찾기가 아니라 남성과 여성의 성적 차별을 반대하고 궁극적으로 남녀가 평등한 사회를 지향하는 의식적 · 학문적 · 실천적 흐름이다. 일반이 오해하듯이 페미니즘은 여성우선주의가 아니며 여성의 인간적 존엄성을 주장하고 남성과의 동등한 권리를 통하여 올바른 사회를 만들어가고자 하는 사회적 운동이다.

페미니즘의 흐름

페미니즘의 역사를 살펴보면 크게 세 가지 흐름으로 분류할 수 있다. 초기 페미니즘 운동은 18세기 말에서 1950년대에 이르는 시기의 여성주의운동인데 자유주의적 관점에서 여성에 대한 차별을 반대하고 차별적인 사회적 관습이나 법, 제도에 대해 저항했다. 자유주의적 관점에서는 기존의 사회적 틀 내에서 여성의 평등한 권리 획득을 가장 중요시하고 있다. 이를 위해 여성들에게도 평등한 기회가 주어져야 하며 성역할의 고정화에 반대하고 남성과 똑같이 교육이 이루어져야 한다고 주장했다. 학교와 교과내용, 교사들의 편견과 차별적 언행에 의해 어릴 때부터 성 역할의 고정화와 성차별 의식이 고정관념으로 뿌리내린다고 보고 모든 남녀에게 균등한 교육의 기회를 제공할 뿐만 아니라 학교교육이 보다 '성중립적'(gender-neutral)으로 개선되어야 한다고 보았다.

한편, 사회주의적 관점을 가진 사람들은 여성문제의 원인은 계급적 모순에서 비롯되는 것이며 교육기회의 보장이 여성의 지위향상에 기여하지 못할 것이라고 자유주의적 페미니스트들을 비판했다. 이들은 여성의 사회적 불평등이 결국 계급적 불평등을 재생산하는 자본주의와 이를 반영한 가족 내의 가부장적 이데올로기에 의해 보장된다고 보고 있다. 학교에서도 남녀교사 간, 남녀학생 간 성별 분업이 가부장적인 이데올로기에 기초해서 이루어지며 학교교육을 통해 여학생은 여성노동자로 역할이 제한된 성별화된 계급집단으로 재생산된다. 이러한 관점은 균등한 교육기회가 여성의 권리를 확보해줄 것이라는 순진한 자유주의적 견해에 비해 진일보한 점은 있으나 모든 것을 자본주의체제의 모순으로 귀결하는 이데올로기적 관점을 벗어나지 못한 한계를 지니고 있다.

60년대 이후 미국을 중심으로 '제 2의 물결'이라는 페미니즘 운동이 일어났다. 이 시기의 페미니즘은 여성불평등은 남성이 여성을 지배하는 '가부장제'에 기인한 것으로 보고 이를 부정하고 결혼, 임신과 출산, 가사노동으로부터 여성의 해방을 주장하는 급진적인 관점을 가지고 있었다. 급진적 페미니스트는 학교에서의 남성중심적 요소를 줄이고 여성문화로 대체해야 한다고 주장했다. 급진주의적 여성해방운동은 남성중심의 주류사회에 충격을 주고 페미니즘의 확산에 기여한 측면이 있으나 운동방식의 급진성으로 인해 대중적 확산을 꾀하기는 어려웠다.

페미니즘의 제 3의 물결은 지금까지 이루어진 여성의 사회 참여 확대나 남녀의 동등권 확보 등과 같이 여성운동이 여성중심의, 개인적 차원에서 주로 이루어져 성 불평등 문제를 해결하는 데 한계가 있다고 보는 데서 출발한다. 개인적 차원이 아닌 집단적 차원으로, 여성중심적 문화의 강조에서 남성과 함께 하는 문제 해결을 강조하는 방향을 중시하고 있다. 현대의 사회문제를 해결해나가는 동반자로서 남성을 바라보고, 여성과 남성의 공동체적 의식을 바탕으로 사회집단을 형성해 이러한 문제를 해결하기 위한 노력을 해나가야 한다는 것이다.

성역할의 사회화와 학교의 역할

인간은 남자 혹은 여자로서 태어나는 것이 아니라 길러진다고 한다. 예를 들면 가정과 학교에서 남자아이들이 '남자답게' 행동하면 칭찬하고 강화하는 과정을 통해 남성으로서의 성정체성을 형성하게 된다. 여자아이에게도 마찬가지이다. 이렇게 성별에 따라 차별적인 성역할을 가르치고 기대하는 과정에서 남성, 혹은 여성으로서의 성정체성이 확고해지며 남녀 간의 불평등을 당연시하며 성장하게 된다. 사회학습이론에 의하면 성역할의 사회화과정은 강화와 모델링을 통해 이루어진다. 아동은 자신의 성에 알맞은 행동을 하면 긍정적인 강화를 받아 계속하는 경향이 있다. 여자아이가 '여자스럽게' 행동하고 다소곳하면 칭찬을 받는데, 이런 과정을 통해 '여성'으로 길러진다는 것이다. 모델링은 타인을 행동을 관찰함으로써 학습하는 것인데 아이들은 동성의 부모나 교사를 관찰하며 그 행동을 따라하는 과정에서 성역할이 고정된다는 것이다.

아동의 성역할 발달에 대해 콜버그(Kohlberg)는 인지발달과 병행해서 이루어진다고 보았다. 2-3세에 성정체감이 형성되고 5-6세가 되면 성역할 고정관념이 형성된다는 것이다. 이후 아동은 자신의 성과 관련된 태도와 행동에 더 많은 가치를 부여하여 자신의 성에 적합한 행동을 모방하는 단계에 이르게 되고, 동성의 부모나 교사 등을 닮고자 하는 모델 동일시 단계를 거쳐 성 정체성이 고정된다고 보고 있다.

오늘날 학교에서 남녀 간의 차이는 거의 없어지고 있으며 여자아이들이 행동과 학업면에서 같은 또래 남자아이에 비해 우수한 성취를 나타내는 경우가 많다. 그럼에도 학교는 여전히 남녀 간 성역할을 내면화하는 데 기여하고 있다. 먼저, 교과서의 내용적 측면에서 성차별적 요소들이 여전히 남아 있는 것을 볼 수 있다. 기술, 가정 교과서를 보면 전통적인 남녀 간의 성역할에 대한 서술이 남아 있고 삽화 중에는 남녀 간 불평등한 모습이 묘사되어 있는 것도 있다. 또한, 교실에서 교사들이 남녀학생들에 대해 서로 다르게 상호작용을 하는 경우가 많다. 베일리(Bailey)는 교사가 남학생에게 보다 긍정적으로 반응하고 적극적으로 상호작용한다고 했다. 또한 남학생이 남자답게, 여학생이 여자답게 행동할 때 칭찬하는 교사도 여전히 많다. 진로지도에서 남녀의 성차에 따라 서로 다른 조언을 하거나 수업에서 남녀 간 성차를 반영하여 설명하는 경우도 많다. 마지막으로 학생 간 상호작용을 통해 남녀 간 성역할의 사회화가 이루어지기도 한다. 여학생들의 끼리집단은 여성성을 강조하는 경향이 있고 남학생들은 '남성스러운' 아이를 우상시하는 경향이 있다. 이렇게 성 차별적 역할을 당연시하는 문화는 학교의 잠재적 교육과정을 통해 실현되는 것이다.

페미니즘 교육

오늘날의 페미니즘은 현대 세계가 직면한 문제에 대해 남성과 함께 해결해 나가자는 양성 간 동반자적 인식을 중시하고 있다. 교육적 측면에서 볼 때 양성평등교육은 그 어느 때보다 강조되고 있다. 양성평등교육은 단지 형식적인 교육기회의 평등을 의미하지 않는다. 양성평등교육은 형식적인 측면을 넘어서서 교육의 내용 측면에서 성차별과 편견이 없는 교육을 실현하고자 하는 것이다. 특수교육이나 다문화교육, 성차별 없는 교육은 인간의 기본적인 인권을 존중하는 교육이며 결국 정의로운 사회의 실현에 기여하게 된다. 특히 성차별을 극복한 양성평등교육은 세계의 절반이 여성이라는 측면에서 매우 중요하다. 이러한 교육을 통하여 여성인력의 능력개발이 가능하며 여성이 사회적 자기실현을 가능하게 한다. 또한 양성평등교육으로 인하여 사회적인 민주화뿐만 아니라 가정에서의 민주화를 실현할 수 있다.

양성평등교육이 지향해야 할 방향을 제시하면 다음과 같다(조경원, 2006; Borich & Tombari, 1995).

- 학교교육과정은 공적영역과 함께 사적영역에서의 삶을 준비할 수 있도록 교육과정을 포괄적으로 구성해야 한다.
- 양성평등문화의 정착을 위해 긍정적인 역할모델을 지속적으로 보여주는 교육과정을 개발해야 한다.
- 성 불평등 문제에 대해 학습자 중심의 비판적인 안목과 사고를 길러주는 교육을 실시한다.
- 젠더에 민감한 방법, 즉 교육상황에 미치는 미묘한 여러 영향들을 염두에 두고 자유롭게 교육을 진행한다.
- 교사는 학생들이 자신의 성역할이나 특성에 따라 교과에 대한 태도가 다름을 인지하고 이를 극복할 수 있도록 지도해야 한다.
- 교사는 학생들의 역할모델이 될 수 있음을 인식하고 성적 특성이나 편견을 드러내서는 안 된다.

2. 학교교육의 대안적 확장

1. 대안학교

대안교육과 대안학교

대안교육은 기존의 교육체제가 근본적으로 개혁되기 어렵고 공교육의 붕괴현상이 갈수록 심각해진다는 문제의식에서 출발했다. 이렇게 대안교육은 제도교육의 병폐를 치유하고 사회개혁을 지향하는 교육개혁운동의 흐름 속에서 성장하기 시작했다. 대안교육을 주장하는 사람들은 제도교육에서 학생들은 '꿈과 희망이 사라진 학교'에 다니고 '생명이 없는 교실'에서 '사랑과 존경이 사라진 교사'와 더불어 시간을 보낸다고 보고 있다. 또한, 오늘날의 제도교육은 산업적 요구에 따라 노동력을 양성하기 위한 통제 위주의 대량 교육체제의 성격을 띠고 있어 학생 개개인의 개성이나 자유를 말살하는 등 결과적으로 교육 자체를 황폐화시킨다고 한다. 대안교육은 교육의 형식과 틀 등에서 다양하고 열린 구조로 나아가며, 위기에 처하고 황폐해진 학교교육을 바로 세우자는 주장이다.

대안교육의 '대안'에서 알 수 있듯이 대안교육은 기존의 교육 체제를 온존한 채로 개혁을 꾀하는 교육이 아니라 기존 교육의 이념이나 체제를 대체할 수 있는 새로운 방식의 교육이라는 의미이다. 대안교육이 추구하는 것은 학교교육의 행정적 · 제도적 변화뿐만 아니라 근본적으로 교육에 대한 사고의 전환, 가치관의 변화, 기존 학교교육이 뿌리를 두고 있는 토대 그 자체의 변화이다. 그러나 대안교육이 기존의 법과 제도를 모두 무시하고 새로운 변화를 추구하는 급진적인 혁명적 변화를 추구하는 것은 아니다. 기존의 법과 제도를 인정하면서 그 안에서 새로운 제도와 질서를 찾고자 하는 점에서 혁명적 교육운동과 구별된다.

대안교육는 다양한 형태로 존재하는 데 중요한 것들을 소개하면 다음과 같다(이혜영 외, 2009).

- 열린학교: 교수방법 면에서 개별화 학습 추구
- 계속학교: 중도 탈락생을 위한 교육기관
- 자유학교: 자율적인 학습 가능
- 발도르프 학교: 교육과정 면에서 독특한 인지적 가정에 기초
- 환경학교: 교과와 환경 결합
- 다문화 학교: 인종문제 해결을 목표로 하는 학교
- 학습센터: 자원활용 측면으로는 개별 학교에 갖추기 어려운 시설(예:병원, 화물운송센터 등)을 이용해 학생들에게 학습기회 제공

• 벽 없는 학교: 지역사회 전체를 학습 자원으로 활용
• 교육공원: 한 지역에서 교육의 전 과정(유아교육부터 대학 과정)에 걸친 다양한 교육프로그램 제공

대안교육을 '기존의 제도권 학교교육이 학생들을 가르치는 데는 부적합하다는 한계를 인식하고 나름대로의 교육적 신념과 이상을 실천하고자 하는 교육운동'이라고 정의한다면 대안학교를 비롯해서 홈스쿨링 등을 포함하는 광의의 개념이다. 그런데 홈스쿨링과 달리 대안학교는 대안교육의 틀 내에서 학교의 새로운 가치를 추구하고자 하는 형식화된 체제라고 할 수 있다. 대안학교는 기존의 학교가 형식화, 관료화되어 학생들의 요구를 충족시키거나 행복을 보장할 수 없다는 절망감의 표현이다. 대안학교는 제도보다 인간을, 집단보다 개인을, 교사보다 학생을, 경쟁보다 협력을, 성적보다 행복을 추구하는 학교이다.

대안학교의 역사

제도권 학교가 형식화, 관료화되고 학생들이 학교를 통하여 긍정적인 교육경험을 하지 못하는 사례가 많아지면서 정규 학교에 다니는 대신 다른 방식으로 교육을 받고자 하는 열망이 커졌다. 대안학교의 뿌리는 20세기 초 독일의 '발도로프 학교'가 출신배경이나 경제적 능력에 상관없이 입학하여 초중고 구별없이 함께 배우고 경쟁을 배격하는 교육을 실시한 데서 찾을 수 있다. 그런데 정작 '대안학교'라는 용어가 처음 사용된 것은 미국 교육에서이다. 미국의 경우 1960년대 이후 기존 학교에 대한 비판적 시각에서 다양한 '실험학교'들이 등장해 학부모와 학생의 다양한 요구에 부응하고자 했다. 이러한 실험학교들을 대안학교라고 불렀으며 일반 학교에 실망한 아동과 학부모들을 위해 특별한 교수법과 프로그램, 활동, 여건 등을 제공했다.

대안학교의 역사에서 볼 수 있듯이 대안학교는 공교육의 문제점을 비판하고 학습자 중심의 자율적인 프로그램을 운영하는 학교이다. 종래의 학교교육이 지나치게 학생을 억압하고 교사 중심으로 운영된 것에 대한 비판이라고 할 수 있다. 대안학교 중 일부는 기존의 학교체제를 부정하고 새로운 방식의 교육을 실시하려는 노력을 전개했다. 대표적으로 영국의 니일(Neill)은 서머힐 학교를 설립해 학제와 교육과정을 종래의 교육과 완전히 다르게 구성했다. 서머힐학교에서는 아이들의 숨겨진 재능을 이끌어내기 위해 교육과정과 교육방법을 예술적으로 구성하고 독창적인 교육을 실시했다.

대안학교를 세우는 방식은 기존의 학교를 완전히 부정하고 새로운 교육체제를 설립하는 방식도 있지만 기존 교육을 일부 변형한 형태로 설립되는 방식도 있다. 쿠퍼(Cooper)는 대안학교를 '표준적인 공립학교들이 제공하는 전통적인 것과는 다른 경험을 추구하는 아동과 학부모를 위해 특별한 교수법과 프로그램, 활동, 여건을 제공할 수 있도록 고안된 학교'라고 정의하고 학생과 부모, 교사의 자유로운 선택, 참여와 헌신, 포괄적인 목적의 설정, 학교운영의 유연성, 작은 규모의 학교, 탈관료화 등을 주요한 특징으로 제시하고 있다.

우리나라의 대안학교운동은 입시지옥으로 변한 학교교육에 대한 염증과 실망, 참교육을 주장하는 진보적 교육운동이 실제 학교의 변화를 이끌어내지 못한 것에 대한 반성 등으로 시작되었다. 기존의 학교교육과는 다른 교육을 추구하고 변화를 찾는 흐름은 1990년대 이후 대안학교운동으로 분출되었다. '간디학교'를 비롯해 유명한 대안학교들이 설립되는 것을 비롯하여 학교교육을 전면적으로 혹은 부분적으로 부정하며 다양한 가치를 추구하는 대안학교들이 여러 곳에서 세워지기 시작했다. 그 결과 2005년에 「초중등교육법」에 대안학교 조항이 신설되기에 이르렀다.

대안학교의 과제

대안학교는 기존 학교교육에 대한 대안으로 설립된 학교이다. 대안학교가 설립되고 존재할 수 있는 이유는 이 학교들이 새로운 교육적 가치를 추구하기 때문이다. 이들이 추구하는 가치가 과연 올바르며, 기존의 학교교육을 포기하고 새로운 대안을 찾을 정도로 중요한가를 먼저 따져보아야 한다. 일례를 들면, 일부 대안학교는 자연과의 접촉을 통해 생명을 사랑하는 마음을 갖도록 가르치지만 지식교육에 대한 거부감으로 학생들의 지적 성장을 위한 노력은 상대적으로 미흡하다. 이와 같이 자연친화적이지만 지식을 소홀하게 여기는 가치가 용납될 수 있는가는 논란의 여지가 있다. 또한 대안교육을 받고 자란 학생들이 다음 단계의 교육과정에 적응하거나 사회에 나가서 잘 적응할 수 있는가에 대한 것이다. 만약 사회생활에 적응하지 못한다면 대안교육의 교육적 가치는 약해질 수밖에 없을 것이다. 한편, 대안교육을 처음에 시작했던 교육구상이나 철학이 끝까지 견지되지 않는 경우도 있을 수 있다. 학부모들의 요구나 경제적 필요에 따라 입시를 위한 '고급' 대안학교로 변질될 가능성도 얼마든지 있을 수 있다. 이렇게 되지 않으려면 대안학교, 대안교육의 가치를 확고하게 하고 아동들이 성장하고 사회에 적응하는 데 문제가 없도록 교육과정과 교육경험을 조직해야 한다.

많은 대안학교들은 자연친화적이고 작은 학교를 지향한다. 대안학교의 가치가 생태주의에 기초한 공동체적 품성을 중요하게 여기므로 도시에서 멀리 떨어진 지방에 자리를 잡고 기숙교육의 형태로 운영되고 있다. 문제는 학교운영에 필요한 비용으로 인해 일부 계층의 사람들만이 학교에 보낼 수 있다는 점이다. 대안학교의 벽은 경제적인 문제를 넘어서서 사회적인 인식에서도 찾을 수 있다. 여전히 많은 사람들이 대안학교는 특별한 문제가 있는 학생을 위한 것이라거나 남다른 가치관을 가진 부모들이 찾는 학교라고 생각하고 있다. 대안학교가 공교육체제에 충격을 주고 변화를 이끌어내기 위해서는 이러한 경제적·사회적 장벽을 극복하지 않으면 안 된다.

대안학교가 성공하려면 공교육의 한계를 극복한 성공적 모델을 제시함으로서 변화를 이끌어가는 원동력으로서의 역할을 해야 한다. 대안학교가 가지고 있는 작은학교의 정신, 인간존종의 정신, 학습자중심의 교육, 생태주의적 가치의 존중, 공동체적 정신은 미래 교육이 나아갈 방향이기도 하다. 우리 교육이 점차적으로 학교의 규모를 줄이고, 관료화의 폐해를 극복해나가며 학교 교육과정의 자율권을 보장하고 교사의 전문성을 높이기 위한 혁신적인 노력을 기울일 수 있도록 하려면 대안학교의 성공적인 경험이 무엇보다 중요하다. 대안학교의 존재의의는 소수 학생을 위한 교육적 실천을 넘어 보다 큰 공교육의 혁신에 기여할 수 있다는 데 있다.

2. 홈스쿨링

우리는 흔히 교육을 받는다하면 학교에서 배우는 것을 떠올린다. 그만큼 학교는 모든 사람이 어린 시절에 반드시 거쳐가야 하는 공간으로 인식되어 있다. 학교는 국가와 사회가 구성원들에게 기대하는 바를 실현하는 제도이며 공적으로 신뢰받는 기관이기도 하다. 그런데 학교를 믿지 못하고 내 자녀를 학교에 보내는 것을 두려워하거나 꺼리게 될 때 학부모로서 어떤 선택을 해야 할까?

홈스쿨링은 자녀를 학교에 보내지 않고 학부모가 직접 또는 외부의 도움을 받아 가정에서 가르치는 것을 말한다. 학교의 위기가 심화되고 학교의 붕괴가 거론되는 시기에 부모가 교사나 관리자의 역할을 수행하고 가정에서 계획적으로 학습을 지도하는 것은 제도화되고 형식화된 교육에 대한 소극적 저항의 하나라고 할 수 있다. 형태상으로만 본다면 홈스쿨링은 근대 학교제도가 도입되기 전에 가정에서 자녀들을 양육하는 방식과 유사하다. 그러나 근대 이

전 시기의 가정교육은 양육에 중점을 둔 것이지 체계적인 교육과는 거리가 멀다는 점에서 오늘날의 홈스쿨링과 다르다. 홈스쿨링의 '스쿨링'(schooling)이 학교에서의 교육을 의미하듯이 홈스쿨링은 가정이 학교를 대신해서 학교교육을 한다는 의미이며, 정규교육을 받은 학생들과 동일한 학력을 인정받는 것을 중요시 한다.

홈스쿨링과 학교교육

홈스쿨링은 오늘날과 같이 제도화된 교육체제에 저항하는 한 방법으로, 학부모의 개인적 결단을 필요로 하며 홈스쿨링을 선택하는 사람들(홈스쿨러)은 다음과 같은 철학적 관점을 공유한다(김민환, 권동택, 2000).

- 사람들은 배움의 준비를 갖추고 태어난다.
- 배움은 매일 일어나는 일이며 배움과 삶은 분리할 수 없다.
- 배움은 시간과 장소에 의해 제한되지 않는다.
- 배움은 아름답고 강렬한 것이므로 인습적이고 재래적인 학교에서만 다룰 수 있는 것은 아니다.
- 아동들은 성인들과 마찬가지로 가족과 지역사회의 사랑과 지원을 필요로 한다.
- 사람들은 다양한 연령층의 사람들과 상호작용함으로써 사회적 경험과 기술을 체득한다.

기존의 학교교육은 국가에 의해 제도화되고 효율적이며 전문적인 훈련을 받은 교사에 의해 이루어지기 때문에 홈스쿨링과는 전문성이나 체계성, 공공성 측면에서 비교할 수 없다. 그럼에도 홈스쿨링이 오늘날 교육의 대안이 되는 것은 정보통신기술의 발전으로 인해 지식의 확산과 공유가 자유롭고 학습망의 형성이 가능해서 정규교육에서의 교육내용을 충분히 감당할 수 있기 때문이다. 많은 어려움에도 정규교육에 비해 학생(자녀)의 개별적인 수준과 관심을 반영한 개별화교육과 자기주도학습이 가능하다는 측면에서 오히려 미래지향적인 교육의 모습도 보인다. 제도교육과 홈스쿨링을 비교하면 아래 표와 같다.

〈표 10-1〉 학교교육과 홈스쿨링

시기 구분	학교교육	홈스쿨링
교사자격증	공인된 자격	자격증 불필요
교육과정 준수 여부	국가 교육과정 준수 의무	국가 교육과정 적용 안함
교육 기획	장기간의 세밀한 기획이 필요함	세밀한 기획이 필요하지 않으며 상황에 따라 조절 가능
교과 운영 계획	교과 운영 시간표에 의해 준수	교과 시간계획이 필요하지 않거나 변경이 용이함
비형식 학습 형태	비형식 학습 형태가 거의 없음	비형식 학습이 중요한 학습 형태
학습 도달도 판정 여부	학습결과 도달여부는 지필평가 결과에 의존함	지필평가는 필요하지 않으며 부모가 자녀의 학습결과 도달여부를 판단
학습 결과물 평가	학습결과물은 등급별로 채점	학습결과물에 대한 등급별 평가는 필요하지 않음
개별 지도 여부	개별지도 기회는 거의 없음	거의 대부분의 학습은 개별지도에 의함
독서 시간 부여	독서의 즐거움을 느낄 시간이 없음	대부분의 학생들이 열렬한 애독자
협력학습 여부	협력학습의 기회는 특정교과에 한정됨	협력학습 기회는 학습자들이 스스로 결정함
학습 집단	동일한 연령대의 학생들이 다양하게 얽혀 있음	극소수의 개인으로 구성되며, 다양한 연령의 학생이 혼재함

출처: 곽성기, 윤영아, 이은영, 강태훈, 김대명 (2017, 『알기쉬운 교육사회학』, 학이당, p.299.

홈스쿨링이 갖는 교육적 특징을 살펴보면 다음과 같다. 첫째, 가정중심의 교육이 이루어져 가정이 갖는 본래의 의미를 회복할 가능성을 가지고 있는 점을 우선적으로 지적할 수 있다. 가정에서 교육이 이루어지다보니 부모와 자녀 사이에 친밀감이 높아지고 가족관계가 긴밀해지게 된다.

둘째, 자녀의 적성과 흥미에 맞는 맞춤형 교육이 실현된다. 정규 학교에서는 정해진 교육과정과 스케쥴대로 진행해야 하지만 홈스쿨링은 이러한 형식적 제약 없이 아이가 원하는 공부를 자신의 방식대로 할 수 있도록 한다. 이러한 맞춤형 교육을 통해 아이가 배움에 대해 흥미를 느끼고 자기주도적학습능력을 기를 수 있게 된다.

셋째, 학습과 삶이 분리되지 않고 이루어진다. 보통 교육은 학교라는 기관을 통해 이루어진다는 고정관념을 가지고 있으며 학습내용이 어려워질수록 생활과 분리되고 학습을 싫어하게 된다. 홈스쿨링은 생활 속에서 배움을 추구한다. 이는 부모가 자녀와 함께 생활하면서 자연스럽게 교육이 이루어지기 때문이다. 아이들의 말에 귀를 기울이고 행동하는 것을 관찰하면서 가치있는 피드백을 줄 수 있으며 언제든지 흥미로운 주제를 놓고 자유롭게 토론이 이루어질 수 있는 것이다. 이처럼 비형식적인 교육을 통해 학생들이 삶에 대한 가치를 이해하고 학습하는 것을 몸에 익히게 할 수 있다.

넷째, 홈스쿨링은 단지 한 가정에서 이루어지는 고립된 교육이 아니다. 지역사회와의 연계를 통한 교육은 홈스쿨링의 교육적 가능성을 높여준다. 지역 내 다양한 교육기관, 박물관이나 도서관, 평생교육시설 등 지역사회 자체가 직접적인 교육적 경험을 제공하며 아이들이 지역사회의 일에 참여하고 지역사회의 일원으로서 성장해나가는 '합법적 참여'를 통한 학습이 이루어진다. 특히 정보통신의 발달로 사회적 학습망과 온라인 학습커뮤니티가 크게 성장해 있으므로 오프라인의 만남이 온라인상의 만남으로 이어지고, 때로는 온라인만의 커뮤니티를 통하여 적극적인 교류가 이루어지기도 한다.

홈스쿨링의 여러 가지 장점에도 사회적으로 확산되지 않고 소수의 사람들만의 '고독한' 결단에 의지해 이루어지게 되는 것은 홈스쿨링이 가진 본래적 제약조건 때문이다. 가장 먼저 지적할 것은 홈스쿨링에 대한 제도적 보장이 되어 있지 않으므로 법적인 제재를 받을 수 있다는 점이다. 우리나라는 초중등교육 9년간을 의무교육으로 하고 있는데, 홈스쿨링은 취학하지 않고 가정에서 교육이 이루어지므로 취학 의무를 불이행하는 경우가 되기 때문이다. 홈스쿨링의 성공은 부모의 헌신적인 노력과 전문성, 충실한 교재, 지역사회와의 견고한 연계, 주변의 긍정적인 시선 등이 필요하다. 그러나 우리나라의 홈스쿨링 현황은 이 모든 조건을 충족시키기에는 많은 어려움이 있다. 주변의 이웃이나 친지의 협조와 이해 없이는 홈스쿨링의 성공이 어렵고 설사 주변 사람들이 격려해준다고 하더라도 부모가 계획을 짜서 자녀가 뒤처지지 않도록 가르치는 것은 많은 인내와 헌신을 요구한다. 사회적인 지원시스템이 절실하게 필요하지만 아직 우리 사회에서는 제도적인 지원은커녕 부정적인 관점에서 바라보는 정책담당자들이 많다. 아동의 측면에서 볼 때 홈스쿨링은 정상적인 또래 관계를 형성해나가는 데 장애가 될 수 있다. 주변의 친구들이 모두 학교에 나가는 상황에서 자신만이 가정에서 교육을 받을 때 사회성 발달에 장애를 겪을 수 있다. 이러한 단점을 극복하고 홈스쿨링을 선택해서 자녀를 독자적으로 가르치고 자녀가 만족스러운 삶을 살아가도록 준비시키는 것은 매우 어려운 일일 것이다.

홈스쿨링의 교육 방법

홈스쿨링은 가정에서 교육이 이루어지므로 가정의 특성에 따라 다양한 교육방법을 선택하기 마련이다. 홈스쿨링은 학교교육과의 연계성 여부에 따라 학교교육을 모델로 하는 교육과 그렇지 않은 교육으로 구별할 수 있다. 학교교육을 모델로 하는 경우는 가정에서 교육이 이루어지지만 학교에서 사용하는 교과서를 선택해서 학교의 일정에 맞추어 교육하는 것이다. 마치 학교에 다니는 것처럼 시간표를 짜서 자녀를 교육하는 것으로 자녀가 학교에 복귀하더라도 지장이 없다는 장점이 있다. 하지만 부모가 자녀를 가르치기에 앞서 많은 준비와 노력이 필요하며 자녀의 입장에서 볼 때 학습에 대한 동기부여가 부족하고 엄격한 일정을 소화하기 어렵다는 단점이 있다.

한편, 형식에 얽매이지 않고 홈스쿨링이 이루어지는 방법은 언스쿨링과 통합학습법이 있다. 언스쿨링(unschooling)은 교과서나 체계적인 일정이 없이 자녀의 호기심과 관심을 중심으로 학습자 주도적으로 학습활동이 이루어지는 방식이다. 자녀가 무엇인가를 배우고 싶어할 때까지 부모는 기다려주고 일부러 가르치려고 들지 않는다. 부모는 책이나 교육자료들을 충분히 접할 수 있도록 환경을 만들어주고 자녀가 배움에 흥미를 느낄 수 있도록 한다. 언스쿨링은 구조화되지 않고 강요된 교육방식이 아니므로 아동의 동기부여가 잘 이루어진다는 장점은 있으나 체계적인 지식습득이 어렵고 지식의 편파적인 습득을 막기 어려운 단점이 있다.

통합학습법은 학교교육을 모델로 삼는 방식과 언스쿨링 방식을 혼합한 교육방법이다. 아이가 관심을 가지는 특정 주제에 대해 교과를 연결시켜 가르치는 방법이다. 교과를 낱낱으로 가르치는 것이 아니라 아이가 흥미를 느끼는 주제를 중심으로 통합해서 가르치는 통합학습의 특징을 가지고 있다. 통합학습법은 다양한 연령대의 아이들이 같이 공부할 수도 있고 여러 가정과 공동으로 유기적인 관계를 맺으면서 이루어질 수 있어 홈스쿨링의 교육방법으로 적절하다고 볼 수 있다.

홈스쿨링의 과제

우리나라의 홈스쿨링은 법적 보호를 받지 못한 상태에서 이루어지고 있다. 학교교육에 실망한 젊은 부모들 중 극소수만이 홈스쿨링을 선택하고 있지만 아직 정확한 통계조차 없는 실정이다. 홈스쿨링이 기존의 경직된 학교교육의 대안이 되기 위해서는 정부차원에서 일정한 조건을 만족한 홈스쿨러에게 합법화의 길을 열어주고 사회적인 지원체제를 제공해야 한다. 지역사회와 학교차원에서는 홈스쿨링을 대립적인 교육체제로 보는 것이 아니라 지역사회의 한 구성부분으로 인정할 필요가 있다. 또한 학교교육과 연계를 통하여 홈스쿨링이 체계화된 학교교육의 장점을 살릴 수 있는 대안체제로 성장할 수 있도록 도와야 한다. 홈스쿨러에 대한 전문성 교육을 강화하고 홈스쿨링으로 성장하는 아이들에 대한 사회적 지원 서비스를 통해 사회성을 기를 수 있도록 기회를 제공해야 한다.

3. 학교교육을 넘어서서: 평생교육

평생교육은 오늘날 사회의 주요한 교육형태로 발전하고 있는데, 발전 배경에는 사회적 변화와 이를 수용하지 못하는 학교교육의 한계가 있다. 먼저 사회적 변화를 살펴보면, 교육요구의 증가와 교육기회의 확대이다. 오늘날 사회는 기술발전으로 사회변화가 급속도로 이루어지고 있어 지속적인 교육이 필요해졌고 다양한 직업이 발생하면서 학교교육에서 제공하지 못하는 전문성 교육에 대한 요구도 커졌다. 또한 노년기 생활을 의미있게 보내기 위한 노년교육, 여가의 확대로 인한 여가교육의 필요성도 점차 커지고 있다. 단순한 오락이나 시간보내기가 아닌 자신의 미래를 새롭게 꾸며나갈 수 있는 교육훈련을 기대하는 인구가 늘어나고 있다. 그러나 이러한 사회변화와 필요성에도 기존의 학교교육은 변화에 대응하지 못하고 있다. 학교교육은 오랜 시간이 흘렀음에도 여전히 획일적이고 형식주의, 결과우선주의, 관료주의의 한계에서 벗어나지 못하고 있다. 입시위주의 지식교육이 가지는 한계를 극복하지 못해 교육적 수요와 요구에 대응하지 못하고 있으며, 학력과 학벌중심의 교육로 인한 사회적 병폐가 심각하다. 학교교육은 교육소비자라고 할 수 있는 학생과 부모의 요구와 기대에 부응하지 못하고 있다.

이런 상황에서 평생교육이 발전했는데 용어 자체는 1965년 UNESCO의 성인교육추진 국제위원회에서 랑그랑(Lengrand)이 언급하면서 처음 등장했다. 랑그랑은 평생교육을 "개인의 출생에서부터 죽을 때까지 전 생애에 걸친 교육(수직적 차원)과 학교 및 사회 전체 교육(수평적 차원)의 통합"이라고 정의하고 교육의 수직적·수평적 통합성을 강조했다. 평생교육이란 말 그대로 평생에 걸쳐서 행해지는 교육을 의미하는 것으로, 연령과 사회적 한계에 구애받지 않는 일생에 걸친 교육을 의미한다. 이것은 '평생 학습의 실현'이라는 의미에서 기존에 있었던 '학교 중심의 교육'이라는 교육의 관념적 한계에서 탈피하고자 하는 생각의 일환이다. 이런 점에서 평생교육은 자신의 자아 실현과 만족을 위한 자기 주도적 학습인 '평생학습'과 동일하게 쓰이기도 하지만, 정확한 의미를 본다면 이런 '평생학습'이 이루어질 수 있도록 학습의 과정과 환경 등을 체계적으로 수립한 일반 교육 과정 및 체계를 이르는 개념이라 할 수 있다.

1. 평생교육의 개념과 특징

랑그랑은 평생교육의 주요 특징을 시간적 · 공간적 통합이라고 보았다. 시간적으로는 생애단계를 구별하지 않고 계속 연결해 일생동안 연속적인 과정으로 통합하여 학습하는 것이며, 공간적으로는 사회의 각종 교육기회와 교육기관을 따로 구분하지 않고 서로 연결하는 것을 말한다. 예를 들어, 학교에서 배운 것을 박물관이나 도서관에서 확인하는 것과 같이 교육영역을 통합하는 것이다. 한편, 데이브(Dave)는 평생교육을 개인적 및 사회적 삶의 질을 향상시키기 위해 평생토록 이루어지는 모든 형태의 형식적·비형식적·무형식적 학습활동이라고 했으며 랑그랑과는 달리 삶의 질을 강조하고 있다. 그는 교육이 학위나 지위를 위한 도구적 수단이 아니라 인간성 발현 등 본질적 목적에 충실해야 하며, 평생교육은 개인과 집단의 삶의 질을 높이기 위한 것이며 생활의 장이 학습의 장으로서의 역할을 수행해서 학습과 생활이 재통합되어야 한다고 보고 있다.

권이종(2001) 등은 평생교육의 특징을 교육 개념, 시기, 대상, 접근, 체제의 다섯 가지 차원으로 나누어 제시하고 있다. 먼저, 교육개념에서는 광역성과 통합성을 특징으로 하는데, 이는 어떤 형태의 교육도 가치롭다는 인식이다. 교육시기에서는 계속성과 항상성, 교육대상에서는 평등성과 전체성을 꾀한다. 교육접근에서는 다양성과 상대성을 특징으로 하는데, 이는 교사중심의 획일성을 탈피하고 수업내용의 자율적인 구성을 의미한다. 교육체제에서는 개방성과 탈정형성을 특징으로 한다.

2. 평생교육체제

평생교육체제의 성패는 기존의 학교교육체제를 탈피하고 다양한 교육체제를 통합하는 데 성패가 달려 있다. 현재의 학교교육 중심의 교육시스템이 가진 문제점과 한계가 점점 인식되면서 학교교육의 혁신과 더불어 보다 큰 안목에서 학교교육을 보려는 움직임이 갈수록 힘을 더하고 있다. 학교교육의 혁신은 기존의 체제를 유지하고 내부적으로 혁신하는 방안이 있지만 기존 체제를 부정하고 새로운 체제 내에 통합하고자 하는 시도도 있다. 평생교육과 학습망, 학습사회에 대한 논의가 그러한 시도이다. 기존의 학교교육 중심 체제가 국가주도의 교육과정, 정책적 · 행정적 수준의 교육계획, 인력양성을 위한 교육을 위해 짜여진 것이라면 이제는 학습자 중심의 교육, 개인의 가치 있는 삶의 목적 달성, 형식 · 비형식 교육의 통합과 자발적인 교육운동을 담지할 수 있는 새로운 교육체제가 필요하다. 평생교육체제는 이러한 사회적 필요에 맞추어 보다 유연하고 실천적인 학습, 삶과 일치된 학습, 학습자의 자율적 선택에 의한 학습이 가능한 체제로 구축되어야 한다. 다음 표는 학교교육과 평생교육을 비교한 것이다.

〈표 10-2〉 학교교육과 평생교육

구분	전통적 시스템	평생교육 시스템
범위	형식적 학교교육이 초등교육부터 고등학교까지 관할	생활의 모든 영역에 걸친 학습, 학교, 직장, 지역 등
내용	지식 내용의 습득과 반복 교육과정 주도형	지식의 창조, 습득, 적용 학습자 자기주도형 강화 능력 주도형
전달	제한된 학습방식 옵션 형식적 교육기관에 한함 획일적 중앙통제형 관리 교육공급자 주도형	학습방식 옵션의 다양성 테크놀로지가 지원하는 교육 다양하고 유연한 분권적 관리 학습자 주도형

* 김병회 외 『교육사회학』(2008) p.285에서 인용

3. 주요 정책적 지원

평생교육은 정부의 주도하에 많은 진전을 이루었다. 정부는 평생교육진흥 기본계획을 5년 주기로 수립해 지난 2003년부터 2017년까지 3차에 걸쳐서 추진하였다. 이를 통해 국가평생교육진흥원과 17개 광역 지방자치단체의 평생교육진흥원이 설립되어 평생학습도시와 평생학습센터가 지정·운영되는 성과를 낳았다. 2018년부터 제4차 평생교육진흥사업이 시작되었는데, 이번 사업에서는 연령 및 계층별 격차를 줄이고, 온라인 고등교육분야 평생교육 프로그램을 확충·지원하고, 지자체 프로그램을 특성화·내실화 하는 데 목적을 두고 있다. 핵심적인 내용을 간단히 정리하면 다음과 같다.

- 대학·전문대학의 평생학습 기능 강화
- K-MOOC 부분 유료화 등 4차 산업혁명 대비 고급화 전략

- 산업수요에 맞는 단기 직무인증 도입
- 사각지대 없이 온국민이 누리는 평생학습
- 지자체별 '풀뿌리' 평생교육 활성화 및 질 제고

그동안 이루어진 평생교육과 관련된 주요한 정책과 제도적 지원으로 평생학습도시, 학점은행제, 교육계좌제, 직업능력인증제, 시간등록제 독학학위제 등을 들 수 있다.

- 평생학습도시: 2001년부터 평생학습도시 조성사업은 평생학습진흥종합계획의 일환으로 추진되고 있다. 평생학습도시는 도시의 기본적 번영, 사회안정, 그리고 개인의 행복에 있어서 학습이 중요한 열쇠의 역할을 한다는 것을 인정하는 것으로, 모든 시민의 잠재력을 계발하도록 인적·물적 자원을 동원하는 도시이다. 목적은 지역사회의 학습자원을 연계하여 힘을 불어넣어주며, 지역사회의 학습력을 회복하여 궁극적으로 지역사회의 사회적 재생과 경제적 재생을 도모하는 데 있다.
- 학점은행제: 학점은행제는 학교에서 뿐만 아니라 학교 밖에서 이루어지는 다양한 형태의 학습경험 및 자격을 학점으로 인정하고, 학점이 누적되어 일정 기준이 충족되면 학위취득도 가능하게 하는 제도이다. 학점은행제를 통해 개인은 자신의 학습경험을 학점으로 인정받고, 이러한 학점을 누적하여 학사학위 또는 전문학사학위를 취득하며, 대학졸업학력 또는 전문대학 졸업학력을 인정받을 수 있다.
- 교육계좌제: 교육계좌제는 성인들이 개별적으로 취득한 다양한 교육경험을 종합적으로 누적 기록하고 객관적으로 인증하기 위한 것이다. 교육계좌제는 학점·학력인정, 취업 및 인사를 위한 자료, 금융기관 대출 시 신용

정보를 위한 자료 등으로 활용될 수 있다.

- 직업능력인증제: 1996년 신교육체제 수립을 위한 교육개혁위원회 2차 교육개혁 과제에서 기존의 자격제도와 달리 모든 직종에 필요한 공통 기초능력을 측정하고 이를 공인해주는 직업능력인정제의 도입을 제안하였다. 직업능력 인정제는 직업인으로서 갖추어야 할 기초직업능력을 분야별·수준별로 기준을 설정하여, 객관성·타당성·신뢰성이 보장되는 측정을 통해 해당 능력의 소지여부를 공식적으로 인정해주는 제도이다. 도입 목적은 개인의 기초직업능력을 측정해 직업선택 및 기업의 인사관리에 신뢰도 높은 자료를 제공하고, 이를 통해 개인의 직업능력을 함양하고 평생학습사회로의 전환을 꾀하는 것이다.
- 시간등록제: 대학이 보다 많은 성인들에게 교육기회를 제공하기 위한 방안으로 전일제학생 이외에 추가로 학생들을 모집하여 교육을 제공하는 제도이다. 시간등록제는 기본적으로 학습자 개인의 사정에 따라 대학에 시간제로 등록할 수 있게 하는 것으로 직장과 학업을 병행할 수 있다는 특징이 지닌다.
- 독학학위제도: "독학자에게 학사학위 취득의 기회를 부여함으로써 평생교육의 이념을 구현하고 개인의 자아실현과 국가사회의 발전에 기여함을 목적으로 한다"는 취지하에 1990년에 도입되었다. 이 제도는 경제적·시간적 제약으로 대학에 진학할 수 없는 사람에게 정규대학에 등록하지 않고도 자학자습을 통해 대학학위를 취득하게 하려는 제도이다.

4. 평생교육의 과제

평생교육의 활성화와 체제구축을 위해서는 가장 먼저, 국가수준의 중장기 마스터플랜이 필요하다. 이를 위해 평생교육의 이념과 지향점에 대한 사회적 합의가 필요하며 주요 참여계층 특히 여성, 노인, 장애인, 하위소득계층 등 소외계층의 참여와 동의를 바탕으로 국가 정책의 큰 틀이 짜여져야 한다. 현재 우리나라에서는 국가평생교육진흥원이 조직되어 평생교육을 이끌어가고 있으며, 이 기구를 통해 전국에 있는 다양한 교육자원과 네트워크가 통합되고 활용되고 있는 추세에 있다. 평생교육의 진흥을 위한 국가적 노력이 성공하려면 무엇보다 먼저 형식적인 교육체제와의 통합에 대한 비전이 서야 한다. 평생교육기관과 유치원, 초중등, 대학 등 공공교육체제와 별도로 병립하는 형태로는 궁극적으로 교육을 통한 삶의 질의 향상이라는 목표에 달성하기 어렵다.

둘째, 평생교육의 지향점에 대한 사회적 합의이다. 평생교육이 일부 유한계층의 여가선용을 위한 교육이 되어서는 안 된다. 물론 반대로 노동계급이나 하층민을 위한 배타적인 교육이 되어서도 안 될 것이다. 그럼에도 평생교육의 지향점은 형식교육에서 소외된 사람들에 주안점을 두고 교육서비스를 제공할 필요가 있다. 이런 점에서 이반 일리치(Ivan Illich)와 겔피(E. Gelpi)의 제안은 주목할 가치가 있다.

이반 일리치는 『탈학교의 사회』를 통해 학교의 반교육적 현상을 비판하고 현재의 학교제도를 폐지해야 한다고 보았다. 그가 말한 탈학교는 특정연령층에서 의무화된 학교제도를 지양하고 학습망(learning web)이라는 학습의 네트워크를 통한 다양한 학습 방법과 교육과정을 구상하는 곳이다. 학습망은 모든 사람이 학습에 필요한 자원을 쉽게 이용할 수 있고, 학습하거나 가르치는 기회를 평등하게 누릴 수 있는 네트워크이다. 학습망에서는 누구나 학습에 필요한 수단이나 교재를 이용할 수 있고, 자신이 알고 있는 바를 타인에게 나누어주고 지식을 서로 교류한다. 학습자는 스스로 학습할 수 있는 능력이 있는 존재로서 학습망에 의한 자발적 학습이 사회적으로 이루어질 수 있도록 한다.

랑게르가 문화와 철학 등 교양교육을 중심으로 하면서 사회변화에 적응하는 데 평생교육의 중요성을 강조했다면 겔피는 평생교육을 인간 억압을 해결할 수 있는 유일한 방안으로 보았다. 그는 기존의 평생교육은 정부와 기업, 제1세계 국가들이 정치적인 이데올로기로서 이용되고 있다고 비판하고 이제부터 변화하는 세계에 적응하는 사람을 기를 것이 아니라 사회를 변화시킬 수 있는 적극적이고 혁신적인 사람을 길러야 한다고 보았다. 슬로건이 아니라 적극적으로 참가하고 소외된 사람들이 받을 수 있는 교육, 하층계급에 대한 교육을 강조했다.

셋째, 평생교육의 성공은 이념적으로 편향되지 않고 궁극적으로 모든 구성원들이 행복한 사회를 만들어가는 데 달려 있다. 이를 위해서는 교육에의 접근성을 강화하고 혁신적인 프로그램과 교수학습방법의 도입이 필요하다. 평생교육의 학습자들은 다양하고 획일적이지 않은 방식으로 교육에 접근하기 때문에 시간과 장소, 제도에서 융통성있는 프로그램이 요구된다. 예를 들면, 야간제나 계절제 교육, 사내대학, 원격교육, 학점은행제, 교육계좌제, 학습유급휴가제, 위탁교육이나 인턴제도, 일과 학업을 병행하는 샌드위치교육, 공동연구교육프로그램, 동아리나 문화센터 교육 등 다양한 방식으로 평생교육에 접할 수 있도록 접근성을 강화하고 온·오프라인을 넘나드는 다양하고 혁신적인 교수방법으로 효과를 거둬야 한다.

자기성찰활동

1. 다음은 독일의 대안학교인 슈타이너 학교의 교육모습이다. 먼저 슈타이너 학교의 교육과정과 방법을 제도권 교육과 비교해보고 장단점에 대해 생각해보자. 그다음 '무게x거리(왼쪽)=무게x거리(오른쪽)'의 공식이 나오기까지의 교수학습과정을 살펴보고 자신이 가르치는 교과에 적용하는 방법을 생각해보자.

슈타이너 학교에서는, 특히 8학년까지 초중급 학년 수업의 경우, 부력, 동력, 진자 등의 법칙을 처음부터 완성된 형태로 외우게 하지 않는다. 물리나 화학도 교과서가 없다. 무엇이든 완전히 초보적인 부분부터 관찰해나간다. 이곳 아이들은 빨리 법칙을 찾으려 한다거나 빠른 길을 찾으려 안달하는 법이 없다. 양팔저울이라 하면 그 형태, 저울판의 색깔, 그곳에 광선이 어떻게 비치는가 따위를 우선 차분히 바라본다. 참으로 여유롭게 진행된다. '물리실험'이란 문제의식으로, 머리만으로 그 실험과정을 전개해나가지 않으며, 하나의 전체적인 '문제점'으로 결론에 구애받지 않는 감성을 작동시킨다.

2시간의 에포크 수업이 그런 여유 있는 실험이었다면 그날의 숙제는 그 실험을 다시 한 번 자신의 오감의 기억으로 되새기면서 노트에 기록하는 것이다. 여기서 요구되는 것은 '의지'이다. 동시에 감각을 통해 흡수된 것이 다음 날 머리 쪽으로 흘러가는 과정은 아이들 속에서 저절로 이루어진다. 다음 날에도 전날의 실험을 정리하면서 생각해나간다. 이 시점에서야 비로소 선생님은 아이들의 머리를 깨운다.

"자, 이 실험에서 여러분은 뭘 발견했지?"

아이들 서넛이 손을 들어, "천칭의 저울판이 중심으로부터 멀어지면 추는 적어집니다"라고 막연하게 대답하거나 잘 보고는 있지만 한마디로 요약하지 못하는 아이들이 많다. 그러다가 후미라는 한 아이가 "왼쪽의 거리와 무게의 곱이 오른쪽의 거리와 무게의 곱과 같은 숫자가 됩니다"라고 요약해서 이야기를 한다. 그러자 "아니" 하며 다들 깜짝 놀라 곧 이 가설에 실험결과를 적용해본다.

"정말이네. 똑같아!"

선생님이 "어제 실험에서 후미가 수학적 공식을 발견했구나" 하며 칠판에 다음과 같이 판서를 하고 아이들도 노트에 이를 옮겨 적는다.

무게x거리(왼쪽)=무게x거리(오른쪽)

* 출처: 고야스 미치코(임영희, 이연현 옮김). 『참다운 인간으로 자라는 교육 슈타이너 학교의 참 교육이야기』 밝은누리. 99-100. (본문 일부를 목적에 맞게 수정함).

2. 다문화교육에 관한 다음 글을 읽고, 다문화교육과 미래교육의 관계에 대해 생각해보자[1]

미래의 교육에서는 다문화교육에 중점을 두어야 한다. 한국여성정책연구원의 「전국다문화가족실태조사분석」 결과에 따르면, 2015년 국내 전체 다문화 가구 수는 이미 27만을 넘어 우리나라는 빠르게 다문화사회로 진입하고 있다고 한다.[2]

기존 한국인과는 다른 문화적 배경을 가진 국제결혼이민자, 외국인 근로자, 북한이탈주민 등 다양한 다문화 가정이 증가하고 있고, 이들 자녀들이 취학하면서 학교 현장에서는 다양한 교육적 과제에 당면하고 있다. 구체적으로 다문화 자녀의 15% 이상이 중퇴 혹은 비진학 등으로 학교에 다니지 않고 있다고 한다. 그 이유로는 '학교생활 및 문화가 달라서'가 18.3%로 가장 많았으며, '학교 공부가 어려워서'가 18%, '돈을 벌어야 해서'가 14.4%로 뒤를 이었다.

현 단계의 학교 다문화교육이 어떠해야 하는가를 살펴보는 것은 미래의 한국사회를 이끌어갈 우리의 아이들, 한국 사회의 구성원이며 한국인으로서 긍지를 가지고 살아갈 다문화 아이들이 더욱 발전적인 공동체를 만들어 가는 데 필요한 일이다. 우리 사회의 구성원이 된 다문화 학생들이 어려움을 겪지 않고 우리 사회에 편입되도록 하기 위해서는 보다 개방적이고 포용적인 사회적 인식의 변화와 함께 학교에서는 다문화 이해 교육이 보다 확산될 필요가 있다. 이와 함께 학교와 지역사회가 연계한 다양한 지원 프로그램이 마련될 필요가 있다.

다문화교육은 대상에 따라 서로 다른 교육이 필요하다. 우선 이주근로자가정에 대해 살펴보면, 이주근로자가정의 가장 큰 문제점은 경제문제와 직장문제 혹은 인종차별이나

1 이 글은 저자의 〈교육학개론〉을 수강한 학생들이 제출한 과제에서 발췌한 것이다.

2 정해숙 외 (2016), 「전국다문화가족실태조사분석」, 한국여성정책연구원.

편견 등과 같은 사회문제라고 할 수 있다. 따라서 이들을 위해 근로현장에 야학을 열어 퇴근 후에 한국어교육과 다문화이해교육을 받도록 한다면, 의사소통을 통한 상호이해도를 높이고, 애사심을 고조시킬 수 있을 것이다. 또, 결혼이민자 가정에 대한 관심도 중요하다. 다문화에 대해 중요한 지역에 다문화센터를 세워 다문화결혼 예비 신랑신부에게 상대 나라의 언어와 문화를 일정 시간 교육받게 할 뿐만 아니라 한국과 다문화결혼이 많이 이루어지는 국가들의 대표적인 도시에 한국학센터를 세워 한국어와 한국문화를 일정 시간 교육을 받게 하는 것이다. 특히, 북한이탈주민은 대한민국 국적을 취득한 후에도 많이 힘들어 한다. 그들은 북한주민이라는 선입견과 문화의 차이에서 어려움을 겪고 있다. 그렇기 때문에 다문화교육과 직업교육 그리고 소비자 교육 등을 실시해야 한다. 마지막으로 다문화교육은 일반학생과 다문화가정 학생 모두에게 필요한 교육이다. 상호문화의 이해와 존중을 통한 공존교육이 이루어져야 한다.

앞으로 다문화교육은 다문화가족 구성원들이 긍정적인 정체성을 확립하여 원만한 사회직 관계를 형성하도록 돕는 것은 물론 일반 기정과 다문회 기정 학생 모두에게 다문화교육의 본질적인 목표와 근본개념들을 세우는 방향으로 이루어져야 한다. 더 나아가 우리사회에 존재하는 문화적 다양성을 바탕으로 역동적이고 창의적인 새로운 문화 창달을 이루어 나가도록 해야 할 것이다. 특히 학생들을 가르치는 교사들의 다문화적 시각이 매우 중요하므로 교사들에 대한 교육과 연수 등이 지속되어야 한다. 다문화 가족 구성원의 교육자이자 조력자로서, 다문화 가정에 대한 인식전환의 매개자로서, 새로운 문화를 창달해 나아가는 창의적인 교육자로서의 긍지와 책임감을 갖도록 교사 자신의 노력은 물론 우리사회 모두가 노력해야 할 것이다.

11장

교육과 미래

교육은 사회적 현상이다. 이 말은 미래지향적인 비전을 가진 사회 구성원들의 집단적인 노력을 통해 교육이 변화하고 발전한다는 의미이다. 교육을 이끌어가는 교사와 교육정책자뿐만 아니라 지금까지 교육의 대상 또는 소비자로 인식되었던 학생과 학부모도 변화와 혁신을 위한 사회세력의 한 부분이 되어가고 있다. 교육은 한 사회집단뿐만 아니라 여러 이해관계를 가진 사회집단 간의 협력과 갈등을 통해 변화해왔고, 앞으로도 계속 변화할 것이다. 한편, 교육은 학교라는 기관을 통해 이루어지고 있으며, 최근 들어서는 급격하게 발달하는 테크놀로지가 학교교육에 큰 영향을 미치고 있다. 그동안 학교는 여러 사회계층의 타협의 산물이라고 할 수 있는 교육과정과 교육과정을 실물화한 교과서를 가지고 전문적 훈련을 받은 교사가 가르치는 방식으로 운영되었다. 이제 교과서는 디지털교과서로 변화하고 있으며 수업 때 교사에게만 들을 수 있던 지식은 언제 어디서든 인터넷 수업동영상을 통해 배울 수 있게 되었다. 특정 계층이 지식을 독점하거나 독점적으로 전달하는 시대는 이미 지났으며 이에 따라 교사의 역할도 지식전달이 아니라 학생들의 지식 구성 과정을 돕는 조력자로 변화하고 있다. 이러한 변화는 인터넷과 정보통신기술이 가져온 결과이며, 향후 빅데이터와 인공지능은 이러한 변화를 더욱 촉진시킬 것이다. 따라서 교육의 미래를 예측하고 대비하기 위해서는 각계각층의 이해관계와 갈등관계를 반영하는 교육개혁의 흐름을 이해하는 것뿐만 아니라 테크놀로지의 발달이 가져올 변화를 염두에 두지 않으면 안 된다. 이하에서는 기존 교육개혁의 노력을 살펴보고 이어서 미래교육을 이끌 테크놀로지와 그 영향에 대해서 살펴보고자 한다.

1. 교육운동과 교육개혁

교육운동은 사회운동의 하나로, 사회집단이나 세력이 자신들이 원하는 방향으로 교육의 변화를 꾀하려는 집단적 노력이다. 다른 사회운동과 마찬가지로 교육운동은 해당 사회가 가진 문제를 해결하고자 다른 사회적 · 정치적 운동과 제휴하거나 협력하기 마련이고, 이 과정에서 이해가 상충되는 다른 집단이나 다른 비전을 가진 집단과 갈등을 겪는다. 그런데 사회의 모든 구성원이 동의하는 교육운동이란 없기 때문에 정당성을 갖추고 운동의 헤게모니를 장악하기 위해 노력하게 된다.

1. 진보주의 교육운동

교육의 역사에서 많은 사람들이 공감하고 동참한 운동 중에 진보주의 교육운동이 있다. 미국에서의 진보주의 교육운동은 19세기 전후의 정치적 진보주의 운동과 궤를 같이 했으며, 진보주의자들은 전통적인 권위주의와 성인중심의 교육관을 비판하고 아동의 개성과 흥미를 교육의 중요한 원리로 삼아 외부의 강제나 통제에 의한 교육을 배척했다. 이들은 1919년에 진보주의교육촉진학회를 창립한 후 본격적으로 교육개혁을 위해 노력했는데, 규율을 가르치고 지식을 중시하는 종래의 학교교육에 반대하고 민주주의의 가치를 지키고 생존기술을 가르치거나 생활에의 적응교육을 실시하고자 했다. 이 시기 진보주의 교육운동은 큰 성과를 내지 못했으나 그 철학과 정신은 이후 진보적인 교육운동에 큰 영향을 미쳤다.

진보주의와 함께 이후 교육운동에 영향을 미친 것이 인본주의적 교육사상이다. 인본주의 역시 아동 중심의 진보적 교육법의 재발견이라고 할 수 있다. 인본주의자들은 당시 미국 교육의 현상을 형식적이고 무기력하며 비인간적이라고 규정하고, 학교의 강제적 규율과 규제를 제거하고 인간 본연의 가치를 추구해야 한다고 주장했다. 지식이나 인지적인 발달만이 아니라 아동들의 감정과 정의적 영역에서의 개발에 많은 관심을 기울여야 한다고 하여 도덕발달, 시민교육, 도덕적 감수성과 같은 도덕교육에 대한 관심을 환기시켰다.

인본주의적 철학으로부터 모든 아동을 위한 대안교육운동이 시작되었다. 대안교육운동가들은 기존의 학교체제가 비인간적이고 경직된 체제를 유지하고 있다고 비판하고, 인간성을 회복하고 자연과의 접촉을 통해 생명을 사랑하는 교육이 이루어져야 한다고 주장했다. 이러한 대안교육운동은 제 3세계의 교육 운동에 영향을 미치게 된다. 브라질의 교육자인 파울로 프레이리는 농민들이 억압적 현실을 깨닫고 억압자들에게 대항할 수 있도록 피억압자를 위한 교육을 실시하고 농촌사회에서 혁신적 교육을 시작했다. 그는 종래의 교육을 은행적립식 교육에 비유하고 은행에 돈을 저축하듯이 지금의 학교는 지식을 주입하고 피억압자들을 수동적인 위치에 머물러 있게 한다고 했다. 이에 대한 대안으로 교사와 학생 간의 대화를 통한 '해방의 교육'을 주장했으며 학생들이 문제를 제기하고 질문을 던지면서 억압적인 현실에 도전해야 한다고 했다.

2. 전국교직원노동조합의 노력

진보주의 교육철학과 프레이리의 '해방을 위한 교육'은 한국의 교육개혁운동에 큰 영향을 미쳤다. 거기에 80년대 후반 들어 민주화를 향한 사회적 변동이 시작되었으며 그와 더불어 교육현장의 모순이 극심해지고 학생, 교사, 학부모를 비롯한 많은 사람들이 교육에서의 급진적인 변화를 열망하게 되었다. 이러한 상황에서 전국교직원노동조합(전교조)이 결성되고 이들이 주장하는 참교육운동이 대중적 지지를 바탕으로 교육과 학교의 변화를 가져오기 시작했다. 이들은 교육운동을 위한 철학적 기반을 진보주의에서 찾고, 교육운동의 성과를 위해 정치적 개혁운동과 밀접하게 관련을 맺으면서 교육개혁을 위해 노력했으며 운동 초기에 학교 혁신을 위한 중요한 성과를 이루었다.

전교조 이전에도 교육을 개선하고자 하는 교사들의 노력은 꾸준했는데, 이를테면 '새교육운동'이나 '열린교육운동' 과 같은 것이었다. 해방 이후 '새교육운동'은 일제 강점기 식민주의 교육에서 민주적 교육체제로의 전환, 교육 기회 확대라는 미군정기의 교육정책을 기반으로 일어났다. 당시 교사들은 일본어로 의사소통하던 것을 중단하고 우리말을 모든 교육방법의 기반으로 삼아 선진적인 미국의 교육방법을 참고했으며, 암기·주입식의 교사중심 학습지도에서 아동의 개성과 경험을 토대로 한 단원 중심학습, 아동 스스로 상호간 협의할 수 있는 분단학습 등 민주적인 아동 중심의 학습지도로 전환하는 것 등을 중요한 과제로 삼았다. 이후 '열린교육운동'이 80년대 중반 일부 초등학교를 중심으로 전개되었고, 1995년 5.31 교육개혁과 맞물리면서 전국의 초등학교로 확대되었다. 이 운동은 아동의 권위를 존중하는 새로운 교수법을 받아들여 학교현장에 적용하고자 했으며 획일적으로 이루어지는 교사중심의 교육에서 아동을 존중하는 아동중심주의적인 교육으로 전환하고자 노력했다.

새교육운동과 열린교육운동은 미국 등 외국 교육 사조에 자극을 받아 교사들이 주체적으로 교육현장을 개혁하려는 과정에서 생겨났으며 나름대로 우리 사회의 필요에 부응하고 학교현장의 변화를 가져오기 위해 노력했다. 그러나 대중적인 지지가 부족했고, 한국 상황에 맞는 현실적 대안을 제시하지 못한데다 정치적 측면을 간과하여 결국 큰 성과를 거두지 못하고 말았다.

전교조 운동은 기존의 운동이 비정치적인 운동에 그치고 사회적 혁신으로 나아가지 못한 점을 반성하며 학교 내에서의 변화에 만족하지 않고 교육의 근본적인 혁신을 위해 노력하게 되었다. 전교조는 설립 이후 지금까지 활동을 통해 학교운영의 민주화 및 권위주의 청산, 교원의 처우 및 환경개선에 대한 사회적 인식 확산, 교원 및 교육정책 결정에 교원의 요구 반영 등 많은 기여를 했다. 이들은 교육의 민주화와 교사들의 교육여건 개선을 위해 학교경영의 민주화, 학급당 학생 수 경감, 대안적 교육과정의 개발, 촌지 추방 운동, 사무경감, 근무여건 개선 등을 위해 노력해왔다. 또한 고교 평준화정책 고수, 신자유주의 교육 반대, 자립형사립고 반대, 성과급 반대, 역사교과서 국정화 반대 등 당시 정부 정책에 반하는 활동도 꾸준하게 전개했다. 이런 과정에서 교육 기득권층이나 보수층으로부터 격심한 반대에 부딪히게 되었다. 이에 따라 교육 현실의 개선, 학생과 교사의 권리 옹호보다는 정치적 요구를 앞세우는 경향이 점차 커졌다. 정치적 급진성과 현장에서 유리된 실천은 대중과의 괴리를 가져왔으며 이로 인해 헌신적이고 희생적으로 교육 혁신을 위해 노력했음에도 기대한 만큼 효과를 거두지 못하고 말았다.

3. 국가 주도의 교육개혁 노력

국가가 주도하는 교육개혁의 노력 역시 지속적으로 이루어졌다. 우리나라 정부는 오랫동안 교육개혁에 대해 의지를 보이지 않다가 문민정부가 들어서면서 변화의 조짐을 보이기 시작했다. 1994년에 발족된 '교육개혁위원회'는

5 · 31교육개혁안을 통해 교육을 공급자중심에서 수요자중심으로, 획일적이고 서열화된 교육에서 다양하고 특성화된 교육으로, 규제와 통제 중심에서 자율과 책무성을 바탕으로 하는 학교운영으로, 닫힌 체제에서 열린 체제로, 값싼 교육에서 질 높은 학교교육으로 전환을 시도하는 교육개혁 조치들을 밝혔다. 개혁의 내용을 살펴보면 진보주의 교육철학을 다수 반영하고 있음을 알 수 있다. 참여정부에서는 교육의 공공성과 복지를 강화하고 분권과 자율, 참여를 원칙으로 교육혁신을 도모했지만 이러한 정부의 정책들은 현장에서의 교육적 실천을 크게 변화시키지 못하였으며 일선 교사들의 지지를 받지 못한 채 경쟁과 효율을 강조하는 신자유주의적 교육 정책으로 변질되고 말았다. 2000년 이후 보수주의 정부 때 이루어진 신자유주의적 교육정책으로 공교육의 몰락, 사교육의 득세, 자사고 등 소수의 명문학교와 대다수의 보잘 것 없는 공립학교로 중등교육이 편제되는 등 교육적 모순이 오히려 심화되고 말았다.

이렇게 교육현실이 개선되기는커녕 어려워지는 가운데 최근 민선교육감들에 의해 주도되는 '혁신학교'의 경우는 드물게 보는 관주도 성공 사례라고 할 수 있다. 혁신학교는 2009년 경기도 교육감 선거의 핵심공약 중 하나로 시작되어 2018년 현재 전국 17개 시·도교육청 중 대구, 울산, 경북의 세 곳을 제외한 나머지 14개 지역에서 지정·운영되고 있다. 혁신학교란 획일적인 교육과정에서 벗어나 창의적이고 주도적인 학습능력을 배양하기 위해 시도되고 있는 새로운 학교 형태이다. 교육의 자발성, 창의성, 공공성, 민주성을 제고하기 위해 학교장과 교사의 합의에 따라 자율적으로 학교와 수업을 운영하며, 이 목적을 달성하기 위해 교사와 학생 등 학교의 구성원뿐만 아니라 혁신학교가 속한 지역사회의 관계자들 모두 교육혁신의 주체와 대상으로 참여하는 공동체 문화의 형성을 요구하고 있다. 혁신학교가 관(官)주도로 이루어지고 있지만 민선교육감들에 의해 추진되고 있어 현장의 요구를 반영하며 진행된다는 점은 교육혁신의 길을 밝게 한다. 그럼에도 현재 혁신학교 운영과 관련해서 학부모의 교육적 요구를 반영하는 통로가 별로 없고 교사의 행정 업무가 많아 또 하나의 부담으로 작용하고 있다는 비판이 있다. 또 교육과정을 수립하는 과정에서 교사와 학생들의 의견을 수렴하지 못하고 있어 교육 주체들을 적극적으로 끌어들이는 노력이 다소 부족한 점 등은 향후 발전을 위해 개선이 필요한 측면이다.

2. 교육과 테크놀로지

1. 교육에서 주도권의 변화

디지털 기술이 급격하게 발달함에 따라 교육에 미치는 영향이 점차 커지고 있다. MOOCs(Massive Open Online Courses)나 거꾸로 학습(flipped learning), 3D 프린터 기반의 메이커교육운동 등과 같은 새로운 형태의 교수학습 방법은 변화 초기 모습으로 관심을 받고 있다. 디지털 학습 콘텐츠 기술의 변화로 스마트폰 기반 콘텐츠, 증강현실(AR), 가상현실(VR)과 같은 실감형 콘텐츠의 클라우드 기반 저작툴을 바탕으로 한 협력적 개발이 가능해지고 있다. 지능형 협력학습 플랫폼 서비스 등이 발전하고, SNS를 활용한 즉각적인 상호작용이 확대되며, 실시간 원격화상강의 시스템의 발달로 인해 교육서비스가 고도화되고 있다. 다양한 디지털 학습 기기가 융합화되고 인공지능이 접목되면서 새로운 교육형태의 출현을 눈앞에 두고 있다. 이렇게 발전하는 현실에도 불구하고 현재 학교교육에서는 ICT 활용수업, 사이버 교수-학습체제, 이러닝 등 낮은 수준의 테크놀로지 기반 교육이 일부 이루어지고 있는 형편이다. 디지털 기술의 발전 그리고 새롭게 출현하는 교육형태와 서비스를 생각하면 현재 학교의 교육현실은 매우 뒤처져 있다. 그럼에도 학교현장에 디지털 기술기반의 교육 방법과 도구가 점차 도입되고 활용되면서 매일매일의 교수학습활동에서 변화가 엿보이고 있는 것도 사실이다.

디지털 기술은 교육의 변화에 큰 영향을 미치고 있으며 궁극적으로 교육의 주도권이 교사에서 학습자로 넘어가게 되는 데 큰 기여를 할 것이다. 현재는 디지털 기술의 발전에도 불구하고 교사가 변화를 주도하고 있으며 교사와 학생 간의 관계에서 교사가 수업을 이끌어가고 있다. 컴퓨터, 3D 프린터, SNS 등 다양한 매체는 교사가 정보나 지식을 전달하는 데 편리하도록 도와주는 도구로서 기능한다. 여전히 현장교육에서 학생은 수동적인 존재로서 인식되고 있다. 매체의 활용 역시 교사가 주도권을 가지고 있다. 과거의 예로 보면 프로그램 학습, 컴퓨터 보조학습, 컴퓨터 보조훈련 등이 대표적인 사례들이며 이 시기에 학습자의 선택권은 매우 제한적이었다. 라디오, TV, 오디오 테이프, 책 등으로 이루어지는 초기 원격교육 형태 등도 여기에 속한다.

디지털 기술이 발전하면서 매체에 대한 교사의 주도권이 약화되고 매체가 교사의 역할을 일부 대체하기에 이르고 있다. 디지털 기반의 매체는 학생들이 주어진 학습내용을 얼마만큼 이해하고 받아들이고 있는지에 대해 교사를 대신해서 적시에 적절한 피드백을 제공할 수 있다. 매체와 학생은 상호작용하는 관계에 놓이게 되며 점차적으로 학생들이 매체를 다루는 데 있어 교사의 간섭을 받지 않고 주도권을 가지게 될 것이다. 학생들은 매체를 통해 정보나 지식을 직접 다루거나 중요한 안건 및 과제를 교사의 개입 없이도 자발적으로 논의할 수 있다. 매체는 학생들에게 정보나 지식을 제공하는 것뿐만 아니라 의사소통 도구로서의 역할을 맡게 된다. 단순히 컴퓨터 등의 매체를 통해 공부하는 것에서 데이터베이스를 활용하는 네트워크화된 학습환경, 하이퍼미디어 시스템, 시뮬레이션 등 매체활용에서 학생들의 주도적 활동이 커져가고 있다.

이처럼 매체 활용의 주도권이 학생들에게 넘어가게 되면 학습자 주도의 교육형태가 일반화될 가능성이 높아질 것이다. 점차적으로 교육의 주도권이 완전히 학습자에게 옮겨가게 되면 보조자로서 교사의 역할이 강조될 것이다. 또한 매체의 역할, 내용, 기능 등이 학습자의 의도와 뜻에 전적으로 의존하게 될 것이다. 매체의 역할은 정보제공이나 정보흐름의 방향 조정과 같은 역할을 넘어서서 교육환경의 본질이나 형태, 나아가 문화를 변화시킬 수 있을 만큼 확대되리라고 예상된다. 이러한 학습자 주도의 교육에서 테크놀로지는 교실수업의 공간적·시간적 제한을 벗어나게 하고, 다양한 수준과 다채로운 형식의 협동학습체제를 확고하게 확립할 수 있게 할 것이다.

매체 활용에서 학습자 주도가 강화되면서 학습공간의 다양화, 교육목표의 고도화, 자율적 학습환경의 출현 등 여러 측면에서 변화가 수반될 것이다. 현재 교육에서도 그 변화의 단초가 보여지고 있는데, 학생들의 학습공간은 학교를 벗어나 온라인, 가정, 지역사회 등과 같이 다양한 공간으로 확장되고 있으며 그 형태도 형식화된 학교에서 비공식적 학습공동체 중심으로 변화하고 있는 것이 그것이다. 교육목표는 지식을 많이 보유한 사람이 아니라 창의적이며 문제해결력을 갖춘 사람을 기르는 것으로 변화하고 있으며, 기존 교육이 교사 등 공급자 중심의 획일적인 형태를 띠고 있었다면 이제 학습자 중심으로, 학습자에 맞는 환경에서 스스로 학습할 수 있도록 돕는 학습환경의 설계가 강조되고 있다.

2. 학습방식에서의 변화

디지털 네트워크의 시대가 도래함에 따라 학습방식에서의 변화도 불가피해졌다. 테크놀로지에 의한 학습방식의 변화를 제시하면 다음과 같다(Tapscott, 1998).

- 선형적 학습에서 비선형적 학습으로의 변화: 책과 같은 인쇄매체가 제공

하는 선형적 정보를 처음부터 끝까지 차례로 읽어 내려가는 학습에서 다양한 정보가 하이퍼미디어를 통해 링크된 해당 정보에 무선적으로 접근해서 읽고 이해하는 학습방식으로의 변화이다.

- 주입식 교육에서 참여와 발견학습으로의 변화: 인쇄매체에 내장되어 있는 고정불변의 정보를 일방적으로 전달하는 주입식 교육에서 시시각각 변하는 유동적인 디지털 정보를 학습자 스스로 가공, 편집하여 자신에게 필요한 지식으로 창출하는 참여식 발견학습으로의 변화이다.
- 교사중심에서 학습자중심으로의 변화: 학습자에게 전달할 정보를 사전에 가공하여 교사가 일정시간 동안 일정한 내용을 일방적으로 전달하는 교사중심 교육에서 학습자가 학습활동의 주체가 주도적으로 학습활동을 전개하는 학습자 중심으로의 변화이다. 자기주도적 학습이 모든 학습활동의 본질로 간주되는 것이다.
- 주입전달식 교육에서 학습방법을 배우는 교육으로의 변화: 전문가가 사전에 가공한 결과로서의 내용을 전달하는 주입식 교육에서 다양한 학습자원을 탐색, 가공, 편집하여 자신에게 필요한 지식으로 창출하는 학습방법을 배우는 교육으로 변화한다.
- 획인하된 교육에서 맞춤형 교육으로: 많은 학습자를 정해진 시간 내에 일정한 수준으로 끌어올리기 위한 획일화된 교육에서 학습자 개개인의 흥미와 관심, 그리고 요구에 부응하는 맞춤화된 교육으로의 변화이다.
- 수동적 학습에서 능동적 학습으로: 누군가가 시켜서 마지못해 하는 괴롭고 수동적인 학습에서 학습자 스스로 동기가 유발되어 적극적이고 자기주도적으로 이루어지는 학습으로의 변화이다.

3. 학습공학의 발달

학습공학은 교육공학의 새로운 흐름이며, 교육공학이 주로 교수활동의 설계와 매체에 관심을 두고 있다면 학습공학에서는 학습 효과를 위한 공학적 적용을 중심으로 연구가 이루어진다. 그런데 학습에서의 공학적 적용이 효과를 보기 위해서는 먼저 학습분석이 요구된다. 학습분석은 "학습과 학습이 일어나는 환경에 대한 이해와 최적화를 목적으로 학습자와 학습자의 맥락에 대한 데이터를 측정, 수집, 분석, 보고하는 것"으로 정의할 수 있다(Siemens & Long, 2011). 학습분석에 관한 학문적 탐구인 학습분석학은 단순히 데이터 마이닝 기법을 교육 데이터에 적용하는 기술적 의미를 넘어서 교육이라는 시스템 내에서 밝혀진 예측 모델을 다시 현장에 적용하는 연구 분야이다. 학습분석학은 학습자와 관련된 대량의 자료를 분석하는데 일차적인 관심을 두고, 학습운영시스템 상에 축적된 다양한 학습자 데이터를 다루며, 이 데이터를 바탕으로 학습자들을 분석, 진단하고 적절한 처방을 제시한다. 학습분석학은 학생들을 위해 학습 목표 달성 정도를 예측하고, 이를 바탕으로 학습자 스스로 자기조절학습의 강화 등 예방적 조치를 취할 수 있는 다각적인 정보를 제공하며, 교수자에게는 교수학습활동 내용을 요약 집계하고 성과를 예측한 뒤, 수업 전략을 수립하는데 필요한 의사결정 정보를 제공한다.

4. 테크놀로지의 한계와 교사의 역할

교육에 미치는 테크놀로지의 영향이 커질수록 유의해야 할 것은 테크놀로지의 한계와 교사의 역할에 대한 이해이다. 교육 패러다임의 변화를 한층 가속화한 것은 인터넷과 컴퓨터 테크놀로지의 발달이지만 기술적 측면에서의 변화만으로는 충분하지 않으며, 학습자 개인의 요구나 처해 있는 상황에 맞게 정보가 검색되고 제공되는 '적응성'이 중요하다. 테크놀로지의 변화에 사람이 적응하는 것이 아니라 사람의 요구에 맞게 테크놀로지가 적응해야 하는 것이다. 말하자면 테크놀로지가 가득 찬 교실에서 학생들이 더 잘 배우는 것이 아니라 테크놀로지 활용 계획이 잘 되어 있는 교실에서 더 잘 배운다는 의미이다. 테크놀로지를 학습환경으로, 학습의 증진을 위한 수단으로 바라볼 필요가 있다.

학습에 대한 요구를 즉각적으로 수용하고 반영할 수 있는 테크놀로지를 설계, 개발하고 학습자의 다양한 학습활동을 촉진할 수 있는 유연한 학습과정을 창출하는 것이 교사의 핵심 업무 중의 하나가 되고 있다. 교사는 공간이 확장되고 시간이 연장되면서 학습자 중심의 사회가 되어 가고 있는 시대에 적재적소에 테크놀로지를 적용하고, 필요한 때에 필요한 학습이 일어날 수 있도록 순발력 있게 반응할 수 있어야 한다. 미래교육은 기술 자체의 힘만으로는 이룰 수 없으며 교사의 학습환경 설계 능력과 학생의 교육적 요구에 유연하게 대응할 수 있는 능력에 의해 실현될 것이다.

3. 미래 교육의 변화

1. 학교제도와 방법의 변화

미래 교육의 모습을 학교제도, 교육과정과 방법을 중심으로 살펴보면 다음과 같다(이인숙, 한승연, 임병노, 2012).

학교제도

학교제도는 대안학교와 홈스쿨링을 포함해 조만간 다양한 형태로 발전할 것이다. 현재와 같이 관료화된 학교시스템이 온존하는 형태, 재구조화되어 핵심적 사회센터로 발전하는 형태, 대안교육을 추구하면서 탈학교화되는 형태 등이 대표적이다.

미래에 예상할 수 있는 일반적인 학교 형태는 현재와 같이 관료화된 학교체제를 유지하는 것이다. 이 학교 형태에서는 여전히 상의하달 방식의 행정이 이루어지고 학교, 교실, 교사에 의해 지금과 같은 형태로 계속적으로 유지될 것이다. 학교시스템은 변화된 환경에 거의 반응하지 않으며 자체적인 규정과 규칙에 따라 관리될 것이다.

다음으로 학교가 재구조화하는 경우는 아래와 같이 다양한 형태로 이루어질 것으로 보인다.

- 중심 학습조직으로서의 학교: 학교는 중심 학습조직으로서 실험, 다양성, 혁신문화 속에서 주체들에게 생기를 부여한다. 이 시스템은 소수자 공동체에 혜택을 주고, 교사의 좋은 근무조건을 유지하는 데 필요한 투자를 한다.
- 핵심적 사회 조직으로서의 학교: 학교의 문턱이 낮아지지만 여전히 형식적인 조직으로 존재하며, 다른 공동체들과 의무를 공유한다. 이 시스템은 비형식학습, 집단적인 과제 및 상호 협력적 활동을 강조한다. 높은 공공적 지원은 질 좋은 환경을 제공하기 때문에 교사들은 높은 자존감을 가진다.
- 현행학교 개선형: 학교 기능이 인성교육과 돌봄의 기능으로 확장된다. 학교 밖의 기관에서 제공하지 못하는 기능들이 강화되는 방향으로 전환되면서 학교의 존재 의미가 높아진다.

마지막으로 탈학교화된 형태를 가진 교육으로의 변화가 예상된다. 여기에는 확장된 시장 모형과 네트워크 학습으로 학교를 대체하는 모형, 이 두 가지가 있다. 먼저, 확장된 시장모형은 교육에 대한 시장적 접근으로, 누가 교육을 제공하는지, 어떻게 제공되는지, 어떤 선택권과 자원이 주어지는지와 관련된다. 이 모형에서 정부는 '교육소비자들'의 강요에 의해 학교운영을 포기하게 되고 영리 목적의 사기업에 의해 효율을 추구하는 교육이 이루어질 것이다.[1] 한편 네트워크에서의 학습 형태가 학교를 대체하게 될 것이다. 다양한 문화, 종교, 공동체 관심사들을 기반으로 하는 수많은 네트워크들이 테크놀로지를 강도 높게 활용하여 학교교육을 대신해서 학습자의 형식, 비형식, 무형식 학습을 지원할 것이다.

교육과정과 방법

미래의 성공은 학습하는 능력에 달려 있다고 해도 과언이 아니다. 학생이 학교교육을 통해 개인적으로 갖추어야하는 역량은 많지만 그 중 학습기술(learning skills)은 새로운 지식을 익히고 창의적으로 활용하는 데 중요한 미래의 역량이다. 현재 학교교육에서 대부분을 차지하는 교과 관련 지식의 비중이 약화되고 사회심리적 기술, 공감능력, 미디어활용능력, 다문화능력 등이 미래사회에 필요한 기본적인 능력과 태도로 더욱 중시될 것이다.

하교에서 길러야 하는 능력이 지식의 습득이 아니라 학습능력이나 인성의 발달에 있다면 교수학습 방법에 있어서 변화가 필요하다. 이러한 변화는 교육 방법의 다원화, 교수학습공간의 개방화, 학력 인증시스템의 유연화 등을 들 수 있다.

---

1 스웨덴은 2006년 우파집권 이후 영리기업이 학교를 운영하는 민영화 정책을 추진했다. 기업들의 영리를 목적으로 학교를 운영하다 보니 학생 유치를 위한 마케팅에 전념하고 교사-학생 비율이 높아져 교사의 부담이 늘고 교육의 질이 저하되었다. 심지어 수익금을 빼돌려 급식이 중단되는 등 학생복지가 크게 쇠퇴하는 모습을 보이고 있다.

- 교육방법의 다원화: 맞춤형 교육을 위해 교육 방법이 다원화될 것이며 간학문적 학습, 실생활과 연관된 학습, 자기주도적 학습, 매체활용, 탐구학습 등이 적극적으로 이용될 것이다.
- 교수학습 공간의 개방화: 시간, 장소에 구애받지 않고 네트워크에 접속하여 학습할 수 있는 학습환경이 이루어지고 학습 공간, 교육받는 기간, 학습자 연령의 확장으로 인해 평생학습체제가 확립될 것이다.
- 학력인증체제의 유연화: 학년 단위뿐만 아니라 홈스쿨링 등 다양한 교육기관에서 학습한 결과가 학교의 학력과 동등하게 인정되고 학교와 실제세계 간의 협력이 확대될 것이다.

미래의 학습자는 전 생애에 걸쳐 지식을 탐구하는 탐구자의 역할을 하게 되며 팀에 기반한 학습, 프로젝트를 수행하면서 더불어 하는 학습을 하게 될 것이다. 학습자가 수동적인 지식수용자가 아니라 적극적인 탐구자, 공동 연구자로서의 역할을 맡게 되며 학습하는 방법을 학습하는 것이 구체적인 교과내용을 배우는 것보다 중요시될 것이다. 이것은 현실에서 부딪히는 문제를 중심으로 지식과 정보를 획득하고 처리, 평가하는 연습을 통해 학습이 이루어져야 함을 의미한다.

학습자는 교사의 안내에 의한 학습이든, 자기주도적 학습이든, 접근할 수 있는 학습자료의 범위가 넓어지고 빠른 상호평가가 가능하게 되면서 전문가들과의 가상 접근을 통해 광범위한 지식, 기술 그리고 이해를 증진하게 될 것이며 동료(같은 학교든 다른 학교든 상관없이)들과도 협력적인 지식창출활동을 할 것이다. 새로운 매체를 통해 학습 자원, 소프트웨어 그리고 커뮤니케이션 도구의 다양성이 증가하면서 집에서 학생들이 손쉽게 이용할 수 있는 자원과 소프트웨어가 많아지게 된다. 이렇게 되면 학습자들이 무엇을, 언제 배울지에 관해 스스로 선택할 수 있는 능력을 갖추게 되어 사실상 형식 학습과 무형식 학습 사이의 차이가 없어지게 될 것이다. 무엇보다 학습 속도 조절과 학습내용과 방법에서의 다양화가 실현되어 학습동기가 높아질 것이다.

2. 교육의 미래와 세 가지 원칙

개혁을 위한 사람들의 노력과 테크놀로지를 통한 혁신이 효과를 보려면 먼저 미래교육의 방향과 원칙이 확립되어야 한다. 아래 글은 필자의 '미래교육의 원칙: 온교육'에 대한 주장이다.

우리는 일상적으로 온전한 사랑, 온전한 삶과 같이 완전성을 갖춘 어떤 특질을 표현할 때 '온전함'이란 말을 사용한다. 온전함이란 불완전하고 변하는 것이 아닌 항구적이고 완전무결함을 의미한다. 인간의 삶은 불완전한 것에서 온전하게 모든 것이 완성되어 가는 여정이며 인간 사회도 온전함을 추구하면서 발전해왔다. 과학이나 법률, 의료 역시 불완전하고 미신적인 부분에서 완전함을 추구하면서 발전하여 왔으며 교육 역시 마찬가지이다.

교육에서 온전함을 추구하는 노력은 다양한 이름 아래 이루어져 왔다. 최근의 예를 몇 가지 들자면 '참교육', '바른교육', '미래교육', '열린교육' '생명교육' 등 많은 캠페인이나 정치, 사회운동이 일어나고 있다. 이들 교육운동은 기존의 교육에 대한 비판과 성찰을 기반으로 올바른 교육을 이루자는 열망을 가지고 있다. 다시 말해 온전한 교육을 추구하는 노력의 서로 다른 모습이라고 할 수 있다.

'온교육'이란 지금까지의 교육이 반쪽짜리 교육에 그쳤음을 반성하고 앞으로의 교육이 온전한 교육이 되어야 한다는 의미의 교육이다. '온교육'의 관점은 기존의 학교를 보완과 개선을 필요로 발전하고 진화하는 과정에 있는 생태계로 파악한다. 기존의 제도와 실천방식을 없애는 것이 아니라 부족한 부분을 채우고 변화하도록 도와주는 것이 '온교육'의 이상이다. 모든 조직과 체계는 나름대로의 논리와 생존방식을 가지고 있으며, 학교 역시 급별로 다르고, 지역별로 다르고, 구성원의 성향에 따라 다르다. 이렇게 다른 것을 하나의 모델이나 틀로 묶어 '완전한' 교육모형을 제시하여 일방적으로 개혁을 밀어붙인다면 개혁이 성공할 리가 없는 것이다. 각자 학교의 개성과 필요에 맞게 부족한 부분이 있다면 채워주고, 잘못된 부분이 있다면 스스로 고칠 수 있도록 방안을 제시하고 지원해주는 것이 중요하다.

우리나라의 지난 교육정책을 보면 무리하게 줄 세우기 위한 정책을 추진하다보니 학교가 개성을 잃고 정부의 눈치나 보면서 연명하는, 생태적으로 매우 취약한 조직이 되어버렸다. 그 결과, 창의적인 교육과정으로 인재를 육성하는 학교들이 사라지고 SKY 대학에 몇 명 갔는지를 학교의 경쟁력으로 생각하는 학교만을 양산했다. 교육철학 없이 성과지표만으로 운영되는 학교는 성과지표가 바뀔 때마다 혼란과 변신을 거듭하다가 결국 아무런 색깔도 없는 무색무취의 학교가 되어버리고 마는데, 오늘날의 학교 대부분이 여기 속해 있다. 이런 상황에서 온교육은 색깔 있는 학교, 개성을 발현하는 학교를 중요시한다. 온교육이 지향하는 학교는 모든 것이 완벽하게 갖추어진 완벽한 학교가 아니라 자기의 철학을 가지고 목표를 추구하면서 변화하고 발전하는, 생태적으로 건강한 학교를 말한다. 이들 학교만이 미래를 이끌어갈 수 있는 학교가 될 수 있다.

온전함의 원칙

'온교육'의 온(穩)은 온전함에서 온 것으로, '온교육'은 온전(穩全)함을 추구하면서 온당(穩當)함과 온유(溫柔)함을 중요한 덕목으로 삼고 있다. 온전함이란 완전함(全)을 말한다. 완전하게 갖추어져 있으며 어느 하나도 소홀히 하지 않는 것을 의미한다. 교육은 지덕체의 합일에 의해 실현되며, 어느 하나도 소홀히 할 수 없고 버릴 수 없다. 지금의 학교교육은 지식교육에는 성공했을지 모르나 정서교육, 도덕교육에는 소홀히 하고 있다. 이에 대한 반발로 많은 대안학교들이 지식교육보다는 정서교육이나 도덕교육에 치중하는 것도 온전함의 원칙에 맞지 않는다. '온교육'에서 온전함이란 지덕체의 융합적 이해, 지성과 감성의 겸비, 형식교육과 비형식교육의 통합, 삶과 앎과 깨침의 방정식을 이해하는 것을 말한다. 통합과 진정한 융합을 위해서 온전함은 요소들 간의 통함(通)과 조화(和)를 요구한다. 통함과 조화가 없는 온전함은 온전함이 아니라 잡다한 요소들을 기계적으로 통합한 것에 불과하다. 학교교육은 학교를 이루는 여러 가지 요소들이 서로 영향을 미치고 하나의 목표를 위해 움직이는 하나의 생태계이다. 학교교육은 또한 사회의 환경과 분리될 수 없으며 긴밀하게 연관되어 있다. 교사나 학생이나 가정에서의 삶과 학교에서의 삶이 유리된 것이 아니라 긴밀하게 연관되어 있음을 알고 있다. 불행한 가정의 교사나 학생이 학교에서 하는 행태를 보면 그것을 잘 알 수 있다. 또한 학교에서 벌어지는 일이 가정에 영향을 미치고 때로 불행하게 때로 행복한 가정을 이루는 데 기여하기도 한다. 아이가 공부를 잘하면 부모도 덩달아서 신이 나고 가정에 웃음꽃이 피어나지 않는가. 학교교육은 또한 사회적인 교육기제와도 긴밀하게 연결되어있다. 이를테면 학생이나 교사는 신문이나 라디오, TV, 인터넷이라는 매체에서 수없이 전달되는 정보에 노출되어 있고 이것을 자신의 수업이나 학습에 가지고 들어온다. 교사는 저녁 드라마의 내용을 가지고 학생들의 이해를 돕기도 하고 학생들은 잘 모르고 있던 것을 인터넷 동영상으로 배우기도 하며 인터넷이나 대중매체로부터 잘못된 지식을 가지고 와서 동료들 사이에 퍼트리기도 한다. 이렇듯 학교교육을 그것만으로 보아서는 변화를 위한 효과적인 방안을 내세울 수 없다. 여기에 '온전하고' 전체적인 관점이 필요하다. 온전한 관점이란 교육에 대한 통합적이고 체계적인 이해를 말한다. 형식교육과 비형식교육, 무형식교육에 대한 통합적 이해, 낱낱의 분리된 교과목별 이해가 아니라 융합적인 관점에서의 교육과정 이해, 앎의 내용을 삶의 현상과 분리하지 않고 체험을 통한 깊은 이해를 추구하는 것, 가정과 학교, 사회가 교육적인 일관성을 추구하기 위해 상호작용하는 것(이를 테면 어떤 바람직한 행동에 대해 부모는 격려하고 교사는 가르치고 사회는 실천이 장을 제공하기 위해 서로 협력하는 것) 등은 교육의 온전성을 높이는 사례들이다.

온당함의 원칙

한편 '온교육'이 이루어지려면 방법적 측면에서는 온당해야 하며 정신적 측면에서는 온유해야 한다. 먼저, 사전적 의미의 온당함이란 '사리에 맞고 무리가 없다'는 뜻이다. 교육은 방법과 활용하는 도구에서 사리에 맞고 적절하게 이루어져야 한다. 영국의 교육철학자 피터스(Peters)는 어떤 활동이 교육활동이 되려면 학습자가 가치 있는 삶을 살아갈 수 있도록 해야 하고, 지적인 안목을 가질 수 있도록 해야 하며 도덕적으로 온당한 방법으로 진행되어야 한다고 했다. 여기서 도덕적이란 단순히 윤리적인 측면만을 의미하는 것은 아니다. 교육적 성취를 위한 가치 추구 활동 또한 도덕적이다. 최고의 도덕이 배고픈 사람에게 밥을 주어 굶주림을 면하게 해주는 것처럼 교육은 진리에 굶주린 사람에게 가장 효과적인 방법으로 진리를 전해준다. 교육적 성취를 위해서는 교육적 목적에 맞는 온당한 방법과 도구가 필요하다. "작업에 맞는 온당한 도구(The right tools for the job)"라는 말이 있다. 어떤 작업에든 도구가 필요한데, 아무리 단순한 도구라도 갖추어져 있지 않다면 작업을 효과적으로 해낼 수 없다. 교육에서도 온당한 도구가 없으면 소기의 성과를 거둘 수 없다. 교과서라는 도구 없이는 수업을 하기 어렵고 칠판이 없이는 아이디어를 펼쳐 보이기가 어렵다. 인터넷을 활용하지 않고는 짧은 시간에 많은 정보를 탐색할 수 없다. 이러한 물리적인 도구 이외에 작업을 성취하기에 필요한 방법이 있다. 방법은 목표를 실현하기 위해 자원과 도구를 배분하고 활용하는 절차이고 과정이다. 올바른 방법은 올바른 결과를 낳는다. 암기력 테스트 와 같은 시험에서 짧은 시간에 효과적인 결과를 얻으려면 반복훈련이란 방법을 활용한다. 깊은 이해를 필요로 한다면 이해한 것을 실제로 적용할 수 있도록 방법을 강구하며, 협력하는 법을 가르치려면 직접 체험을 통해 배울 수 있도록 한다. 책임성 있는 교사는 자신의 교수(teaching) 서류가방 안에 필요한 도구를 다 넣고 필요할 때 필요한 방법과 도구를 꺼내 쓸 수 있어야 하며 예측치 못한 일이 발생했을 때에 대비해야 한다. 이런 위급상황에 대비할 수 있는 온당한 도구를 갖추고 있어야 한다.

'온교육'은 온당한 방법과 도구를 갖추고 교육에 임한다. 다양한 수업방법과 지도방안, 학생의 삶과 연계된 교육을 위해 최신의 기술적 도구들을 사용한다. 이런 의미에서 '온교육'은 철저히 교육공학적 관점을 견지한다. '온교육'에서는 목적에 맞는 적당한 방법과 도구를 선정해서 주의 깊게 설계하고 실천한다. 온당한 방법은 철저하고 체계적이며 과학적인 방법이 되어야 하는데, 왜냐하면 교육에는 두 번째가 없기 때문이다. 일단 뱉어진 말은 다시 거두어들일 수 없고 일단 가르친 것은 되돌릴 수 없다. 피해는 고스란히 학생에게 돌아간다. '온교육'에서는 학생들이 최선의 방법으로 배울 수 있도록 기존의 연구와 과학적 성과를 최대한 활용하는 것을 중요시한다. 어설픈 동정과 서투른 배려가 아니라 장기적인 직업훈련만이 노숙자들의 갱생을 보장하듯이 학문적 성과를 바탕으로 한 꾸준하고 일관성 있는 실천만이 성공을 보장하는 것이며 가장 온당하고 도덕적인 행위인 것이다.

온유함의 원칙

'온교육'의 세 번째 전략이자 덕목은 온유함이다. 온유함은 '온·교육'의 정신적 측면을 표현한 것으로, 교육이 따뜻함을 필요로 한다는 뜻이다. 그러니까 교육은 관계이며 교육적 관계는 차갑고 냉정한 지식의 교류 관계가 아니라 온정이 넘치고 배려하는 따뜻한 관계여야 한다. 온유함은 신뢰와 애정, 배려와 기쁨으로 가득 찬 교육당사자 간의 관계를 의미하며, 인격과 인격의 만남을 통해 교육이 이루어진다. 지금 학교의 교실에서는 '나-그것'의 관계가 대부분이고 '나-너'의 인격적인 만남은 적다. 교장과 교사, 교사와 학생, 학생과 학생, 교사와 학부모의 관계가 상호 신뢰하고 인간적인 관계라기보다는 목적을 위해 서로 이용하는 대상화된 관계가 많다. 교장은 교사를 인격적 존재로 보고 존중하기보다는 학교의 업무를 수행하는 구성원의 하나로 다룰 뿐이다. 한편, 교사들은 학생들을 일시적으로 만나서 지식을 전달해주는 대상 정도로 생각하고 있으며 학생들끼리는 진정한 친구관계로 발전하는 경우는 많지 않고 서로 경쟁하는 대상으로 본다. 교사와 학부모의 관계 역시 일시적이고 일회적인 관계에 그치고 만다. 이렇게 된 것은 학교교육에서 온전함과 온당함이 사라진 탓이 크다. 온전함과 온당한 교육이 없는데 어떻게 온유한 인간관계가 싹트겠는가? 그러나 온유한 교육이 없다면 아무리 온전하고 온당한 교육이 있더라도 효과를 거두기가 어렵다. 그러니까 이 세 가지 '온교육'의 요소는 서로 독립하면서도 영향을 미치는 관계가 된다.

교장의 온유함은 교사들이 편안하게 수업에 집중할 수 있도록 한다. 교사의 온유함은 학생들이 편안하고 안전한 분위기에서 학습에 전념할 수 있도록 한다. 학생들 간의 온유함은 우정을 발전시켜 평생지기가 되도록 한다. 교사와 학부모 간의 온유한 관계는 학생들의 지도가 학교에서 끝나지 않고 가정과 학교의 연계가 이루어질 수 있도록 해준다. 무엇보다 중요한 것은 교사와 학생

간의 관계가 적대적·위협적이지 않은 것이다. 신경과학의 성과에 의하면 인간은 위협을 당하거나 안전하지 않다고 느낄 때 자기의 보호를 위해 모든 신경을 쓰게 되는데, 이렇게 되면 혈액과 산소가 대뇌피질로 흘러가지 않아 집중력과 기억력이 떨어지게 된다고 한다. 공부하기에 편안하고 안전한 환경을 유지하는 것은 교사의 제일 업무가 되어야 하며, 이는 교사와 학생, 학생과 학생 간의 관계가 온유할 때 이상적이다. 자신이 믿고 의지하는 사람과 더불어 공부하는 상황에서 집중하지 못하고 불안에 떠는 학생은 없을 것이다.

지금의 학교가 학생들이 위협에 처한 상황에 제대로 대처하지 못하고 있는 것이 사실이다. 학교의 경쟁위주 정책, 우열반, 점수위주, 교사의 위협이나 냉소, 멸시, 편견과 편애는 학생들에게 가장 큰 심리적 압박으로 작용하며 학생들 간의 폭력, 왕따, 경쟁을 조장하고, 결국 공동체의 정신을 파괴하고 서로를 정글로 밀어 넣어 생존경쟁을 하게끔 하는 끔찍한 상황을 조성하게 된다. 온유함은 이러한 상황에 대한 대안이다. 온유함이 없이는 아무리 좋은 정책이라도 궁극적으로 좋은 결과를 낳을 수 없다.

온유함은 개인적인 인격의 문제라기보다는 관계 속에서의 온유함이다. 온유한 인격은 오랜 기간 성숙과 자기성찰의 과정을 거치면서 성장하지만 온유한 관계는 올바른 정책과 좋은 환경만 갖추면 가능하다. 우선, 경쟁과 점수 높이기를 위주로 하는 정책대신 협력을 위주로 하는 정책을 실시하고, 잘 협력한 교사와 학생에게 포상하는 제도를 실시하는 것이다. 경쟁과 점수 높이기에서는 서로 갈등하고 협력하지 않던 사람도 포상제도로 인해 친절하고 협력적인 사람이 될 수 있다. 사람은 행동을 통해서 변화하는 것이다. 협력을 통해서 협력과 배려의 귀중함을 배운 사람은 다시 그 이전의 사람으로 돌아가지 않을 것이다. 생각이 바뀌어야 행동이 바뀌는 것이 아니라 행동이 바뀌어야 사람이 바뀌는 것이다. 더 나은 사람인 척하면 그리고 그것으로부터 교훈을 얻으면 실제로 더 나은 사람이 될 수 있다.

온전함 · 온당함 · 온유함의 관계

온전함은 온당함과 온유함을 통해 실현되며, 온당함은 온전한 교육에서 꽃을 피고 온유한 관계 속에서 실현된다. 온유함이 없다면 온전함과 온당함은 헛된 구호에 지나지 않는다. '온교육'은 비전이라고 할 수 있는 온전함과 이를 위한 방법론인 온당함, 구체적인 인간관계를 표현한 온유함이라는 서로 다른 차원의 논의들을 하나로 묶는 개념이다. 이 세 가지는 서로 독립적이면서도 의존적인 삼위일체형 개념이다. 마치 기독교의 성부와 성자와 성신이 삼위일체로 떼려야 뗄 수 없는 것처럼 온전함(비전)과 온당함(방법), 온유함(정신)은 서로 떼려야 뗄 수 없는 관계를 이룬다. 다른 식으로 표현하여 '온교육'을 우리의 신체에 비유한다면 온전함은 인간의 머리에 해당하는 비전이며, 온당함은 비전을 실현할 수 있는 방법론인 손과 발, 온유함은 이 모든 것을 지탱하고 의미 있게 해주는 따뜻한 가슴에 해당한다고 할 수 있다. 바람직한 미래교육은 이 세 가지 원칙이 서로 조화를 이루도록 잘 설계된 학교, 교육기관, 교육네트워크를 통해 실현되고 발전될 것이다.

자기성찰활동

미래의 교사가 맡게 될 역할은 무엇일까? 아래에 소개된 글은 교직 수업을 수강한 예비교사들이 정리해본 역할들이다. 각 역할들에 대해 읽어보고 중요한 역할과 그렇지 않은 역할을 구별해보라('중요도'에 체크). 또 각 역할에 대한 자신의 준비된 정도를 평가해보라('자신의 준비도'에 체크). '우선순위'에는 역할의 중요도와 자신의 준비도를 살펴보고 난 후, 자신이 우선적으로 노력해야 할 정도를 우선순위에 따라 '상, 중, 하'로 구분하여 적어보자[2].

	미래 교사의 역할	중요도 높다〈---〉낮다			자신의 준비도 충분〈----〉불충분			우선순위
		3	2	1	3	2	1	
1	인성과 비인지적 측면을 교육하는 교사							
2	상담가로서의 교사							
3	수업 보조자로서의 교사							
4	기술 학습자로서의 교사							
5	사회적 의사소통을 가르치는 교사							
6	능동적 학습의 주체자를 양성하는 교사							
7	탐색과 비판적 사고의 촉진자 역할							
8	인문학적 전문성을 갖춘 교사							
9	교사, '스승으로서의 역할'							
10	진로와 삶의 안내자로서의 교사							

1. 인성과 비인지적 측면을 교육하는 교사

기술 발전으로 스마트하게 변화하는 학습 환경에서 학생들은 인간으로서 마땅하게 받아야 할 교육을 받지 못하게 될지도 모른다. 교육의 예로는 인성적인 부분과 비인지적 측면이 있는데, 기술 발전에 따라 교사들에게는 학생들의 인성과 비인지적인 부분을 교육하는 것이 요구

2 여기서 제시된 다양한 교사의 역할은 저자의 2018년 1학기 '교육학개론' 강의를 수강한 학생들의 브레인스토밍 결과이다(별도의 수정 없이 원본대로 게재했으며 각주에 제공된 참고문헌의 끝에 최종 수정 학생의 이름을 괄호 안에 넣었다).

될 것이다. 교사는 수업을 통해 학습자에게 인간의 가치와 존엄성, 본질 등에 대해 강조해야 하고 자아가 올바르게 성장할 수 있도록 도와주어야 한다. 또한 스포츠나 팀 프로젝트 등의 협동심 교육을 통해 다른 학습자나 다른 사람들과의 연결과 공유의 확대를 가르쳐야 한다. 이러한 교육을 통해 기술혁신으로 인한 새로운 환경 가운데 학생들이 좀 더 감성적으로 접근해 타인과 공감, 공존하는 삶을 살 수 있도록 이끌어야 한다.

2. 상담가로서의 교사

기술 발전에 따라 학습자들은 기계에 대한 의존도가 높아지고, 타인과의 교류가 줄어듦에 따라 다른 사람들과의 의사소통에 문제가 생길 수 있다. 교사는 학생에 대한 관심과 지속적인 교류를 이어나가 학생들이 인간적인 삶을 살 수 있도록 이끌어야 한다. 교사와 학생 간 교류의 가장 대표적인 예로는 생활지도와 상담이 있다. 교사는 학생들의 일상생활과 관련된 상담과 더불어 진로 고민과 진로상담을 해주고, 학생들의 마음에 대해 귀를 기울여야 한다. 또한 학생의 고민을 경청하고 조언을 해주는 등의 행위를 통해 학생들에게 다른 사람과 소통하는 방법을 알려주어야 하며, 더 나아가 학생 개개인의 특성을 파악하여 성장에 도움을 줄 수 있는 역할을 해야 한다.

3. 수업 보조자로서의 교사

미래 사회의 기술 발전으로 로봇이나 인공지능이 교과 지도 대부분을 담당하게 될 것이라고 많은 사람들이 예상한다. 미래 교사의 역할로는 인공지능과의 코티칭 등을 통해 교실 수업을 보조하는 역할, 학생들이 적극적으로 수업에 참여하도록 조력자로서 협동학습을 수행하는 역할 등이 있을 것이다. 학습자에게 정보활용능력, 테크놀로지 및 미디어활용능력 등 수업시간에 활용하게 될 스마트 학습 환경에 학습자들이 적응할 수 있도록 도와주는 역할도 있다. 또한 플립 러닝(Flipped Learning) 등을 도입하고 학생들이 주도적으로 수업을 할 수 있도록 도와줄 수 있다.[3]

---

3 송신철, 심규철, 「미래 지능정보사회의 교육에 대한 예비 과학 교사들의 인식 조사」, 생물교육 45권 3호, 2017년 9월(수정: 김예린)

4. 기술 학습자로서의 교사

미래 기술사회에서 학생들에게 요구되는 능력은 기본적으로 필요한 정보활용능력, 기술 및 미디어활용능력이다. 학생들에게 이러한 능력을 함양시켜주기 위해서는 교사가 기술을 효과적이고 올바르게 사용할 수 있는 방법을 학습해야 한다. 과학의 경우, 현재 판서로는 한계가 있는 파동과 전자기학의 영역을 실제 현실과 인공지능을 통한 가상현실 조합으로 가르치는 방법을 사용할 수 있게 되는데, 이러한 기술이 나왔을 때 정확한 사용법과 그 응용을 알고 있어야 할 것이다.[4] 기술에 의한 예상 밖의 상황이 일어났을 때 효과적으로 대처할 수 있을 정도로 교사 스스로 교육해야 한다.[5]

5. 사회적 의사소통을 가르치는 사람으로서의 교사

합리적인 의사 결정이나 문제 해결을 위해 타인과 생각을 공유할 수 있는 의사소통능력은 인공지능과 로봇을 통해 학습시킬 수 있는 영역이 아니다. 미래 정보사회에 이르러서는 학생의 나이나 학년이 아닌 능력에 따라 수업이 이루어질 가능성이 높으므로 의사소통능력이 반드시 필요할 것이다. 또한 지식을 단순한 지식으로서가 아닌 타 분야를 통해 융합된 결과로 얻어내기 위해서는 의사소통능력이 필수적일 것이다. 공동체 생활 속에서 충분한 의사소통능력을 가져야 자신의 다른 역량을 충분히 발휘할 수 있기 때문이다. 따라서 교사는 학생들이 의사소통능력을 기를 수 있도록 도와주어야 할 것이다.

6. 능동적 학습의 주체자를 양성하는 사람으로서의 교사

호기심을 가지고 끊임없이 배우려고 노력하는 자기주도적 평생학습능력은 현재 중요하게 논의되고 있지만, 미래 정보사회에서는 정보가 넘쳐나고 새로운 지식이 빠르게 생산될 것이기 때문에 학생들이 주도적인 호기심을 가지고 평생동안 배우려고 하지 않으면 사회의 변화에 따라가지 못하고 도태되는 일이 일어날 수 있을 것이다. 따라서 교사들은 학생들이 자신의 역량에 적합한 교육활동을 스스로 선택하여 자기주도적으로 학습을 수행할 수 있도록 끊임없

---

4 송신철, 심규철, 「미래 지능정보사회의 교육에 대한 예비 과학 교사들의 인식 조사」, 생물교육 45권 3호. 2017년 9월(수정: 이종국)

5 김형순, 「4차 산업혁명시대의 영어교사 미래준비도 및 인식조사 연구」, 중앙대학교 교육대학원, 2017(수정: 이종국)

이 유도해야 한다.

7. 탐색과 비판적 사고의 촉진자 역할

학생들은 점차 자신의 가치관을 성립해가면서 자신에게 들어오는 정보들을 나름대로의 해석으로 분석해 받아들인다. 아직은 다양한 시각에서 한 가지의 문제를 바라보는 능력이 부족한 학생들을 위해서 교사는 학생이 스스로 탐색할 수 있도록 촉진해야 한다. 다양한 대중매체와 스마트폰의 발전으로 학생들이 막대한 양의 정보들을 무비판적으로 받아들이는 경향이 늘고 있는 만큼 교사들은 학생들이 이를 비판적으로 받아들일 수 있도록 해야 한다. 탐색과 비판적 사고의 촉진을 따로 보는 것이 아니라 탐색의 과정에서 학생들이 스스로 가치관을 성립해가면서 자동으로 비판적인 사고를 함양시킬 수 있도록 유도해야 한다. 그만큼 교사는 다양한 분야에 대한 지식과 수업 전에 많은 양의 정보를 알아보고 다양한 방향에서 해석한 후에 학생들의 다양한 의견도 들어보고 이를 정리하고 학생들에게 객관적인 자세로 전달해줄 수 있어야 한다.[6]

8. 인간 중심의 높은 인문학적 전문성을 갖춘 교사

미래 인공지능시대의 교사는 학생들과 함께, 인공지능 기계가 할 수 없는, 가장 인간다운 활동, 가장 인문학적이며 예술적인 인간 본질적 활동을 주된 학습의 내용으로 삼아 교육을 영위해 나아가게 될 것이다. 노동하지 않는 인간이 살던 시대에 그러했듯이, 미래의 교사는 학생들과 인생을 논하고, 참(眞)과 덕(德)을 고민하며, 아름다움을 추구하고, 세상이 나아가야 할 방향에 대해서 탐구하게 될 것이다. 인공지능시대가 되면 기계를 만들고 고치는 따위의 교육뿐 아니라 가장 인간적인 내용과 활동을 주로 하는 교육이 대두될 가능성이 높으며, 그에 따라 교사의 역할과 전문성이 규정될 확률이 높다. 인공지능시대를 대비한 교육은 보다 멀리 내다보고, 교육과 인간 삶의 본질을 진지하게 고민한 후, 구상할 필요가 있다. 이러한 맥락에서 미래 인공지능시대의 교사는 인간 중심의 교육을 실시할 수 있는 지적 탐구활동의 전문성이 요청되는 것이다.

---

6 권귀염, 「제4차 산업혁명 시대의 교육과 유아교사의 역할」, 학습자중심교과교육연구, 18(4), 47-72, 2018년(수정: 장준환)

9. 교사, '스승으로서의 역할'

스승에 대해 정의해놓은 가장 오래된 글 중의 하나인 한유의 사설(師說)에 보면 '스승은 도를 전하고, 도를 익히는 데 필요한 공부를 시키며, 의혹을 풀어주는(傳道授業解惑) 사람'이라고 정리되어 있다. 즉, 스승은 어느 특정 분야의 지식이나 기능만을 가르치는 사람이 아니라 한 사람이 살아가는 데 필요한 삶의 자세와 함께 필요한 제반 능력을 길러주고 이를 몸으로 실천하는 사람이다. 이는 오늘날 우리 마음속에 살아 있는 스승의 모습과 크게 다르지 않다. 요새 유행하는 멘토라는 말을 포함하고 있으며 더 넓고 깊은 뜻을 가진 우리말이 바로 스승임을 알 수 있다. 자신이 담당한 교과나 기능만을 전달하는 것이 아니라, 제자에 대한 진한 사랑을 가지고 제자가 꿈을 이루어가도록 도우며, 진실한 삶을 살아가도록 이끌고 스스로도 그러한 삶을 살아가는 사람이 스승이다. 교사를 지식전달자가 아니라 스승으로 정의하는 것, 그것이 제대로 이해하는 바른 접근이다.[7]

10. 진로와 삶의 인내자로서의 교사

미래사회에서는 계속 나타나는 신기술을 습득해야 하지만 미래의 직업을 얻거나 유지할 수 있기 때문에 직업을 얻기 위한 고전적인 직업교육과 최신의 기술을 습득하기 위한 계속교육이 이루어진다. 진로에 있어 가장 중요한 가치가 '자신이 살고 싶은 삶'으로부터 나와야 한다면, '어떻게 살아가고 싶은가'에 대한 고민이 교육에서 다루어져야 하고, 교육을 담당하는 가정과 학교는 삶을 그 자체로 즐기는 마음, 삶의 행복감과 몰입을 가져올 일을 보고 배울 만한 기회를 제공해야 한다. 미래사회의 진로가치 교육은, '경제적 이득과 경쟁'으로부터 '인간과 삶'에 집중할 수 있는 '느림'의 시간과, 주체로서 삶과 직업을 즐길 수 있도록 강점을 발현시키며 그 강점이 타인에 대한 이타심과 사회의 공공성과 연결되는 경험이어야 한다. 미래교육의 교사는 학생이 자신의 진로가치를 찾아가도록, 스스로에게 열중하는 '좋은 시간'을 누리고 자신의 재능을 맘껏 발휘하며 그것이 의미 있는 삶으로 연결되도록 유도하고 격려하는 데 집중해야 한다. 미래교육은 삶과 교육, 삶과 직업이 분리된 것이 아니라, 직업이 삶이며 교육이 삶인, 삶의 과정으로 이루어져야 한다.[8]

---

7 (수정: 서재형)

8 권순영, 「미래사회의 교육 가치에 관한 연구」, 강릉원주대학교대학원 박사학위 논문, 2018년(수정: 김석기).

참고문헌

1장

이홍우, 『교육의 개념』, 서울: 문음사(2009).

정범모, 『교육과 교육학』, 서울: 배영사(1968).

Durkheim, E., Definition of education, In J. Ballantine(Ed.), *School & society: A reader in education and sociology*(pp. 19-22). Cam: May field (1985).

Herbart, J. F., *The science of education*, Boston: Heath (1891).

Peters, R. S., *Ethics and education* (1966), 이홍우 역, 『윤리학과 교육』, 서울: 교육과학사 (1980).

2장

Adler, M., The crisis in comtemporary education, *Social Frontier*, 5: pp.141-144 (1939).

Dewey, J., *Democracy and education*, New York: Macmillan (1919).

Freire, P., *Pedagogy of the oppressed*, Harmondsworth: Penguin (1970).

Giroux, H. A., *Theory and resistance in education: A pedagogy for the opposition*. South Hadley, MA: Bergin & Garvey (1983).

Hutchins, R. M., Towards a durable society, *Fortune*, 27(6) (1943).

Illich, I., *Deschooling society*, Harmondsworth: Penguin (1971).

3장

강경석, 김영만, 『교사발달 단계에 따라 교사의 직무 능력이 직무 만족에 미치는 영향 분석』, 교육행정학연구, 24(1), pp.119-142 (2006).

김기태, 조평호, 『미래지향적 교사론』, 서울:교육과학사 (2003).

김병찬, 『교사의 생애발달 과정에 관한 사례 연구』, 한국교원교육연구, 24(1), pp.77-102 (2007).

손병길, 『지식기반사회에 대응하기 위한 교원연수혁신방안 연구』, 한국학술정보원 (2004).

Burke, P. J., Christensen, J. C., Fessler, R., McDonnell, J. H., & Price, J. R., *The teacher career cycle: Model development and research report.* Presented at the Annual Meeting of the American Education Research Association (1987).

Darling-Hammond, L., Reframing the school reform agenda. Phi *Delta Kappan,* 74(10), pp.752-761 (1993).

Drucker, P., *Managing in the next society*, Routledge (2007).

Nicoll, K., & Harrison, R., Constructing the good teacher in higher education: The discursive work of standards. *Studies in Continuing Education,* 23(1) (2003).

Pullias, E. V. & Young, J. D., *A teacher is many things*, Seoul:Pan Korea Book Corporation (1971).

Redl, F. & Wattenberg, W., *Mental hygiene in teaching*, NY: Harcourt, Brace and Co (1951).

4장

Apple, M., *Ideology and curriculum*(1979), 박부권 역, 『교육과 이데올로기』, 서울: 한길사 (1985).

Ballantyne, R., Fien, J. & Packer, J., School environmental education program impacts upon family learning: a case study analysis. *Environmental Education Research*, 7(1): pp.22–37 (2001).

Bourdieu, P., The forms of capital, pp. 241-58. In John G. Richardson.,(Ed.) *Handbook of theory and research for the sociology of education.* NY: Greenwood (1986).

Bowles, S. & Gintis, H., *Schooling in capitalist America*. London: Poutledge & Kegan Paul (1976).

Durkheim, E., Education and sociology (1956), 이종각 역, 교육과 사회학, 서울: 배영사 (1978).

Moos, R. H., *Evaluating educational environments*, San Francisco: Jossey-Bass (1979).

Parsons, T., *The Social System*, New York, Free Press (1951).

Swartz, R., Infusing critical and creative thinking into content instruction. In A. I. Costa(Ed.). *Developing minds: A resource book for teaching thinking*, 3rd edition. Alexandria, VA: ASCD (2001).

Waller, W., *The sociology of teaching*, NY: John Wiley and Sons (1961).

5장

강명희, 임병노, 『미래를 준비하는 학교』, 서울:학지사 (2002).

곽병선, 『교육과정』, 서울:배영사 (1988).

Bloom, B., *Human characteristics and school learning*, NY:McGraw Hill (1976).

Bruner, J. S., *The Process of education. Cambridge*, Mass.: Harvard University Press (1960).

Dewey, J., *The child and the curriculum*, Chicago: University of Chicago Press (1902).

Eisner, E., *The educational immagination* (2nd ed.). NY: Macmillan (1985).

Hopkins, L. T., *Curriculum principles and practices*, Benj. H. Sanborn & Co (1934).

Inlow, G. M., *The emergent in curriculum*, Wiley (1966).

Ragan, W. B., *Modern elementary curriculum*, New York:Henry Holt and Comany (1960).

Spencer, H., *Education: Intellectual, moral, and physical*, NY: D. Appleton (1861).

Wallace, A. F. C., *Culture and Personality* (2nd ed.), New York: Random House (1970).

Young, M., *The Curriculum of the Future: From the 'New Sociology of Education' to a Critical Theory of Learning*, London:Falmer Press (1998).

6장

황정규, 이돈희, 김신일, 『교육학개론』, 서울:교육과학사 (2007).

Alloway, T. P. & Alloway, R., Investigatingthepredictive roles of working memory and IQ in academic attainment, *Journal of Experimental Child Psychology*, 80(2): pp.606-21 (2010).

Atkinson, R. C. & Shiffrin, R. M., Chapter: Human memory: A proposed system and its control processes. In Spence, K. W., & Spence, J. T. *The psychology of learning and motivation* (Volume 2, pp. 89–195). New York: Academic Press (1968).

Baddeley, A. D. & Hitch, G., Working memory, In G.H. Bower (Ed.), *The psychology of learning and motivation: Advances in research and theory* (Vol. 8, pp. 47–89). New York: Academic Press (1974).

Daneman, D. & Carpenter, A., Individual differences in working memory and reading, *Journal of Verbal Learning and Verbal Behavior*, 19, pp.450-466 (1980).

Dweck, C. S., Mindset: *The new psychology of success,* New York, NY: Random House (2006).

Ericsson, A. & Pool, R., *Peak: Secrets from the new science of expertise,* NY:Eamon Dolan Book (2016).

Gardner, H., Multiple intelligences: *New horizons*, New York: Basic Books (2006).

Goleman, D., *Emotional intelligence*, Bantam (2006).

Good, T., and J. Brophy., *Contemporary educational psychology*(5th ed.), New York: Harper Collins (1995).

Guilford, J.P., *The Nature of Human Intelligence*, New York: McGraw-Hill (1967).

Havighurst, R. J., *Human Development and Education*, New York: McKay (1953).

Maslow, A.H., A theory of human motivation, *Psychological Review*, 50(4): pp.370–96 (1943).

Matlin, M.W., *Cognition*(5th ed). Fort Worth, TX: Harcourt College Publishers (2002).

Miller, G. A., The magical number seven, plus or minus two: Some limits on our capacity for processing information, *Psychological Review*. 63(2): pp.81–97 (1956).

Pavlov, I. P., *Lectures on conditioned reflexes*, London: Allen and Unwin (1928).

Piaget, J., *Construction of reality in the child*. London: Routledge & Kegan Paul (1957).

Siegler, R. S., *Children's Thinking*. NJ:Prentice-Hall (1986).

Skinner, B. F., *The possibility of A science of human behavior*, NY: The Free House (1953).

Spearman, C., "General intelligence," objectively determined and measured, *American Journal of Psychology*, 15, pp.201-293 (1904).

Sternberg, R. J., *Beyond IQ: A Triarchic Theory of Intelligence*, Cambridge: Cambridge University Press (1985).

Thurstone, L. L., *Primary mental abilities*. Chicago: University of Chicago Press (1938).

Vygotsky, L. S., *Mind in society: The development of higher psychological processes*. Harvard university press (1980).

Wechsler, D., *The measurement of adult intelligence*. Baltimore: Williams & Wilkins (1939).

Wertheimer, M., Gestalt theory. In W. D. Ellis (Ed.), *A source book of Gestalt psychology*, pp. 1–11, London, England: Routledge & Kegan Paul (1938b).

7장

백영균, 『게임기반학습의 이해와 적용』, 서울:교육과학사 (2006).

변영계, 『교수학습이론의 이해』, 서울:학지사 (2005).

이상수, 강정찬, 이유나, 오영범, 『체계적인 수업분석을 통한 수업컨설팅』, 서울:학지사 (2012).

이인숙, 한승연, 임병노, 『교육공학』, 경기:문음사 (2014).

이혁규, 이경화, 이선경, 정재찬, 강성우, 류태호, 안금희, 이경언, 『수업, 비평을 만나다』, 서울:우리교육 (2007).

천호성, 『수업분석의 방법과 실제: 질적 연구방법을 중심으로』, 서울:학지사 (2008).

Ausubel, D., Some Psychological and educational limitations of leaning by discovery, *The Arithmetic Teacher*, 11, pp.290-302 (1964).

Bloom, B. S., & Carroll, J. B., *Mastery learning: Theory and practice*, New York: Holt, Rinehart and Winston (1971).

Carroll, J. B., A model of school learning, *Teachers College Record*, 64, pp.723-733 (1963).

Dollard, J., & Miller, N., *Personality and Psychotherapy : An Analysis in Terms of Learning, Thinking, and Culture*, New York: McGraw-Hill(1950).

Kapp, K. M., Gamification Designs for Instruction In C. M. Reigeluth, B. J. Beatty, & R. D. Myers(Eds.). *Instructional-Design Theories and Models, Volume IV: The Learner-Centered Paradigm of Education*. New York: Routledge (2017).

Kounin, J., *Discipline and group management in classroom*. New York: Holt, Rinehart & Winston (1970).

Margaret C., Geneva D., & Herbert J., Toward a Knowledge Base for School Learning. *Review of Educational Research*,63(3), pp.249-294 (1993).

McCormick, W. J., Teachers can learn to teach more effectively, *Educational Leadership*, 37(1), pp.59-60 (1979).

8장

권성호, 『교육공학의 탐구(개정판)』, 서울:양서원 (2002).

교육공학용어사전 편찬위원회, 『교육공학 용어사전』, 서울:교육과학사 (2005).

이인숙, 「교육공학의 역할 재규명을 위한 연구」, 교육학연구, 34(5), pp.487-504, (1996).

Januszewski, A. & Molenda, M., (Eds.) *Educational technology: A definition with commentary*, New York: Lawrence Erlbaum Associates (2008).

Dale, Ed., *Audio-Visual Methods in Teaching*(3rd ed.), New York:Holt, Rinehart & Winston (1969).

Gagné, R., Briggs, L & Wager, W., *Principle of instructional design*(4th ed.), Harcourt Brace College Publisher (1992).

Heinich, R., Molenda, M., Russell, J. D., & Smaldino, S., *Instructional media and technologies for learning* (6th ed.), Englewood Cliffs, NJ: Merrill/Prentice Hall (1999).

Jonassen, D. H., Howland, J., Marra, R. M., & Crismond, D., Meaningful learning with technology(3rd ed.), Upper Saddle River, NJ: Pearson Prentice Hall (2008).

Keller, J. M., *Motivational design for learning and performance: The ARCS model approach*, Springer Science & Business Media (2009).

9장

강명희, 임병노, 『미래를 준비하는 학교』, 서울:학지사 (2002).

김수동 외, 『교사의 학생평가 전문성 신장 연구(II)』, 충북:한국교육과정평가원 (2005).

함돈균, 폴 김, 『교육의 미래. 티칭이 아니라 코칭이다』, 서울:세종서적 (2017).

Cronbach, L.J., *Designing evaluations of educational and social programs*, San Francisco: Jossey-Bass (1982).

Fitzpatrick, J. L., Sanders, J. R., & Worthen, B. R., *Program evaluation: Alternative approaches and practical guidelines*. Boston: Pearson (2004).

Guba, E. G. & Lincoln, Y. S., *Fourth Generation Evaluation*, Newbury Park, CA: Sage (1989).

Kankaanranta, M., Barrett, H., & Hartnell-Young, E., *Exploring the use of electronic portfolios in international context*, Paper submitted to Ed-Media Conference (2000).

Scriven, M., Evaluation theory and metatheory. In T. Kellaghan, D. T. Stufflebeam, & L. A. Wingate(Eds.). *International handbook of educational evaluation*, Dordrecht, Netherlands: Kluwer Academic Pub. pp.15~30 (2003).

Stake, R. E., A Theoretical Statement of Responsive Evaluation, *Studies in Educational Evaluation*, 2, pp.19~22 (1976).

Stufflebeam, D. L., Foundational models for 21st century program evaluation, In D. L. Stufflebeam, G. F. Madaus, & T. Kellaghan(Eds). *Evaluation models: Viewpoints on educational and human service evaluation*(2nd ed.), Boston: Kluwer Academic Pub. pp.33~83 (2000).

Stufflebean, D. L., The relevance of the CIPP evaluation model for educational accountability. *Journal of Research and Development in Education*, 5, pp.19-25

(1971).

Tyler, R. W.,*Basic Principles of Curriculum and Instruction*, Chicago: The Universty of Chicago Press (1949).

10장

곽성기, 윤영아, 이은영, 강태훈, 김대명, 『알기쉬운 교육사회학』, 서울:학이당 (2017).

권이종 외, 『평생교육방법론』, 서울:교육과학사 (2001).

김민환, 권동택, 『미국 홈스쿨링의 성장과 특징에 관한 연구』, 비교교육연구, 10(1), pp.257-280,(2000).

김병희, 김경식, 김형구, 박형진, 윤주국, 이현철, 『교육사회학』, 공동체. p.285, (2008).

양영자, 「한국 다문화교육의 개념 정립과 교육과정 개발 방향 탐색」 이화여자대학교 박사학위 논문 (2008).

이혜영, 황준성, 강대중, 하태욱, 문혜림, 『대안학교 운영 실태 분석 연구』, 한국교육개발원 (2009).

조경원, 「젠더와 교육: 무엇이 문제인가?」 여성연구논집, 제 17집, pp.29-62. (2006).

Bailey, S. M., The current status of gender equity research in American schools. *Educational Psychologist*, 28, pp.321-339 (1993).

Banks, J. A., *An introduction to multicultural education* (3rd ed.), Boston: Allyn and Bacon (2002).

Bennett, C. I., *Comprehensive multicultural education : theory and practice* (6th ed.), Boston, MA: Pearson Allyn and Bacon (2007).

Borich, G. D. & Tombari, M., *Educational psychology: A contemporary approach*, NewYork: Harper Collins (1995).

Cooper, B. S., Alternative school and Programs. In *The International Encyclopedia of Education*, (2nd ed.), vol. 1 (1994).

Dave, R. H., *Foundation of lifelong education*, UNESCO Institute for Education (1976).

Gelpi, E., Lifelong Education: opportunities and obstacles, *International Journal of Lifelong Education*, 3(2), pp.79- 87 (1984).

Illich, I., Deschooling Society, Harmondsworth UK: Penguin (1973).

Kohlberg, L. A ., A Cognitive-developmental analysis of children sex-role concepts and attitudes in E E Maccoby (Ed), *The Development of Sex Differences* (87-173).

Standford, CA: Stanford University Press (1966).

Lengrand, P., Lifelong Education: Growth of the Concept. In C. J. Titmus (Ed.), Lifelong Education for Adults – *An International Handbook* (pp. 5-9), Oxford: Pergamon press (1989).

Neill, A. S., *Summerhill: A Radical Approach to Child Rearing*, New York: Hart Publishing Company (1960).

11장

이인숙, 한승연, 임병노, 『교육공학』, 경기:문음사 (2012).

Freire, P., *Pedagogy of the oppressed*, Harmondsworth: Penguin (1970).

Siemens, G. & Long, P., Penetrating the fog: Analytics in learning and education. *EDUCAUSE Review*, 46(5), pp.30-32 (2011).

Tapscott, D., *Growing up Digital: The Rise of the Net Generation*, New York: McGraw-Hill (1998).

내일의 교육학

초판1쇄 발행 2018년 9월 11일
초판2쇄 발행 2020년 4월 29일

지은이 임병노
펴낸이 한균태
펴낸곳 경희대학교 출판문화원

주소 서울시 동대문구 경희대로 26
전화 02-961-0106~8, 팩스 02-961-0291
설립 1960년 9월 16일 제5-8호
등록 1977년 11월 8일 제6-5호
홈페이지 www.khupress.com
전자우편 press@khu.ac.kr

ISBN 978-89-8222-572-7 93370